思想的感知结构

牟宗三心物关系论的梳释与再思

徐昇——著

上海人民出版社

序

贡华南

    思维是知觉本身的基本构成部分,视知觉与视觉思维、味知觉与味觉思维皆二而一。人类的感官活动中或隐或显地表露着人类宏大思维的结构与内涵。在中国思想史中,随着先秦视觉凸显,以及随后的耳目之争,耳胜出;秦汉耳舌之辩,舌胜出,这构成了中国思想演变的内在逻辑。与视觉、听觉、味觉依次凸显相一致,由"知形""知声"到"知味"构成了中国古典认识论的完整形态。在名言问题上,先秦形名家自觉以"形"作为"名"的根据,汉儒以"声"作为"名"的根据。汉魏时期,以"味"辨物,以"味"作为名的根据随之自觉兴起。先秦儒家将"闻而知之"置于"见而知之"之上,最终归向味觉思想。并以此作为"道统"划分的依据,从而使感觉逻辑具有了普遍的思想史意义,也使从视觉到听觉、味觉的感觉逻辑在中国思想中一再展开。

    从世界哲学视角看,近代西方哲学也展示出从视觉到听觉、味觉的逻辑脉络。古希腊发展出视觉优先思想,基督教的传入带来了听觉思想。两希合流,视觉思想与听觉思想共同创造出现代欧洲文明。然而,其进一步发展则需要新的突破口。康德三大批判分别偏重于视觉思维、听觉思维与味觉思维,味觉思维被理解为沟通视觉与听觉的桥梁。康德的思想逻辑在 20 世纪得到接续,胡塞尔固守着视觉—形式的理想,海德格尔则试图以"听"克服"看"所带来的客观化、对象性思维。伽达默尔、阿伦特则沿着康德的路线触及"味觉"。但是,西方哲学中视觉思维的一枝独大,导致味觉视觉化,比如康德的味觉判断被导向形式化的鉴赏,而没有直接面对内在的质料。更重要的是,古希腊以来味觉思想资源的缺乏决定了他们对"味觉"思想无法深入。

自觉抑制视觉,挺立听觉,最终归向味觉,这不仅是中国思想长时段的演变逻辑,也同样体现在中短时段的思想发展过程(比如从理学到心学),以及思想家个人的思想历程(如王阳明、牟宗三)。我们通常所说的中国传统哲学的思维定势即指谓此。

20世纪90年代以来,学界对牟宗三的兴趣日渐浓厚。对于大多数研究者来说,牟宗三庞大而深厚的理论体系如同黑洞——研究者往往被牟氏的理论含吞而不能自拔。这表现在,大多研究以述评为主,简单的复述更不在少数。其原因主要在于研究者自身理论素养之不足,挣脱不了牟宗三庞大体系的束缚,只能内窥而不能旁观。徐昇博士好学深思,对牟宗三哲学用功甚勤,同时广涉中西哲学,为博士论文的写作打下了坚实的基础。本书在博士论文基础上修改而成,从"感知塑理知"架构出发,借"意象图式",细致解析牟宗三哲学的感官结构:从视觉(横)、听觉(纵)到味觉(圆)。以此架构审视牟宗三的学思历程,一方面能够深入牟宗三哲学的义理深层,择其思之精义;另一方面,又能出乎其外,对牟宗三哲学作出个性化的评判、诠释与对话。我相信,本书的出版一定能够推动学界的牟宗三研究。

2022年12月2日于沪上兰馨雅苑

目　　录

导　　论

一、"哲学地"研究牟宗三哲学

　　牟宗三①哲学是现代中国哲学的一座高峰。如何把握和消化牟宗三哲学是学界持续面临的重要课题。从 20 世纪 70 年代在海外的初兴算起,学界对牟宗三哲学的研究已走过了半个世纪的路程,研究成果颇为丰富,并已达到了相当水平。具体的成果,有的已经吸收到了正文之中,有的稍后还会专门论及,这里暂且不表,而其中仍存在的不足,则是要继续这项研究的原因以及要尝试突破的理论难点。

　　程志华曾经指出牟宗三哲学研究中存在的四点不足之处:"一是对牟宗三哲学的整体把握还不够。从已有的研究成果看,大多数研究只是就牟宗三的某个具体哲学问题开展的,从整体上能够把握牟宗三哲学思想的研究并不多见。……二是对牟宗三研究的'哲学'高度还不够。……牟宗三的哲学已跳出了中国哲学的传统理路,进入了更高也更纯粹的哲学层次。……常言道:站得高,才能看得远。因此,对于牟宗三哲学的研究,应该打破自锁于'传统儒学'或'传统中国哲学'的封闭局面,跳出原有的局限,进入到人类整个哲学思维的高度。只有这

---

　　① 本书所涉及的人物皆直呼其名,有时为了简洁称某氏,而不加先生、教授、老师等称呼,以体现学术的客观性,绝非不敬也。实际上,对于本书所涉及的所有学人,笔者都是既感且佩的。

样,才能够真正理解和把握牟宗三哲学的宏旨。三是关于牟宗三哲学的研究视野还不够宽。这与上一个问题是有内在关联的。这种情况是指局限于儒学的范围,在强调中、西、印哲学之差异的背景下对牟宗三哲学的研究。……四是关于牟宗三哲学的研究中存在着明显的简单化倾向。"①这一番评论虽然已是十多年前的事了,且近年来的相关研究已明显克服了简单化倾向,但即便放在今天,"整体把握不够""哲学高度不够""视野较为狭窄"这些批评也依然有其现实针对性。特别是"哲学高度不够"这方面,还有很大的提升空间。

就"整体性把握不够"这一点而言,牟宗三著作等身,其思想涉及领域众多,这是研究者们所公认的。从研究领域看,牟宗三哲学涉及存有论、认识论、道德哲学、政治哲学、逻辑哲学、美学等;从思想资源看,中国传统的儒释道三家、古希腊哲学、德国古典哲学、逻辑实证主义、存在主义等,都是牟宗三建构自己哲学体系的思想养料。要在这众多领域跟上牟宗三的思路,实在是难度不小。因而,许多学者选择从某一具体领域或关键问题入手,以期能收到以点带面之效,这是完全必要且合理的。不过,牟宗三哲学虽然涉及面广、规模庞大,但其本身却是一个有机的整体,有其自身一贯的思想发展脉络与严谨的组织架构。因此,我们在做专题研究的同时,不仅要准确把握该主题,还需要考虑到该专题在牟宗三哲学整体中的位置,以及与其他成分间的相互关系。特别要注意的是,这种整体把握不应被理解为单纯的面面俱到。整体性意味着内部的融贯性。这其实也就是要求我们去把握住牟宗三用以统摄其全部思想资源、贯穿其思想整体的内在逻辑框架与发展线索。

就"研究视野不够宽"这一点而言,它要求我们用以把握牟宗三整体思想的框架与线索,应能够被放置在"古今中西"这个大的坐标系中而有其位置。牟宗三的哲学不是闭门造车、自说自话的产物,而是在近代中国思想领域"古今中西"之争的时代背景下,一方面以西方思想改

① 程志华:《牟宗三哲学研究——道德的形上学之可能》,人民出版社 2009 年版,第 29—31 页。

造、重塑中国传统思想,一方面又以中国传统思想吸纳、分判西方思想而构建起来的。颜炳罡以"整合与重铸"来概括牟宗三的这种工作,这是十分恰当的。因此,我们研究牟宗三思想,一方面要有历史感,在把握其整体思想架构的同时,将其思想与中国传统思想的发展脉络相结合;另一方面要有时代感,要努力挖掘出他的思想在现代"世界性百家争鸣"中的位置与贡献。①

最为困难也是最为关键的工作,还是在于提升牟宗三研究的"哲学高度"。简单地说,这就是要求我们的研究本身要具有"哲学味",不能仅仅停留在对牟宗三思想本身逻辑关系的重组或者提问方式的更新。这从根本上涉及对如何做哲学乃至对哲学本性的理解,而这些问题向来是无定论的。因而,在这里,笔者只能先给出一些自己所认同的看法(这实际上也是牟宗三所认同的,下详)。

笔者以为,所谓"做哲学",正像李泽厚所概括的那样,主要是"制造概念,提供视角,以省察现象"②,而文本、研究对象也属于有待被省察的现象之一。这其中,"视角"的提供一方面意味着我们要自觉地与所研究者本身的思想拉开距离(有一定距离才可能"看"清楚对象),不能以单纯的述评甚至赞美去代替研究;另一方面也意味着在研究对象的过程中,要有"自己",要"以我观之",这样才能形成有效对话,并在对话中"复活"研究对象,发展出新的理论成长点。哲学作为"自由"的学问,

①　牟宗三研究在大陆的初兴,是在思想史、思潮史这一研究范式下进行的,即从属于"现代新儒家思潮研究"这一名目。思想史研究是以"观念"为核心,注重的是观念的变迁与不同观念间的比较。这种研究视角的显著优点是有利于在"古今中西"的大坐标系中给予牟宗三哲学一个较明确的定位。例如,在横向的时代背景中,将牟宗三哲学或者作为"保守主义"思潮中的一员与"自由主义""激进主义"相比照,或者视作"人文主义"思潮中的一员与"科学主义"相比照;而在纵向的历史发展中,则将牟宗三放置在"传统与现代"(如传统思想的现代化、儒学的当代展开或者消化西学而返本开新等)的脉络下进行考察。直至今天,学界对牟宗三哲学的宏观定位,多数也是以此为范式的。不过,这种思潮史的研究视角,对研究牟宗三哲学而言,也存在着一些不足之处,例如难以突出牟宗三思想的独特性方面。因为,作为近代中国的"保守主义"者、"人文主义"者或作为"现代新儒家"一员的牟宗三,其思想从"观念"的角度看,大体上都是继承了前辈们已有的观念而将其进行了"哲学化"的表达而已。

②　李泽厚:《由巫到礼　释礼归仁》,生活·读书·新知三联书店 2015 年版,第3 页。

它内在地要求我们"由自"地去思,即凝练出自己的解释原则,而不能在研究中完全被研究对象所吞没。当然,要想凝练出自己的解释原则,又只能通过阅读、学习重要思想家的著作而逐步消化之来形成,没有其他捷径可走。这也是我们学习牟宗三哲学的初衷。两方面综合起来,即是要求我们对重要思想家的研究要做到"能入能出"。

可要在牟宗三研究中做到这一点真是谈何容易!正如颜炳罡发自肺腑的感慨:"牟先生的理路难以契入,一旦契入犹难超出。"①难则难矣,但却是我们需要努力朝向的目标。上面提到的对牟宗三思考方式的整体把握即是"能入"。而要做到"能出",从形式上看,最鲜明、最简单的表现就是对于研究对象所使用的关键概念、核心义理要换一个(组)概念去诠释它。这也就是所谓"制造概念"的工作。这倒不是说非要我们自己去新造一个概念,用来进行诠释的概念也可以是从研究对象文本中选取的未被其主题化了的概念,或者也可以是从其他思想家那里借鉴而来的概念。

例如,对于"智的直觉",谢遐龄以"直感判断力"去理解它②,陈迎年以"审美直觉"去诠释它,杨泽波以"胡塞尔现相学意向性的直接性"去解说它;对于"道德的形上学",闵仕君以"意义本体论"标注它;对于"非分别说",杨泽波以"辩证"去理解,徐波以"取效行为"(perlocutionary act)来解释它。③这样做的目的,不是为了标新立异,而是为了能与研究对象拉开距离,做到"能出"。按照一种整体主义、融贯论的理解,单一概念的含义是要在其所处的整体概念网络中才能得到恰当的理解的。因而,选取一个新概念去诠释已有的概念,看似只是两个概念间的互释,实际上意味着两套概念系统之间,也就是两种思想之间的对话。这就像对关键概念的翻译直接反映出翻译者的理解水平一样。至于所选

---

① 颜炳罡:《整合与重铸:牟宗三哲学思想研究》,北京大学出版社 2012 年版,第 23 页。

② 参见谢遐龄:《直感判断力:理解儒学的心之能力》,《复旦学报(社会科学版)》2007 年第 5 期。

③ 徐波:《存有的圆具:由牟宗三对天台佛学的融摄审视其判教哲学》,香港科技大学人文学部博士论文,2014 年,第 106 页。

取的新概念在多大程度上能切合于原先被诠释概念,那就要看诠释者的功力与火候了。此外,我们也有义务对所选取的新概念背后的整体思想架构作一番交代。①

广言之,哲学活动从形式上看表现出用概念进行思考的特征。对研究对象的重点概念作多层面多角度的厘清,作来龙去脉的梳理,这是项"能入"的"学术性"工作,侧重于对研究对象之事实性方面的把握,其"述"的意味较重;而创新解释原则并依据该原则构建一套概念框架去重新省察研究对象,则意味着更多地侧重于与研究对象形成思想上的对话,其"思"的意味较重。两者结合才是"能入能出"之道。

上述这番对如何"做哲学"的论述,不仅仅是笔者个人的理解,其实也就是牟宗三本人的做法。早在其第一本专著《从周易方面研究中国之元学及道德哲学》的自序中,牟宗三就明确地说,之所以将书名定位于"元学""哲学"层面的研究,"其主要含义有二:一非注解,二非史述"②。这也就意味着牟宗三在其研究之初,就在自觉抵制那种单纯的文本研究、"述"的工作(他后来称这种研究文献的途径为"历史的途径"、考据性的)。而他本人所采取的研究方法,则如张东荪在其序中所指出的那样,是以怀特海的哲学为学养、视角,"然后回头来再研究中国的形而上学,遂发现《周易》一书有许多可宝贵的道理"③。张氏对此还特别称赞道:"惟以为惟有牟君这样的研究古籍方法始足为'哲学的'。"④在之后的研究、思考中,牟宗三始终保持着这一研究方式。例如他后来对宋明理学的研究,就是以康德哲学为视角,以"道德的形上学"定位整个宋明理学,以"自律道德"与"他律道德"、"即存有即活动"与"只存有不活动"区分出宋明理学之"正宗"与"别子为宗",以"智的直觉"诠释"德性之知",以"无限智心""道德的创造实体"诠释"心体""性

---

①　当然,不使用新概念,而是更新原有概念的含义及其背后的概念网络来进行再诠释也可以。但这样一来,此概念所背负的历史就过于沉重了。

②　牟宗三:《周易的自然哲学与道德函意》,《牟宗三先生全集1》,联经出版事业公司2003年版,第11页。

③④　牟宗三:《周易的自然哲学与道德函意》,《牟宗三先生全集1》,联经出版事业公司2003年版,第10页。

体",以"物自身"诠释"明觉感应之物",而这些相对于宋明理学之文献而言是新造的概念,其自身又形成了一套有机的整体,即"两层存有论"。这完全就是上文所说"提供视角,制造概念,以省察文本"的路子。①通过这种方式,牟宗三不但实现了对宋明理学的开创性且富有成果的阐释与发展,也从中构建出了自己的一套哲学体系。或人会质疑,这种"六经注我"式的研究方法,是否会导致外在地曲解研究对象。事实上,对牟宗三的批评也常集中在这一方面。正所谓兴一利难免会生一弊,对研究对象作尽可能客观的学术性的了解,对任何研究来说当然是首要的(牟同样特别强调"客观的了解")。但也不必因噎废食,牟宗三之所以是牟宗三,研究者之所以认为牟宗三哲学是值得认真研究的,恰恰也是由于他这种研究方式所带来的义理上的推进与思想上的启迪。②正如李泽厚所说:"哲学主要是制造概念,提出角度,如果它们是独特的,站得住脚的,那就可以了。"③"如果能揭示某种关键,使人获得某种启发,便将是这种话语的理想效果。"④牟宗三正是因此而得以成就。临渊羡鱼不如退而结网,作为研究者又怎能不以彼之道还施彼身?

牟宗三一生都在追求"哲学地建立中国哲学"。在代表作《心体与性体》序中,他称该书"或于语意之厘清与系统之确定稍尽力焉"⑤。在最后一部专著《圆善论》序言的末尾,他自道"于以见概念之分解、逻辑之建构,与历史地'诵数以贯之,思索以通之'(荀子语),两者间之绝异

---

① 何俊指出:"牟宗三关于宋明思想的研究完全取哲学的方法,而无历史的意味。所谓完全取哲学的方法,是指牟宗三首先确立起他的论说依据,然后据此而对所要涉及的思想家进行分析评判。"(何俊:《西学映照下的宋明哲学与思想史研究——20世纪中国学术史的几帧剪影》,《杭州师范大学学报(社会科学版)》2012年第5期,第7页。)

② 当然,牟宗三并非简单地拿一套外在的既定框架去硬套研究对象。对此,林安梧曾指出:"牟先生跨过了'逆格义'的限制,经由'译述'、'销融'、'重铸'的过程,让中国古代典籍的话语、现代的学术话语、当前的生活话语,和合融通,铸成伟辞,他生产了鲜活的哲学语汇,开启了活生生的觉知与思考。"(林安梧:《牟宗三前后:当代新儒家哲学思想史论》,台湾学生书局2011年版,第162页。)

③ 李泽厚:《李泽厚对话集:中国哲学登场》,中华书局2014年版,第162页。

④ 李泽厚:《由巫到礼 释礼归仁》,生活·读书·新知三联书店2015年版,第3页。

⑤ 牟宗三:《心体与性体(一)》,《牟宗三先生全集5》,联经出版事业公司2003年版,第5页。

者可趋一自然之谐和"①，并批评空谈修养、证会者，强调"知识、思辨、感触三者备而实智开，此正合希腊人视哲学为爱智慧爱学问之古义，亦合一切圣教之实义"②。在当代儒学第一届国际会议的主题演讲中，他"骂尽了天下人"（傅伟勋语），以突出客观之了解对实现中国文化之再造的重要性。凡此种种，显然是有的放矢。中国传统思想无疑自有其甚深睿识处，然而，往往注重"怀之""默成"的证会，"辨之以相示"的功夫则付诸阙如。牟宗三自认在生命之感触方面比不了前人如其师熊十力等，但在客观之了解方面却是青出于蓝、"古今无两"。这无疑反映出牟宗三对自己学术工作的定位，那就是以概念之厘清和系统之确定去重塑充满生命体验的中国思想，以期实现客观之了解与生命之相应并重。刘述先在评价牟宗三的学术贡献时也特别指出，牟宗三突破了中国传统的思考、表达方式，赋之以概念上的确定性与清晰性，"是把中国哲学由主观体验转变成为客观学问的关键性的人物"③。这种"使之清晰"的工作，在牟宗三那里，首先是对传统概念（之意义）作"义义厘清而确定之"的工作，但更主要的是借助西方哲学中的概念以及一些取自现代汉语的词汇对其进行诠释，如以"智的直觉"诠释"德性之知""明觉感应"等等，从而使传统概念能够有效地纳入现代人的理解框架中。

　　然而，这种工作给中国传统思想带来客观性、确定性与公共可讨论性的同时，也可能使思想逐步离开了亲切性与丰富性的感知，特别是考虑到牟宗三所使用的诸多概念是来自西方哲学（意即其概念背后的感知经验是西方人的），就更加可能使得其对传统思想的解读脱离了中国传统经验，使理知与感知之间的转化变得不再顺畅。这种不顺最终会导致概念意味的真空化。

---

①　牟宗三：《圆善论》，《牟宗三先生全集 22》，联经出版事业公司 2003 年版，第 15—16 页。

②　牟宗三：《圆善论》，《牟宗三先生全集 22》，联经出版事业公司 2003 年版，第 16 页。

③　蔡仁厚、杨祖汉主编：《牟宗三先生纪念集》，东方人文学术研究基金会 1996 年版，第 498 页。

哲学概念,一方面需要在一个概念系统中获得其意义,另一方面也需要在与感知经验的联系中获得其意味。概念之意义是概念所表达的义理,以逻辑自洽为准绳,以准确、清晰、明白等确定性为宗旨;概念之意味则是此概念对人的影响与作用,需要回到每个存在者自身,以有切身之实感为好。①就哲学概念既与切身感知相勾连,也与概念间的逻辑关系相勾连的特点而言,完全无感知的形式推理只是逻辑学,不是哲学,依靠以西方人的感知经验充实起来的概念所构建的哲学不是"中国哲学"。试想,对于被牟宗三奉为中国哲学方法论核心的"智的直觉"概念,我们要如何进行理解呢? 既要依靠概念间的逻辑关系去理解,将其视为对"理智"与"直觉"这组对立概念的合取,更需要我们对"理智""直觉"这些概念具有"词语形象"。但中国古人心中"理智""直觉"("智""觉""感")的"词语形象"会和西方人、现代人是一样的吗? 如果不一样,那么我们以现代人的"感""觉"形象去理解的概念能够帮助我们进入中国传统思想吗?

牟宗三将传统思想概念化,这是他的一大功劳,我们则可在此基础上进一步地畅通概念与切身经验的联结,使得概念成为"内含体验的概念",使我们的理知成为"内含感知的理知"②,使哲学既具有确定性与清晰性,又亲切可感起来。这或许也是"智的直觉"方法论的另一层意蕴。

做哲学离不开概念,但概念本身并不"实在"。从"概念化"的过程看,对概念的理解离不开对生成概念的原初经验的把握,这其中具

---

① 贡华南说:"哲学概念既含有意义,也含有意味。意义即概念所表达的义理系统,意味则指此概念对人的影响与作用。意义以逻辑自洽为准绳,以准确、清晰、明白等确定性为宗旨,此即王国维所谓'可信';意味则需要回到每个存在者自身,以动人血脉为好,此即王国维所谓'可爱'。有意义无意味,则哲学成为纯粹的逻辑游戏,有意味无意义则哲学沦为抒情散文。理想的哲学既要有意义,也要有意味,也即可爱与可信之一统。要让人读出哲学中的意义与意味,首先需要创作者赋予哲学概念以意义与意味。所谓'赋予哲学概念以意义与意味'指存在者根据真实的生活世界而拓展哲学概念之意义域,根据其对生活世界的真实感受而生成新的意味。"(《汉语思想中的忙与闲》,生活·读书·新知三联书店 2015 年版,自序第 1 页。)笔者这里是将感知作为概念获得意味的方式。

② 借鉴陈嘉映:《感知·理知·自我认知》,北京日报出版社 2022 年版,第 192 页。

有切身性的感知起着重要作用。感知塑理知,感官活动的方式参与塑造了理知活动的方式,反过来,理知方式又贯注于感知方式之中。这种塑造与运用的交织,在不同文化系统的语言中留下痕迹——视觉词汇已深深地扎根于西方的概念语言中,在中国则是"惟味有道"——使得感知活动与理知活动隐喻性地实现了同一。阿伦特晚年曾不无感慨地说:"隐喻——架设于内部的不可见活动和现象世界之间鸿沟上的桥梁,显然是语言能给予思维,因而能给予哲学的最大礼物。"①这些启示我们,可以通过对重要概念之隐喻剖析还原概念背后的感知经验,再通过对感官感知结构的剖析更为清晰地展示出思想的深层结构。

如果说"提供视角,制造概念"是"哲学地"研究牟宗三哲学的形式要求,那么上述对于感知与概念关系的思考就在实质层面构成了我们重新解读牟宗三哲学的根本关切。

总之,简明利落地把握住牟宗三哲学整体性的思想架构、演进逻辑;将牟宗三的思路放置在"古今中西"这个大坐标中而给予其定位;自觉地与牟宗三自身思想拉开距离,与之展开对话,敞开概念的意味,在诠释中"成己成物"(实现对牟宗三哲学本身价值的再阐发,并在这种阐发中逐步形成自己的解释原则②)。这三点,既是现阶段牟宗三哲学研

---

① 汉娜·阿伦特:《精神生活·思维》,姜宇辉译,江苏教育出版社 2006 年版,第 115 页。

② 这一点上杨泽波做得十分出色。杨泽波是大陆方面牟宗三研究的重镇,论著丰硕、富有成果,以五卷本的《贡献与终结》为代表。概言之:杨氏将牟的思想方法提炼为围绕着对良知的理解而来的感性与理性二分的"两分法"与以"智的直觉"为基础而认为道德之心可以创生物自身的存有这两个方面。对此两者,杨氏又分别给出了自己的解读。一是以"伦理心境"解读良知,并提出一种"将人的道德结构横向划分为欲性、仁性、智性三个部分"的"三分方法";二是认为牟宗三所说的"智的直觉"其实相当于"胡塞尔现相学意向性的直接性"。由此,杨氏实现了与牟宗三的思想对话,并在关于宋明儒学之三系论、无执的存有论、圆善论、合一论等方面对牟提出了一系列批评。特别可贵的是,杨氏在长期的研究、对话中,逐步地形成了自己的一套思想("儒家生生伦理学"),"伦理心境""三分法"就是其中的一部分。笔者以为,这种研究历程,即从阅读、理解,到深入辨析,再到对话、超越,最终形成自己的一套思路,值得每一个做个案研究的研究者去借鉴。当然,这并不表示笔者赞成他的每一个具体论断。

究中存在的尚需进一步提高之处①,也是笔者不揣浅陋,愿勉力一试的

---

① 当然,说现阶段牟宗三哲学研究中仍存在以上三点不足,并不意味着目前的研究对此三点无所着墨。事实上,许多学者在这些方面都有所论及,值得我们学习、借鉴与反省。这里列举几个有代表性的研究:

闵仕君《牟宗三"道德的形而上学"研究》(巴蜀书社 2005 年版)一书,以"意义本体论"标注牟的"道德的形上学",以后形而上学时代重构本体的尝试定位牟宗三的工作,以对真实存在、生活世界的肯认反思牟的先验主义、心性之学的立场。这就在笔者所追求的上述三个目标上都给出了自己的观点,富有创见。只是,这个框架对研究牟宗三而言显得过于简单了,以"意义本体论"概括牟宗三的形上学难以统辖其思想的多个层面,以"后形而上学"定位牟宗三也没能照顾到其与中国传统思想的关联。

陈迎年《感应与心物——牟宗三哲学批判》(上海三联书店 2005 年版)一书在笔者所追求的这三点上都有所建树。他以感应与心物关系为切入视角,以"一几二用"的生存结构统摄牟宗三的整体思想,并以"感"为坐标将其放置在中国哲学的演进与中西哲学比较的背景中加以考察,进而提出自己对感应与心物关系的理解,然后基于此来反思、批判牟的理解。若非要以挑剔的眼光来看,只能说以"感"编织成的坐标系还是显得有些单薄。

唐文明《隐秘的颠覆》(生活·读书·新知三联书店 2012 年版)一书,将牟宗三的工作定位为以西方现代性的观念来"颠覆"传统儒学,而他自己则站在反思现代性的立场上(作者自称是"一个从传统来看更为纯正的儒家立场上")并以此为视角,在伦理学方面批评牟对儒家伦理精神的道德主义约化,以美德伦理学批评牟的自律道德,从形而上学层面批评牟的良知本体其实是为现代人本主义张目,并有援佛耶入儒之嫌,在历史哲学和政治哲学层面则批评牟为儒家提供的当代发展方案已落入西方自由主义的窠臼。全书立场鲜明、思路清晰,作者虽然对牟持批判态度,但对牟思想的理解却是比较到位的。尽管笔者并不赞同这种过于保守的文化立场,但依然欣赏这一研究方式与成果。

张晚林《"道德的形上学"的开显历程》(中国社会科学出版社 2014 年版)一书在"简明利落地把握牟宗三的整体义理建构"这一方面做得十分突出。张晚林以牟宗三哲学中所本有的"尽材""尽理""尽性"三精神来概括牟精神发展的三个阶段,又以黑格尔精神哲学中的"主观精神""客观精神""绝对精神"来诠释之,并着重挖掘了牟在精神圆成方面的贡献。这样以黑格尔为视角来看牟宗三,也就从整体上对牟宗三哲学实现了"能入能出"的把握。当然,若是能够在运用这一视角解析牟宗三的同时,对黑格尔精神哲学本身进行一些再反思,使黑格尔与牟宗三之间形成有效的对话,而非只是证明牟宗三的精神发展符合黑格尔所指出的道路,那便更加完美了。

港台方面,冯耀明是少有的运用分析哲学的方法考察牟宗三思想的学者,值得我们特别关注。在《"超越内在"的迷思》(香港中文大学出版社 2003 年版)一书中,冯氏运用逻辑分析的方法对牟宗三的论证方式与思维模式,特别是其中的种种"玄谈",包括"非分别说""逆觉体证""智的直觉"等,进行了详细的逻辑分析,指出其中大都不自觉地运用了一种"超越论证"(transcendental argument)的方法,而这种方法在逻辑上并不是可靠的。

谢大宁也是较早自觉地进行"能入能出"式研究的学者之一,在《儒家圆教底再诠释》中,他明确提出"本书之尝试作为牟先生之学的再诠释,……笔者乃是自觉地随顺牟先生的诠释方法,而尝试以一种进入其系统内部改变其诠释的方式,来建立笔者的再诠释",并指出"本书终将预示着'接着牟宗三讲'之时刻的早日到来"(《儒家圆教底再诠释:从"道德的形上学"到"沟通伦理学底存有论转化"》,台湾学生书局 1996 年版,序言)。作者对牟宗三的圆教思想进行了考察,指出"由于圆教之所以为圆教的哲学模型必须(转下页)

研究目标。

二、以"心物"范畴思考如何与世界"打交道"

　　有了研究目标,还要有研究抓手。牟宗三哲学是"古今中西"之争的产物。近代以来的中国人对自身文化传统的反省、理解都是伴随着对西方文化的消化、吸收而同步进行的。在这横向的学习西方文化与纵向的反思自身传统的过程中,古与今、中与西的关系被交织在了一起,"古今中西"之争成为近现代(乃至今天)思想文化领域中的核心议题。①依照中国传统哲学中的范畴而言之,对"古今中西"之争的思考是可以放入"心物"关系这对范畴中来进行的,心物关系也是现代中国哲学对话西学时的核心问题。只不过,我们需要对这对范畴所显示的理

　　(接上页)依本于天台的思路,而牟先生从未依天台思路以说儒家圆教"这一问题,并在吸收海德格尔与哈贝马斯思想的基础上,提出要将儒家圆教建立在"沟通伦理学之(海德格式的)存有论转化"上。当然,谢氏这种对牟思想的反思与再诠释还是局部性的。

　　林安梧则是全面而系统地对牟宗三哲学进行了考察。林氏认为牟宗三哲学是现代新儒学发展的高峰,牟对儒学完成了"形而上的保存",从而稳定了"道德主体",力图拯救近代以来中国人的心灵危机。但是,其思想也存在着诸多限制。具体包括:太强调道德主体,从而窄化了儒学的多元发展;忽略了中国传统中"气"的重要性,从而使心性主体纯粹化、形式化;忽视了社会历史总体与儒学的实践性;基于"坎陷论"的"开出论"只是"超越的统摄",而忽略了实际的发生,等等。基于这些判断,林氏进一步提出,在哲学进路上,要扭转牟宗三的意识哲学(心学)与主体性哲学而为"身心一体之学""场域哲学";在义理架构上,要"由牟宗三的'一心开二门'再返回熊先生的'体用合一'的格局,进而再返回王船山的'乾坤并建'的格局",也就是从"两层存有论"发展为"存有三态论",归回"一个总体的生活世界";并在思想发展脉络上,编织了一条由"传统儒学"到"新儒学",再由'新儒学'过渡到'后新儒学',由'心性修养'转到'社会正义',建立'公民儒学'的儒学发展道路(林安梧:《牟宗三前后:当代新儒家哲学思想史论》,台湾学生书局2011年版,序言)。视野宏大,富有创新。特别是他提出的,从意识哲学(心性之学)转为"身心一体之学"的致思方向,亦为笔者所吸取。当然,若单从牟宗三研究的角度而言,其也存在着忽视牟宗三早期逻辑学与认识论思想等问题。

　　①　冯契指出:"中国近代经历了空前的民族灾难和巨大的社会变革,'中国向何处去'的问题成了时代的中心问题。……这个时代的中心问题在思想文化领域中表现为'古今中西'之争,那就是:怎样有分析地学习西方先进的文化,批判继承自己的民族传统,以便会通中西,正确地回答中国当前的现实问题,使中华民族走上自由解放、繁荣富强的道路。……可以说'古今、中西'之争贯穿于中国近现代历史,今后若干年这个问题大概还是社会的中心问题。"(冯契:《认识世界和认识自己》,《冯契文集(第一卷)》,华东师范大学出版社1996年版,第4页。)

论关切作一番交代。

　　按照以往的理解,"心物"关系被视为认识活动中的最基本关系。这种说法本身没有问题,但关键在于,如何理解这里所说的"认识活动"。伴随着科学的发展,西方近代哲学发生了所谓"认识论转向",使得哲学对"认识"的理解逐渐趋于狭隘。这种理解,总的来说是主客二元论下的表象主义,即认识是内在心灵对外部对象的表象(罗蒂对近代认识论基本特点的勾勒)。在此基础上,对认识的理解进而又表现出客观主义(即所谓"没有认识主体的认识论",这是波普尔的著名观点)与命题化(即将知识的基本特征视为能用命题这种语言形式来表达的,逻辑实证主义是这一主张的代言人)等倾向。这样一来,认识活动完全被窄化为了"知识论"。在这种理解中,对认识活动的考察就无法和人的在世生活相贯通。"认识"成为了站在"冰冷的"世界之外的人对世界的冷眼旁观。然而实际上,认识活动与人的生活,认识论与生存论是难以完全分离的,二者在现实上总是互融的。这种现实上的互融关系,要求我们将认识论与存在论相互贯通,作为一个整体来考察,突破近代知识论形成的对认识的窄化,从广义上来理解认识活动。考察海德格尔的"领会"(Verstehen、Verstand)概念,有助于我们达到这一目的。

　　德文 Verstand 是动词 verstehen 的名词形式。其中,Verstand 一词是近代西方认识论中的一个重要词汇,即"知性",在康德那里,它表示先验自我意识产生和运用概念(范畴)对对象进行判断的能力。Verstehen 则是狄尔泰"体验诠释学"中的重要词汇,即"理解"。它作为一种与自然科学方法之"说明"相对应的精神科学的独特方法,是通过可感知的外部表现去把握不可感知的内在精神性体验。到了海德格尔那里,Verstand、Verstehen 则都表示"领会",而"领会是此在本身的本己能在的生存论意义上的存在,其情形是:这个于其本身的存在开展着随它本身一道存在的何所在"[①]。至此,Verstand 不再是作为主体的人的

　　① 海德格尔:《存在与时间》,陈嘉映、王庆节译,熊伟校,生活·读书·新知三联书店 2012 年版,第 168 页。

认识活动,而是此在的存在方式和展开状态。领会总是对存在的领会,这种对存在的领会构成了此在的生存论环节,即此在总是以对其存在有所领会的方式而存在,领会与现身是此在"组建此在去是它的'此'的两种同等源始的方式"。①领会作为一种一般意义上的认识,既是存在(此在)的领会,又领会着存在。由此,我们可以将这种领会视为一种存在论意义上的认识,这种认识与存在具有同等源始的地位,正如此在是同时作为领会与现身的在此。在这基础上,作为某种特定认识内容的常识、科学乃至传统形上学都可以视作对存在之领会的形态。这就是说,领会对此在而言是根源性的,是此在其他一切可能性(当然也包括一切特定意义的认识)的开端,一切解释都基于领会。而作为存在论意义上的认识,领会不同于传统认识论重视认识的理论维度和明述维度的偏好,更多地展示出实践性和默会性的特点。总之,海德格尔的"领会"概念突破了近代西方认识论对"认识"理解上的种种限制,为我们展示了认识更为丰富的向度。"认识"不仅仅只有知性的、解释的、理论的、命题的这些形态,也可以是而且从根本上是生存论的、实践的、默会的。

与"领会"概念遥相呼应,先秦思想中有"知接"概念。先秦典籍中常有以"接"训"知"的例子:《吕氏春秋》中有一篇便直接以《知接》为标题;《庄子·庚桑楚》中有"知者,接也"之说;《墨辩·经上》则说:"知,接也"。这里的"知"可以理解为"打交道",即俗话说的"接人待物"。贡华南考察先秦"知接"概念的含义后指出:"将'知'训解为接交,首先是指'知'与人的实践活动相关联,这表明'知'本身就具有我们今天使用的'行为'之意。……这个概念一方面是说'知'本身就是人与其他存在者之间接交活动之一种;另一方面,'知'的内容是对完整的接交活动的'知',或者说,是对存在者及其存在关系的'知'。人的存在就展开于与世界、他人的交往之中,所以,此'知'随着人的存在的展开而展开、呈现。"②"知接"

---

① 海德格尔:《存在与时间》,陈嘉映、王庆节译,熊伟校,生活·读书·新知三联书店 2012 年版,第 155 页。

② 贡华南:《知识与存在——对中国近现代知识论的存在论考察》,学林出版社 2004 年版,导论第 10 页。

概念向我们展示出的中国传统对认识活动的理解，同样包含着存在论前提与生存论意味，这与海德格尔的"领会"一样都不只是指对客观实在之自在的特性做实证科学式地把握，而更多地体现为"人生在世"的方式。以"知接""领会"为方式去"认识"，即是我们所说的广义的认识，若用日常语言说，就是回答我们如何与世界（包括他人、自己与其他存在者）"打交道"。

因此，作为思考"古今中西"之争切入点的"心物"关系，既不是一对本体论的范畴，去回答是"唯心"还是"唯物"的问题，也不是一对狭义的认识论范畴，去回答心如何认识外在事物的问题，而是一对生存论范畴，它要回答的是我们如何与外物打交道。作为生存论范畴的"心物"关系，当然是包含认识活动的，但这种"认识"不是与存在无关的那种知性的、理论性的、命题性的形态，而是包含着存在论前提与生存意味的属人的存在展开方式。《庄子·大宗师》里说"有真人而后有真知"，认识的方式以及所知者的存在形态向来就和能知者的生存状态紧密地联系在一起。而作为某种特定认识内容的常识、科学乃至哲学都可以视作对存在之领会的具体形态（正如科学认知式的"冷眼旁观"也是接人待物的一种方式）。在这种理解下的"心物"关系，就走出了狭隘的认识论领域，指向如何接人待物、与世界打交道的广阔天地。对此打交道活动的反思，就是哲学活动。因此，对"古今中西"之争这个现时代思想界的核心问题在"心物"关系层面进行反思，就意味着在"古今中西"之争的大背景下去考察人与世界打交道的方式。这也是"心物"关系范畴之内涵在近现代中国哲学中的新展开。

古往今来的东西方人，以何方式展开自身？以何种方式对待他者？在这种打交道的过程中，物向我们展示出怎样的形态？人又是以怎样的存在状态使物如此这般地向我们展现？不同的打交道方式又给我们带来了哪些后果？我们应该采取怎么打交道的方式来应对这个时代？在本书中，我们就将以这些问题去追问牟宗三的答案。

牟宗三自述，他不是这个时代的参与者，而是这个时代的一个旁观者，是在闹中取静，默默耕耘，去观察、感受、反思这个时代。但他一生念兹在兹，都在思考着一个问题，即"反省中国之文化生命，以重开中国哲学之途径"①。而这种"反省"与"重开"工作，又是配合着对西方思想的理解来完成的。因此，牟宗三那看似晦涩艰深的哲学体系的背后用心，正是要在哲学层面上回答"中国向何处去"这一时代的中心问题，以解决现时代的中国人如何在"古今中西"之争的大背景下安身立命的问题（也就是如何与这个世界打交道）。从其思考所使用的范畴来看，牟宗三亦自觉地接上中国哲学的传统，以"心物"关系作为中枢。

"心""物"及其关系，一直处于牟宗三哲学的核心位置。围绕着这对范畴，牟宗三在其哲学中形成了三组丰富的概念域，其中不乏原创性的概念。关于"心"的概念域包括：生理自我、虚构我、识心、有限心、执心、客观的心、逻辑我、认识心、知性主体、智心、超越的心、真常心、无限心、良知、知体明觉、一念无明法性心等等。关于"物"的概念域则包括：特体事、现象、物自身、物之在其自己、事（行为物）、法等等。而对于"心"与"物"之间的联系方式，牟宗三又在不同的层面上以统觉、形式直觉、感触直觉、对象化、感应、坎陷、智的直觉、创生、诡谲的即、即具等等来说之。这些概念几乎可以涵盖牟宗三哲学中所有的核心议题。不仅如此，牟宗三建构其理论体系的架构，即所谓"一心开二门"，也正是要从心出发开显出两种（实际上是三种）通达物的方式。牟宗三对心物关系思考的成果，最鲜明地表现为其所构建的一个庞大的"两层论"的"形而上学"②体系，即"两层存有论"。与心物范畴在古代哲学中展现出多种维度一样，这个两层论的形上学体系的构建思路，也体现出了一种将

①　蔡仁厚：《牟宗三先生学思年谱》，《牟宗三先生全集 32》，联经出版事业公司2003 年版，第 75 页。

②　"形而上学"这个词在中国近现代哲学中的含义，一方面受到学界对西方哲学"Metaphysics"翻译与理解的制约，一方面又受到中国传统哲学中道器、理气、体用、有无等范畴的影响，呈现出纷繁复杂的局面。虽然如此，但我们还是可以梳理出该词在中国现代哲学中的两个最基本的内涵：其一是以"存在"为研究对象（但对"存在"一词的理解并不统一）；其二是以求"通"为内在指向。（参见杨国荣：《道论》，北京大学出版社 2011年版，导论。）

存有论①、认识论与道德哲学相结合的思考进路：牟宗三最系统地展示其"存有论"思想的著作《现象与物自身》正是他为讲授"知识论"一课程而撰写的②，而其对本体界的展露正是由道德的进路来完成的。从心物关系的基本形态上说，牟宗三为我们展示出了三种范式，并逐渐将其凝结成"横""纵""圆"这三个带有意象图式性质的概念。"横"表示一种对偶性关系，在这种关系中，心、物并列而成对待；"纵"表示一种创生性关系，在这种关系中，心创生物，物是隶属于心的；"圆"表示一种同体共在关系，在这种关系中，心与物非分别地处于一种"诡谲的即"中。在牟宗三看来，这三种形态（包括其种种变型）基本就囊括了古今中西哲学对心物关系的理解，也就是囊括了古今中西方人与世界打交道的基本方式。

需要特别强调的是，由于"心""物"范畴本身内涵丰富，这里所说作为切入视角的心物关系除了表示处理"人与世界打交道"话题的一对范畴架子外，并没有更进一步的含义预设。这里既没有对心与物本身作具体的规定，如将"心"特指为思维、意识，将"物"理解为自然、广延等，也没有对心物之关系作事先的预定，如将心物关系理解为主客二分。一切都是要随着研究对象本身的理解而展开。值得注意的是，"物（法、境）"范畴在中国传统哲学的使用中含义极广，包括经验中的"实物"、思维或体验中的"虚物"（如性、道）以及"物之意义"，甚至还包含"心"。因

---

① 包括牟宗三在内，大多数中国现代哲学家对"存有论"（Ontology，一般被译为"本体论""存在论"，也有学者译作"是论"）和"形而上学"（Metaphysics）两个概念未作严格的区分。因此，牟宗三的"道德的形上学"又被其称作"超越的存有论"。我们从研究对象的角度出发，在文中也就不对这两个概念作区分了。但严格说来，Metaphysics 与 Ontology 是不同的，Ontology 可以被视为 Metaphysics 的核心部分，但后者的外延要大于前者，还包含宇宙论与价值观等等。若按照 Ontology 在西方哲学的含义，特别是考虑到它与印欧语系中系词（希腊文 on，英语 Being、德文 Sein）的密切关系，严格地说，中国传统哲学中就没有 Ontology 这种把系词"是"以及分有"是"的"是者"通过逻辑的方法构造成体系的思考方式。（参见俞宣孟：《本体论研究（第三版）》，上海人民出版社 2012 年版，第三章。）但在现代中国哲学中，"存有论""本体论"已经在相当程度上中国化了，和传统哲学中的"本体""有""生生"等概念的含义纠缠在了一起。

② "本书是吾所学知者之综消化，消化至此始得一比较妥贴之综述。综述之起因由于一时忽而想到，初无预定之计划。1972 年秋为诸生讲知识论一课，颇觉为难，将如何讲授呢？乃始将吾平素所思者作一系统的陈述，此或许可给诸生一大体之端绪。"牟宗三：《现象与物自身》，《牟宗三先生全集 21》，联经出版事业公司 2003 年版，第 3 页。

此,心物关系在某种意义上也可以看作心的展开方式,即心以何种态度对待物,或者说心以何种态度与世界(包括自己)打交道。①

总之,以"心物"关系为主线去考察牟宗三哲学,既是由我们自己的问题意识——追问牟宗三对"古今中西"之争在哲学层面上所表现出来的"人与世界打交道之方式"这一问题的思考——而形成的,也符合牟宗三哲学自身的思想主题。

三、基本思路及其合法性

本书以"心物"关系为切入点进入牟宗三哲学,首先将牟宗三哲学中蕴含的三种基本的心物关系结构,即"横摄"(心物对偶)、"纵贯"(心创生物)、"圆具"(心物非分别),透过其原有的讨论语境(两层存有论)而梳理出来。其中,"执的存有论"中的心物关系包含"感性主体"与"现象"、"认识主体"与"现相"这两个层面,其基本关系是"对偶性"的。"无执的存有论"中的心物关系表现为"非对偶性"的"无限智心"与"物自身"的关系,这种"非对偶性"关系又可进一步地分为实体—主体主义的"纵贯—隶属"关系与生机主义的"圆具"关系两种。以上这三种结构,可视作牟宗三进行哲学思考的一套思想范式,能运用于其思想的各个方面,且牟对心物关系的思考表现出一个从"横"到"纵"再到"圆"的演进过程。

接着,本书借用李泽厚的"文化心理结构"概念,将这三种基本心物结构定位为一种对深层"文化心理结构"的揭示。关于这结构的来源,本书加入了牟宗三哲学中所缺失的"身体"维度,强调感官感知对于心物双方的优先性,提出"感知塑理知",认为思想中心物关系的结构在其

---

① 值得一提的是,牟宗三的同道好友唐君毅就直接自觉地以"心境关系"来构建自己的哲学体系。我们这里所谓的"心物关系"就大体相当于唐君毅所说的"心境关系"。其所说之"心灵"即是一"有生命能存在之心灵",也是"言生命之为一生而更生之一次序历程",又是"有居内而通外以合内外之种种义说"。其所言之"境"是合"实物""虚物""物之意义"三者而为一。(参见唐君毅:《生命存在与心灵境界》,中国社会科学出版社2006年版,第1—2页。)

被塑造的过程中,切身的感官感知发挥了重要的作用。感知与思想"异质而同构",我们可以通过对感官感知结构的剖析,更为清楚地展示出心物关系的深层结构。牟宗三哲学中那三种基本心物关系结构,正是分别根源于作为"距离型"感官的视觉、"结盟型"(先有距离而此距离又可被消除)感官的听觉与"交合型"(无距离)感官的味觉。

在此基础上,本书认为可以通过回溯牟宗三哲学话语中的感官隐喻,来重新诠释牟宗三哲学。以这种方法论为指导,笔者认为:对牟宗三哲学影响最大的"纵贯"结构,主要是由"听内心独白"这种感知结构塑造的;牟宗三与康德在人有无"智的直觉"问题上的分歧,是由于在背后支撑康德思考该问题的是视觉性思维,在牟宗三那里则是听觉性与味觉性思维;牟宗三对理性与神秘主义关系的非常理解,也正是由于他所理解的"理性"中蕴涵的结构,并非是单一视觉性(分别性、形式性)的,而是包含了听觉性(超越性),甚至是味觉性(非分别性)的;牟宗三哲学从"横"到"纵"再到"圆"的发展过程,其实正是中国以往思想史发展中"视—听—味"这条感官演进逻辑在现代的重演,且这条演进线索具有世界意义。

由此一来,本书就以"横—纵—圆"这三个带有意象图式性质的概念实现了对牟宗三哲学整体架构的把握,又通过回溯塑造此三者的感官感知方式,以"视—听—味"实现了对牟宗三思想的再诠释。

对于以上研究思路的合法性,可以再作几点说明:

第一,以"心物"关系为主线去切入牟宗三哲学,不仅是由我们自己的问题意识——追问牟宗三面对"古今中西"之争在哲学层面上所体现出来的"人与世界打交道之方式"这一问题的思考——所决定的,同时也是因为"心物关系"本身就切合牟宗三哲学的主题。"两层存有论"若用中国传统范畴来表示,实际上就是两种心物关系论。

第二,我们用以把握牟宗三哲学整体性架构与思想结构的"横""纵""圆"三个概念,本身就是牟宗三自己在说理时常常使用的概念。而且,牟对此三者的使用广泛地涉及其思想的众多方面。我们正是通过对这三个带有意象图式性质的概念中所蕴涵的内在结构进行提炼,然后反作用于对牟宗三思维方式、理论架构的解释。这种以得自研究对象之道而还治研究对象自身的方法,相信能较为贴切、全面地展示出牟宗三自身的思想结构。

第三,感官是我们与世界打交道的必经门户。"谁能出不由户,何莫由斯道也。"心物关系的形成过程,本身就离不开感官感知的作用。牟宗三哲学本身虽然没有注意到这一方面,但这却是我们对心物关系进行再思考所必然要引出的一个维度。西方哲学在"意识哲学""语言哲学"之后所兴起的"身体哲学"已经表明了这一发展趋向。①因此,我们通过"感知塑理知"、感知与心物关系"异质而同构"等解说,将"横""纵""圆"这三个内涵尚显抽象贫乏的概念追溯到其源发处、意涵更加丰富的"视觉""听觉""味觉"感知结构之中,进而将牟宗三哲学中所内涵的"横摄""纵贯""圆具"三结构归于视觉性、听觉性、味觉性结构,以此实现对牟宗三思想的再诠释。在此基础上,我们又通过吸收学界对中西文化中感官等级秩序的研究成果,指出牟宗三的这套思想架构其实是中国思想传统中"视—听—味"这条感官发展脉络的缩影,且其思路可以和以视觉性与听觉性相互摩荡为主导的西方思想形成对话,以此实现对牟宗三哲学在"古今中西"坐标系中的定位。

鉴于此三点,本书虽然最终落实到用感官感知结构来解析牟宗三哲学,但这是基于对心物关系本身的再思考而有理由地达至的,因而是有其义理上的合理性的。通过这种方式,我们也就基本完成了对本书三个研究目标的作答。以"横—纵—圆"三范式,笔者期望能做到"能入";以"视—听—味"三结构,笔者期望能做到"能出"。至于在多大程度上实现了这种期望,立论又能否站得住脚,那就只有交由尊敬的读者来评判了。

---

①　正如张再林指出的:"当代人类哲学也正处于这样一个'范式'的转型期,即从现代主义向后现代主义转型,具体来说就是从形而上转向形而下,从思辨世界转向生活世界,从意识哲学转向身体哲学的转型。"(张再林:《作为身体哲学的中国古代哲学》,中国书店出版社 2018 年版,第 294 页。)

第一章 "执的存有论"中的心物关系

"一心开二门"是牟宗三从《大乘起信论》中借鉴出来的一种具有普遍性的哲学架构,来服务于他进行哲学体系之建构与中西哲学之比较。落实而言,"一心开二门"的架构在牟宗三那里就具体落实为一套"两层存有论"体系。这一体系实际上可以被看作对其心物关系思想的系统化表达。在第一节中,我们先对"两层存有论"中的一些基本原则加以说明,以便之后正式进入对心物关系的考察。

第一节 "两层存有论"作为心物关系论

一、牟宗三对康德所判各类"形上学"的消化

在形上学方面的贡献,是牟宗三哲学中最为人所瞩目之处。从世界范围看,自 19 世纪下半叶以来,形上学在西方普遍衰弱,"拒斥形上学""后形上学"的声音层出不穷。然而在中国现代哲学史上,许多哲学家不但肯定了形上学的合法性,而且都自觉地积极寻求建立一套自己的形上学体系。牟宗三所构建的"道德的形上学"(亦称"两层存有论")就是其中的佼佼者。形上学是牟宗三哲学的核心,它不仅是牟宗三哲学思想的集中体现,如牟宗三对逻辑学、康德哲学、儒释道三家哲学的研究成果都能体现在他的形上学中;也是牟宗三思考其他问题(如圆善论)的基础。同时,存有论也是牟宗三哲学中最难以厘清的部分。这里

我们只先就其与康德所理解的形上学的关系作一说明。

在康德看来,"哲学就是有关一切知识与人类理性的根本目的(teleologia rationis humanae)之关系的科学,而哲学家就不是一个理性的专门家,而是人类理性的立法者。……人类理性的立法(即哲学)有两个对象,即自然和自由"①。以是否有感触的成分为分界,康德将一切哲学知识划分为由纯粹理性而来的知识与由经验性原则而来的理性知识,前者即是纯粹哲学,后者则是经验性的哲学。纯粹哲学又包括两个部分,一是对纯粹理性能力本身的批判性考察,二是"纯粹理性的(科学的)系统,是出自纯粹理性并系统关联起来的全部(真实的和虚假的)哲学知识,也就是形而上学"②。对理性能力的"批判"工作只是研究形上学的预备性练习。

在"纯粹理性的建筑术"中,康德集中表述了他对"形上学"(Metaphysics)的各类划分。首先,形上学根据纯粹理性的思辨的运用与实践的运用而分成"思辨的形上学"与"实践的形上学",这亦可对应于理性不同运用之对象而称之为"自然底形上学"与"道德底形上学"(Metaphysics of morals)。康德指出按照传统固有的含义,形上学主要是指"思辨的形上学""自然底形上学",康德亦称之为狭义的形上学。其次,狭义的形上学由纯粹理性的③超越哲学与纯粹理性的自然学组成,"前者只考察知性,以及在一切与一般对象相关的概念和原理的系统中的理性本身,而不假定客体会被给予出来(即本体论);后者考察自然,即被给予的对象的总和(不论它们是被给予感官的,还是被给予另一种类的直观的,如果我们愿意这样说的话),因而就是自然之学(虽然是只是合理的自然之学)"④。接着,纯粹理性的自然学又依理性的使用或为

① 康德:《纯粹理性批判》,邓晓芒译、杨祖陶校,人民出版社 2004 年版,第 633—634 页。

② 康德:《纯粹理性批判》,邓晓芒译、杨祖陶校,人民出版社 2004 年版,第 635 页。

③ 包括牟宗三在内的民国学人,有将"的"字用作形容词词尾,而以"底"字用作所有格语助词这种区分。本书除引文外,一般就直接以"的"或者"之"作为所有格语助词,只是在需要特别强调或者容易产生歧义之处,才用"底"字来作为所有格语助词。

④ 康德:《纯粹理性批判》,邓晓芒译、杨祖陶校,人民出版社 2004 年版,第 638 页。

内在的或为超绝的,而分为"内在的自然学"（Immanent physiology）与"超绝的自然学"（Transcendent physiology）。①其中,前者把内在的自然看作感官对象,而感官又可分为内感官与外感官,因此,纯粹理性的内在的自然学又分为"理性物理学"与"理性心理学"。再次,与内在的自然学相对应,纯粹理性的超绝的自然学可分为"理性宇宙论"与"理性灵魂论"②。最后,当超绝的自然学以一种外部的联结为对象,即整个自然与一个自然之上的存有者的联系的自然学,也就是关于上帝的超越的知识,由此还有一"理性神学"。综上,康德所说"思辨的形上学"包括:1.本体论（Ontology）;2.理性自然学（包含理性物理学与理性心理学）;3.理性宇宙论;4.理性灵魂论;5.理性神学。

对于这五个部分,牟宗三先是将它们分为三类:

> （1）超越的哲学、纯粹知性底分解、现象界的存有论,海德格名此曰"形上学通论"。（2）现象界的存有论所厘定的现象的（内在的）理性心灵学与理性物理学,此亦总曰"内在的自然学",或"内在的形上学"（immanent metaphysics）。（3）本体界的理性的心灵学（超越的灵魂论）、理性的宇宙学（关于世界之超越的知识或超越的世界学）、理性的神学（关于上帝之超越的知识或超越的神学）,此则总曰"超绝的自然学",或亦曰"超绝的形上学"（transcendent

---

① 关于康德哲学中"a priori""transcendental""transcendent"这三个词,牟宗三分别翻译为"先验的""超越的""超离（绝）的";邓晓芒、李秋零均译为"先天的""先验的""超验的"。笔者更赞成后者。但是考虑到研究对象,**本书对这三个词的使用是这样的:**在对牟宗三的思想进行文本梳理时（主要是在前两章）,若给出的引文中涉及这些词汇,那么下文就依牟宗三的翻译为准,即以"先验的"表示"a priori"、以"超越的"表示"transcendental"、以"超离（绝）的"表示"transcendent";而在对牟宗三的思想进行再诠释时（主要是最后三章）,就依大陆学界通常的翻译,即"先天的"表示"a priori"、以"先验的"表示"transcendental"、以"超验的"表示"transcendent"。此外,由于牟宗三不仅在认识论范围内使用"超越的",也在精神层面使用,因此,本书也用"超越的"一词表示精神性的努力与追求、精神境界上的自我提升。当然,本书也在一般的动词意义上使用"超越"一词。

② 康德在"纯粹理性的建筑术"对形上学的分类中,没有提到"理性灵魂论",但依照其在"超越的辩证论"中所论的三个超越理念,这里应该有一超越的心理学。牟宗三对此亦有说明。参见牟宗三:《现象与物自身》,《牟宗三先生全集》21卷,联经出版事业公司2003年版,第36页。

metaphysics)。海德格名此三支曰"形上学各论"（metaphysica specialis，special metaphysics)。①

关于"超越的哲学"，牟宗三解释说："所谓'超越的哲学'即是'纯粹知性底分解'，分解之以显露那作为'可能经验一般底形式'的范畴。这些范畴就是知性底纯粹概念。知性亦有其原则，这些原则只是为对于现象底解释而有的一些规律。知性底这些概念与原则其关联于对象只是关联于'对象一般'，而不论及对象之可被给与。论及对象之被给与者是感性论。知性底作用只是统思，即以这些概念与原则先验地去统思一切现象（所谓对象一般）之普遍的性相，概念应用时所显的普遍性相，以及在原则底指导下解释现象所解释出的普遍性相。此即是康德所说的'超越的哲学'。"②这种以范畴为核心，研究存在之普遍性相的存有论，正是 ontology 的本义，牟宗三也说："范畴亦曰存有论的概念。范畴学即是存有论也。"③严格地说，在西方传统哲学中，Ontology 就是一种以系词"是"为核心，将"是"以及分有"是"的"是者"通过逻辑的方法构造成体系（即范畴体系）的思考方式，这是西方思想的独特之处。俞宣孟指出，"本体论在西方称为第一哲学，或哲学中的哲学，在形式上，它是以'是'为核心范畴逻辑地演绎成的纯粹原理体系，英文的名称叫做 ontology，直译可作'是论'"④。这种"是论"本身虽然不涉及具体的存在，但它却必将作用于具体的存在，这部分工作在康德那里是由"纯粹知性概念的超越演绎"来完成的。这就意味着，存在与知性的范畴（亦可说语言的逻辑形式）具有相同的结构，存在之存在性是不能离开范畴和逻辑得到规定的。也正因为如此，牟宗三将"超越的哲学"与"内在的

---

① 牟宗三：《现象与物自身》，《牟宗三先生全集》21 卷，联经出版事业公司 2003 年版，第 37 页。

② 牟宗三：《现象与物自身》，《牟宗三先生全集》21 卷，联经出版事业公司 2003 年版，第 34 页。

③ 牟宗三：《圆善论》，《牟宗三先生全集》22 卷，联经出版事业公司 2003 年版，第 327 页。

④ 俞宣孟：《本体论研究（第三版）》，上海人民出版社 2012 年版，"前言"第 15 页。

自然学"一同归属于他所说的"执的存有论"中,在这一层存有论中,存在物是以"现相"的身份出现的。

至于"超绝的形上学"部分,理性宇宙论、理性灵魂论、理性神学都已被康德所驳斥,康德在"超越的辩证论"中破除了一切妄图建立构造的思辨的形上学的主张。《纯粹理性批判》在形上学方面的全部工作即可说是将思辨理性关涉的形上学问题限制为仅仅是轨约的(范导性的),而替构造的(建构性的)实践的形上学留下地盘。这地盘在思辨理性中即表示为"智思界"。纯粹理性在实践领域中可以做到其在理论领域无法做到的事,因为只有在实践的领域内,理念才有其自身经由道德实践而产生的决定的对象,而就理念由思辨理性产生而言,其不过是悬而未决的智思物。依康德,要建立构造的实践的形上学,其关键在于说明"自由"如何从一个思辨理性之纯粹理念而在道德实践中获得其客观实在性。但正是这一步关键的工作,在牟宗三看来,由于康德不承认人有智的直觉,从而使得"自由"成为一设准而不能呈现之,也就是没有实在性,因此康德没有充分地作成"超绝的形上学",只作成了"道德底形上学"(这里"形上学"只是借用,其实只是对"道德"概念进行形上的解释,以说明其先验性)与"道德的神学"。牟宗三自谓依中国哲学的传统,肯定人有智的直觉,肯定人有无限智心,将自由、灵魂不朽、上帝三理念通而为一,充分作成了"超越的形上学"(在道德实践中则为内在的)即"道德的形上学"(Moral metaphysics),在"执的存有论"之外又建起一"无执的存有论",此中存有物是以"物自身"的身份出现。物自身是超感触的智思物之一,而在一般的理解上,超感触的东西才是形上学的研究对象,因此,牟宗三说"只无执的存有论方是真正的形上学"①。

若放眼西方哲学史,就形态而言,传统形上学大体以"宇宙论""是论"与"神学"这三种形态出现。其中,"宇宙论"(Cosmology),如古

---

① 牟宗三:《现象与物自身》,《牟宗三先生全集》21卷,联经出版事业公司2003年版,第41页。

希腊的自然哲学,是探寻世界从何而来的理论,它以"生成变化"(Becoming)为对象,追寻万物的起源及生成变化的本原与秩序。"是论"(Ontology,又译作存在论、本体论、存有论),是探寻世界的纯粹逻辑性构造的理论,它以"是"(Being)为对象。"神学"则涉及对"最高种类的存在""不动的推动者"以及"第一原理、第一因"等问题的讨论,在近代哲学中又常以"实体论"的形态出现。从牟宗三的"两层存有论"来言,其中,"执的存有论"是将知识论与"是论"相结合的产物。俞宣孟在区分"宇宙论"与"是论"时指出:"自然哲学、宇宙论都是有特定的研究对象的,因而是、或最终可以是经验的;本体论作为纯粹的哲学原理,则不以任何特定事物为对象,因而只能是在经验之外的,是逻辑的。"①"执的存有论"既讨论识心之执的逻辑意义(即知性的逻辑性格),也讨论识心之执的存有论意义,即逻辑概念如何同时具有存有论性格而作用于经验性材料之上。这种存有论描述的是一幅由逻辑而来的范畴体系作用于经验性材料而"制造"现相的图景。"无执的存有论"则可以看作"宇宙论"与"实体论"相结合的产物,故这种存有论亦被牟宗三名之为"本体宇宙论"②。此中"本体"即指形而上的实体③,亦即最高的存有、终极原因,落实之则是无限智心。由于这种存有论为我们呈现出的是一幅良知"创生"作为道德价值的物自身的图景,因此,它就同时具有生存论的意义,并成为一种与西方传统形上学形态均有所不同的新形上学形态(执的存有论在西方则有相类似的理论形态),我们可以名之为

---

① 俞宣孟:《本体论研究(第三版)》,上海人民出版社 2012 年版,第 21 页。

② 参见牟宗三:《圆善论》,《牟宗三先生全集》22 卷,联经出版事业公司 2003 年版,第 328 页。

③ 牟宗三所说的"实体",与西方近代以来所说的"实体"概念是有很大不同的。盛珂指出:"牟先生名之为超越实体者,仍然要放在中国哲学的语境之中,仍然要放在天道性命通而为一的结构之中去看。牟先生依于中国哲学的立场,所反复论述的超越之本体的唯一特质在于其'创生义',即在道德实践领域不间断的道德创造之行为,在存在领域同样亦是不断的创造性,除此之外,别无西方本体论意义上的实体义。在这个意义上,我们并不能简单的将牟先生对于超越实体的坚持归结为一种前现代的固执。牟先生虽然使用了本体论的语言,然而其内涵则并非那么简单,而是要放到天道性命通而为一的理论结构之下,才能得到妥帖的理解。"(盛珂:《牟宗三"逆觉体证"的基础存在论及其对海德格的批评》,《中国哲学史》2010 年第 4 期,第 128 页。)

"意义的形上学"。闵仕君曾指出："牟宗三所建构的道德形上学便可以看作是后形而上学时代重新构筑意义本体的尝试"①，这种"意义本体论则表现出了对人类存在及其命运的深沉关切，是一种终极关怀意义上的形而上学"②，这是有见地的。此外，若就研究的问题而言，传统形上学则主要表现为："一是研究作为世界的逻辑结构的范畴体系，一是研究超验的实体的理论。"③前者即是"执的存有论"所讨论的问题之一，后者是"无执的存有论"所要探讨的，而要展露这超绝的、本体界的实体就必须依道德的进路。

总之，牟宗三用"两层存有论"的形上学架构对康德及其之前的各类形上学进行了去芜存精地收摄，并在此基础上构建起一套不同于西方传统的形上学之新形态。

二、以"心"定"物"的存有论

在牟宗三哲学中，"存在"（existence）④与"存有"（being）两词是有所区别的，其区别有两方面：一是前者指具体地存在于世界中、有时空性的、可被感触直觉到的东西，后者指抽象的、只能被思想到的东西⑤；二是前者指事物存在之然，即事物的现实存在，后者指事物存在之所以然，即事物存在之存有性。牟宗三说："存在了的物之存在性亦曰存有

---

① 闵仕君：《牟宗三"道德的形而上学"研究》，巴蜀书社 2005 年版，第 19 页。
② 闵仕君：《牟宗三"道德的形而上学"研究》，巴蜀书社 2005 年版，第 18 页。
③ 张志伟主编：《形而上学的历史演变》，中国人民大学出版社 2016 年版，第 9 页。
④ 通行的《纯粹理性批判》英译本中，"Existence"一词指代了康德哲学中"Dasein""Existenz"这两个词，前者可翻译为"特定存在""定在"，后者可译为"实存"，均表示在时空中的现实的（wirklich）存在，牟宗三均以"存在"翻译之，这没什么问题，也符合他对"存在"一词的界定。但牟宗三同时又把"sein"也译为"存在"，这就容易引起混淆了。康德明确地指出，"sein"只是一个实在的谓词并不是现实的存在。

另外，本文对牟宗三所使用的哲学术语的外文标注中的英文部分，参考了刘爱军编写的"汉英术语对照表"（见刘爱军：《"识知"与"智知"：牟宗三知识论思想研究》，人民出版社 2008 年版，第 384—414 页），与康德哲学相关的重要术语则标注出了德文。

⑤ 参见牟宗三：《中西哲学之会通十四讲》，《牟宗三先生全集》30 卷，联经出版事业公司 2003 年版，第 174 页。

性或实有性。讲此存有性者即名曰存有论。"①因此,在牟宗三那里,"存有论"被规定为对于存在物讲出一套说明其之所以存在道理的学问。简言之,牟宗三的存有论就是关于"存在者如何存在"的学问。

牟宗三又指出,我们面对同一存在者可以讲出两套不同的存有论,一是就存在者而内在地分析其存有性,即分析其如何被构造之可能性的条件,牟宗三名之曰"内在的存有论";二是就存在者而超越地明其所以存在之理,即明其如何被创生,牟宗三名之曰"超绝的(transcendent)存有论"。单就后一种存有论而言,人们很容易将其联想为一种"宇宙论"或"神学"。然而,牟宗三"超绝的存有论"既非讨论某种或某些"本原"如何分化演变成宇宙万物的宇宙论,亦非肯定一个能创造万物的无限性的个体存有的神学。其不同在于,"超绝的存有论"虽是对着存在物而言的,但并不是对着该物之为被感触的存在方面而立论的。换句话说,存在物可有不同的面貌。这存在物的不同面貌,并不是从存在物方面来分别的,而是从心的方面被确立的,即不同的心灵能力会使物呈现出不同的面貌。这里有康德批判哲学的洞见在。

康德扭转了西方人以往的思维定式,即从认识必须以对象为准转变为对象必须以认识能力为准。如此一来,对一物具有不同面相如何可能、条件何在的探究,就从外在客体上的考量转移到了对于主体心灵能力的考察工作上来了。康德对心灵的全部能力,包括人的认识、情感、欲求能力,以及其各自的先天原则与应用范围,都进行了影响深远的探究。牟宗三则接续康德的工作,并结合中国哲学的传统,将人类的全部心灵能力概括为"执"与"无执"两大方面。"执心"即"识心""有限心",包括康德所说的感性与知性,无执的心即"智心""无限心",与康德所说的理性的实践运用有关。

以心灵的不同能力为依据,牟宗三区分了两种"存有论",即"执的存有论"与"无执的存有论",而上文提到的"内在的存有论"与"超绝的

---

① 牟宗三:《圆善论》,《牟宗三先生全集》22卷,联经出版事业公司2003年版,第327页。

存有论",正是标识着执心与无执心所起作用的范围。"内在的"(imannent)即是经验范围内的,亦即在"现象界"之内的;而"超绝的"也就是完全脱离经验的,即超离于"现象界"而进入了所谓的"本体界"之中。同一存在物对于不同的心灵能力,可有两种不同的身份,即对于识心作为"现象界"的一员,对于智心作为"本体界"的一员。

关于"心"的不同形态呈现出不同形态的"物",牟宗三还作过一个简要的概括,即"(1)知体明觉之真我,此由智的直觉以应之;(2)认知我,此由形式直觉以应之;(3)心理学意义的虚构我,此由感触直觉以应之"①。与"真我"相对应的物的形态是"物自身",两者以"智的直觉"相应之,属于"本体界";与"认识我"相对应的物的形态是经范畴整理的对象,两者以"形式直觉"相应之;与"虚构我"相对应的物的形态是经验性的杂多,两者以"感触直觉"相应之,后两者又共同构成"现象界"。因而,"执的存有论"与"无执的存有论"之别是从心的方面所作的区分,而从物的方面说,牟宗三又称为"本体界的存有论"与"现象界的存有论"。而对于"本体界"与"现象界",牟宗三又称为"智思界"与"感触界"。②

依牟宗三对心物关系思考的理论成果看,他是以真我为出发点,"先立乎其大者",自上而下地由真我坎陷出认识我及假我而展开其体系的;但是,依其个人思考的历程看,他是以"认识我"为起点,"穷智见德",自下而上地由认知我提升至道德主体而完成其思想历程的。笔者后面的考察即以牟宗三的思考历程之顺序为准。

关于"现象界"("感触界"),实际上包含两个层次,即康德所说的"Erscheinung"与"Phänomen"。牟宗三解释说:"appearances 比较是停于主观状态中,因此译为'显现的东西'(现象)。现于感性主体者即为显现的东西。当依范畴而思之时,则即客观化而为一决定了的对象,此即名曰 phaenomena,因此,此词译为'法定象',即为法则性的概念所决

---

① 牟宗三:《现象与物自身》,《牟宗三先生全集》21 卷,联经出版事业公司 2003 年版,第 170—171 页。

② 牟宗三:《现象与物自身》,《牟宗三先生全集》21 卷,联经出版事业公司 2003 年版,第 38、46 页。

定的对象,故比较是客观的。……'法定象'在第二版中康德亦名之曰
'感触物'。"①虽然有此分别,但牟宗三在许多情况下还是将两者皆称
作"现象"。为了明确区分两者,我们在本章接下来的论述中将"Ers-
cheinung(appearance)"译作"现象",表示未经范畴整理而初次显现于
感性中的东西;将"Phänomen(phaenomena)"译作"现相",表示经过范
畴整理的我们知识的客观对象。②现象是感性活动的结果,是经验性的
直观中的未被规定的对象。感性具有一种表象的能力,这种表象能力
也就意味着"存在者如何向我们呈现""存在者如何给予我们"。存在者
如何向我们呈现、如何给予我们,同时就意味着存在者如何存在,也就
是个存有论问题。因而,康德的"超越的感性论"同时就是一种存有论,
牟宗三译为"超越的摄物学",表示心灵随感性而摄取以成"现实的东
西"(Das Wirkliches)。"执的存有论"就是奠基于感性能力(他称之为
"感性主体"),故他常以"感触界"称之。

不仅现象与感性能力紧密相关,现相也与感性能力不可分离。现
相与现象的不同在于,现相是现象经过范畴整理之后的客观对象。也
就是说,现相是由感性而显现并为知性所决定的,是感性与知性能力共
同作用的结果。不过,虽然有知性能力的加入,但现相界依然可以直接
被称为感触界。这是因为,知性只能用于思考对象,而不能给予对象,
它所思考者是感性所给予的。因而,知性用于整理现象所立之法,即作
为纯粹知性概念的范畴,只能有经验的运用,只能运用于一切可能经验
之上,超出可能经验领域,即可感触的领域,这些法就不再适用了。此
外,知性还可以提供一个先验对象的概念,但这个先验对象的作用也仅
仅是用来把握感触直观所提供的材料(即现象),而不能有其他方面的
作用。总之,知性虽然与感性是不同的心灵能力,但知性并不为我们提

---

① 牟宗三译注:《康德〈纯粹理性之批判〉(上)》,《牟宗三先生全集》13 卷,联经出
版事业公司 2003 年版,第 482—483 页。

② 不讨论认识论话题则不需要专门作此区分,因此在其他章节中,除个别地方因
涉及认识论确实有此分别之必要外,一般就按照学界习惯只笼统用"现象"一词表示感触
物、经验物,而使用"现相"的地方主要是为了凸显经验中视觉性活动的隐性在场,强调现
象(相)向人呈现与视觉活动的联系。

供出一种不同于"现象"的存在者,而只是对感性提供出的存在者进一步加工整理,使之具有"客观性",成为知识论的对象、科学的对象。

那么,除了感触的存在物之外,有"超感触的东西"存有吗? 如果有,超感触界的东西如何有其存有性? 其可能的根据、条件是什么呢? 康德是承认有超感触的东西存在的,因为正是超感触的东西才构成道德和宗教的基石。他对感性与知性能力之条件与限制的研究,正是为了给超感触的东西的存有留下地盘。康德通过对感性能力的批判性考察,在"超越的感性论"中给出了"物自身"存有(即抽象的、可思议的"有")的理由,通过对知性能力的批判性考察,在"超越的分解论"中给出了"智思物"存有的理由。某种意义上,《纯粹理性批判》的最重要成果,就是论证了现象与物自身的超绝的区分,以及将所有一般对象区分为现相与智思物的理由。成立"智思物"概念,就意味着推翻了极端的经验论、感觉论,包括在牟宗三求学时期十分流行的极端逻辑经验主义者认为的一切超感触物都是无意义的主张。因而也就限制了科学主义的态度,为传统的心性之学留下了地盘。这也是牟宗三以康德哲学作为会通中西哲学之桥梁的原因所在。

"物自身"(Ding an sich selbst),牟宗三又译作"物之在其自己",它即是由呈现于感性的现象而思其在其自己之本来面目而确立的,抑或是由有显现之相必有显现者而推出的,故物自身也属于"智思物"。对于"智思物"(Noumena)①,"可依二义定:一、它不给予于感性主体;二、

---

① "Noumena"一词,直译即是"本体",大多数中译本均以此译之。牟宗三认为,译为"本体"容易使人与前康德的传统形而上学所言之"Substanz"以及形上学的实体(即终极原因、最高存在)相混淆,故不取(参见牟宗三:《现象与物自身》,《牟宗三先生全集》21 卷,联经出版事业公司 2003 年版,第 46 页)。但他在有些地方也用过"本体"这个译名,此外在个别地方还译作"物自体""本自物"。之所以译为"智思物",则是根据康德本人所标注的拉丁文而来的。牟宗三在与刘述先讨论"智的直觉"的信函中也明确地说:"关于 noumena 一词,我当时实闹不明白究竟当该如何翻译,勉强译为'物自体',心目中是就此词之指'物自身'(物之在其自己)而说。而'物自体'与'物自身'在中文语意上实即为同一。但在康德原文毕竟为两词。故后来经仔细检查,觉得仍照康德自己所说,直译为'智思物'(Intelligible entities)为安。'智思物'照康德书中所呈现或所涉及者而言,当该包括上帝、自由、不朽以及物自身都在内。"(牟宗三:《牟宗三先生论"智的直觉"函》,转引自杨泽波:《贡献与终结:牟宗三儒学思想研究(第三卷·存有论)》,上海人民出版社 2014 年版,第 654 页。)

它为纯智所思之对象"①。先就后一方面而言,它是指能在概念表现中给予我们,或者说能在概念中为我们所意识到的存有。不过,能被意识到的存有又包括两种情况,一是能够必然地为我们所意识的存有,一是不必然地为我们所意识的存有。依康德,必然地为我们所意识与理解的存有,只有物自身、自由、上帝与灵魂不朽。对于我们的理性,此四者的存有是有其必然性的。"智思物"就是指这些虽然不能在感性中给予我们,但却能在概念中必然地为我们所意识与理解的存有。而"智思物"的另一个特点与感性无关,或者说是"超感性的"。牟宗三说:"'智思的'与'感触的'相对,此从对象方面说。'理智的'与'感觉的'(按牟宗三自己对相关概念的界定,这里应该用'感性的'更合适——笔者注)相对,此从主观方面说。"②实践理性之三大设准中,上帝与灵魂不朽都是只可单纯思想的一些完全不是我们感性所能摄取的东西。自由与物自身倒是能在感触界找到某种结果,但这种关系是超越的而非经验的,两者本身并不是感性所能企及的对象,只是在感触界有其必然存在的理由。对于这超感触界,虽不能由感触直觉以具体地朗现之,但依牟宗三之见,人是即有限而可通于无限,在感触直觉外还可有一智的直觉,通过智的直觉便可使超感触界之自由与物自身具体而真实地呈现出来。总之,执的存有论与无执的存有论的区分,在物的方面最终被落实为感触界与智思界的区分,而区分这两界的首要标准在于是否能被感触到,这就又归于心灵的能力上。

综上,牟宗三的"存有论"可以看作一种考察心物关系的理论,即存在者如何向心灵之不同能力展示其存在性。这种考察是以"心"为首出、为核心而展开的。心外无物,离开识心无现象(相),离开真心无物自身。而"心"的不同能力(或者说不同形态)决定了心与物打交道的不同方式,也决定了物的不同面貌。

---

① 牟宗三:《现象与物自身》,《牟宗三先生全集》21卷,联经出版事业公司2003年版,第46页。

② 牟宗三译注:《康德〈纯粹理性之批判〉(上)》,《牟宗三先生全集》13卷,联经出版事业公司2003年版,第496页。

第二节　心物作为"感性主体"与"现象"

在牟宗三那里,存有论说到底无非是关于心物关系的理论。而一般认为,心物关系的最低层次,即表现为"感性主体"与"现象"之间的关系。不过,在牟宗三的一些著作中,这一表现形态还有一个"前奏",即心物作为不能分别的"生理自我"与"特体事"这一阶段。这是牟宗三思考心物关系的开始,也是我们探讨其对心物关系的理解所不能忽略的一层。

一、"生理感"与"感性"

作为"超越的要素论"之一的"超越的感性论",在《纯粹理性批判》中的页数并不多,但分量极重。其中,最为关键之处在于区分了现象与物自身,这种区分是以感性作为一种存有论能力得以实现的。这里首先涉及"感性"与"生理感"的分别。

关于感性、感觉、直观、现象等概念的含义及其之间的关系,依康德解释,简单地说:"感性"(Sinnlichkeit,sensibility)是人类心灵的一种接受性的表象能力;"感觉"(Empfindung,sensation)①是他者刺激我们而作用于感性的结果;经过感觉与对象相关的直观就叫作"经验性的直观",因它其实是"经过感觉与对象相关的直观"②,而被牟宗三称之为"感触直观"(sensible intuition),其中感触(sensible)是感性(sensibility)的形容词形式。从此直观中可以分离出一切感觉的东西与纯粹直观和单纯的形式,即时空;而因人的感性能力而显的对象就是现

---

① 正如有学者已经指出的,在康德的行文中,"Empfindung"常在两个意义上被使用,一是作为结果的感觉,一是作为活动的感觉。牟宗三使用"感觉"一词时,也会不加区分地在这两种意义上切换使用。

② 康德:《纯粹理性批判》,邓晓芒译、杨祖陶校,人民出版社 2004 年版,第25页。

象。①总之,现象是因人的感性能力而显的,感觉、感触、感取(Sinne、senses)②、直观、经验性的,这些概念都是围绕着感性能力而获得其含义的。

感性,作为一种接受能力,它具有被动性,换言之,一定要有他者对它进行刺激,它不能自行创造。但感性同时又作为一种表象能力,它具有将接受的东西呈现出来、形成表象的能力,因此它又具有一种主动性、能动性,是主动地接受。正是这种能动的表象性与被动中有主动的特征,使感性成为一种人的特有能力,而和动物性的本能反应区别开来。对此,黄裕生指出,在康德那里感性与感觉的关系发生了倒转,"不是感觉构成了我们的感性存在,而是我们的感性使我们的感觉成为可能,使我们的一切感觉是一种人的感觉,而不是动物的感觉。动物的感觉是一种本能的反应,而人的本能反应也必须经过感性能力(形式)才能成为人的感觉,才能为人所表象(vorstellen)、所意识。没有或不能为感性这种表象能力所表象、所意识或所察觉的本能,只能被视为一种不显现的、自我隐藏着的自在存在。……从一开始,人的感觉就不同于动物的感觉:他的感觉是感性感觉,而不是本能感觉或机体感觉。所以,人与动物的不同,并非始于人的知性或理性,人从感性存在就与动物区别开来。"③也就是说,感性是人的感觉(而非动物性的本能反应)所以可能的条件。

牟宗三在早年著作《认识心之批判》中其实早已十分鲜明地对感性能力与动物性本能的感觉作出了区分,即心之直觉的统觉与生理感的区分,也叫作"超越的感性"与"生理的感性"的区分。在那里,牟宗三不但指出了"感觉"是才"感"即"觉",其中"感"为生理感,"觉"为心觉的基

① 参见康德:《纯粹理性批判》,邓晓芒译、杨祖陶校,人民出版社2004年版,第25—26页。

② Sinne、senses,通常译为"感官",牟宗三译为"感取",表示根据感性与感觉而取著对象。牟宗三译注:《康德〈纯粹理性之批判〉(上)》,《牟宗三先生全集》13卷,联经出版事业公司2003年版,第113页。

③ 黄裕生:《真理与自由——康德哲学的存在论阐释》,江苏人民出版社2002年版,第91页。

础形态即直觉的统觉,此直觉的统觉是随生理感之现起而呈用的,而且指出直觉的统觉与生理感中的"现起事"为异质的而又相应的对偶性关系。

牟宗三还用另一种方式将人的本能反应与感性能力的区分表达了出来,这就是他对作为感性的先验直观形式的时空所作的根源的解析。牟宗三论证说:"时间、空间既是内、外感觉上的一切量度,或甚至说一切对象(量度视之的对象)底纯粹影像,则此纯粹影像之形成即由'纯粹想像'而形成。想像是心之活动,所想之像即是影像或图画式的形像。纯粹的想像无经验的内容,因此,其所想的图画式的形像(影像)即是纯粹的影像,此没有别的,不过就是时间与空间。纯粹而超越的想像形式地形构成或涌现地执成一纯粹的影像,即时间与空间。"①这种根源的解析将时空视为由超越的想象力所形构而成的,而通常对康德这一思想的理解则缺乏这种对时空形式来源的说明。牟宗三自己亦自觉地指出,康德本人对时空概念只有形上学的阐明与超越的阐明,而无此根源的说明。②如此一来,虽然感性在实际作用中绝不能与作为直观形式的时空相分离,但由于时空并不源自感性本身,我们就可以设想没有时空形式参与的感觉,那就是一种动物性本能的感官反应。

此外,在《中西哲学之会通十四讲》中,牟宗三不同于其在《智的直觉与中国哲学》与《现象与物自身》中提出的"三种我"说,即知体明觉之真我、认知我、心理学意义的虚构我③,而提出了"四种我"说,即生理机体的自我、心理学意义的我、逻辑的我、真我。④其中,心理学意义的我

---

① 牟宗三:《现象与物自身》,《牟宗三先生全集》21 卷,联经出版事业公司 2003 年版,第 136—137 页。

② 见牟宗三:《现象与物自身》,《牟宗三先生全集》21 卷,联经出版事业公司 2003 年版,第 138 页。以及牟宗三:牟宗三:《认识心之批判》(上),《牟宗三先生全集》18 卷,联经出版事业公司 2003 年版,第 18 页。

③ 牟宗三:《现象与物自身》,《牟宗三先生全集》21 卷,联经出版事业公司 2003 年版,第 170—171 页。在《智的直觉与中国哲学》中则表述为:"认知我、超绝的真我、现象的假我"(见牟宗三:《智的直觉与中国哲学》,《牟宗三先生全集》20 卷,联经出版事业公司 2003 年版,第 220 页)。

④ 牟宗三:《中西哲学之会通十四讲》,《牟宗三先生全集》30 卷,联经出版事业公司 2003 年版,第 114 页。

是由感触直觉之内部直觉所摄取的"心态"(Mental states)串系而成的,也就是感性中的假我。而生理机体的自我,牟宗三视之为"王阳明所谓之'躯壳起念'的形躯的我。佛教前五识也是这个意义的我,此是最基层的。再上一层是心理学意义的我(psychological ego)"①。显然,这个比心理学意义的我还基层的生理机体的我,就相当于动物性本能的感官反应中的假我。

简言之,在牟宗三那里,感性是心之了别作用之一,不是我们机体的本能,生理感严格地说不属于心之功能。这就为牟宗三将感性作为执性之一奠定了基础,也为我们在后文进一步将这种康德所说的先验感性形式解释为由视觉感知经验塑造而来的奠定了基础。否则,若将感性理解为人体之机体本性,则说它是执,或者说它受到感知经验的塑造就变得不可理解了。执与不执只能在心上区分,不能在本能上区分。②

对于感性,我们还必须注意它的存在论维度。感性的表象能力意味着某物在时空中向感性主体呈现,存在者如何向我们呈现、如何给予我们,同时就意味着存在者如何存在,这就关涉存有论的话题。黄裕生指出:"康德的Ästhetik之所以不是'美学',而是感性论,是因为它讨论的是事物如何在感性中现实地(wirklich)被给予我们,或说讨论的是,一切真(现)实事物如何在我们的感性中真(现)实地存在"③,故他称康德的感性论是"作为存在论的超越感性论"。牟宗三一方面也看到感性的表象能力(他称之为"呈现原则")具有将存在物现实地呈现于我们的功能,也就是具有某种存有论特点;但另一方面也指出,作为感触直觉的呈现原则只是执的存有论中的事,只能认识地呈现某物,而不具有创生某物的特点,因而不是无执的存有论中的原则。他说:

---

① 牟宗三:《中西哲学之会通十四讲》,《牟宗三先生全集》30卷,联经出版事业公司2003年版,第114页。

② 牟宗三对此重要意义似乎并未十分自觉,他有时亦将感性的单纯接受性本身也视为一种执,并认为有一种无分化无造作的现量执,这就过分受到佛教的影响了。

③ 黄裕生:《真理与自由——康德哲学的存在论阐释》,江苏人民出版社2002年版,第89页。

　　知性只能思辨对象,而不能给予对象。给予对象者是感性。感性摄取对象,在此摄取中,对象始能被给予。感性底摄取名曰"感触直觉"。感触的直觉是一"呈现原则"(principle of presentation),它是将一现实而具体的存在物呈现给吾人者,但它不能创生这存在物,因此,它是认知地呈现之,而不是存有论地创生之。明觉感应中之智的直觉是存有论地创生一存在物,但此存在物是当作"物之在其自己"而观之者,它是内生的自在相,而不是对象相。明觉感应创生地实现此存在物亦即呈现此存在物,此是存有论地呈现之即实现之,而不是只认知地呈现之而不实现之。①

这里涉及牟宗三对"直觉"功能的理解,也可以引出他对"现象"与"物自身"关系的认识。

　　"直觉",不论是感触直觉还是智的直觉,在牟宗三那里都作为"呈现原则"而具有给予我们现实的存在物的功能。没有直觉,就没有存在物向我们呈现,就无法确定存在物是否有其现实性。"无直觉的地方理性就是空的"②,因此,在牟宗三看来一种存有论能否被建立的关键,在于是否有一直觉之呈现原则被落实,而不在于理智方面(不论知性还是理性)是否思及之。在执的存有论中,因有由感性而发出的直觉,故经验对象、现相世界有其现实性;在无执的存有论中,因有由无限心而发出的智的直觉,故智思物(包括睿智体与物自身)有其实在性,而不只是设准、空观念。在牟宗三那里,存在者的现实性(wirklichkeit)总是与"直觉"直接相关,直觉所到之处才能有具体而现实的东西向我们呈现。不过,感触直觉只提供出或者说逼显出使知性作进一步"制造"的材料,智的直觉则作为创造性的呈现原则(即实现原则)直接"创生"出作为物自身的存在者。这里便涉及现象与物自身的区分。

---

　　①　牟宗三:《现象与物自身》,《牟宗三先生全集》21 卷,联经出版事业公司 2003 年版,第 133—134 页。
　　②　牟宗三:《中西哲学之会通十四讲》,《牟宗三先生全集》30 卷,联经出版事业公司 2003 年版,第 87 页。

　　"现象"与"物自身"之超越的区分以及"物自身不可认识",是康德超越的感性论的一个重要的同时也是必然的归结。"物自身"也是康德哲学中最具争议的话题。康德一边说物自身不可认识,一边又对这不可认识的物自身说了许多,给后人留下了许多争辩的话题。在这里,我们要说明的只是以下两点,即根据康德的意思:一,关于物自身与现象的超越的区分,是通过反省我们的感性的特殊性与有限性,由逻辑的必然性推证出来的;二,物自身的设定只是逻辑上的设定,设定它也丝毫不能为我们认识感触界提供任何帮助。

　　依康德,"物自身"(Ding an sich selbst)是感触物离开感性的一定样式(即时空)而在其自己之性状。可是,如果只承认我们具有感触直觉,那么,我们能直觉到的一切现实的存在都是时空中的东西,都是"现象",康德亦说:"那个空间本身,连同这个时间,并同时和这两者一起的一切现象,本身自在地毕竟都不是什么物,而无非是表象,它们根本不可能在我们的内心之外实存。"①因此,从感性本身中根本不能获得"物自身"具体现实性方面的蛛丝马迹。但是,"物自身"又是必须被设定的,具有"实在性"②,这是由于"感性直观能力真正说来只是以某种方式

---

① 康德:《纯粹理性批判》,邓晓芒译、杨祖陶校,人民出版社2004年版,第405页。

② 这里,必须要将康德理论理性中的"实在性"(Realität)与"现实性"(Wirklichkeit)这两个概念进行分疏。单就两个词的基本含义而言,"现实性"表示实然,其对立面是虚无,"实在性"表示肯定,其对立面是否定性。实在性即质的范畴的第一环节,而现实性与模态范畴中的第二环节"定在"相关。海德格尔指出,康德所使用的"实在性"和"现实性"概念,是有传统形上学依据的。"实在性"(reality/Realität)源于拉丁文 realitas,在传统形上学中等同于莱布尼茨的可能性(possibilitas),是可能事物的潜在的东西,与本质(essentia)内在关联。换言之,实在性(realitas)或本质(essentia)是与事物的可能性相关联的。而"现实性"(actuality/Wirklichkeit)源于拉丁文 actualitas,它区别于作为可能性的实在性的东西,意指可能事物的实现化的东西。从词源学上看,实在性(realitas)与本质(essentia),现实性(actualitas)与实存(existentia)相关联。可见,实在性与现实性的区分就是本质与实存的区分。(参见海德格尔:《现象学之基本问题》(修订译本),丁耘译,商务印书馆2018年版,第一章第7节。)"现实性"与"定在"(Dasein)或"实存"(Existenz)相关,"实在性"只是实事规定性(Sachheit),是思维抽象的产物。当然,牟宗三并未对"现实性"与"实在性"做出类似于上述的区分。

　　有一种观点认为"康德设定物自身是为了保证由我们的感官受它刺激而产生的那些知觉印象所构成的对象具有实在性"。如果这里的"实在性"就是康德意义上的实在性,那么这种实在性是由质的范畴中的实在性范畴来保证的,而非物自身。如果这(转下页)

连同诸表象一起被刺激起来的接受性"①,这种被动的表象能力,就意味着必须有一个刺激它而使其表象的东西存有。"因为,否则的话,就会推导出荒谬的命题:没有某种显现着的东西却有现象。"②[其中,显现(erscheinen)与现象(Erscheinung)为同一词根的动词和动名词形式。]但这完全是通过反省感性自身的特殊性与有限性,而逻辑地推证而来的。不可知之,但可思之。

这种推理本身当然是合法的。康德自己解释说:

> 要认识一个对象,这要求我能够证明它的可能性(不管是根据来自其现实性的经验的证据,还是先天地通过理性来证明)。但我可以思维我想要思维的任何东西,只要我不自相矛盾,也就是只要我的概念是一个可能的观念,虽然我并不能担保在一切可能性的总和中是否会有一个对象与它相应。但为了赋予这样一个概念以客观有效性(实在的可能性,因为前面那种可能性只是逻辑上的),就还要求某种更多的东西。但这种更多的东西恰好不一定要到理论知识的来源中去找,也可能存在于实践知识的来源中。③

因此,这种通过推理出来(思维出来)的"物自身"只有逻辑上的可能性(智思物都具有逻辑上的可能性,物自身比它们还能更进一步,它还具有必然性),但没有现实性。物自身作为思维中的物有其存有的必然性,但没有在直观中呈现的现实性、真实性。

(接上页)里的"实在性"是一般用语中的、因而也就等于康德所说的现实性的话,那么这种现实性是由知觉、感触直觉来保证的,也与物自身不相关。总之,在理论理性中、在认识论中、在执的存在论中,对于"物自身"是什么,我们不能知道,但更重要的是,也不需要知道。

① 康德:《纯粹理性批判》,邓晓芒译、杨祖陶校,人民出版社 2004 年版,第 406 页。

② 康德:《纯粹理性批判》,邓晓芒译、杨祖陶校,人民出版社 2004 年版,序言第20 页。

③ 康德:《纯粹理性批判》,邓晓芒译、杨祖陶校,人民出版社 2004 年版,序言第 20 页脚注①。

这种现实性在牟宗三的理解中,只有直觉才能提供。正因如此,牟宗三称物自身"乃是一逻辑物。……只表示这个概念是一个概念(有其为一概念的自性)而已。此如宇宙与非宇宙,非宇宙是'非有',只是一个逻辑概念"①。但是,这个"逻辑物"又不是可随意设想、随意去掉的,它是因"现象"这一实事,而必然地推出有一物自身作为显现者而存有。物自身"是一个支持点,必须预定之"②。因此,"物自身"概念在"超越的感性论"中应当被视为一个必然被设定的逻辑物,它与现象有某种超越的相关性(而非经验的联系),除此之外,我们不能再对其知道得更多。③这种设定的作用是为了让我们意识到感触、经验的有限性。物自身虽然是依感性之特点、现象之事实而必然被设定的,因而具有实在性,但设定它也丝毫不能为我们认识感触界提供任何帮助。

关于现实性与知觉的关系,康德解释说:

感觉是那种在空间和时间中由于它与感性直观的这种或那种方式相关联而标志了某种现实性的东西。……所以这种知觉(我们暂时只限于在外部直观中来谈它)就表象出某种在空间中的

————————

① 牟宗三:《现象与物自身》,《牟宗三先生全集》21 卷,联经出版事业公司 2003 年版,第 9 页。

② 牟宗三:《现象与物自身》,《牟宗三先生全集》21 卷,联经出版事业公司 2003 年版,第 3 页。

③ 应当承认,康德在一些表述中,确实有把物自身视为在我们之外实际存在着的物体的倾向,也就是被后人视为其思想中唯物主义的成分。但这种对物自身独断论的判定是有违批判精神的,从有显现(现象)必有显现者推不出显现者是与我们有区别地实存着的东西这一结论。而康德作出这样判定的目的,与他要和贝克莱、笛卡尔为代表的经验的观念论拉开距离有关。有意思的是,正如李泽厚所指出的,"为了取消'物自体'的这个唯物主义方面,康德哲学的一些注释家们以各种方式把康德与巴克莱尽量等同起来。……他们把康德对巴克莱的明显不满和驳斥,说成是康德对巴克莱的故意曲解,或者康德只读过第二手材料而对巴克莱误解了,实际上巴克莱还是一致的,等等"(李泽厚:《批判哲学的批判:康德述评》(修订第六版),生活·读书·新知三联书店 2007 年版,第 250 页)。著名的英国康德专家康蒲·史密斯就是这个思路,而接下来我们马上就会看到,牟宗三也属于这个阵营,这与他早年是从逻辑实证主义切入康德哲学有关。

现实之物。因为第一,知觉是某种现实性的表象,正如空间是共存的某种单纯可能性的表现一样。第二,这种现实性是在外感官面前、即在空间中表象出来的。第三,空间本身也无非是单纯的表象,因而在其中只有那在空间中得到的表象的东西才被看作是现实的……

所以,一切外部知觉都直接证明了空间中某种现实的东西,或者不如说它就是现实的东西本身,所以就此而言经验性的实在论就摆脱了怀疑,就是说,与我们的外部直观相应的就是空间中的某种现实的东西。……空间中的现实性作为一个单纯的表象的现实性,无非就是知觉本身。所以外部现象的实在的东西只有在知觉中才是现实的,而且以任何别的方式都不可能是现实的。①

康德在这里指出,作为先验直观形式的时空就保证了知觉印象所构成的对象(即现象)具有现实性,并不需要设定物自身来保证。海德格尔则说:"康德概括说:现实性、实有、实存等同于绝对肯定而绝对肯定等同于知觉。"②在牟宗三看来,康德的这种观点实际上是和贝克莱的本义相一致的,即对象的现实性在于其是否被知觉到。当然,在康德那里,知觉对象的现实性、实存是由知觉中的先验形式来保证的(不过知觉与时空形式也是不能分离的),因而已经具有某种客观性,而贝克莱的思想中没有这一层次的区分,故而其所说知觉对象的现实性只是一种主观的现实性而已,还需要将其客观化。但这并不妨碍将康德的说法视作对贝克莱思想的进一步延展。

牟宗三认为,康德将笛卡尔与贝克莱一同视作"经验的观念论"或"质料的观念论"(前者又被称为"存疑的观念论",后者又被称为"独断

---

① 康德:《纯粹理性批判》,邓晓芒译、杨祖陶校,人民出版社 2004 年版,第327—328页。

② 海德格尔:《现象学之基本问题》(修订译本),丁耘译,商务印书馆 2018 年版,第62页。

的观念论"),是不妥当的,此处康德误解了贝克莱的意思。笛卡尔认为我们知识的对象是由感性给予我们的一种观念(idea),但感性有可能欺骗我们,因此,从感觉经验出发不能证明感触物的实在性。但在贝克莱那里,idea 不能被视作心理学意义的观念,也不能被视为柏拉图意义上的理念,牟宗三说:"柏克来所说的 idea 却是指所觉知的对象而言,等于现实而具体的事物(thing)。现实而具体的事物不离心觉。故凡感触知觉之所觉知者皆名曰'idea'。因此,在柏克来底哲学里,idea 实只是感触知觉底'觉象'(知觉现象)"①,又解释说,idea"是指一个客观而具体的存在。此具有现实的(actual)、具体的(concrete)、特殊的(particular)三种性质。'具体的'是在与能知之主体的关系中呈现而为'现实的','现实的'都是'具体的','具体的'都是'特殊的',此三者是相连而生"②。因此,贝克莱的思想并不是康德所说的经验的观念论,而应被称之为"主观的觉象论"③。观念是没有现实性,但这种"觉象"则是有现实性的。这种现实性不是指涉观念的或者说理念的实在性,而是相对于虚幻、梦幻来说,此觉象是现实的、具体的。这就是说,牟宗三认为贝克莱并不否认对象的现实性、真实性,只是认为这种真实性不离心觉。知觉对象的真实性是由于它被我们的心觉所感知而到达的。不过,这只表示主观的现实性而缺乏客观性(主体间的普遍性)。牟宗三还特别指出,贝克莱对 idea 的使用,恰恰是回到了这个词在柏拉图之前的希腊文原意,即 idea 是"肉眼"可见的具体的、现实的东西,而非"心眼"所见的理型或头脑中的观念。

　　总之,现象的实在性是由主体的感性(知觉)能力方面来保证的,并非需要物自身来保证。进而,现相作为具有"客观实在性"的存在,它的现实性与普遍性是分别由感触直觉与知性来保证的。在现相界本身中

----

　　① 牟宗三:《现象与物自身》,《牟宗三先生全集》21 卷,联经出版事业公司 2003 年版,第 337 页。

　　② 牟宗三:《中西哲学之会通十四讲》,《牟宗三先生全集》30 卷,联经出版事业公司 2003 年版,第 54 页。原文"actual"误作"actural"。

　　③ 牟宗三:《现象与物自身》,《牟宗三先生全集》21 卷,联经出版事业公司 2003 年版,第 339 页。

是没有什么需要物自身来说明的。在现象界(感触界)中思考心物关系,物自身的影响是可以被完全排除出去的。

二、"生理自我"与"特体事"是内在关系

牟宗三早期认识论的中心问题是:知觉现象如何客观化。"知觉现象"的被给予则是认识活动的前提。在牟宗三看来,认识论的起点是在生理自我中由生理感所引起的当下现实的直接呈现。

这个生理自我,其实只是假名曰我,相当于《中西哲学之会通十四讲》中所说的"生理机体的自我",实则此时它还不是一个有自身规定性的自我,故牟宗三亦称之为"聚生理事",可简称为"主体事"。与"主体事"相对的,是其所谓的"聚物理事",可简称为"物理事",譬如说对我而言,"桌子"就是一物理事。两者均是"事素"(event)之聚合,两者是感触中的"内在关系"。所谓"内在关系"是指彼此相关联的两个相关项,其中一个的质态发生了改变则另一个也会有相应的发生改变。主体事与物理事之交感即引起一呈现,对于此呈现者,就其在生理自我中呈现而受到主体事之限制而言,牟宗三称其为"现起事""生起事"(occurrences);就其虽是与生理自我之交感中但仍有其相对的独立性而言,牟宗三又称其为"特体事",它才是当下直接的呈现。这个"特体事"就是"一切知识中的经验之基本对象"①,若表述出来,大体上是"感受到了什么"。可以看出,"特体事"其实就如同马赫"要素一元论"中的"感觉要素",这"要素"只限于感觉经验范围之内,但其本身既不是客观的(物理的),也不是主观的(心理的),而是中性的。物则是感觉要素的复合,即牟宗三所谓"聚……事"。

"特体事"是认识论之起点与基本对象,但不是经验知识的全部对象。经验知识的全部对象,还包括以"特体事"为中心、因"特体事"之呈

---

① 牟宗三:《认识心之批判》(上),《牟宗三先生全集》18 卷,联经出版事业公司 2003 年版,第 3 页。

现而连带出来的"主体事"与"物理事"。这两者之所以被带出,是由于"特体事"之呈现需要以其为条件。例如看到一红色,此红色即是"当下的直接呈现",但所看者与红色之承载者亦要因此红色的呈现而彰显出来,并与此红色一同呈现。此同时俱起之一同呈现者,即"主体事—特体事—物理事",三者皆是"事",皆是感触所得者、皆是"所与"。这也就是将主客归结为了事素(event)间的相互构造。牟宗三认为,"此全体呈现之范围即为经验知识之所与"①,也就是经验知识的全幅对象。这种以感触材料作为基本成分通过逻辑的方法来推出心与物的思想,有罗素逻辑原子主义的身影。

对于这经验知识之全幅对象,牟宗三指出"凡是此全体呈现中之存在皆是现实的、呈现的,皆在一感之交摄中"②。这里所说的"现实的""呈现的",意味着"可被感知的"。因此,在此处牟宗三赞成贝克莱"存在即被知"的观点,认为在认识论的范围内,是可以给出对该命题的证明的,即:凡知识对象皆在生理感之交摄中,因此,在认识论的范围内,凡存在都是生理感所交摄者,即皆是可被感知者。这种对"存在即被知"的认识论证明,并不否认"有一存在而永不被知"这一命题,但牟宗三认为,后者只是从逻辑上是可能的,但从其现实性上看,不被感知的存在并无真实的根据。

总之,以生理自我在感触中被动接受而产生的"直接呈现"作为其认识论的前提,牟宗三显然是接受了经验主义认识论的基本立场。在这认识的前提阶段,即生理感阶段,心物之关系是作为"生理事"与"物理事"的面貌体现出来的。"生理事"是假我,"物理事"则是假物,两者都是感触材料的集合体,属于内在关系,是不能分别的,并在"特体事"之直接呈现中一同呈现(表述为"感受到了什么"),一同作为下一阶段认识心之对象。严格地说,此时的"心"与"物"尚没有形成认识论意义上的区分,所谓"现量谓无分别"(《因明入正理论》)。

---

①② 牟宗三:《认识心之批判》(上),《牟宗三先生全集》18 卷,联经出版事业公司2003 年版,第 5 页。

三、"感性主体"与"现象"是外在的对偶性关系

牟宗三认为知识开始于经验,但并不认为知识来源于经验,而是认为知识中有主体之理性的成分,这与康德的观点是一致的。这个有理性成分的认识主体牟宗三称之为"认识心"。

牟宗三对认识心给出的基本规定是:

> 认识心以以下二义定:一、以了别对象为性,不以创生或实现对象为性,依是,与对象之关系是对立而旁处之观论(广义的)关系,不是主宰而贯彻之体用关系。二、其了别之用必以对象为所知,必限于对象而彰其实。假若无对象,则其用不显;假若无实对象,则其用为虚幻。认识心之了别作用,大体分三级:知觉、想像及理解。综言之,俱可曰统觉。①

这里,牟宗三首先把康德所说的"感性"能力归属于"认识心",后来他更是明确地解释说:"感触直觉即是认识心(亦曰识心)之陷于感性中。所谓陷于感性即是随顺官觉而起用。"②并且指出,认识心与对象之关系是"对立而旁处之观论关系"。而我们"观论"一对象之过程同时即是对对象的一种"整理"过程,此即所谓认识心之"综摄"(synopsis,也可译作"综观")作用。这里所说的"对象",即是指上文所说在生理我之中当下直接呈现的"特体事"或称为"现起事"。牟宗三说,特体事的"对象相"是"经过感性之摄取即转为对象,因此,感触的直觉所认知地呈现给吾人的存在物便转为现象义即对象义的存在物。……'对象'者,一存在物为感触直觉所面对而取著之之谓也"③。这就是说,特体事不是本身

---

① 牟宗三:《认识心之批判》(上),《牟宗三先生全集》18 卷,联经出版事业公司 2003 年版,第 8—9 页。

②③ 牟宗三:《现象与物自身》,《牟宗三先生全集》21 卷,联经出版事业公司 2003 年版,第 134 页。

自带"对象义""对象相"的,其作为"对象",是由感触直觉塑造而成的。作为对象的特体事即是"现象"。

依牟宗三,心之统觉的基础形态是"感觉",也就是康德所说的"感性",是一种"直觉的统觉"。所谓"直觉的统觉",是"随生理感之现起而呈用,其用为直而无曲之直接摄取"①,也就是"感触直觉"。"感觉"不同于"生理感",它是有感(生理感触)即有觉(心之统觉),生理感中之"特体事"是一忽而过的,感觉即随之而综摄为一历程。这种直观的统觉作用,若从语言表述上看,即是从"感受到了什么"进至"我感觉到什么","我"的加入则表示认识心对对象能动的综摄作用。不过,在直觉的统觉之层次上,主体的能动性又具体地表现为一种被动的接受性,或者可以这么说,直觉的统觉是主动地去被动接受。当然,说"我感觉到什么"还不同于说"这是什么",后者还需要一种客观化的活动,这是认识心在"想象"及"理解"(即"知性")层次上的事。在后两个层次上,认识心对对象的综摄是一种异质的、有曲屈的(即由思想之辩解历程),而不同于从历程的角度看(而非从内容的角度看),直觉的统觉之直而无曲地直接摄取现起事之为同质之历程。然而,即使在感触直觉与特体事之为同质历程的综摄中,认识心与特体事依然表现出一种"对偶性"的关系。

关于这种"对偶性",牟宗三首先指出,"生理感之现起是统觉之所对,此两者间之关系为一一相应之关系"②。直觉的统觉综摄生理自我中之现起事或说特体事,从特体事的方面看,此种综摄是无漏的(历程之无漏非内容之无漏);从心觉的方面看,是如特体事之所是而统觉之。由此二义,故说这二者是一一相应的关系。但是,牟宗三马上解释说:"此言相应,不函能所圆融或物我不分等义。当其听一声而觉其为一声,已不是能所圆融矣。我虽对我之觉(觉一声之觉)不必有自觉,然亦

---

① 牟宗三:《认识心之批判》(上),《牟宗三先生全集》18 卷,联经出版事业公司2003 年版,第 9 页。

② 牟宗三:《认识心之批判》(上),《牟宗三先生全集》18 卷,联经出版事业公司2003 年版,第 10 页。

不是物我不分也。"①因而,直觉的统觉与现象之关系,虽无漏、无曲,但亦非主客不分的,也就不同于后文所说的明觉之感应与物自身之关系为超过了主客二分的关系。

由此特点,牟宗三进一步指出,特体事与心觉之间是"外在关系"。他说:

> 心觉与现起事之关系为外在关系:即一声音受耳器官之制约,因此制约而现起,而成其为一现实之声,但不受心觉之制约,亦不因心觉之觉之而始为现起,而始为如此之声音。依此而言,心觉之觉与不觉,彼之为声音固自若也,认识心为了别作用,了别之达于物与火之达于物不同,前者对于物无影响,后者对于物有影响。依其不影响,而言外在关系。②

这种外在关系是就特体事之有其独立之各自性而说的。在牟宗三看来,心觉之觉与不觉,特体事皆能自若(不觉时在生理感中自若)。因此,认识心与特体事之关系不同与主体事、特体事、物理事之间相互制约的内在关系,而是一种外在关系。当然,这种外在关系不是如康德所说感性直观与物自身那种超绝的外在关系,直觉的统觉还是能对特体事发生了别作用的。牟宗三还指出,凡是形式关系,如理与理之间的关系、数量关系、时间关系、空间关系,皆是外在关系;而事与事之间的关系皆是内在的。一般而言,在感觉中的是内在关系,在知性思维中的是外在关系。

但是感触直觉与现起事发生关系并不是在思维中的,何以也是外在关系呢?牟宗三将原因归之于两点:

> 一、须知认识心之了别对象是如其所呈现之是而了别之,心觉

---

① 牟宗三:《认识心之批判》(上),《牟宗三先生全集》18卷,联经出版事业公司2003年版,第10—11页。

② 牟宗三:《认识心之批判》(上),《牟宗三先生全集》18卷,联经出版事业公司2003年版,第11页。

之觉一现起事亦是如其所呈现之是而觉之。……统觉之与现起事乃直接照面者……心觉为一虚灵之单一,只有隐现,无有生灭……故只以觉照了别为性,不生起任何事,亦不消灭任何事,故与其所觉照所了别之对象为外在关系。二、认识心之静处而与物对,因而具有外在关系。①

认识心与现起事静处而与之为对待,使物如其所是地显现于其中而与之照面。作为直觉的统觉的认识心就如同一面镜子,使事物现其身影,而镜子只对其如如地呈现之、照摄之。而镜子能照出事物之身形的前提,正是要与对象保持一定的距离,即镜子与对象是外在的关系。(当然,这种分别还是通过事后反思得出的,单就感触直觉本身来说,例如"看",主观方面是"看",客观方面是"所看",如颜色,是直接一起呈现的。②)

由于直觉的统觉与对象现起事为外在关系,所以直觉的统觉与现起事实是异质两层的。若从直觉的统觉扩大到整个心觉来看,则此心觉即对于感触之现起事体现出超越性(transcendental)。不过,单就直觉的统觉方面来看,此超越性尚不显著,只表现出"上层越乎下层而涵盖之"的特点,也就如上段所说的,像镜子照出对象一样。现起事一忽即过,而直觉的统觉则将其"把住"而留下一"表象",牟宗三称之为"直觉的统觉之表象"③。这直觉的统觉"把住"之先验形式是时空。唯有在时空形式下,表象始能成为我的表象,始能具有某种客观性、公共性。正如前文已提到的,依牟宗三的观点,时空虽是感触直觉之先验形式,但此直觉本身不能涌现此形式,时空之建立,要求认识心跳出感触直觉,由超越的想象力根据此直觉的统觉之把住而在此统觉之外所涌现、

---

① 牟宗三:《认识心之批判》(上),《牟宗三先生全集》18卷,联经出版事业公司2003年版,第12—13页。

② 参见牟宗三:《中西哲学之会通十四讲》,《牟宗三先生全集》30卷,联经出版事业公司2003年版,第130页。

③ 牟宗三:《认识心之批判》(上),《牟宗三先生全集》18卷,联经出版事业公司2003年版,第16页。

所建立。

总之,在认识论的开始阶段(认识的第一步),心与物的关系是以感触直觉与现象之关系而表现出来的,两者呈现出一种外在的、两层的"对偶性"关系,现象同时具有"对象相"。

第三节　心物作为"认识主体"与"现相"

在牟宗三那里,心物由"感性主体"与"现象"的关系再进一步即成为"认识主体"与"现相"。心的方面,"认识主体"是在感性之上又加入了知性能力,牟宗三进而以"识心之执"来说明它们;物的方面,则由未决定的对象(现象)经过范畴的整理而成为我们知识的客观对象,即"现相"。这里首先就涉及认识主体——牟宗三又称之为客观心、超越的逻辑我——如何被确立的问题。

一、成立"超越的客观心"及其中的对偶性原则

感触直觉虽可以直接给予我们以意义,但此意义尚只是主观性的,而不是客观而公共化的意义。也就是说,直觉的统觉为我们说明的只是"我感觉到什么"这种私人性的表达,而不是命题式的表达,即"这是什么"。要想由"我感觉到什么"进至"这是什么",由主观的意义进至客观、公共的意义,还需要一种客观化的活动,即确立一个超越的(transcendental),有其必然性、公共性的"是"以决定"这"与"什么"之间联系的普遍必然性。在牟宗三看来,这种意义的客观化工作的关键即在认识主体、心的方面,要由主观性的心转进为"客观心",由心理的心觉转进为逻辑的心觉。

(一)由反省逻辑之本性而成立客观心

依什么为线索才能使客观的心觉转出呢?牟宗三认为,客观心之超越的决定体现在对命题的先验综合上,落实而言,是由与存在方面无所牵连的逻辑命题之形式性、必然性,反省其在心上的先验根据。

牟宗三在《认识心之批判》中认为,先验综合命题可以具体表现在"存在的关系命题"与"非存在的关系命题"这两个方面。[①]所谓"存在关系"是指发生实际影响的关系,如物理、化学关系,其实总不外乎因果关系。此存在的关系,就其关系项来看,又包括个体间的关系与个体所具有的情态之间的关系两种。而不论是个体还是情态,都是经验或可能经验的对象,因此,整个存在的关系命题其实就为认识心呈现出整个的现实世界(现象界)。所谓"非存在关系"是源自存在的关系命题所呈现的"关系型式",包括两类:一是属于纯形式系统,即纯逻辑命题、算数学命题、几何命题、关于时空关系的命题;二是属于形式体性学,如柏拉图所论理型(理念、相)之间的关系等。牟宗三认为,存在的关系命题是"有体的",都是对"对象"的论谓,而非存在的关系命题是"无体的",皆是规律或一"理"之展现,而无特指的内容。非存在系统方面的先验综合是为了说明无体的形式系统之超越的必然性,存在系统方面的先验综合命题则是使经验综合命题成为客观的超越根据,后者是对前者所体现出的"原则"的运用。而非存在的关系,若不至先验综合,则其所成之形式系统不能有先验的必然性,若进至先验综合,而其与存在方面又无牵连,则必立一先验的心觉作为非存在的关系所以成立的根源。"是以,无体系统中非存在的关系命题,首先如其所是而观之,以'首出之规律之重叠展现'明其纯然是关系,且明其为'重叠地分析的',因此而成形式主义。继则,再明此首出之规律之基于纯粹理性,而即为此纯理之客观性,因此而成先验主义。必进至先验主义,非存

---

① 牟宗三在三种意义上使用过"先验综合(和)"概念来说明命题的综合性,而与康德的本义有所出入。1.依非存在系统而说先验综合命题,是为了成就无体的形式系统(如逻辑系统、数学)之超越的必然性。形式系统中的关系命题,自其为规律之展现而言,它是分析的;自其为一既成系统而言,其中每一个关系式都不离乎先验综合的构造,故其命题为先验综合命题。严格地说,它不是命题(不涉及知识),只表示一"原则之系统"。2.依存在系统而说先验综合命题,是指逻辑的纯粹形式概念的超越的综合运用,即由逻辑的先验概念诱导出一经验的综合命题。此表示认识心的逻辑概念是认识心之活动所以可能的条件。知识命题是先验综合运用所诱导出者,此代表一经验的知识。3.由存有论概念之超越的决定作用而说先验综合。此表示,认识心的存有论概念同时是认识对象所以可能之条件,亦是人为自然立法之义。

在的关系命题方能得其最后之极成。"①在此过程中，超越的、客观的心觉便能得以展现。

具体而言，牟宗三从纯逻辑命题入手，首先区分了逻辑、逻辑学与逻辑系统，"逻辑是推理自己，逻辑学是研究此推理自己。而每一成文系统则是表示此推理自己"②。其中，逻辑是"你说之亦要用之，它即存于你'说之'中，因此它总是在上的，是故它总须'被反显以示'"③，而逻辑系统是代表逻辑的，是逻辑的外在化展现。逻辑是逻辑系统所以可能的根据，逻辑系统可以是多，但逻辑本身是一，每一个逻辑系统仅部分地（而不可能完备地）展示逻辑。接着，牟宗三认为要对一个逻辑系统予以"反省的说明"，具体可分成"意指的解析""形式的解析"与"超越的解析"。"意指的解析"是说："无所说而唯显推理自己，此即是逻辑系统之'意指'。吾人以此解析逻辑系统，即名曰'意指的解析'。表面形式地观之，是一句法系统，而意指地观之，则是一推理自己。"④这就是要将逻辑本身与逻辑的运用区别开来，将"推理自己"与关于"什么东西"的推理区别来，"惟独逻辑，则什么东西也不研究，它无特殊的内容，它只研究'推理自己之结构'。它把内容、对象，都抽去了，而惟是反显'推理自己'。……它是要从依附于对象或内容上的这一切粘着中提起来而唯是呈现推理之自己……这就是逻辑底特征"⑤。而"形式的解析"与"超越的解析"两者，"一是内在于这个系统中，说明这系统构成的成分，一是外在于这个系统说明它的'意义'。前者大体是技术性的说明，我们可以叫它是'形式的解析'（formal interpretation）；而后者则是

① 牟宗三：《认识心之批判》（上），《牟宗三先生全集》18 卷，联经出版事业公司2003 年版，第 72 页。

② 牟宗三：《认识心之批判》（上），《牟宗三先生全集》18 卷，联经出版事业公司2003 年版，第 142 页。

③ 牟宗三译：《名理论》，《牟宗三先生全集》17 卷，台湾联经出版公司 2003 年版，第8 页。

④ 牟宗三：《认识心之批判》（上），《牟宗三先生全集》18 卷，联经出版事业公司2003 年版，第 142 页。

⑤ 牟宗三：《理则学》，《牟宗三先生全集》12 卷，联经出版事业公司 2003 年版，第269 页。

逻辑底'必然性'与'先验性'问题,说明它的意义就是问它有没有'理性上的必然性',有没有理性上的'先验根据'(apriori ground)。这种解析,我们可以叫它是'超越的解析'(transcendental interpretation)"①。由形式的解析,我们可以了解一个系统的基本定义与推演原则等等,并确定逻辑为"推理结构之学"。由超越的解析,我们可以确立逻辑为"纯理自己"。"纯理自己"的提出,一方保住了逻辑之自足独立性,不依靠于任何外在的形上学,一方保住了逻辑的必然性与超越性。由此,牟宗三批评逻辑上的约定主义(如逻辑实证主义者卡尔纳普)与实在论(如早期维特根斯坦),认为前者违反了逻辑的必然性与超越性,后者违反了逻辑的自足独立性。最后,牟宗三又以此"纯理自己"而开启主体之门,"纯理不空挂,必内宿于'知性主体':此之谓显于理解(知性)而归于理解。由此以明知性主体为一'超越的客观而逻辑的我'"②。于是,牟宗三即由逻辑之"显于知性而归于知性",就逻辑系统形成之所以然,而进一步发现知性所自具之形式条件为经验知识所以可能之先验的形式条件(他称之为纯理在实际理解中的外在化),并由此接契了康德先验主义的理路。③

　　这个"超越的客观而逻辑的我",自有形言,不但展现为逻辑,也展现为数学与几何。其中,逻辑是纯理之客观化,数目是由纯理之展现历程所显示之"步位历程"之外在化,几何是纯理展开之"布置相"之外在化。逻辑、数学、几何三者皆是纯粹理性之客观化

---

① 牟宗三:《理则学》,《牟宗三先生全集》12卷,联经出版事业公司2003年版,第267页。

② 牟宗三:《认识心之批判》(上),《牟宗三先生全集》18卷,联经出版事业公司2003年版,第162页。

③ 牟宗三自称他是从逻辑问题而进入康德哲学的,"吾初极不解康德,必待对于逻辑数学之解析之扭转,步步逼入认识主体之门,发见'超越的逻辑我'之时,才洞然相契,而欢喜无量"(牟宗三:《五十自述》,《牟宗三先生全集》32卷,联经出版事业公司2003年版,第66—67页),并认为"从逻辑问题真正进入到康德的内部问题,不是旁门,而是正门"(牟宗三:《时代与感受》,《牟宗三先生全集》23卷,联经出版事业公司2003年版,第169页)。但这种以逻辑接契康德的思路,其实只是认识到了知性之逻辑性格,尚不是康德所阐明的知性之存有论性格。后来牟宗三自己也意识到了这一点。

或外在化。①

总之，牟宗三从对逻辑本性的反省，确立了逻辑为"纯理自己"，它因纯理而客观化其自己，所以卓然而立，成为超越的客观而逻辑的心。

(二) 逻辑之"肯定否定底对偶性"

现在，我们再就这个由反省逻辑而确立起来的"超越的客观而逻辑的我"方面，进一步考察这个逻辑主体的根本原则。

通常认为，逻辑基本规律（又名"思想律"）有三个，即同一律、矛盾律、排中律。而在牟宗三看来，这三大思想律，都是对逻辑之"肯定否定底对偶性"（又名"理性之二用"two functions of reason）的展示，由那对偶性而开出。这种对偶性，即是通常所说的逻辑中的"二分法"之本义。

对于一般所说的逻辑中的"二分法"，王兴国指出："二分法在传统逻辑中是一个基本的方法，一般的逻辑学著作均有对二分法的介绍。在中国现代逻辑史上，从金岳霖先生撰著的《逻辑》(1937)，到今天的大学逻辑学教科书，在对二分法的论述中所表现的观点，基本上是一致的，没有本质上的不同。它们均把二分法限定于类或类称，或作为主词的名词，或外在的对象上，在实质上，都把二分法看成是分类法。"②牟宗三的看法则与此不同，他指出："普通讲二分法是就一个类概念分成两个既排斥又穷尽的副属类而言。"③其中，所谓"排斥"关系是指"有 S 必无 P"的情形，也就是两端"前有后无"；所谓"穷尽"关系是指"无 S 必有 P"，S 与 P 穷尽了全体而再没有第三者，也就是两端"前无后有"；而

---

① 与康德将数学、几何与逻辑分属于先验感性论与先验逻辑不同，牟宗三将数学、几何、逻辑学三者打通，一同视为客观心之自己的外在化，而以逻辑学为主导。这种思想是对康德之后西方学界关于数学基础、非欧几何以及数理逻辑之最新研究成果的吸收，符合西方将几何学、数学、逻辑学相贯通的趋势（解析几何实现了几何与代数的统一，数理逻辑实现了数学与逻辑的统一，广义相对论又将物理学几何化）。牟宗三认为，他将数学与几何学中的先天综合判断所以可能的基础归于知性，可以避免人们基于非欧几何学与量子物理学而对康德所提出的质疑。

② 王兴国:《牟宗三逻辑二分法思想初探》,《曲靖师范学院学报》2003 年第 2 期,第7 页。

③ 牟宗三:《理则学》,《牟宗三先生全集》12 卷,联经出版事业公司 2003 年版,第89 页。

两端处在矛盾的情形下,则是既排斥又穷尽的关系,"二分法"即是由此而获得规定的。但是,普通讲"二分法"往往是从代表对象的类概念处的二分法,牟宗三亦称之为"方法学上的二分""二分法的应用"①,即依此将对象分为二分。例如,将"物"分为"有机物"与"无机物"。这种着眼于从对象方面而说的二分法,最大的问题在于不能保证思想律的普遍有效性。因为我们在对象方面不能完全确定其必然性,如我们根本不能确定有机物与无机物是否就穷尽了物。

因此,逻辑中的二分法必有其本义,这本义是不能从对象之类的方面而获得的,需要我们从这种应用中收摄进来,向理性本身处探求。对此,牟宗三说道:

> 先不将一个对象类分成两个副属类,而是说:对于任何一项a,加以否定,便得一反项"—a";对于"—a"加以否定,便得a。如是a底否定便是"—a","—a"底否定便是a。a与—a互相排斥而穷尽,所以a+—a=1。……这样,不管实际上如何,"a+—a=1","有机物+非有机物=1",这总成立,即,总有其逻辑的意义,这便是逻辑中的二分法。这种二分根本就是肯定与否定底二分。所以逻辑中的二分法,当该就是肯定与否定底"对偶性"(duality)。②

"非有机物"不同于"无机物",它只是对"有机物"的否定,并不一定有实际对象方面的意义;而"1"则根本没有实际对象方面的意义,只有逻辑上之"全体"的意义。没有实际对象方面的意义,也就表示这不是二分法在对象方面的应用,不是其外化。所谓外在化,就是由纯理自己之独行转为在现实思解中运行之谓也。外在化就局限于经验中了,其不外化,它便是超越的,这样我们就将二分法从对于类概念的区分处转归于

---

① 参见牟宗三:《理则学》,《牟宗三先生全集》12卷,联经出版事业公司2003年版,第90页。

② 牟宗三:《理则学》,《牟宗三先生全集》12卷,联经出版事业公司2003年版,第90—91页。

其本义。在对象之类的区分上或命题之真假值上,二分法没有必然性,但"肯定与否定底对偶性"有其必然性,"有机物+无机物=物"没有必然性,但"有机物+非有机物=1"是必然的。由此,我们即见出这"对偶性"乃至逻辑本身之超越性。牟宗三总结说:"这种二分对偶性,从其先验性、超越性、必然性方面看,它势必要归于'纯粹知性'(pure understanding)、'理性的思想'(rational thought),而视肯定否定为'理性思想'之二用,或直曰'理性之二用'(two functions of reason)。"①这就是说,肯定否定之二分对偶性根本是理性(知性)自身之展示,凡是理性的思想、逻辑的推理,不论其运用于何处,其中皆必有此超越的律则在起作用,此即所谓"闭门造车,出门合辙"是也。

牟宗三进一步指出,作为思想律的同一律、矛盾律、排中律都是根据肯定否定对偶性原则而成立的。其中,排中律是那对偶性的直接表示,即不是 a 就是 $-a$,$a+-a=1$,没有第三者;由此排中律之 a 或 $-a$,皆自身相涵,即 $a=a$ 或 $-a=-a$,此为同一律;由 a 或 $-a$,皆不能既是而又不是,$a-a=0$,此为矛盾律。此三者皆是对对偶性原则的进一步展示,四者说到底是一回事。此四者是形成形式化的推演系统的"轨约原则"。而在现代逻辑中,三大思想律既可以在其外而为轨约原则,又可以在其内而为命题式,表现为"构造原则"。但对偶性原则本身是不能程式化(命题式化)的,若程式出来就是排中律,但对偶性原则不即是排中律,因此,对偶性原则只能是"轨约原则",而不能是"构造原则"②。此外,上文提到的"二用格度"也是由这肯定与否定之对偶性之外在化而建立的。总之,通常所说的形式逻辑之三大基本规律,是由肯定否定的对偶性而开出的,其先验性与必然性都是由对偶性之先验性与必然性来保证的。如此,思想律亦随对偶性原则一起收为"理性自己决定"

---

① 牟宗三:《理则学》,《牟宗三先生全集》12 卷,联经出版事业公司 2003 年版,第94 页。

② 在《认识心之批判》与《现象与物自身》中,牟宗三又认为这个四原则都既是轨约的又是构造的。不过,从对偶性原则不能程式化这一角度看,还是依《理则学》中之说法,将对偶性原则视为轨约原则而非构造原则更合理。

所成的逻辑关系,四者都是理性(知性)自示其相,即其自己展示亦必须遵守之自具的法则。因此,不能从对于外部世界的特殊知识方面或具有存在物的特殊性相方面来考量二分法与思想律。

由于思想律是逻辑之基本规律,而对偶性原则又是三大思想律的基础。因此,牟宗三认为,要想保住逻辑的先验性与必然性,则不能不首先保住"肯定否定底对偶性"之超越性与必然性,而要想保住"肯定否定底对偶性"之超越性与必然性就不能不进至先验主义与理性主义。这是层层追问所逼到的必然。故牟宗三说:"因为肯定否定底对偶性即是思想律底所由成,所以保住对偶性底超越性与必然性,即保住思想律底超越性与必然性。而吾人说逻辑底先验性与必然性,完全是从这对偶性与思想律来说。"①因此,那个所谓"超越的客观而逻辑的我"之"超越性"与"客观性"都是根源自此对偶性的超越性与必然性。换言之,"肯定否定底对偶性"的超越性与必然性是那"超越的客观而逻辑的我"的最基本特征。

康德曾指出,一切分析判断的最高原理是形式逻辑的"不矛盾律","所以我们也必须承认矛盾律是一切分析性的知识的一条普遍的、完全充分的原则"②。牟宗三将矛盾律又进一步追溯到肯定否定底对偶性原则,因此,我们可以说,逻辑之肯定否定底对偶性原则是"一切分析性的知识的一条普遍的、完全充分的原则"。

如此一来,我们在牟宗三的早期认识论思想中就获得了两种对偶性原则:一是认识活动中的对偶性,即认识主体与认识对象始终是以对偶性的关系出现的;二是逻辑本身之对偶性,即逻辑之"肯定否定底对偶性",这是知性自身之展示,是知性之二用。就整个牟宗三早期的认识论来说,知性自身的对偶性所具有的先验必然性证成了认识主体之为"超越的客观而逻辑的我",而此认识主体的超越性与必然性,又在与认识对象的对偶性关系中,回答了"知觉现象如何客观化"这个其早期

① 牟宗三:《理则学》,《牟宗三先生全集》12卷,联经出版事业公司2003年版,第94—95页。

② 康德:《纯粹理性批判》,邓晓芒译、杨祖陶校,人民出版社2004年版,第147页。

认识论的中心问题。

二、识心之执的特征之一：存有论上的对偶性

上文已反复提及"认识主体"（包括感性与知性）与"现象"的对偶性关系，但都还是在认识论的框架中说的。随着牟宗三思考的不断深入，他发现这种对偶性还有其在存有论上的表现，并且将这种存有论意义上的对偶性，视为识心之执的基本结构与特征。

牟宗三在《认识心之批判》中除了回答"知觉现象如何客观化"这一问题之外，也处处强调认识的界限问题。他认为认识论不能代替本体论（即存有论），认识的客观心只能了别对象而不能实现对象，认识论所能成就的是对象在认识上的根据，但不能成就其在存有论的根据。因此，有关对象如何存在，是物质还是精神等等这些，都不是认识论所能回答的问题。当牟宗三晚年重新回顾《认识心之批判》这本书时说："吾经过近三十余年来中西两方面之积学与苦思，反观《认识心之批判》，自然不免有爽然若失感。最大的失误乃在吾那时只能了解知性之逻辑性格，并不能了解康德之'知性之存有论的性格'之系统。……故吾当时于知识论尚只是一般指实在论之态度。"① 这种实在论，实是由感触中之特体事与客观的认识心为异质、异层这一特征而被确立的，当他在《认识心之批判》中说知性对存在物只有"超越的运用"而无"超越的决定"时，就含有这种实在论的态度在其中。

由于在《认识心之批判》中，牟宗三只从知性中得出一些逻辑概念，如一切、有些、任何、是、不是、或、如果……那么……等等，而这些逻辑概念是可以不牵连于具体存在物方面的，因此，他认为知性概念只有"超越的运用"（Transcendental operation）而不能有"超越的决定"（Transcendental determination），只是轨约而无构造。所谓知性的"超

① 牟宗三：《认识心之批判》（上），《牟宗三先生全集》18 卷，联经出版事业公司 2003 年版，第 6 页。

越的运用"只是知性之纯智思的展开,它是先验的层次,可以成就逻辑、数学等形式知识;也可以对某些经验性的东西作出超越的作用,但并不是对这些东西作出超越的决定,从而使之具有主体方面的决定性的相状。由于只是就知性之内敛的(犹若"不及物的")逻辑性格而说超越的运用,而没有就知性之外及的(犹若"及物的")存有论性格而说超越的决定,因此,我们的认识活动实际上就退处于一边,而将物推出去作为外在者,这外在者之存在又不在认识心之笼罩中,因而成了一种实在论。这种实在论就是根据知性的超越运用而言的。

后来,牟宗三意识到知性不仅有逻辑性格,也具有存有论性格。换句话说,那个形式的我、逻辑的我所自发地起现的纯粹形式概念,不只是"逻辑的先验概念",也就是通常说的"逻辑词",还有"存有论的先验概念",即康德所说的"范畴"。这"存有论的先验概念"对存在物具有"超越的决定"作用,而不是像"逻辑的先验概念"那样只有"超越的运用"作用。此"超越的决定"是知性以其范畴作为一套形式的架构,先验地对现象进行构建,以来自主体方面的范畴抓取经验性的东西,使之成为具有来自主体方面之结构与定相的对象。由此超越的决定作用之故,范畴不但是经验知识可能的条件,同时也是此知识之对象所以可能的条件,此即所谓"知性为自然立法"。因此,由这范畴而成的先天综合判断所表象的,就是适合一切现象的普遍性相。这种普遍性相的获得,可视作一种存有论的知识。不过,严格地说,这也不能称作知识,因其无具体内容之故也,它对存在者有所知,只是知其普遍的性相,而不是知其特定的经验内容。牟宗三认为,康德以此"知性底超越底分解"来代替以往所谓的存有论(是论),就是想把传统的存有论系于知性之认知活动上讲,此时,存在物只是认知意义的现相,这种存有论是"现象界的存有论""内在的形上学"。

不过,牟宗三认为如像康德那样以认识论为进路又只承认一种知识,知识就不能被真正地封住,而是敞开的,意即没有什么东西可以真正在认识之外,不被认识之方式所笼罩。他认为,康德"虽然亦给知识一些限制,如说人类的感性如何如何,人类的知性如何如何,人是有限的，无限者方面如何如何，然这些限制是笼统的、散列的，并未能凝聚成一真实的理境而以之为其系统底前提；而对于无限者方面又只是消极的，只推之于上帝，吾人对之并无清楚而明确的意识（所谓不能充分真实化）。如是，知识便不能被封住，而超越的区分亦不能充分地被证成，即真实化，故封域线并不清楚也"①。若要真正将知识的界限划定，将现象与物自身之"超越的区分"充分地证成，必须比照着中国哲学（包括佛教）之传统，将认识心视为识心之执方可。

> 识心之执就是认知心之执性。执性由其自执与著相两义而见。识心由知体明觉之自我坎陷而成。由坎陷而停住，执持此停住而为一自己以与物为对，这便是识心。识者了别义。故识心亦曰了别心，即认识心也。此了别是静处一边而与物为对以指向于对象的"观解的了别"。②

识心是真我之自我坎陷，即下落而陷于执。经此一执而成的主体是认知主体（知性），思维主体，其本质就是"执"，识心本质上就是执心。"执"本是佛教中的一个概念，指由虚妄分别之心对事物或事理固执不舍，又称迷执、执著、着等，最基本的是我、法二执。一般而言，佛教所说的"执"主要是泛心理学的意义上的，指会引起烦恼等情绪。但牟宗三对这一概念作了新的诠释，他指出，《中论》的第一首偈颂以"八不缘起"破除执著，也就是认为生、灭、常、断、一、异、来、去等定相也是执著，也应该破除，方能显出中道，而这些定相就不是心理学意义上的、材质上的，而是逻辑意义上的、形式上的。因此，"执"有两种：一种是心理学意义上的执，一种是逻辑意义上的执。③而这里所说的识心之执，主要是

---

① 牟宗三：《现象与物自身》，《牟宗三先生全集》21 卷，联经出版事业公司 2003 年版，第 182 页。

② 牟宗三：《现象与物自身》，《牟宗三先生全集》21 卷，联经出版事业公司 2003 年版，第 171 页。

③ 参见牟宗三：《中国哲学十九讲》，《牟宗三先生全集》29 卷，联经出版事业公司 2003 年版，第 277 页。

逻辑意义上的执。以这种"执"为其自性的"认识主体",其本身是空无内容的,只是一"形式的我"。它之所以为形式的,是由于其"执"是逻辑的执;而又因其为逻辑的,则它不能不使用概念(逻辑的概念或存有论的概念),因而又表现出一"架构的我",那些概念就是它自发地起现以进行了别活动的"虚架子",牟宗三将其诠释为唯识宗所说的"遍计所执性"以及"不相应行法"。("执"在佛家完全是负面的观念,牟能用"执著"这种有价值颜色的词语去称呼知识论,完全是由于比照着另一种"智知"传统而言的。)而就其进行了别活动而言,此执心即是识心。

在佛教中的"识心",原指六识或八识之心王,是对"心所法"而言的。牟宗三所说的"识心",则主要不是指这心理学意义的刹那生灭心态串系所虚构成的"假我",而是指逻辑的、形式的、架构的认识主体意义上的"认知我"。《成唯识论》云:"识为了别"①,"了"即了解、认识,"别"即分别、辨别,"了别"就是认识活动。"识"是梵语 vijñāna 的意译。在梵语中,vijñāna 为 vi(分析、分割)与 jñāna(知)之合成语,乃谓分析、分类对象而后认知之作用。②依唯识宗的解释,我们之所以能识别、了别外境,是由于识心分裂出"相分",而识心自身则以"见分"的身份去了解和执著它。因此,识心最根本的特点,还不是表现在其逻辑的、形式的、架构的方面,而是其本身与外物成为一主客对偶之格局。

> 知性,认知主体,是由自由无限心之自我坎陷而成,它本身本质上就是一种"执"。它执持它自己而静处一边,成为认知主体,它同时亦把"物之在其自己"之物推出去而视为它的对象,因而亦成为现象。现象根本是由知性之执而执成的,就物之在其自己而触起或挑起的。知性之执,我们随佛家名之曰识心之执。识心是通名,知性是识心之一形态。知性、想像以及感性所发的感触直觉,

---

① 参见林国良:《成唯识论直解》,复旦大学出版社 2000 年版,第 9—10 页。
② 佛光山宗委会发行:《佛光电子大辞典》,"识"词条。

此三者俱是识心之形态。识心之执是一执执到底的：从其知性形态之执执起，直执至感性而后止。①

识心之执既是由知体明觉之自觉地自我坎陷而成，则一成识心之执即与物为对，即把明觉感应之物推出去而为其所面对之对象，而其本身即偏处一边而为认知的主体，因此，其本身遂与外物成为主客之对偶，此曰认识论的对偶性（epistemological duality），此是识心之执底一个基本结构。②

既有此停住而自持其自己的"形式的我"，则明觉感应中之物即被推出去而成为一所思之对象，此对象即是现象义的对象。我与对象之对偶性是由一执而同时形成者，这是认识论的基本的对偶性。③

在此基本结构中，主体一面造作凝结而成为一个结构体，即知性的先天形式的结构，也就是上文所说逻辑的概念与存有论的概念，两者是识心之执的两种面相。④此识心向内展现出自身逻辑性，向外则构建现相。故而，物这一面由识心之执之绉起作用而成为"现相"。现相之成立（说现相已包含了现象），是识心在自执其自己的同时，把知体明觉之感应中的物自身推出去，与自身拉开距离，而视之为"对象"（即与识心所对之相，亦即知性之"对象意识"），是将物自身思解地执绉之，如"吹皱一池春水"。这种对待之势才是现象之所以能客观化的真正根由。牟宗

---

① 牟宗三：《现象与物自身》，《牟宗三先生全集》21卷，联经出版事业公司2003年版，第(8)—(9)页。

② 牟宗三：《现象与物自身》，《牟宗三先生全集》21卷，联经出版事业公司2003年版，第187页。

③ 牟宗三：《现象与物自身》，《牟宗三先生全集》21卷，联经出版事业公司2003年版，第129页。

④ 关于识心同时涉及知识论与存有论两个方面，牟宗三说："由识心之本执先验地知现象（痙挛）之普遍的性相，此曰执的存有论。由识心之本执经验地知现象之特殊的性相，此曰知识论。由识心之本执之内敛的逻辑性超越的运用，因之以获得经验的知识，此是知识论。由识心之本执之外及的存有论的概念说超越的决定，因之以使经验知识与经验知识底对象为可能，那便是执的存有论。"（参见牟宗三：《现象与物自身》，《牟宗三先生全集》21卷，联经出版事业公司2003年版，第217页。）

三特别强调,"现象之所以为现象即在它们在'对他'的相互关系中可以被表象"①。广义上,识心、执心、认识心既包括知性也包括感性,因此,无论"现象"还是"现相",都是在识心之执的基本对偶性结构(对他)中而挑起或绉起的。我们不能问假设现相不在对偶性中是如何如何,因为根本没有这种"假设"的可能,现相概念本身即分析地包括着与主体成对待之义。这种对偶性格局是现相之为现相所以可能的基础,具有认识论上的必然性,亦即现象(相)界中、执的存有论的必然性,但没有超绝的形上学中的必然性。因为,若识心之执被转化,心物之对偶性亦会同归于无。

总之,牟宗三将对偶性视为识心之执的基本结构,并将此对偶性原则植根于存有论层面(执的存有论)。

三、识心之执的特征之二:成"相"

以对偶性为根基,识心主客二分,其执性进而再由其自执与著相两义而见。以执思为自性的"思的我"自己本无内容、无杂多,只是一"形式的有",但它要成全其了别之用,又自发地起现一些纯粹的形式概念,它就是凭借这些形式概念以进行了别活动的。此识心所自发地起现的概念有两层,一是逻辑的,二是存有论的(牟宗三认为康德只有这一层)。识心之执由此两层知性底形式簇聚,即成"我相"与"对象相",这是相应于其对偶性的。牟宗三说:

> 这一执就是那知体明觉之停住而自持其自己。所谓"停住"就是从神感神应中而显停滞相。其神感神应原是无任何相的,故知无知相,意无意相,物无物相。但一停住则显停滞相,故是执也。②

① 牟宗三:《现象与物自身》,《牟宗三先生全集》21卷,联经出版事业公司2003年版,第177页。

② 牟宗三:《现象与物自身》,《牟宗三先生全集》21卷,联经出版事业公司2003年版,第127页。

　　经由这一执所成的认知主体（知性）是一个逻辑的我、形式的我、架构的我，即有"我相"的我，而不是那知体明觉之"真我"（无我相的我）。①

　　此思维的我既有我相，故明觉感应中之"物"亦凸起而为一对象，即成为对象相的物，此即为现象义的对象，此亦是"平地起土堆"也。"物之在其自己"是平地，平地无相。而现象是土堆，土堆有相。②

良知一经坎陷，一经执著，即显出"执相""停滞相"。此停滞相在认识主体方面即成"我相"，即是纯理之自己展现、自示其相，在认识对象方面即成那些适合于一切现象的"对象相"，即"普遍性相"（universal characteristics）"定相"，即康德所说之范畴。

　　"相"之一词与"执"一样，也是牟宗三从佛学中借鉴过来的词语。其在佛教典籍中含义甚广，牟宗三的使用主要包括两种。一是相对于本性、本体等而言，诸法之特征、状态。如佛教有所谓一切有为诸法皆具有生相、住相、异相、灭相等"四相"之相，亦如《入楞伽经·刹那品》所云："此中相者，谓所见色等形状各别，是名为相"；又如《大智度论·卷三十一》中所谓，诸法有：有相、知相、识相、缘相、增上相、因相、果相、总相、别相、及依相等十相之相。法相唯识宗所说的"遍计所执性"从另一个角度说即是"相无自性性"，遍计所执之法乃是假有而实无，虽在迷情上为有，但不过是当情所现之假相而已，于实理上其体、相皆属空无，故称相无自性。这种没有谛性的相，就是这里所说之"相"。二是作"空性"义解，如《心经》所谓"诸法空相"，即解为诸法的空性，又如《大乘起信论》以"相大"说真如之自体。我们这里所说的识心之显"相"即是在前一个意义上说的。不少现代学者在翻译该词时直接译作"定义"

　　① 牟宗三：《现象与物自身》，《牟宗三先生全集》21 卷，联经出版事业公司 2003 年版，第 128 页。

　　② 牟宗三：《现象与物自身》，《牟宗三先生全集》21 卷，联经出版事业公司 2003 年版，第 131—132 页。

(definition)或"决定"(determination),也正因如此一般所谓"现象"(Phänomen)本文才改为"现相"。而牟宗三说物自身之为"实相""如相"则是在后一个意义上说的,此实相即无相也。

就"我相"这一方面说,它首先表现为识心作为纯形式的有而展示出的逻辑概念,亦可称"逻辑字"(罗素语)。知性之为纯理不是直觉的,其要展示自己必然要凭借这些逻辑概念,因而这些逻辑字即成"我相",其实它们都是识心之执的虚架子。具体而言,牟宗三是以康德的"逻辑判断表"为基础吸收现代逻辑的成果而形成的,即"(1)量的:一切、有些、每一、任一等;(2)质的:肯定、否定、无定等;(3)关系的:如果则(函蕴)、析取(或)、絜合(与)等;(4)程态的:真、假、可能真、可能假、不可能、必然等"①。按康德的话说,此"逻辑判断表"所体现的,即是知性在判断中的逻辑机能,因而其大体上就可视为知性形式。此知性形式即被牟宗三作为认识心之"我相"。牟宗三还认为,在此逻辑的虚架子的基础上,"我相"还可进一步地表现为:"纯理展现其自己之步位相即是数相,纯理展现其自己之展布相或布列相即是几何相(区形相)"②。所谓"步位相"是指纯理展示自己的推演步骤,即数相,而"布列相"是指纯理在推演中形成的方正相、廉隅相,也就是象征意义的空间相(区形相)。在牟宗三看来,数学与几何学是构建在由纯理展现出的"步位相"与"布列相"之上的,因此,数学与几何学中的基本概念(如零、奇数、偶数、矢向、区面、立体、点等等)与公理亦可视为识心之我相。简言之,逻辑中的逻辑词、数学与几何学中的基本概念与公理均被视为这形式的逻辑的我之相也。

就"对象相"这一方面说,主要包括时空相与普遍性相。(步位相与布列相当它们应用于现象,即决定成现象之数相与几何相,此亦是现相之定相。)所谓"普遍性相"(universal characteristics),即是知性之存有

---

① 牟宗三:《现象与物自身》,《牟宗三先生全集》21卷,联经出版事业公司2003年版,第202页。

② 牟宗三:《现象与物自身》,《牟宗三先生全集》21卷,联经出版事业公司2003年版,第190页。

论的概念,亦即康德所说的范畴。范畴之所以具有存有论性格,是由于范畴是经验知识可能的条件,同时亦是此知识对象之所以可能的条件。这就是说,执成现相与执成现相之定相是同一的,并不是先有了现相而待我们将定相运用于其上。牟宗三也特别解释说:

> 执成现象与执成现象之定相是同一的,这两者是同质的,亦无异层之间隔。分解地分疏之,始说这些"定相"是由存有论的概念而决定的,而这些存有论的概念是先验的,即先验地起现于识心底"本执";复说当作现象看的对象必须符合于这些存有论的概念,以成其普遍而必然的定相。实则当这一执时,概念、现象、现象之定相,此三者是同时起现的(概念是由反省而意识到的),并非有个现成的现象来符合于我们的概念。①

现相只能以定相的面貌出现,现相就是定相,物自身是没有相的。因此,识心之执的对偶性活动,即对象化活动,同时就是"著象"(成为现象)进而"著相"(成为现相)的活动。"所谓'著象'意即着于感性所感触地挑起的现象之谓,或着于其所就着明觉感应中之自在物而思解地执触起的现象之谓。所谓'著相'意即由其着于现象而执持现象之定相之谓。识心之执既着象,而又着相,故吾人即就其着象而着相而外及地亦是超越地分析出这些先验的存有论的概念。"②一说现相,就含有识心之执之著相,著相而使之有定相,它们始成为客观的现相,这是分析地必然。依康德,范畴是知性为对象所立之法,"所谓'为自然立法'即是为那由识心之执所触起的现象而先验地或超越地决定其'定相'也"③。

---

① 牟宗三:《现象与物自身》,《牟宗三先生全集》21卷,联经出版事业公司2003年版,第223页。

② 牟宗三:《现象与物自身》,《牟宗三先生全集》21卷,联经出版事业公司2003年版,第174页。

③ 牟宗三:《现象与物自身》,《牟宗三先生全集》21卷,联经出版事业公司2003年版,第180页。

识心之执是由知性到想象再到感性一执执到底的。因此,在知性、想象、感性中,层层皆能显相,亦即康德所谓三重综合。第一,感触的直觉以时空为其形式,执成现象之时空相。严格说来,感性本没有成相能力,时空形式依牟宗三之意也非感性自己所执成,但它以时空为其形式摄取外物,则其所摄取者必是有时空相的存在,故说其执成时空相。若单论此时空相,也可称之为杂多相。第二,想象执现时空并就时空而执现规模(图式),因而执成现象之规模相。这在对象方面是隐而不显的。第三,知性执现概念,因而执成现象之概念的定相。在此知性之执而成相中,现象便成为"决定的对象",即现相。它所具有的普遍的定相,将全部朗现出来,包括:一相、多相、综相,实有相、虚无相、限制相,常住相、因果相、交互相,以及可能相、现实相、必然相,这也就是康德的十二范畴。推而广之,现相又显生相、灭相,常相、断相,一相、异相,来相、来去等等,即《中论》所谓"八不"。这八相亦不出三重综合之外,也不出十二定相之外,皆是由执而成。客观地说,这些是物之生灭等相,主观地说,即是知性概念之决定。此种种相即构成了全部"现相界"。而这些定相本是执相,则与之相反的那在其自己之"如相"即是无相也。

总之,在现相界中,心物关系分别表现为"生理自我"与"特体事"、"感性主体"与"现象"、"认识主体"与"现相"三种。其中,前一种是前主客二分的心物不分阶段。在后两者中,心对物表现出"对象化"(对偶性)与显"相"作用,即把物推出去,置定于外而与之为对,因而可以去究知其曲折之相。

第二章 "无执的存有论"中的心物关系

心与物在本体界(智思界、超感触界)中是以"无限智心"(其最重要的能力是"智的直觉")与"物自身"的身份而出现的,二者关系的最大特点就是不同于执心之"对偶性"与显"相"特征,表现出心物不二、知无知相、物无物相的特征。牟宗三凭借中国传统哲学的资源具体地向我们展示了这一特征。对此,我们还是要从牟宗三对"智的直觉"与"物自身"这两个概念的理解入手。

第一节 "人有智的直觉"意味着
一种非对偶性的心物关系

众所周知,牟宗三是依傍着康德哲学而提出"智的直觉"这个被其视为中国哲学之根基的方法论概念的。他自认,捻出此概念的贡献在于"使中国哲学能哲学地建立起来,并客观地使康德所不能真实建立者而真实地建立起来"[1]。他还声称:"吾人所以与康德不同的主要界线只在承认'智的直觉'一点。"[2]在本节中,我们要反思牟宗三的这种判断是在何种意义上成立的,以及他承认"人有智的直觉"在心物关系层

---

① 牟宗三:《智的直觉与中国哲学》,《牟宗三先生全集》20 卷,联经出版事业公司 2003 年版,第 5 页。

② 牟宗三:《现象与物自身》,《牟宗三先生全集》21 卷,联经出版事业公司 2003 年版,第 65 页。

面又意味着什么。

一、康德对"超感触界"的探索

牟宗三早在为劳思光所著《康德知识论要义》作序时(1957),就完全赞同作者认为"形成康德哲学全部理论系统的'基源问题'便是对本体的知识是否可能"①这一论断,并说:"如果我们握住了那个总关节,则在了解康德哲学上便有了眉目与头脑。"②这里所说的"本体",即Noumena,便是超感触界的"智思物"。不过,被康德归属于"Noumena"下的,除了"自由""上帝""不朽之灵魂"外,还有"物自身""超越的客体"等。它们之间的差别需要辨析。

有学者认为,康德的"智思物"(Noumena)与"物自身"(Ding an sich selbst)两概念是可以视为同义词而不加区分地使用的。如李明辉认为:"此二词之区别主要不在意涵方面,而是在行文脉络方面。大体而言,当康德要强调它与现象之对比时,多半使用'物自身'一词;当他要强调这是透过纯粹知性所设想之物时,则多半使用'理体'(即对 Noumena 一词的翻译——笔者注)一词。因此,笔者在下文中即将此二词当作同义词,而不加分别"③。这种说法是有待商榷的。

诚然,康德的确把"物自身"也视为"智思物"之一。例如,他说:

> 如果我们把某些作为现象的对象称为感官物(Phänomena 现相),而把我们直观它们的方式和它们自在的性状本身区别开来,那么在我们的概念中就毕竟已经蕴含着这样的意思:我们要么按照后一种自在的性状而把这同一些对象(哪怕并没有在这种性状

---

① 牟宗三:《牟宗三先生晚期文集》,《牟宗三先生全集》27 卷,联经出版事业公司 2003 年版,第 107 页。

② 牟宗三:《牟宗三先生晚期文集》,《牟宗三先生全集》27 卷,联经出版事业公司 2003 年版,第 108 页。

③ 李明辉:《当代儒学的自我转化》,中国社会科学出版社 2001 年版,第 26 页。

中直观到它们)仿佛置于与前面那种对象的对立之中,并把它们叫作知性物(Noumena 本体),要么也对另外一些完全不是我们感官的客体、而只是由知性当作对象来思维的可能之物这样做。①

这里,康德首先把一切对象区分为:就现象按照范畴的统一性而被思为对象,即"现相",以及仅仅通过知性而思想为对象的可能物,即"智思物"。又接着把"智思物"分为两类,即:一是就感触物在其自己的本性而论的"物自身"(因为"物自身"是由感性能力之界限推理而得,因此亦可说是"智思的");二是就完全不为我们所感取的而只能通过知性被思想为对象的可能的东西。也就是说,凡是一个东西其表象不是感触的,我们都可称之为"智思物"。不过,对于这里所说的不同于物自身的另一种也被称之为智思物的东西,康德有时候也将其称为"物自身"。例如,他说:"一个本体的概念,即一个完全不应被思考为一个感官对象、而应(只通过纯粹知性)被思考为一个自在之物本身的物的(Ding an sich selbst)的概念,是完全不自相矛盾的;因为我们对于感性并不能断言,它就是直观的惟一可能的方式。"②这样一来,物自身(Ding an sich selbst)也可分为两种:一是只通过纯粹知性而被思想的感取物之在其自己,二是只通过知性而被思想的那些与我们感取物没有任何关系的东西。

虽然在用语上存在着重叠,但无论是从"物自身"中还是从"智思物"中都可以区分出两种含义来,即"与感触对象直接相关而为其超越根据的东西"与"只是可以单纯思想的一些完全不是我们的感取之客体的东西"。前者是由"超越的感性论"中所推证的,后者是由"超越的分解论"中所提出的。为了明确区分,我们就根据这两个概念的出处,将在"超越的感性论"中提出的"与感触对象直接相关而为其超越根据的

----

① 康德:《纯粹理性批判》,邓晓芒译,杨祖陶校,人民出版社 2004 年版,第 225 页。其中,"感官物"和"知性物"牟宗三分别译为"感触物""智思物"。

② 康德:《纯粹理性批判》,邓晓芒译,杨祖陶校,人民出版社 2004 年版,第 231 页。其中,"本体"和"感官对象"牟宗三分别译为"智思物""感取对象"。

东西"称为"物自身",而将在"超越的分解论"中经由纯粹知性之分解而提出的"只是可以单纯思想的一些完全不是我们的感取之客体的东西"称为"智思物"。在康德的行文中区别两者,关键是要从上下文脉络中去把握其每次论及"物自身"或"智思物"时是从哪一种认知机能而立论的。牟宗三在《智的直觉与中国哲学》一书中还是将两者视为可以互换的同义词,在《现象与物自身》中才将两者进一步区分开。

从感性论中,我们只能推证出"物自身"概念,知性虽然既可以思想那与感触对象直接相关而为其超越的根据的物自身,也可以单纯思想那些完全不能为我们感触的东西,但"智思物"概念只在纯粹知性中有其位置,它是纯粹知性物(Verstandeswesen)、思想上的东西(Gedankenwesen)。更为重要的是,只有前者,即就感触物之在其自己而言的"物自身",我们才可以确定它是确然存有的,那些不是我们感取的东西而只是通过知性思之为可能的"智思物",我们对它们的存有只能不置一词,至少在认识领域中是如此。也就是说,"物自身"在认识论是有实在性的,而"智思物"在认识领域中只是悬拟的概念(此与"设准"不同),即"如果一个概念并不含有任何矛盾,甚至还作为那些被给予的概念的边界而与其他的知识相关联,但它的客观实在性却不能以任何方式被认识,我就把它称为悬拟的(problematisch)概念。"①简言之,在认识领域中,"物自身"的存有是我们必须肯定的,以表示感触不能笼罩一切,而"智思物"的实存与否是我们完全无从得知的。

虽然如此,但成立"智思物"概念,对康德哲学又是具有特别意义的。正如卢雪崑所指出的:"康德哲学的全部工作可以说就是将智思物之概念(也就是将超感触的东西)归于我们心灵机能的诸能力的不同作用及不同领域去分别考论,步步限制,步步展开。"②就认识机能中的纯

---

① 康德:《纯粹理性批判》,邓晓芒译,杨祖陶校,人民出版社 2004 年版,第 231 页。
② 卢雪崑:《康德的形而上学——物自身与智思物》,中国人民大学出版社 2016 年版,第 156 页。这本书是值得关注的,作为牟宗三的学生,作者一方面依照牟的思路,论证了康德哲学的归宿是"道德的形上学",一方面又不点名地批评了牟对康德哲学中"物自身""自由"等方面的解读。作者实际上是认为,我们不必承认人有智的直觉,只依康德的思路依然可以建立一套"道德的形上学"。

粹知性能力而言,智思物概念只不过是一个界限概念,作用是限制感性的僭越。在范畴的超越演绎中,康德一方面指出范畴可以思想对象,这种思维功能是不受直观条件限制的;另一方面又指出,就范畴的认识功能而言,若没有相应的直观,我们不能认识所思维的对象。康德说:"如果我们把本体理解为一个这样的物,由于我们抽掉了我们直观它的方式,它不是我们感性直观的客体;那么,这就是一个消极地理解的本体。但如果我们把它理解为一个非感性的直观的客体,那么我们就假定了一种特殊的直观方式,即智性的直观方式,但它不是我们所具有的,我们甚至不能看出它的可能性,而这将会是积极的含义上的本体。"①为了不使感性直观扩展到物自身,从而限制感性知识的客观有效性,智思物的概念是必要的。也就是说,在知性能力方面,康德主张我们必须承认范畴的一种纯粹的使用是逻辑上可能的,不过不能将这种逻辑的可能性视作实在的可能性,只要避免这种错误,就允许通过范畴去思想智思物。对此,康德说:"范畴的一个纯粹运用虽然是可能的(逻辑上可能的——德文编者),就是说没有矛盾的,但却由于范畴没有指向任何本应由它们来获得客体的统一性的直观,而完全不具任何客观有效性;因为范畴毕竟是一种单纯的思维机能,通过它并没有任何对象被给予我,而只是那能在直观中被给予的东西得到了思维。"②因此,在知性范围内,成立"消极意义的智思物"不但推翻了极端的经验论者、感觉论者,认为一切超感触物都是无意义的主张,也与唯理派的独断论区别开来。在唯理派那里,他们把智思物理解为一个非感触的实存,把现象等同于幻象,并提出一种理智的直观以获得这种积极意义的智思物的实在性。

还有一对概念常与物自身、智思物概念纠缠在一起,即"超越对象"(Transzendentale Gegenstand)与"超越客体"(Transzendentale Objekt)。说到康德哲学中的"对象"(Gegenstand)与"客体"(Objekt)这两词,实

---

① 康德:《纯粹理性批判》,邓晓芒译,杨祖陶校,人民出版社 2004 年版,第 226 页。其中,**"本体"**牟宗三译为**"智思物"**。

② 康德:《纯粹理性批判》,邓晓芒译,杨祖陶校,人民出版社 2004 年版,第 230 页。

在是十分麻烦且容易引起误会的概念,而且在康德的用法中,这两个词也是难以区分开的。不过,虽然"对象"与"客体"难以区分开,但"超越对象"与"超越客体"这两个概念大体上还是可以区分开的(尤其是在《纯粹理性批判》第二版中)。简单地说,"超越对象"是作为统觉的统一之概念,"超越客体"是作为现象的根据之概念。前者完全是由知性给出的,是先于一切经验并使经验本身成为可能的条件,这个设定的对象本身并不是一个实实在在的对象,"它只能作为统觉的统一性的相关物而充当感性直观中杂多的统一"①。后者是纯然的知性对象、非感触直觉的对象,我们的范畴对于这些对象是无效的,我们任何时候都根本不能有关于它们的认识。康德说:"这些表象的非感性的原因是我们完全不知道的,因此我们不能把这个原因当做客体来直观;因为这一类对象将必须既不在空间中、也不在时间中(即不是在感性表象的这些单纯条件下)得到表现,而没有这些条件我们根本就不能设想任何直观。然而我们可以把一般现象的单纯理知的原因称之为先验客体……并且说:它自身是在一切经验之前自在地被给予了的。"②实际上,这个"超越的客体"就是指物自身而言的。康德说:

> 所以知性限定了感性,并不因此就扩展了它自己的领域,而由于它警告感性不要妄想指向自在之物本身,而只能指向现象,所以它思维一个自在的对象本身,但却只是作为这现象的原因(因而本身不是现象)的先验客体,这客体既不能作为量、也不能作为实在性、也不能作为实体等等被思维(因为这些概念永远要求它们借以规定一个对象的那些感性形式);所以关于这先验客体,我们完全不知道它可以在我们里面还是在我们外面找到,它是随着感性一同被取消了呢,还是当我们去掉感性时还会留存下来。如果我们由于这个先验客体的表象不是感性的,因而要把它称之为本体,那

---

① 康德:《纯粹理性批判》,邓晓芒译,杨祖陶校,人民出版社 2004 年版,第 229 页。
② 康德:《纯粹理性批判》,邓晓芒译,杨祖陶校,人民出版社 2004 年版,第 407 页。

么这是我们的自由。①

康德的意思很清楚,超越客体就是物自身,由于其表象不是感触的,也可以称作智思物。而且,它虽然名为超越客体,但我们并不能因此就认定其为外在于我们而客观存在的东西,我们只知道它是现象的超越根据,因而有其存有的必然性。但是,"超越的对象"不等于"超越的客体",它既不是物自身,也不是智思物,只是统觉的统一之概念。康德说:"我使一般现象与之相关联的那个客体就是先验的对象,亦即关于一般某物的完全未定的思想。这个思想不能叫做本体。"②超越的对象只是"一般某物",即超越一切可能的特定对象而说那范畴所表象的最普遍的性相以使对象成为可能者。超越的对象不能被视为物自身,这也是牟宗三反复强调的。③

虽然在知性中允许提出智思物概念,但智思物在知性中只不过是一界限概念。知性虽然是一种自发性的能力,但它的活动只能产生一些用来把感触材料统一于一个统一意识中的概念,若无感性的配合,知性是无用武之地的。而理性是纯粹的自发性能力,它可以完全不依靠于感性而产生理念。因此,智思物概念的提出其实是要使理性有其用武之地。康德正是要通过把纯粹知性概念(范畴)之使用限制于经验之内,以进一步提出纯粹的理性概念(理念)。纯粹范畴虽然不能有超越的运用,但可以被提供给理性以作思辨的使用。

知性是借助规则使诸现象统一的能力,理性是使知性规则统一于原则之下的能力。理性不仅如知性那样,"有一种单纯形式的、亦即逻

① 康德:《纯粹理性批判》,邓晓芒译,杨祖陶校,人民出版社 2004 年版,第 254—255 页。其中,"本体"牟宗三译为"智思物"。

② 康德:《纯粹理性批判》,邓晓芒译,杨祖陶校,人民出版社 2004 年版,第 230 页。

③ 康蒲·史密斯的纯批英译本,未能严格区分 transzendentale Gegenstand 与 transzendentale Objekt,而将两者均译为"transcendental object",这就造成了理解上的困扰,也给牟宗三带来了很大的麻烦。致使牟宗三在《智的直觉与中国哲学》一书中花了五章的篇幅来梳理"超越的对象"这个概念。虽然其所参照的译本本身有问题,但牟宗三还是通过义理将两者作出了区分,将"超越的对象"理解为使对象成为对象的超越的根据(认知地物物原则),而将本指"超越的客体"之处理解为"超绝的对象"。

辑的运用,但它也有一种实在的运用,因为它本身包含有既非借自感官、亦非借自知性的某些概念和原理的起源"①。理性理念不像知性范畴那样,可以把相应的感触对象置放于其下,理念不关涉到任何一经验对象,也不能提供一对象让我们去认识,而是在感触对象之外,纯粹理性自身产生出"理念中的对象"。这样一来,理性通过突破知性本身之限制,就合法地取得了自身产生对象之权利。不过,"这些理念并非为了逾分的概念,而只是为了无限制地扩展经验底运用"②。也就是说,这理念中的对象并非是要运用到超验领域中,而只是范畴的经验运用的无界限的扩展。"理性永远不直接和一个对象发生关系,而只和知性发生关系,并借助于知性而和理性自己的经验性运用发生关系,所以它并不创立任何(关于客体的)概念,而只是整理这些概念,并赋予它们以在其最大可能的扩展中所可能具有的那种统一性,也就是在与诸序列的总体性关系中的统一性……所以理性真正说来只把知性及其合目的性的职能当作对象。"③既然"先验理念真正说来将只不过是些一直扩展到无条件者的范畴"④,那么理性的纯粹运用就从实体性、因果性和协同性这三个关系范畴中派生出了三个理念,即灵魂、宇宙(自由就在其中)、上帝。范畴的经验运用可以构成知识,但智思物在知性中只能是消极的界限概念,而先验理念,即智思物在理论理性中并不能构成知识,却可以帮助经验知识不断趋向完善,因而其作用是范导性、轨约性的,这是知性所没有的。但不论是就知性而言还是就理性而言,智思物都不是实在的对象,都没有客观实在性,也都没有构造作用。形上学的对象正是这些由纯粹思辨理性而产生的、悬而未决的智思物(既不能肯定,亦不能否定)。

理论理性关涉的形上学概念被限制为仅仅是轨约的,这就为实践

① 康德:《纯粹理性批判》,邓晓芒译,杨祖陶校,人民出版社 2004 年版,第 261—262 页。

② 康德:《一切能作为学问而出现的未来形上学之序论》,李明辉译,联经出版事业股份有限公司 2008 年版,第 111 页。

③ 康德:《纯粹理性批判》,邓晓芒译,杨祖陶校,人民出版社 2004 年版,第 506 页。

④ 康德:《纯粹理性批判》,邓晓芒译,杨祖陶校,人民出版社 2004 年版,第 350 页。

的形上学留出了空地。康德实践的形上学的重点就是要说明，"自由"如何从理论理性的一个纯粹理念通过意志自律这一理性事实而获得其自身的客观实在性，并且能在实践形上学中发挥构造作用。"在纯粹思辨理性的一切理念中，唯一在超感性东西的领域里、即使只是对实践的知识而言取得了如此巨大扩展的概念、即使只是对实践的知识而言取得了如此巨大扩展的概念，真正说来就是自由概念。"①这就是说，只有自由理念能真正扩展我们在超感触界方面的知识，这种知识是一种实践的知识。先验自由在理论理性中并不能被视为知识，但由于它来自理论理性，具有某种认识的面貌，所以当它在为道德实践提供根据时就使得自己在实践意义上成为了某种知识，并使得原本是一个空洞幻相的先验自由的理念具有了客观实在性。

通过反思感性能力的特殊性与有限性，我们必须肯定一超感触界的"物自身"的存有，以此表明极端经验论者"离开感觉经验的东西是无意义"之说的谬误；通过对知性能力的考察，肯定了我们能够进一步探索超感触界，去思想一个"智思物"，只是此时的智思物还只是一消极的界限概念；"智思物"在理性能力的作用下，可以进一步发挥轨约性作用，但依然不能证明其有客观实在性；这种客观实在性需要到实践理性中，由意志自律这一理性事实去寻求。这就是牟宗三进一步去思考"道德主体""智的直觉""无限智心"的理论背景与出发点。

二、牟宗三与康德关于如何确立"自由"之"现实性"的不同见解

穷智见德。康德在感触界之外另辟超感触界，探明人在理论认识上的界限与作为感触界一分子的有限性，正是要转向人在实践领域（意欲机能方面）作为超感触界的一分子的自由能力。这给予了牟宗三发挥中国传统心性之学的空间，他说：

---

　　① 康德：《实践理性批判》，邓晓芒译，杨祖陶校，人民出版社 2003 年版，第 141 页。

依范畴以追溯,在提供超越理念上,只是轨约原则,而不是构成原则。以轨约为构成,这便形成超越辩证所示的虚幻性。这表示在纯粹理性依据范畴以追溯上,并不能明超越理念之真实可能性,并不能获得其真实的客观妥实性。这里即表现了纯粹理性有效使用的范围。划开了"知识域"与"超越域"。在"超越域"上,即算开辟了价值域,此则必须另有根源以契之与实之。此另一根源即是"认识主体"外之"道德主体"。此则必须正式正视各种"主体之能"。①

依康德,探索道德主体的切入点只能是"自由意志",牟宗三也将自由意志视为"知体、心体或性体之本质的属性"②。然而,在对"自由"的理解上,牟宗三与康德产生了分歧,他批评了康德对"自由意志"的规定,进而提出了自己的主张。

依康德,在认识论中,超感触界中只有物自身概念具有实在性(但没有现实性),自由、上帝、灵魂在理论理性中都只是"意见之物"。但在牟宗三看来,康德对"自由"理解的最大问题在于,即便是在实践理性中康德依然没有证成"自由"的现实性、客观实在性③,"自由"在康德的道

---

① 牟宗三:《五十自述》,《牟宗三先生全集》32 卷,联经出版事业公司 2003 年版,第 67—68 页。

② 牟宗三:《现象与物自身》,《牟宗三先生全集》21 卷,联经出版事业公司 2003 年版,第 66 页。

③ 海德格尔特别指出,"实在性概念必须与康德的客观实在性概念区别开来,后者同义于现实性。客观实在性指这样一种实事性:它在那种在它之中所思的对象、它的客体里得到实现,亦即这样一种实事性,它在被经验的存在者那里将自己显明为现实的、实存着的(daseiendem)。"(海德格尔:《现象学之基本问题》(修订译本),丁耘译,商务印书馆 2018 年版,第 48—49 页。)这是很有道理的。因为在康德那里,认识论中的"客观实在性"其实就包含了"经验性的实在性"与"超越的观念性",一种客观实在性的认识对象之所以可能正是由此二者共同作用的结果。所以,"客观实在性"是因其本身包含了"经验性"而具有了"现实性"的品格。也可以这么说,对于现相界中的事物去说"实在性"(即经验性的实在性)都意味着有"现实性"(因为现相界的事物都是可感触的事物,本身就具有现实性,因此,康德有时也用"实在的"表示"实存");而对于超感触界的东西说"实在性"(即超越的实在性),只表示一种思想上的肯定,"实存不是实在的谓词",单单从"实在性"中推不出"现实性"。

德哲学中只是一个"设准"。对此,牟宗三评价道:"但若把自由完全归诸信仰,视作被预定的理念,不能落实,不能真实呈现,这等于说道德不能落实,不能真实呈现。如是,康德所建构的道德真理完全是一套空理论。这似乎非理性之所能安,不,简直是悖理!"①这里,牟宗三认为康德把自由意志理解为实践理性中的假定,"为一假定,为一设准……是只讲到理上当该如此,至于事实上是否真实如此,则非吾人所能知"②。而"'设准'云者无直觉以朗现之之谓也"③,自由之所以为设准,即是由于没有相应的直觉使之具体而真实地呈现。于是,牟宗三提出,必须肯定人有智的直觉,才能使自由的客观实在性得以落实,"并客观地使康德所不能真实建立者而真实地建立起来"④。

对于"设准"的含义,牟宗三解释说:

> 它们之为实践理性底设准只是"就主体说的一种必然的设定,其为必然是在主体之服从其客观而实践的法则这服从上而为必然的。因此,它们只是一必然的假设"。这个"必然"是从主体说,不是从对象说;它含有必须、必要的意思;即使说"然",亦是主观需要上的"然",而不是客观的定然。因此,这个"必然"是主观的必然,虽亦是真正而无条件的必然。⑤

> 意志底自由虽由道德法则而显露,然而它仍是一"设准"。它

---

① 牟宗三:《心体与性体(一)》,《牟宗三先生全集》5 卷,联经出版事业公司 2003 年版,第 173 页。认为康德没有证成自由理念在实践中的客观实在性,并进而将康德所建构的道德理论视之为是一套空理论的观点,这在康德哲学的研究者中大有人在。最著名的要数德国的康德研究专家费英格(H. Vaihinger),他甚至以《仿佛哲学》(Die Philosophie des Als Ob)为名,来定位整个康德哲学。

② 牟宗三:《心体与性体(一)》,《牟宗三先生全集》5 卷,联经出版事业公司 2003 年版,第 137—138 页。

③ 牟宗三:《现象与物自身》,《牟宗三先生全集》21 卷,联经出版事业公司 2003 年版,第 63 页。

④ 牟宗三:《智的直觉与中国哲学》,《牟宗三先生全集》20 卷,联经出版事业公司 2003 年版,第 5 页。

⑤ 牟宗三:《现象与物自身》,《牟宗三先生全集》21 卷,联经出版事业公司 2003 年版,第 53 页。

仍不是就对象本身而说的一种"已知的必然性",它不是一种观解的必然,它不是客观地、认知地被断定了的,因为吾人对之无直觉(感触直觉不能及,又无智的直觉以及之)。因此,它仍是主观地就实践理性之道德法则之必须如此这般而被肯断,即在实践上逻辑地逼迫着吾人必须肯断意志是自由的,否则无条件的道德法则无由建立。但此种肯断并不表示吾人对于自由的意志本身已能直觉地知之,因而可以客观地、认知地肯断其是如此。因此,这种肯断底必然性不是就意志本身而说的一种"已知的必然性",其确定性亦不是客观地、认知地"必是定是的确定性"。那就是说,"意志自由"是一个"不能直觉地被建立"的概念。①

按牟宗三的理解,"设准"是"就主体而说的一种必然的设定",而不是一种"必是定是的判断"。其所判断的对象"是"如何也不是"必是""定是""实是",即不是被客观决定了的。设准的东西本身也不是一个客观地认知地被建立起的对象,可以使我们认知地必然地肯断其是如此者。就是说,自由作为设准只有主观必然性,是"顺理性底事实"而主观地逻辑地推论而得出的,不能客观地就其本身而肯断之。一句话,牟宗三认为"自由意志"在康德那里并没有获得客观实在性,亦即现实性的品格。在牟宗三看来,获得现实性的唯一方式就是有相应的直觉。而自由意志作为设准,既不可以感触地直觉之,康德又不肯定人有智的直觉以觉之,因此只是一消极的概念,不是一积极的概念。(自由就其"自我立法"、自行开始一个因果系列的原因性而言的积极意义,也只是在有此设定之下才是积极的。因而只是消极中的积极。)

对于牟宗三的以上说法,我们首先就要问,将自由理解成信仰式的假定,这符合康德的意思吗?康德真的没有证成自由意志的现实性吗?

① 牟宗三:《现象与物自身》,《牟宗三先生全集》21 卷,联经出版事业公司 2003 年版,第 54 页。

康德在《判断力批判》之"由实践的信念而来的认其为真的方式"一节中指出：

> 某物是否是一个可认识的存在者这个问题，就不是什么关系到事物本身的可能性的问题，而是关系到我们对事物的认识的可能性的问题。于是，可认识的事物就具有三种方式：意见的事［opinabile（译者注：可推测的东西）］、事实的事［scibile（译者注：可认识的东西）］和信念的事［mere credibile（译者注：值得相信的东西）］。①

其中，关于"信念的事"，康德指出："上帝存有和灵魂不朽，都是信念的事（信仰的事），确切地说是在一切对象中惟一能够被如此称谓的一些对象。"②

关于"事实的事"，康德指出：

> 凡是其客观实在性能够被证明的概念（不论是通过纯粹理性还是通过经验，在前一种场合下是出自理性的理论上或实践上的资源，但在任何一种场合下都是凭借某种与这些概念相应的直观），它们的对象都是［res facti（译者注：事实的事）］事实。……但非常奇怪的是，这样一来在事实中甚至就会有一个理性的理念（它自身并不能在直观中有任何表现，因而也决不能够对其可能性作出任何理论的证明）；而这就是自由的理念，它的实在性作为一种特殊的原因性（有关这种原因性的概念从理论上看将会是夸大其辞的），是可以通过纯粹理性的实践法则、并按照这一法则在现实的行动中、因而在经验中加以阐明的。——这是在纯粹理性的一切理念中惟一的一个，其对象是事实并且必须被算到 scibilia（译

---

① 康德：《判断力批判》，邓晓芒译，杨祖陶校，人民出版社 2002 年版，第 326 页。
② 康德：《判断力批判》，邓晓芒译，杨祖陶校，人民出版社 2002 年版，第 328 页。

者注：可认识的东西）之列的。①

牟宗三所说的作为"就主体而说的一种必然的设定"的"设准"，大体适用于作为信仰之物的上帝与不朽灵魂这两个理念。只不过，上帝与不朽灵魂不是作为道德法则的条件而被设定的，而是作为一个由道德法则来规定的意志的必然客体，即"圆善"的条件。对于这两者康德也承认，"我不仅要说对它们的现实性，而且就连其可能性，我们也都不能声称是认识和看透了的"②。它们的可能性甚至某种意义上而言的客观实在性，都要基于自由的现实性才能获得证明。但是，对于"自由"，康德非常明确地说，它属于"事实的事"。康德在脚注中说，这是对"事实"概念的扩展使用，其实就是要表示自由具有"现实性""客观实在性"而非只是假设的意思。诚然，康德确实有（特别是在《道德底形上学奠基》一书中）将自由意志与道德律视为互为设准的说法，但这只是其探索自由问题的第一步，旨在说明道德法则与自由意志的先验性以及相互函蕴关系。在对实践理性进行批判的工作中，道德法则被进一步地视为"理性事实"③，自由意志作为道德法则存在的原因性也获得了其现实性之证明。这里的关键是，康德一改在理论认识中认为对象之现实性必须由直觉来提供的观点，而提出一种特殊的原因性来保证对象现实性的思路。

"特殊的原因性"康德也称作"意志底因果性""自由底因果性""人作为物自身底因果性""睿智者底因果性"。依康德，即便是在探讨自由的理性理念，我们也不能不使用范畴，因为我们就这一套思想方式，离

---

① 康德：《判断力批判》，邓晓芒译，杨祖陶校，人民出版社 2002 年版，第 327—328 页。

② 康德：《实践理性批判》，邓晓芒译，杨祖陶校，人民出版社 2003 年版，第 3 页。

③ 按照卢雪崑的梳理，康德所谓的"理性事实"包括：1.人有自立道德法则的能力，即人的意志是自由的；2.人事实上能依据道德法则而行，即人的抉意是自由的；3.人事实上有尊敬道德法则的能力，即人有道德情感；4.当人违反道德法则时，总不免良知的自责。（参见卢雪崑：《康德的形而上学——物自身与智思物》，中国人民大学出版社 2016 年版，第 176—177 页。）

开范畴就不能思想任何东西。这里适用的正是因果性范畴。在讨论纯粹实践理性的动机时,康德将范畴分为"数学性的范畴"与"力学性的范畴"两级:

> 第一级范畴(量和质的范畴)任何时候都包含有同质的东西的一个综合,在这种综合中,对于在感性直观里所给予的有条件者是根本不可能在空间和时间中找到无条件者的,因为这个无条件者本身又必将属于空间和时间、因而又必须是有条件的;……第二级范畴(一物之因果性和必然性的范畴)则完全不要求这种同质性(即有条件者和条件在综合中的同质性),……于是就允许为感官世界中那些通通有条件的东西(不论是在因果性方面还是在物本身的偶然存有方面)设立理知世界中的、虽然在其他方面并不确定的无条件者,并使这种综合成为超验的①。

这种"力学性的范畴"最大的特点就是,不像数学性的范畴那样要求被联结的东西必须是同质性的。在因果性的综合中,原因和结果的联结既可以是同质的,即自然因果性,它关涉经验因而可以在感触直觉中得到证实,也可以是异质的,即自由因果性,它可以为感触界中的结果思想一个在超感触界中的原因②,并通过它在自然中可能的结果而证明其实存,就像重力通过它的结果而显示它的存在一样。

这样证明出来的自由之"现实性"(实存、客观有效性),就不能是该词在认识论中的意思,自由意志显然不能是一个实存之物。实践领域中超感触物的"现实性""客观实在性",其实是"客观有效性"的意思,表

---

① 康德:《实践理性批判》,邓晓芒译,杨祖陶校,人民出版社 2003 年版,第 142 页。

② 康德还特别提醒,要"将现象中的原因与现象底原因(就此原因能够被视为物自身而言)区别开来"(康德:《一切能作为学问而出现的未来形上学之序论》,李明辉译,联经出版事业股份有限公司 2008 年版,第 128 页。)此外,正如康德提醒的那样,必须注意,这种自由的因果性范畴只适用于实践理性中。这种作为"现象底原因"的物自身之自由的因果性只对人作为物自身(这里的"物"只是虚说)而言是有效的,不能将它视作一切物的物自身之因果性。因为只有人是已知的唯一有自由的存在者。一般物的物自身与现象之间只有"凭依关系",这种关系不能用自由的因果性来思之。

示在实践中有其真实的效用。①理性自己为自己立法,使知识领域中抽象的自由之理念有了具体的内容,即应当之目的,从而使其具备了"规定性""现实性",也可以说,实践领域中的"直观"不需要感觉经验来提供,理性自己为自己提供"直观"。

因果性不要求这种同质性的特点也就意味着,自然因果性和自由因果性可以同时相存而并行不悖。同一个行动,当它作为感触界的行动时,都要以感性为条件的,因而也就是机械必然的;当它同时也作为属于行动者(睿智者)之原因性的行动,就其属于理知世界而言,有一个感性上无条件的原因性作根据,因而能够被思考为自由的。"自由意志"作为无条件的因果性之机能,它本身是其行为结果(即道德行为)的原因,并通过这在感触界中的结果("理性事实")而证明其实存。因此,自由也就成了超感触界中唯一可依据"现象与物自身之超越区分"而证实自身为实存者。其实存,不是因为有一种直观,而是因为它自身的一个力学法则(道德法则)而证实的。我们正是借着道德法则认识自身为智性者。

我们再引康德的两句话,来总结以上所说的意思:

> 所以那个无条件者的原因性及其能力,即自由,但连同自由还有某个属于感官世界的存在者(我本人),毕竟同时又不只是不确定地和悬拟地被思考为属于理知世界的(这一点思辨理性就已经能够查明是可以做到的了),而是甚至就自由的原因性法则而言也被确定地和实然地认识到了,这样,这个理知世界的现实性、确切地说是在实践的考虑中的现实性就被确定地提供给我们了,而这

---

① 其实,即便在认识论中,"现实性"也可以被理解为一种实际的效果。黄裕生指出:"现(真)实的东西"(Das Wirkliches),也就是有效应或有效果(Wirkung)的东西,是能起作用的东西,起作用、有效果才是现实的。对什么有'效果'呢? 对时间这一我们能够首先确认其真实性的超验(即 transcendental——笔者注)境界有效果。所谓对时间有'效果'也就是能对时间这一纯粹直观形式起作用而被直观,从而在时间意识中显现出来。"(参见黄裕生:《真理与自由——康德哲学的存在论阐释》,江苏人民出版社 2002 年版,第 111 页。)

种确定性在理论的意图中将会是超验的(夸大其辞的),在实践的意图中则是内在的。①

　　自由的理念是惟一通过自由在自然中可能的效果而在自然身上(凭借在此概念中被想到的原因性)证明其客观的实在性的超感官东西的概念。②

康德已经明白无疑地指出,由于自由的因果性,"自由"在实践中的现实性、客观实在性,能够被确定地和实然地认识到、被确定地提供给我们。显然,牟宗三将自由视为"就主体而说的一种必然的设定"的"设准",并认为我们对其不能有"客观地、认知地肯断",是不符合康德的意思的。

　　为什么牟宗三会视上引康德众多原话于不顾,而将康德所说的自由视作没有现实性、客观实在性呢? 除了文本上的原因外③,义理方面的原因是,牟宗三坚持将有直觉以觉之作为对象具有现实性的唯一证明方式。但其实,康德认为有两种证明对象现实性(客观实在性)的方式,即在理论理性中,以直觉的方式证明,而在实践理性中,以自由因果性的方式,依理性底事实来证明。

　　对此,牟宗三的学生卢雪崑的这段话说的甚为透彻:

　　　康德一再强调,自然领域与自由领域之划分是依据其各自与我们心灵机能所包含的两种不同机能而作出的。自然领域与认识机能相关,自由领域与意欲机能相关,前者探索认识机能如何认识外在的对象,而后者探索意欲机能如何产生自己的对象及实现自己所产生的对象。两个领域使用的概念不同,其原则及其使用的

①　康德:《实践理性批判》,邓晓芒译,杨祖陶校,人民出版社2003年版,第144页。
②　康德:《判断力批判》,邓晓芒译,杨祖陶校,人民出版社2002年版,第334页。
③　康德在《道德底形上学奠基》中强调的是自由意志与道德法则互为设准,将道德法则作为"理性事实"证明自由的现实性的思路是在《实践理性批判》与《判断力批判》才突显出来的。而牟宗三讨论自由意志"设准"问题时,依据的文本是《道德底形上学奠基》。

范围也不同。当我们论及我们认识机能与外在对象的认识之间的关系,我们使用的是自然概念及自然法则,因而我们的认识就限制在现象界,在这里,要论及物之实存,直观原则是不可缺的。当我们转到实践领域,我们探究的是我们的意欲机能本身及其与其自身产生的对象之认识的关系,我们使用的是自由概念及自由法则,在这里,我们研究的对象是超感触者,我们不能也不必依据直观,而是要因着模拟并依据力学因果法则来证成意志自由之实存,并据之证明其余两个超感触者(上帝和心灵不朽)依附于意志自由而获得其实践的客观实在性。①

在任何情况下,我们也无法按照认识自然概念的途径去认识自由的客观实在性,但是这并不妨碍我们遵循实践的途径,从道德法则的存在理由去证实自由之客观实在性。在我们服从道德法则的实际行为中,自由理念当即现实化了它自己并随之证明它自己为"事实物"。但牟宗三在实践领域中,却依然要求用某种直觉去证实自由的现实性,这可谓是"以经验知识、思辨理性底界限误移作实践理性底极限,妨碍了对于实践理性底领域之真实地开辟"。这句话本是牟宗三在《心体与性体·综论部》中批评康德的话。在那里,牟宗三批评康德没有正视他自己提出的"特种因果性",并认为"若依儒家的说法,这特种因果性就是体用底关系"②,自由意志就是按照体用不二、即用显体的方式证实(牟宗三称之为"真

---

① 卢雪崑:《康德的形而上学——物自身与智思物》,中国人民大学出版社 2016 年版,第 215 页。此外,国外有的康德研究专家也曾指出:"道德世界的理念获得客观实在性凭的不是指涉智性直观的对象——这会是理论理性的理念获得客观实在性所要求的——而是指涉作为纯粹实践理性对象的可感世界。"(塞巴斯蒂安·加德纳:《康德与〈纯粹理性批判〉》,蒋明磊译,中国人民大学出版社 2018 年版,第 297 页。)

② 牟宗三:《心体与性体(一)》,《牟宗三先生全集》5 卷,联经出版事业公司 2003 年版,第 167 页。不过,按照牟宗三后来在《现象与物自身》中的说法,康德所说的"特种因果性"并不等同于"体用关系"。因为,"力学性的因果性"是由现相界中的"理性事实"推出作为物自身的自由,是现象与物自身之间的关系。而牟宗三认为作为人的物自身的自由,即本体,只有与物自身才是体用关系,而与现象不是体用关系,现象之为用只是"权用",物自身与现象间的关系并不是体用关系。参见牟宗三:《现象与物自身》,《牟宗三先生全集》21 卷,联经出版事业公司 2003 年版,第 17、462 页。

实地呈现")其自身的。可牟宗三没有注意到,康德后来正是用这种"特种因果性"和类似于他所说的即用显体、逆觉体证(其实就类似于力学性的因果性)的方式,在实践中证成了自由的客观实在性。反倒是他自己,随着思想的发展,却又在此之外提出用智的直觉的方式去呈现自由的客观实在性,从而退回到了某种带有神秘性的认识论式的思考方式中。

总之,关于理念的现实性(客观实在性),康德提出了在理论中依直觉证明之,在实践中依力学性的因果性证明之,这两种不同的证实策略。"自由"的客观实在性,正是通过实践领域中由"理性底事实"经过自由的因果性而得以证实的。因此,在这方面,实际上并不需要牟宗三去肯定人有智的直觉以提供什么帮助。这是我们去理解"智的直觉"时必须要了解的。

三、承认人有智的直觉开启一种全新的心物关系

牟宗三认为,智的直觉有"自觉""觉他"之能力。自觉与觉他、成己与成物是相辅相成的同一过程的不可分离的两个方面。若强为之分,其中,"自觉"即是自证其心体、性体并使其真实地呈现之,用康德的术语表述,就是肯定自由意志的现实性,并由此以开真实的道德界。牟宗三既然认定康德所说的自由只是设准,也就认为康德没有完成这项工作,并认为这将是他依儒家哲学而对康德思想所做的推进。不过,在牟宗三看来,要完成使"自由为一呈现而不只是一设准"的工作,实际上需要两步:第一步是先就这设定的自由予以恰当而尽其义的分析;第二步才是肯定"人有智的直觉",使自由自律的意志为一呈现,而不只是一设准。①

就第一步而言,康德对"自由"概念本身的阐明是:"自由和意志的

---

① 参见牟宗三:《现象与物自身》,《牟宗三先生全集》21卷,联经出版事业公司2003年版,第80—83页。

自己立法两者都是自律,因而是可互换的概念(Wechselbegriffe)"①,这里的自由就是意志的自我立法性。而意志本身即是实践理性而不同于自由的意念,"法则出自意志;格律出自意念。在人之中,后者是一种自由的意念;意志所涉及的无非只是法则,既无法被称为自由的,亦无法被称为不自由的。因为意志不涉及行为,而是直接涉及对于行为底格律的立法(因而涉及实践理性本身),所以也是绝对必然的,而且甚至没办法受到强制。因此,唯有意念才能被称为自由的"②。(其中,意志与意念的关系相当于作为人的物自身与现象的关系。)因此,自由意志在康德看来就是意志的自律,就是实践理性本身。这就是说,康德将"自由"分为"作为意念的自由"与"作为意志的自由"两种,而"自由意志"本身只表示意志的立法性,一种规范性,而能动性都归于了意念的自由,即自由的任意这一边了。这样就出现了析心与理为二的局面,就如同朱子理学之架构,将仁只视作理而非心,只存有而不活动。牟宗三则认为,我们从"自由意志"这个概念本身就能分析地得出自由意志不仅仅是理(实践理性),而且还是心(作为意志的意念),是心即理。也就是说,自由不仅具有规范性,而且本身就具有能动性。这种作为意志的意念不同于自由的意念,它是纯粹实践理性的,自我立法的,因而是神圣的。这种神圣的意念的格律是不可能会与道德法则相冲突的,而法则的强制性也只是对我们有感性的人的意念而说的,并非对这神圣的意志本身说的。如此一来,就可以根据牟宗三意义上的"自由意志"设想一种主动地、心甘情愿地以自己所立之法来规定自己的"道德觉情",就如孟子所谓义理之悦我心。这就在"自觉原则"(自由意志的自我立法)的基础上,又为道德行为确立起了一"自愿原则"(悦义理之自愿)。

　　且不论牟宗三对"自由意志"的以上分析在康德看来是否合法,在这里我们要强调的只是:以上所涉及的,包括学界讨论较多的道德情感

---

　　① 康德:《道德形而上学奠基》,杨云飞译,邓晓芒校,人民出版社 2013 年版,第 95 页。

　　② 康德:《道德底形上学》,李明辉译注,联经出版事业公司 2015 年版,第 38 页。

问题、道德动力问题这些牟宗三与康德道德哲学之间的差异,在牟宗三那里都只是由于康德对自由(心体性体)本身的分析未能尽其意的结果,而非不承认人有智的直觉所导致。故牟宗三说:"即就这设定的自由自律的意志说,康德的分析似亦未能尽其义。正是因为这分析之不尽,遂使自由即在设定上亦不稳定,不但是不能是一呈现而已。"①所以,实践动力、道德觉情这些义理本身并不与人有智的直觉直接相关。牟宗三声称:"吾人以上由本心即性即理这一道德的实体之具备二义,一悦理义之'自愿',二其明觉自照之'智的直觉',来融摄康德所说之自由意志而实之,由此以开真实的道德界(不是虚悬的道德界)。"②其中,"自愿原则"的提出完全是从对自由意志概念的分析而得来。至于肯定人有智的直觉,牟宗三的论证如下:

> 现在先说在什么关节上,理论上必肯定这种直觉。答曰:这关节是道德。讲道德,何以必须讲本心,性体,仁体,而主观地讲的本心,性体,仁体何以又必须与客观地讲的道体,性体相合一而为一同一的绝对而无限的实体? 欲答此问题,须先知何谓道德。道德即依无条件的定然命令而行之谓。发此无条件的定然命令者,康德名曰自由意志,即自发自律的意志,而在中国的儒者则名曰本心,仁体,或良知,而此即吾人之性体,即发此无条件的必然命令的本心,仁体,或良知即吾人之性,如此说性,是康德乃至整个西方哲学中所没有的。③

> 今试设想性体是一有限的概念,未达此绝对而无限的普遍性之境,还能有此无条件的定然命令否? 性体是一有限的概念即表示本心仁体其本身即是受限制而为有限的,……其本身既受限制

---

① 牟宗三:《现象与物自身》,《牟宗三先生全集》21 卷,联经出版事业公司 2003 年版,第 79 页。

② 牟宗三:《现象与物自身》,《牟宗三先生全集》21 卷,联经出版事业公司 2003 年版,第 96 页。

③ 牟宗三:《智的直觉与中国哲学》,《牟宗三先生全集》20 卷,联经出版事业公司 2003 年版,第 245—246 页。

而为有限的,则其发布命令不能不受制约,因而无条件的定然命令便不可能。复次,本心受限制而为有限的,则本心不复是本心,本心转成习心或成心而受制于感性(梏于见闻),则即丧失其自律性;……如是,当吾人由无条件的定然命令以说本心仁体或性体时,此本心仁体或性体本质上就是无限的,这里没有任何曲折,乃是在其自身即绝对自体挺立的。唯有如此绝对自体挺立,所以才能有无条件的定然命令。此皆是由分析即可获得者。①

本心仁体既绝对而无限,则由本心之明觉所发的直觉自必是智的直觉。只有在本心仁体在其自身即自体挺立而为绝对而无限时,智的直觉始可能。如是,吾人由发布无条件的定然命令之本心仁体或性体之为绝对而无限,即可肯定智的直觉之可能。②

现在再说在什么关节上,智的直觉不但是理论上必肯定,而且是实际上必呈现。这个关节即在本心仁体之诚明,明觉,良知,或虚明照鉴。本心仁体不是一个孤悬的,假设的绝对而无限的物摆在那里,因而设问我们如何能智地直觉之。……是以本心仁体是一个随时在跃动的活动,此即所谓"活动"(activity),而此活动是以"明觉"来规定。只有当吾人郑重正视此明觉义,活动义,始能知本心仁体是一呈现,而不是一假设(不只是一个理论上的设准),因而始能知智的直觉亦是一呈现而可为吾人所实有,不只是一个理论上的肯定。③

由以上四段话,我们可以大致梳理出牟宗三论证"人有智的直觉"的思想过程。第一步肯定依无条件的定然命令而行的道德行为是一确实存在着的事实;第二步由此事实追问其所以然,返推出有一道德的实体

---

① 牟宗三:《智的直觉与中国哲学》,《牟宗三先生全集》20卷,联经出版事业公司2003年版,第246—247页。
② 牟宗三:《智的直觉与中国哲学》,《牟宗三先生全集》20卷,联经出版事业公司2003年版,第248页。
③ 牟宗三:《智的直觉与中国哲学》,《牟宗三先生全集》20卷,联经出版事业公司2003年版,第249页。

（也是主体），即性体心体；第三步由道德行为的无条件性推出发起这道德行为的主体即实体也必须是无条件的，无条件的主体的直觉就是智的直觉，就是创造的呈现，因为创造就意味着不能有条件。所以，在牟宗三看来只要承认人类确实存在依无条件的定然命令而行的道德行为，就能从中分析地得出人有智的直觉，牟宗三自己也总结道："道德是一实事，智的直觉无法不可能。"①第四步，肯定本心不只是一个"理性体"，而同时是一种"心能"，随时在跃动在呈现，"纯智的直觉即在此'明觉之活动'上有其可能之根据"②。

这一论证过程，就其前三步——牟宗三所谓"分析的，理论上的肯定"——而言，是用道德事实来推出道德主体的无限性与实存，但这不是和康德用意志的因果性证明自由的现实性是同样的论证方式吗？当然，若说这种方式（力学性的因果性、逆觉体证）就是智的直觉之自觉，也是可以的。但这样一来，牟宗三对康德自由是悬设的批判，以及提出智的直觉以落实自由意志的现实性的做法，就变得多此一举了。而第四步，即论证智的直觉在实际中必呈现，是以直接肯定性体心体即存有即活动的方式进行的。这其实谈不上是论证，只是一种立场与信念的表达，其中的关键是对心体（良知、自由）不是假设而是呈现的肯认。良知呈现中即含智的直觉。牟宗三肯定人有智的直觉对道德界来说，本来是为了证成自由的现实性，进而由此而来保证从自由意志处分析而来的种种义理的现实性。但我们已经指出康德用意志的因果性的方式证成了自由的现实性。因此，这样的肯认无非只是让道德世界能够当下圆成，而非像康德那样将其视作需要长久为之奋斗的目标。康德的道德世界虽不必能当下圆成，但也是真实不虚的，并不需要肯定智的直觉来保障其真实性。这就是说，在开辟真实道德界这方面，肯定人有智的直觉并没有给我们提供比康德道德哲学本身所提供的更多的帮助。

---

①② 牟宗三：《智的直觉与中国哲学》，《牟宗三先生全集》20 卷，联经出版事业公司 2003 年版，第 250 页。

不过,智的直觉除了"自觉"能力外,还有"觉他"功能。牟宗三说:"知体明觉是道德的实体,同时亦即是存有论的实体。自其为存有论的实体而言,它是万物底创生原理或实现原理,是乾坤万有之基,是造化底精灵。由此开存在界。"①这里,智的直觉是作为存有论的创造性的实现原则(principle of ontological or creative actualization),而非如感触直觉那样是被动性的接受原则。这智的直觉对于物来说,也可算一种"知",牟宗三称为"智知",它不同于理论理性中的观解之知,观解之知是"识知"。这种"智知"是实践中的知,但不同于上文提到的康德所说的"实践的知识",那只是类比于理论认知而说的,实际上并不是真正的"知"。理论认知中的识知所知的是"现相界",而这种实践中的智的直觉的知所知的是"本体界"(在识知看来即是"智思界")中的"物自身",而且它是知之即创生之、实现之、呈现之。因此,智知并不是扩大了识知的范围,而是在对应于识知的现相界之外,开辟了本体界。

在第一章中,我们已经分析了"识知"的两大特点:一是从与所知之物的关系上看,表现出对偶性的关系;二是从对所知之物的影响上看,体现出"显—立相"的能力,即以时空形式与知性范畴去统摄之。而作为与"识知"相对反的"智知",它对本体界的知正好表现出"非对偶性""非对象化"的特点,而作为与"现相"相对反的作为智知之物的"物自身"也表现出"无相"的特征。②牟宗三说:

> 于智的直觉处,物既是内生的自在相,则是摄物归心,不与心对,物只是知体之著见,即知体之显发而明通:物处即知体流行处,知体流行处即物处,故冥冥而为一也。因此之故,物无对象义。……物既无对象义,非现象,则智的直觉亦无直觉相,即无认

---

① 牟宗三:《现象与物自身》,《牟宗三先生全集》21卷,联经出版事业公司2003年版,第96页。

② 对于"智的直觉"的这两大特征,学界对"无相"方面(即不使用范畴去知)关注的较多,如杨泽波认为牟宗三"是着重以范畴之有无来理解康德这个重要概念的"(杨泽波:《贡献与终结:牟宗三儒学思想研究(第三卷·存有论)》,上海人民出版社2014年版,第172页),而对"非对偶性"方面关注的较少。

知相,此即所谓"无知之知"也。①

智的直觉之主观活动与其所照的其自己之为朗现之客观性是一。这里无真正的能所之对偶,只是一超然的大主之朗现。②

知体明觉之感应(智的直觉,德性之知)只能知物之如相(自在相),即如其为一"物自身"而直觉之,即实现之,它并不能把物推出去,置定于外,以为对象,因而从事去究知其曲折之相。③

牟宗三有时会以"内生相""如相""实相"等说"物自身",但这只是对照于"现相"而说的,实际只是无相。物自身既非对象(无"所相")也没有由时空、范畴而来的曲折之样相,无限心亦无"我相"(无"能相"),智的直觉亦无"知相",心物冥冥而为一也。前文也已提到,有相无相的根本原因还是心物是否为对偶关系。若心物被二分而拉开距离成对待之势,则心物必各有其相;若心物本不可分,则无相可言。

牟宗三曾说:"如若真地人类不能有智的直觉,则全部中国哲学必完全倒塌,以往几千年的心血必完全白费,只是妄想。这所关甚大,我们必须正视这个问题。"④而经过我们的分析,智的直觉在开辟道德界方面并非不可或缺,那么,牟宗三捻出此概念的意义,实际上正是要肯定一种主客不分、不关注于物的形构之理的与世界打交道的方式,并且认为这才是中国哲学的方法论特质。

总之,肯定人有智的直觉并不能在道德界发挥关键性的作用,其重要意义实际上是在于肯定了一种全新的心物关系,这种关系是非对偶性的。

---

① 牟宗三:《现象与物自身》,《牟宗三先生全集》21卷,联经出版事业公司2003年版,第104页。

② 牟宗三:《现象与物自身》,《牟宗三先生全集》21卷,联经出版事业公司2003年版,第64页。

③ 牟宗三:《现象与物自身》,《牟宗三先生全集》21卷,联经出版事业公司2003年版,第125页。

④ 牟宗三:《现象与物自身》,《牟宗三先生全集》21卷,联经出版事业公司2003年版,第5页。

第二节　"物自身"的"非对象性"与"价值意味"

"物自身"是康德提出的一个原创性的概念,对其理论体系具有决定性的意义。雅可比有句话很具有代表性:"没有那项预设(按:指物自身),我无法进入(康德的)系统,而有了那项预设,我无法停留于其中。"①这很好地体现出"物自身"概念对康德哲学的重要性以及给其带来的争议性。对此,牟宗三给出了一个十分具有特色的诠释:"康德所说的物自身自应是一个价值意味底概念,而不是一个事实底概念。"②其中,所谓"事实底概念"是指纯粹而绝对的客观性,即并非以主体建立起的普遍性代替客观性,也就是指存在者在完全不与主体发生任何关系情形下的原样。所谓"价值意味底概念"这里特指道德价值,牟宗三加之以"意味"是为了将这种含义与一般所谓"价值学"说的价值区分开。③道德价值总是与人的实践活动密不可分的,以价值理解物自身就是将"物"转为"事"而且特指"德行",扬弃了"物"的本然性与自在性④,完全进入了人化的道德领域。这一论断引起了学术界的广泛的讨论。

一、"物自身是一个价值意味底概念"之实意

一种观点是赞成牟宗三将康德哲学中物自身视作价值意味概念。

① 转引自李明辉:《康德的"物自身"概念何以有价值意涵——为牟宗三的诠释进一解》,《国学学刊》二〇一八年第一期,第 68 页。

② 牟宗三:《现象与物自身》,《牟宗三先生全集》21 卷,联经出版事业公司 2003 年版,第 14 页。

③ 牟宗三解释说:"所以它不是事实概念,而是具有价值意味的概念(此不同于价值学上所说的价值概念,所以只能说是价值意味的概念)。"(牟宗三:《中国哲学十九讲》,《牟宗三先生全集》29 卷,联经出版事业公司 2003 年版,第 310 页。)

④ "本然性"与"自在性"不同。物的本然性是指,物尚未与人相涉,在存在、变迁,都处于人的作用之外。物的自在性是指,物的自身客观规定性,如物理性质、化学性质等,物即使超越了本然状态进入了人的认知领域,其自身的物理等规定依然自在。

李明辉是此种观点的代表。他并不否认康德在认识论中所说的物自身是个事实概念，但他认为，"作为事实概念的知识论的'物自身'并非此概念之'了义'"①。这里，他引进"依了义不依不了义"的诠释原则，并得出"我们可以说：康德的'物自身'概念之'了义'并不是一个'事实上的原样'之概念，而是一个道德世界的概念"②。

李氏将论证的切入点聚焦于康德伦理学之主体方面。他指出，康德将现象与物自身的区分作用于人的身上，提出人具有双重身份，分属于"感性世界"与"智性世界"。这一区分也对应于《纯粹理性批判》中所说的人的"经验性的品格"与"理知的品格"。

对于这双重身份，康德说：

> 众所周知，最普遍的知性非常倾向于在感官的对象背后，总还期望有某种不可见的东西，自身能动的东西，然而，他们又立刻通过把这不可见的东西感性化，也就是说，想使它成为直观的对象，而败坏了它，从而他们并未由此而变得更聪明一点点。③

在这里，康德强调如果我们把作为主体的物自身感性化，看作直观的对象，也就是看作客观实在的东西，这是对"物自身"的一种败坏。李明辉认为，"这段文字的重要意义在于：它明白地否定'物自身'是一个事实概念。如果我们只是将'物自身'视为一个'界限概念'，问题不大，但如果我们要将它实在化，视之为直观底对象，便是无根据的"④。

当然，这段文字虽然否定了"物自身"是一个事实概念，但不是事实概念还不一定就是价值意味的概念，于是李氏进一步指出，这个归

---

① 李明辉：《康德的"物自身"概念何以有价值意涵——为牟宗三的诠释进一解》，《国学学刊》二〇一八年第一期，第 68 页。

② 李明辉：《康德的"物自身"概念何以有价值意涵——为牟宗三的诠释进一解》，《国学学刊》二〇一八年第一期，第 73 页。

③ 康德：《道德形而上学奠基》，杨云飞译、邓晓芒校，人民出版社 2013 年版，第 97 页。

④ 李明辉：《康德的"物自身"概念何以有价值意涵——为牟宗三的诠释进一解》，《国学学刊》二〇一八年第一期，第 71 页。

于智性世界作为物自身的智性体,也就是康德在《道德形而上学奠基》绝对命令第三条派生的命令形式——"即作为普遍立法意志的每一个理性存在者的意志的理念"——中所说的"作为普遍立法意志的理性存在者"。康德表示:"于是,一个理性存在者的世界(mundus intelligibilis),作为一个目的王国,以这种方式就有可能,这就是通过作为成员的所有人格的自己立法而可能。"①由这些理性存在者依道德法则组成的世界被称作"目的王国",而这个目的王国就是一个理想的道德世界。如此,作为物自身的自我成为目的王国中的一员当然也就是道德意义的概念。李明辉认为这"正是牟宗三所言'物自身的概念是一个价值意味的概念'之直接证据"②。他甚至由此认为牟宗三说康德只是"好像已朦胧地知道"此义的说法太保守了,"因为康德在此已明白而直接地表达此义"③。

至于为什么要以这个道德意义的"物自身"作为"了义",而将认识中的物自身作为"不了义",李明辉是从"自由"概念入手加以说明的。"自由"概念作为两大批判结合的关键,在《纯粹理性批判》"超越的辩证论"中只是作为一个消极的"超越的自由"概念,而在道德哲学中则变成了一个积极的"实践的自由"概念,也就是"自由"的"了义"。这个实践中的自由在康德哲学中是伦理学的概念,它与理性的立法者一起都属于"目的王国"。因此,"自由"的主体"物自身"当然也就是"了义"的了。牟宗三本人也是强调,康德是"由意志之自由自律来接近'物自身'"④。这样看来,李明辉认为康德的"物自身"从根本上就是一个"道德世界的概念",其理由似乎是比较充分的,它源自康德的道德哲学。

不过,李氏的论证也并非无懈可击的,因为在他的论证中,是将"物

---

① 康德:《道德形而上学奠基》,杨云飞译、邓晓芒校,人民出版社 2013 年版,第77 页。

②③ 李明辉:《康德的"物自身"概念何以有价值意涵——为牟宗三的诠释进一解》,《国学学刊》二〇一八年第一期,第 70 页。

④ 牟宗三:《心体与性体(一)》,《牟宗三先生全集》5 卷,联经出版事业公司 2003 年版,第 11 页。

自身"等同于"智思物"(李氏译为"理体"),进而等同于人的物自身,即"自由"来思考的。他说:"我们大致可以断言:'事相'(Phaenomenon)与'理体'(Noumenon)之区分相当于'现象'(Erscheinung)与'物自身'(Ding an sich)之区分。"①但是,正如前文已指出的,尽管在康德那里的确有将"智思物"与"物自身"二词混用的情况,但两者毕竟是有区别的。这一点,牟宗三本人倒是分得很清楚,他说:"我们可以综括地说智思物可包括:(1)物之在其自己,此最广泛;(2)自由意志;(3)不灭的灵魂;(4)上帝。"②很明显,"智思物"概念的外延比"物自身"要广,它包括"物自身"与"上帝、自由、灵魂"(牟宗三也称这三者为"本体",只是认为在康德处"不能着实地直说为是'本体'"③)两大部分。故牟宗三说:"因此,这里当是三分,不是二分,即这里是本体、物自身、现象之三分。"④这样一来,李氏所论述的作为道德概念的"物自身"指的只是作为"本体"的自由,并不是严格意义上的"物自身"。虽然在牟宗三那里,作为本体的自由与物自身是体用关系,性质是完全一致的,但康德却没有说这层意思。因此,我们似乎也有理由设想"人自身"的确是价值意味的概念,而物的"物自身"有可能是事实概念。这就不是"了义"与"不了义"的问题了,而是涉嫌偷换概念。

杨泽波则认为牟宗三讲的物自身与康德意义上的物自身只有语句的相似,而内容上并不完全契合。

杨泽波详细地梳理了康德关于物自身的讨论,首先指出在康德那里,物自身有三种不同的身份,即作为质料之源的物自身、作为真如之相的物自身、作为先验理念的物自身。接着又逐一分析这三种身份之物自身各自的内涵:作为质料之源的物自身"就是刺激感官以形成经验

---

① 李明辉:《康德的"物自身"概念何以有价值意涵——为牟宗三的诠释进一解》,《国学学刊》二〇一八年第一期,第67页。

② 牟宗三:《现象与物自身》,《牟宗三先生全集》21卷,联经出版事业公司2003年版,第45页。

③ 牟宗三:《现象与物自身》,《牟宗三先生全集》21卷,联经出版事业公司2003年版,第46页。

④ 《牟宗三先生论"智的直觉"函》,转引自杨泽波:《贡献与终结:牟宗三儒学思想研究(第三卷·存有论)》,上海人民出版社2014年版,第656页。

中质料部分的那个某种实存之物"①,作为真如之相的物自身是"质料之源物自身的本来状态、自在性状"②,作为先验理念的物自身"特指人类理性在追求无限的过程中而设定的先验理念,即上帝、自由、灵魂"③;并发现作为质料之源的物自身"与事实问题有一定的相关度",作为真如之相的物自身"应当说是一个事实的概念",而作为先验理念的物自身"有一定的价值意味,在一般意义上并不关乎事实问题"④。在此基础上,杨泽波得出了如下结论:"由此可知,要证明物自身是不是事实的概念,最好将康德物自身中的不同含义分别开来具体分析。……我们可以断言,康德的物自身理论有一部分内容与事实有关,有一部分内容又与事实无关,因此,物自身既是一个事实的概念,又不是一个事实的概念。我们不能因为物自身中一部分内容与事实有关,而断定物自身就是一个事实概念,也不能因为物自身中一部分内容与事实无关,而断定物自身完全不是一个事实的概念。牟宗三否认物自身是一个事实的概念,显然是以偏概全了。"⑤进而,他分析了牟宗三否认物自身是事实概念的两个步骤:第一步,将物自身与本体混同为一、同等看待;第二步,以先验理念的物自身取代真如之相的物自身。

这些分析尚不足以否定牟宗三的说法,因为牟宗三并非不知道物自身在康德那里有近乎事实概念的用法。⑥问题的焦点也不在于物自身概念在康德那里表面上有过哪些含义,而是在于应该以什么含义为

---

① 杨泽波:《贡献与终结:牟宗三儒学思想研究(第三卷·存有论)》,上海人民出版社 2014 年版,第 259 页。

② 杨泽波:《贡献与终结:牟宗三儒学思想研究(第三卷·存有论)》,上海人民出版社 2014 年版,第 260 页。

③ 杨泽波:《贡献与终结:牟宗三儒学思想研究(第三卷·存有论)》,上海人民出版社 2014 年版,第 269—270 页。

④ 杨泽波:《贡献与终结:牟宗三儒学思想研究(第三卷·存有论)》,上海人民出版社 2014 年版,第 273 页。

⑤ 杨泽波:《贡献与终结:牟宗三儒学思想研究(第三卷·存有论)》,上海人民出版社 2014 年版,第 273—274 页。

⑥ 牟宗三说:"康德亦实未明朗地决定说物自身是一个价值意味底概念,他说物自身常是与事实问题不分的"(《现象与物自身》,《牟宗三先生全集》21 卷,联经出版事业公司 2003 年版,第 12 页)。

准,因为任何严肃的思想者都不应该用同一个概念表达两个相矛盾的含义。牟宗三的康德研究实际上也是追求"应当是什么"的再诠释工作,而非一种追问"是什么"的文本解读工作。

如果说上述分析还没有构成与牟宗三的实质性对话的话,那么杨泽波接下来的批评就是寻求与牟宗三思想的正面交锋。他指出,牟宗三对智的直觉的把握存在欠缺,即只将智的直觉理解为一种可以去除时空和范畴、没有用相的直觉,而不是理解为不需要对象刺激就可以形成经验。"智的直觉在康德学理中的重要涵义是本源性,特指一种不需要对象刺激,其本身即可以形成经验的直觉。牟宗三不是这样,而是着重从是否需要范畴,是否需要时空,认知是否有'曲屈性'和'封限性',是否有所变形的角度来理解这个概念,以为凡是不需要借助时空和范畴,不受时空和范畴影响的思维方式即是智的直觉。"①在此错误理解的基础上,牟宗三又因道德心赋予外部对象价值和意义同样不需要借助时空和范畴,而将道德心"觉他"的思维方式误认为智的直觉。对应于这种对智的直觉之理解,杨泽波认为在牟宗三看来"是否为物自身关键看有没有时空和范畴。有时空和范畴,其对象即为现相;反之,其对象即为物自身"②,因此"牟宗三所说的价值意味的物自身其实并不是什么物自身,仍然是一种现相,当然不是一般的现相,是一种特殊的现相,而这种特殊的现相我称之为'善相'"③。这样的物自身,既不能说"无执",也不能说"无相"。杨氏对自己的研究非常自信,认为他已经破解了"牟宗三儒学思想之谜"。

对此,我们首先要追问:牟宗三区分现象与物自身的关键是"需不需要借助时空和范畴"吗?牟宗三指出现象与物自身的区分作为超越的区分是主观义的,"说实了,主观只是执与不执的主体所显的主观:对

---

① 杨泽波:《贡献与终结:牟宗三儒学思想研究(第三卷·存有论)》,上海人民出版社 2014 年版,第 249 页。

② 杨泽波:《贡献与终结:牟宗三儒学思想研究(第三卷·存有论)》,上海人民出版社 2014 年版,第 363 页。

③ 杨泽波:《贡献与终结:牟宗三儒学思想研究(第三卷·存有论)》,上海人民出版社 2014 年版,第 318 页。

执的主体而言为现象,对不执的主体而言为物自身。如是,主观义乃得极成"①。无执是对执的一种遮诠,而对于"执",牟宗三解释说:"识心之执既是由知体明觉之自觉地自我坎陷而成,则一成识心之执即与物为对,即把明觉感应之物推出去而为其所面对之对象,而其本身即偏处一边而为认知的主体,因此,其本身遂与外物成为主客之对偶,此曰认识论的对偶性(epistemological duality),此是识心之执底一个基本结构。"②也就是说,执的最基本特征是对偶性,这种对偶性不仅造成了主客如何相符的认识论话题,而且造成了主客二分的存在论架构。"现象"正是识心在自执其自己的同时,把原本与自己非分别的物自身推出去,与自身拉开距离,视之为"对象"而得来的。"现象之所以为现象即在它们在'对他'的相互关系中可以被表象为有生有灭,有常有断,有一有异,有来有去。"③显然,"需不需要借助时空和范畴"只是在"是否具有对偶性结构"的基础上生发出来的次一级特征。杨氏以有没有时空和范畴作为判断现象与物自身的标准,似乎并没有抓住区分的根本。

事实上,由于杨泽波忽视了"是否具有对偶性"这个判断执与无执、现象与物自身的最本质特征,致使他对牟宗三"无执的存有论"的解读全都落在主客对偶的存在论结构中。例如,他认为牟宗三所说的智的直觉之觉他其实是道德心对外部对象进行意义和价值的赋予。这种意义赋予说其实和人为自然立法一样,都是在一种主客二分的存在论结构中进行思维的。又如,他认为牟宗三所说的物自身是一种特殊的现相,即善相,并特别辨析了"相"与"象"概念的不同,指出"'现相'则是强调对象在人视觉之下的那个样子、那个形象"④。而视觉作为一种"距

---

① 牟宗三:《现象与物自身》,《牟宗三先生全集》21卷,联经出版事业公司2003年版,第18页。

② 牟宗三:《现象与物自身》,《牟宗三先生全集》21卷,联经出版事业公司2003年版,第187页。

③ 牟宗三:《现象与物自身》,《牟宗三先生全集》21卷,联经出版事业公司2003年版,第177页。

④ 杨泽波:《贡献与终结:牟宗三儒学思想研究(第三卷·存有论)》,上海人民出版社2014年版,第319页。

离的感官",其基本特征就在于"将事物保持在一定距离之外"①,具有明显的心物二元结构,以"善相"解读物自身其实就是将物自身对象化了。我们不妨再引几句牟宗三的论述:"康德于智的直觉处,亦方便说'对象',实则此时之物无'对象'义也。……对象者置定于彼而对反于知性与感性也。……于智的直觉处,物既是内生的自在相,则是摄物归心,不与心对,物只是知体之著见,即知体之显发而明通:物处即知体流行处,知体流行处即物处,故冥冥而为一也。因此之故,物无对象义。"②这里牟宗三再清楚不过地说明了智的直觉与物自身是"心物无对""冥冥为一"的关系,而杨氏的诠释则将牟宗三又拉回到主客二分的框架中了。

邓晓芒认为牟宗三说物自身是价值意味概念完全是对康德思想的误读。邓氏指出,康德划分现象和物自身的真正理由在于:"……我们的认识虽然被看作只是现象,但却必须承认底下有物自身作为这些现象的承担者,因为否则就会导致逻辑上的自相矛盾:有现象(又译'显现'),却没有显现者。可见物自身就是显现(现象)后面的显现者,它是按照逻辑的不矛盾律从'现象'这个概念中推出来的,即显现必须有显现者。"③因此,"康德的物自身概念的根本立足处在于事实方面,即一切认识对象之所以可能的条件(或事实之所以可能的条件),而不在价值方面,价值方面的含义只是在事实方面已经确立起物自身的地盘以后才得以合理地生长起来"④。

但问题是,就算我们承认有显现必定有显现者这一原则,仅依此并不能必然地推出这个显现者具有"纯粹而绝对的客观性"这一结论。从这一原则出发,我们完全可以推理出不同的结论。例如,《成唯识论》云:"五识岂无所依、缘色? 虽非无色,而是识变。谓识生时,内因缘力

---

① 沃尔夫冈·韦尔施:《重构美学》,陆扬、张岩冰译,上海译文出版社 2002 年版,第 222 页。

② 牟宗三:《现象与物自身》,《牟宗三先生全集》21 卷,联经出版事业公司 2003 年版,第 104 页。

③ 邓晓芒:《康德哲学诸问题(增订本)》,文津出版社 2019 年版,第 430 页。

④ 邓晓芒:《康德哲学诸问题(增订本)》,文津出版社 2019 年版,第 431 页。

变似眼等、色等相现,即以此相为所依、缘。"(《成唯识论·卷一》)在唯识宗看来,感性认识的对象(即"显现")作为"相分"并非外在的实有,而是由第八识变现而来的。第八识作为显现背后的显现者则具有可熏性,是和主体的活动紧密相关因而无论如何也不能看作是具有"纯粹而绝对的客观性"的事实概念。显然,单从显现必定有显现者,并不能够必然地推出显现者具有在我之外的纯粹客观性,继而得出物自身是一个事实概念。事实上,邓晓芒在进行这一推理时不自觉地又加入了一个前提,即物自身具有"对象性",就是说,在存在结构上是将物自身当作一种外在于我、与我相对立的东西在进行思考的。一旦加上了这一条,作为经验对象背后显现者的物自身就能必然地推知是纯粹客观性的事实概念了。现在的问题是,将物自身视为这种存在论上的"对象"其合法性何在?

应当承认,这种思路在康德那里是有依据的。因为物自身虽然不能被经验、不可以被认识,但却可以被思维。如何去思维物自身呢? 在康德看来,我们人类作为有限理性的存在者,只有一套思维模式,那就是知性范畴。范畴当然不能先验的运用,但当我们试图去思考物自身时,又不得不依助于它们。而范畴本来就有提供先验对象概念的能力,这种能力来源于一切知性运用的最高原理,即先验自我意识之"统觉的本源的综合统一"。按康德的观点,先验自我意识不仅是对象得以认识的条件,也是对象得以成立的条件。知性及其诸范畴在其经验性的使用中,必须首先以先验的方式设定一个对象才能发生作用。这个设定的对象本身并不是一个实实在在的认识对象,而是一个"一般对象",一个"对象"的概念,它完全是由知性给出的,"只能作为统觉的统一性的相关物而充当感性直观中杂多的统一"①。这个"相关物",也可译为"相对物",它表示虽然该物与先验自我有关,但这种关系表现为与我拉开距离,形成相对待之格局。这种由知性建立起对象的思路,可以称为对象意识(李泽厚语)。正是由于这种对象意识,才使得认识中的对

---

① 康德:《纯粹理性批判》,邓晓芒译、杨祖陶校,人民出版社 2004 年版,第 229 页。

象成为了主体之外的"客体"。也正是由于受到这种对象意识的笼罩，物自身被思考为"一般对象"，再加上不与感性主体发生关系，因而就具有了所谓"纯粹客观性"，这才被当成了事实概念。

牟宗三并非不清楚这一点，但他认为物自身应该摆脱"知性范畴""对象意识"的笼罩。

在《智的直觉与中国哲学》一书中，他用了五章的篇幅去讨论"物自体""超越对象""对象一般"这些概念，其实无非是想说明："物自体是自在体(e-ject)，根本不能为对象(ob-ject)故，即使勉强说为对象，亦是纯智直觉底对象，而在纯智直觉上则是对象而亦非对象，即亦无对象义。"①牟宗三认定物自身是价值意味的概念，而非事实概念，就是植根于物自身之"非对象性"这一特征上的。设想，如果物自身不能被对象化，心与物无对，就根本不能与我拉开距离，从而成为外于我的、与我无关的东西，也就不可能是一个所谓的事实概念。但同时，它又不与有限的主体、只具有感触直觉的感性主体发生关系。在这种两边夹逼的状态下，若我们不拒绝承认人有道德主体，那么就只能推出物自身是与道德主体不可分离的、互即互具的东西，也就是个价值意味的概念（价值必是依于主体而说的，价值意味的概念就是与道德主体息息相关的概念，牟宗三常以"目的"说之）。可以说，只要认识到物自身的"非对象性"，那么，承认物自身是一个价值意味的概念就是必然的。邓晓芒认定物自身是一个事实概念，正是由于他认为"物自体也是一种对象意识"②。甚至可以说，他与牟宗三关于"物自身"问题的所有分歧的总根源，即在于，邓氏认为物自身也是对象意识的产物，而牟宗三否认这种看法。

通过上述对学界相关讨论的分析，我们认识到：牟宗三否定物自身是个事实概念的真正原因在于物自身不能在与主体的对偶性结构中作为"对象"的姿态出现。而若想在该问题上与牟宗三进行实质性

---

① 牟宗三：《智的直觉与中国哲学》，《牟宗三先生全集》20卷，联经出版事业公司2003年版，第120页。

② 邓晓芒：《〈纯粹理性批判〉讲演录》，商务印书馆2013年版，第120页。

的争论或辩护,其焦点应该落在:物自身在对象意识之外如何可能? 或者说,人是否具有非对象性的思考方式? 这才是争论的真正焦点与实质。

二、"物自身"之"非对象性"特征

牟宗三对"物自身"问题的关注,起源于他发现知性的涉指格不仅有他在《认识心之批判》中特别关注的"逻辑的涉指格",还具有"存有论的涉指格",即通常所说的"知性为自然立法"之义。牟宗三认为"知性为自然立法"与"自由意志为行动立法"这两种立法方式其实是不同的:"意志之自给法则是真自给,是真内出,它毫无假借,只是它自己之自愿。所以意志之自给法则是凭空的,真是所谓'从天而降'"①,自由意志的立法活动完全是创造性的,无中生有的;知性则不具有创造性,只具有自发性、能动性,它并不能创造杂多,只能以其自给的法则来综合直观中的杂多表象。知性只能说是"制造活动(构造活动)"②,而不能说创造。知性的这种"制造活动"也就是一种"综合统一"的活动,牟宗三称之为"综摄",即综涉一切现象而统思之。这种综摄的、统思之活动,也就是上文所说的,作为一切知性运用的最高原理的先验自我意识之"统觉的本源的综合统一"活动,其实质是一种"对象化"的活动。牟宗三非常自觉地认识到了这一点,他说:"然则统思统觉底自发活动实在即是一种'对象化'(objectification)底活动"③,并引述海德格尔的解说来表述此意。

实际上,牟宗三在这个问题上是受到了海德格尔的启发,进而才把对象化、现象、知性与有限性联系起来,把非对象化、物自身、智的直觉与无限性联系起来。牟宗三所译的海德格尔《康德与形而上学疑难》中

---

① 牟宗三:《智的直觉与中国哲学》,《牟宗三先生全集》20卷,联经出版事业公司2003年版,第18页。

②③ 牟宗三:《智的直觉与中国哲学》,《牟宗三先生全集》20卷,联经出版事业公司2003年版,第30页。

的几段话对理解这一问题非常重要,现摘录并解说如下:

> 一个有限的认知的存有能够把它自己关联到一个其自身不是被创造的亦不是曾被创造的存在物(essent)上去,只有当这存在物其自身即能前来被遇见始可。但是,要想使这存在物能够当作是其所是的存在物(能够如其为一存在物)而被碰见,则它必须事先(in advance)即作一存在物而"被认知",即是说,以其存有之结构而被认知。但是这个意思即函着说:存有论的知识(在这情形中此种知识总是先存有论的)是一存在物自身(一存在物之为一存在物)一般地说能成为对一有限的存有而为一个对象(ob-ject)这种可能性底条件。一切有限的存有皆必须有这种基本的能力(basic ability),此能力可被描述为转向某某——"朝向某某",它让某物成为一个对象(ob-ject 刺出去使之挺立而为一个对象)。
>
> 在这种根源的朝向活动(primordial act of orientation)中,有限的存有首先给它自己置定一个"自由的空间"(free space),在此自由空间内,某物能与它(他)相对应。事先将一个人自己摄持于这样的一个自由空间内并且去形成这自由空间,这根本上不过就是那标识关于存在物的一切有限举动(措施)的超越域(超越性 transcendence"之开示")。如果存有论的知识之可能性是基于纯粹的综和上,又如果就是这存有论的知识使对象化之活动为可能,则这纯粹综和必需显现其自己就是那组织并支持那超越域之固具的本质的结构之统一的整体者。通过这纯粹综和底结构之说明,理性底有限性之最高的本质(immost essence)便显露出来。①

在这里海德格尔指出,由于"有限的认知"不能创造存在物,因此,它在

---

① 牟宗三:《智的直觉与中国哲学》,《牟宗三先生全集》20 卷,联经出版事业公司 2003 年版,第 31—32 页。

认识存在物之前,存在物就必须以某种"存有之结构"——存在之法理——而已经存在着了。也就是说,认识一个存在者的前提是,这个存在者要能成为进行有限认知的"对象"。这种"使……成为对象"的对象化的能力,是有限认知者的能力。这里所说的"对象化",德文"entgegenstehen"字面意思是"站在……对面","那立在那里而对反于某某者",也就是对反于我而成为与我所对者。英译为了凸显这个意思,将"object"拆为"ob-ject"来表示"对反"的含义来,其中"ob"有"朝向、对着"的意思(与"ob-ject"相反的一个词汇是"e-ject",德文"Ent-stand",表示"那自来自在而非对反于某某者")。而这种"让对象化"的活动,是有限认知者的"纯粹综和"活动,是将某物推出去,与自己拉开距离("给它自己置定一个'自由空间'"),使物成为"对象"从而进行认识。这尚不是认识活动本身,而是"先存有论的知识"。

对此,牟宗三解释说:

> 立在那里而对反于某某,落实了说,就是对反于我而为我之所对,即为与我相对应者。我是主体,是认知的主体,也就是认知心。认知心是有限存在的人类之有限的认知心。有限的认知心始取存在物为一对象以成其为认知的活动,因为成其为有限的知识。有限的知识是必预设主客体相对应这对偶性的。是则对象是对有限知识而说的。①

有限认知者的"对象化"活动,就是知性之统觉的本源的综合统一活动。知性的先验统觉能力是"对象之先验的决定者"。它是一种先行的"指向活动",先行设定一个"先验对象"以便去统握由感性直观所获取的杂多并进一步以其所自具之范畴去规律之。这种设定一个与主体相对应的"对象"的活动,是为认识论奠基的工作。牟宗三称之为

---

① 牟宗三:《智的直觉与中国哲学》,《牟宗三先生全集》20卷,联经出版事业公司2003年版,第42—43页。

"认知地物物之原则"①，同时亦是那使现象成为可能的"存有论的基础""存有论的原则"②，意即在认知活动中使存在物作为认知之"对象"而存在。"此步工作是由主体方面底超越活动来逼显存在方面对象性底必然性，逼显直觉所摄取的现象真能挺立起来对反着认识心而成为一个对象。"③这里牟宗三强调，认知对象的对象性是由主体逼显出来的而非创造出来的，因为知性的认知活动不具有创造性。牟宗三还特别指出，"有限的知识"必定要预设"主客体之对偶性"。这种对偶性可以视为有限认知的充要条件。这里引出一个关键的观念：只有对于有限性的认知而言，才会有"对象"这种东西。[即海德格尔说："更准确地言之，只有在有限的知识上才有'对象'（ob-ject）这种东西。只有这种知识才遭遇到（is exposed to）早已存在的存在物。"④]换言之，有限认知之所以是"有限"的，正表现在它是"有对的"，必须要有一个对立面存在才能进行认识。

与有限认知必预设主客体之对偶性相反的，是"无限的知识"以及其关联于"物"的方式。对此，海德格尔说：

> 有限的人类知识之本质是以与无限的神的知识，即根源的直觉（intuitus originarius）相对比而被说明的。神圣的知识当作知识看，不当作神圣看，也是直觉。无限的直觉与有限的直觉间之差别只在此，即：前者在其对于个体物即当作一整全看的单个而独一的存在物之直接的表象中首先引生之使其成为存在，即成功其出现（出生 coming forth）。如果绝对直觉亦依于一早已在手边存在的

---

① 牟宗三：《智的直觉与中国哲学》，《牟宗三先生全集》20 卷，联经出版事业公司2003 年版，第 119 页。

② 牟宗三：《现象与物自身》，《牟宗三先生全集》21 卷，联经出版事业公司 2003 年版，第 251 页。

③ 牟宗三：《智的直觉与中国哲学》，《牟宗三先生全集》20 卷，联经出版事业公司2003 年版，第 53 页。

④ 牟宗三：《智的直觉与中国哲学》，《牟宗三先生全集》20 卷，联经出版事业公司2003 年版，第 45 页。

存在物,适应此存在物,其直觉底对象始成为可接近的,如果是如此,则绝对直觉必不是绝对的(必应不成其为绝对)。神的认知就是这样一种表象模式,即:在它的直觉活动中它首先创造这直觉底对象。由于事先它即看穿了这存在物,所以这样的认知是直接地直觉它而无需于思想的。依是,思想如其为思想,它本身就是有限性之印记。神的认知是"直觉,因为一切它的知识必须是直觉的,而不是思想,思想总是包含有限制的"(B71)。①

　　无限的知识是不能碰到任何它所必须依照之的这样存在物的。(是没有这样的存在物对置在它面前而为它所必须依照者)。"依照于某某"(conforming to...)必即是"依靠于某某"(dependence on...),因而也就是一有限性之形态。无限的认知是一种"让存在物自身出生自在"(lets the essent itself come forth, entstehen lassen)的直觉活动。(案:直觉之即是创生地实现之)。绝对的认知自身在让存在物出现之活动中显露存在物,并且只恰如它即从这活动中而生出的样子而得有它,即是说,只当作"出生自在物"(e-ject)而得有它。只要当这存在物显现于绝对直觉上,它即确然在其出生而成为实有(coming-into-being)中而存在。它是"存在物在其自身"的存在物,即是说,不是"作为对象"的存在物。②

在这里海德格尔指出,神的认知就是直观,是一种"根源的直觉",也可以译作"源生性的直观"。这种直观与有限认知的直观(即感性直观)的区别是,它可以在直观中直接创造出可被直观的存在物自身。而且,神的认知只是直观而不需要思维,这里的思维即指的是知性活动,通过对象化、范畴、概念进行认识,因而是无限性的。这里,海德格尔特别强调"思想如其为思想,它本身就是有限性之印记""思想总是包

---

① 牟宗三:《智的直觉与中国哲学》,《牟宗三先生全集》20卷,联经出版事业公司2003年版,第43—44页。

② 牟宗三:《智的直觉与中国哲学》,《牟宗三先生全集》20卷,联经出版事业公司2003年版,第45—46页。

含有限制的"。而在这种无限直观下的存在物,"只当作'出生自在物'(e-ject)而得有它",即"自来自在而非对反于某某者",而不是"作为对象"的存在物。因为,"作为对象"就是"与……相对"就是"依赖于……",就是有限的了。

牟宗三则对此意大加发挥,他说:

> "那自来自在而非对反于某某者"的 e-ject 便是对无限的认知(绝对的认知)而言的,此则便无"对象"义。譬如神心底认知活动便是不取存在物为一"对象"的,而存在物亦不成其为对象义。在此情形下,认知实亦不成其为"认知",是知而无知的。知而无知即无"知相",是则根本超化了主客相对应的对偶性的。预设对偶性是有知相,不预设对偶性是无知相。前者是有限心底活动,后者是无限心底活动。①

> "对象"只对有限知识言,一说对象便是非创造的。对无限知识则说"出生自在物"(e-ject)。静态地说,则说自在,即"存在物之在其自己",即不是对反于某某而为一对象的存在物。动态地说,此"自在者"即是自来,即由此直觉活动而生出,它不是此直觉底对象,所以也不能说它产生它的对象。它直觉之即创生之,但却不是对偶性预设下的对象。它是无对的,因此它无知相义。这是摄物归心,只是一心之朗现,心朗现,物即如如地自来自在。这不是对偶性的对列的心,而是垂直的本体性的心,本体性的心之觉润;觉之即润之,润而生之即自来而自在也。此时的存在物不是对象底形态,而是无对的自来自在之在其自己底形态。心寂物亦寂,心动(有觉之活动)物亦现,此是即寂即动寂动一如的。心之遍照而无一照即是心之创生的朗润,故无认知义,亦无对象义。②

---

① 牟宗三:《智的直觉与中国哲学》,《牟宗三先生全集》20 卷,联经出版事业公司2003 年版,第 43 页。

② 牟宗三:《智的直觉与中国哲学》,《牟宗三先生全集》20 卷,联经出版事业公司2003 年版,第 46 页。

牟宗三说得很清楚,在那源生性的直观(其实就是"智的直觉")创造中的存在物(即"物自身"),就不能是相对立于某某而为一"对象"的存在物,也就不能以"对象"思之。同样,这样的认知主体,也就不能是相对立于某某而为一主体了,不是"对偶性的横列的心",而是"垂直的本体性的心",即其所谓"纵贯"之创造性的主体。在这种无限的知识中,认知者与存在物要从根本上摆脱主客相对应的对偶性态势,故知无认知相而物无对象相,此时的物只是"内生的自在相""出生自在物"。英文"e-ject"这个词的德文是"Ent-stand",或许也可以译为"竖立体",意义亦通"自立"。只是一心之纵贯,物即随之而立。

在咬定了"非对象性"这个"物自身"最为关键的特点之后,牟宗三还特别指出"超越的对象"不是物自身。前文已经提到,牟宗三将"超越的对象"视为范畴所决定的普遍性相,它是范畴所决定的,是统觉统一的一个"相关相"。同时,它也是"对象底对象性(objectivity of objects),而不是对象,是存在物底存在性或实有性(being of existents),而不是存在物。……'对象成为对象'底存有论的根据"[1]。因此,"超越的对象"还是知识范围之内的,但不是经验对象,更不是物自身。[2]而"物自身不是范畴所决定的,它亦不能是统觉底统一之一相关者"[3]。

因此,是否被"对象化"才是牟宗三区分现象与物自身最为关键的因素。牟宗三说:

> 现象才是知识底对象,所谓"对象"就是对着某某而呈现于某某,对着主体而呈现于主体。对象总是现象。物自身既是收归到

---

① 牟宗三:《现象与物自身》,《牟宗三先生全集》21卷,联经出版事业公司 2003 年版,第 240 页。

② 用"先验对象"思考"物自身"的学者有很多,邓晓芒就是用"一般对象"和"先验对象 X"去思考"物自身"的。他认为先验统觉产生先验对象,当它被经验的材料充实进去之后,它就成了经验对象,当它没有被充实以经验材料的时候,就是物自身。"物自身"也不过是一种意识中的对象概念,只不过没有经验性材料予以充实而已。参见邓晓芒:《康德哲学诸问题(增订本)》,文津出版社 2019 年版,第 404 页。

③ 牟宗三:《现象与物自身》,《牟宗三先生全集》21卷,联经出版事业公司 2003 年版,第 247 页。

它自己而在其自己,便不是对着主体而现,故既不是现象,亦不是知识底对象。它不是对着某某而现(ob-ject),而是无对地自在着而自如(e-ject)。①

"现象是对象"这是必然的,因为"现象"是知性与感性共同作用的结果,作为知性运用的最高原理的"物物"原则是"现象"得以成立的必不可少的条件。说"对象总是现象"中的"现象"则应该是指可能的现象,即只有对象化了存在物才有可能成为现象,而可能与否则在于是否有感性直观所提供的经验性杂多的充实。物自身则根本是无对的,不能以"所对之相"而视之。

三、"非对象性"与"价值意味"

通过以上解说,我们就可理解牟宗三常说的"现象与物自身之分是主观的"一语的切实含义。

"康德说现象与物自身之分是超越的;又说'只是主观的,不是客观的,物自身不是另一对象,但只是关于同一对象的表象之另一面相'。"②牟宗三特别重视海德格尔引述康德遗稿中的这句话。其中,"现象"作为"对象",是在存在物与认知者拉开距离成对立状态下形成的,也就是存在物在感性主体、知性主体(统称为"识心""有限心")中呈现出来的样子;而存在物还可能与"识心""有限心"之外的主体发生关系,当存在物在"智心""无限心"中呈现,就是"物自身"。因此,这里所说的"主观的区分",是指两种主体的区分,再进一步说是同一主体之执与不执两种状态,而不是认识中所说的与客观相对的主观。

需要注意的是,牟宗三有时会用"不在一定关系中"来说"物自身",例如,他说:"我们可以这样去思对象,即依在或不在一定关系中之方式

---

①② 牟宗三:《智的直觉与中国哲学》,《牟宗三先生全集》20卷,联经出版事业公司 2003 年版,第 136 页。

而思之；在一定关系中，名曰现象；不在一定关系中，即名曰物自体，对象在其自己。"①这就好像"物自身"是与人一点关系都没有似的。这样理解是不对的。②这里所说的"不在一定关系中"，是特指不在认知关系中，不与感性主体这种有限主体发生关系，而不是和任何主体一点关系都没有。这个"一定关系"，牟宗三在《现象与物自身》中复说为"一定样式"，知性的一定样式是使用概念的，感性的一定样式是以时空为其形式的。"凡有一定样式者皆有限存在"，只有对于有限认知而言，才会有"对象"（现象）这种东西。现象即是由感性与知性之特殊性与有限性所决定的对象，不在这种特定的样式中的存在物即物自身。不在一定关系、一定样式中，就是不在一定的机括之中，不在一定限定之中，就是无限的。如果我们承认有无限心，那么，无限心与物自身恰恰是不可分离地联系在一起的，共同表现出这种无限性。这在儒家表示为"感应"、在天台宗表示为"即具"，因其没有"对象化"活动之故也。

需要分清的是，物自身与无限心之不可分离与康德论"一切知性运用的最高原理"中所表示的"自我意识"与"对象意识"的相互依存是完全不同的。康德想要表达的是：一方面"对象意识"是由先验自我意识之统觉的本源的综合统一能力而建立起来的；另一方面，"自我意识"也离不开"对象意识"，因为自我意识的作用只有通过综合才得以实现出来，它也就反过来依赖于这个它所综合出来的对象，必须在对象上才能

---

① 牟宗三：《智的直觉与中国哲学》，《牟宗三先生全集》20 卷，联经出版事业公司2003 年版，第 151 页。

② 杨泽波就是把"不在一定关系中"理解成为"不在任何关系中"。他说："依据牟宗三的分析，一个对象在一定关系中为现相，不在一定关系中为物自身。这种不在'一定关系'中，就叫作'回归于其自己'。……既然如此，这种对象就已经受到了道德之心的影响，这种受到道德之心的影响就是道德之心与对象发生一定的关系，使对象处在'一定关系'中了，而不可能是什么'回归于其自己'。"（杨泽波：《贡献与终结：牟宗三儒学思想研究（第三卷·存有论）》，上海人民出版社 2014 年版，第 321—322 页。）其实，就在该句上文及脚注中，在杨氏自己给出的引文中，牟宗三就解释了他所说的"一定关系"是"在感性模式下而与感性主体发生关系"、是"在对待中"（即主客对偶性中）"与一个主体认知之关系"。杨氏似乎没有意识到"不在一定关系中"是特指与不与有限心发生关系，而将其视为"不在一切关系中"，进而否定道德心（无限心）创生的对象是物自身，最终得出了道德心创生善相这种并不符合牟宗三意思的诠释。深层的原因仍是杨氏没有意识到牟宗三所说的"物自身"具有"非对象性"的特点。

体现它自身。这种关系,就类似胡塞尔所说意识活动与意识对象、意识相关物的关系,亦如唯识宗说见分与相分之关系,虽说两者是内在的相关关系,但仍是将"物"推了出去、与"心"拉开了距离,因此仍是一种对象意识。故胡塞尔直接宣称一切意向活动都是以对象化的活动为基础的,"对象"即"一个东西被意识到并且面对意识而立"①,此意识对象虽然是内在的,但它依然是超越了感觉材料和意向活动这些实项的(reell)内在,是"意向的、被构成的超越"。唯识宗则认为八识都会自己变现自己的认识对象,同时生起认识作用对其进行认识,"故心、心所,必有二相","然有漏识,自体生时,皆似所缘、能缘相见……似所缘相,说名相分;似能缘相,说名见分"②。因此,康德所说"先验自我意识"与"先验对象"之关系、胡塞尔说意向活动与意向对象的关系,唯识宗说见分与相分之关系,都没有摆脱"对象性",都还在对偶性关系之中,都不是无限心与物自身的关系。

历史地看,对象性思考方式在西方有着深久的传统,并与视觉活动相关联(后详)。视觉作为一种距离化、客观化的感觉活动,要求把视觉主体与所看的东西分开,进而把所看的东西推出去,作为非我的、外部的、与我对立着的、独立的存在来对待。因此,只要我们以视觉方式去思考对象,就会不由自主地把对象设想成某种客观实在的东西,以其与"我"拉开距离,是"非我"之故也,这是依视觉的方式进行思维所必然带出的。同时,视觉又具有表面性的特点,它永远只能将目光停留在对象的表面,也就永远会觉得对象"后面"还有什么是我们没法看到的。一方面将物"对象化""主客对立化",另一方面将对象"表面化(层次化)",这就是康德在视觉性思维主导下成立"物自身"概念的深层原因。这种思维中的"物自身"概念,难免具有"事实"的影子。这其中的关键即在于将物推出去,成为与主体对立的、客观对象性的东西,而这正是康德所说的知性,同时也是牟宗三所说的识心的特点。

---

① 倪梁康:《胡塞尔现象学概念通释(增补版)》,商务印书馆 2016 年版,第 192 页。

② 林国良:《成唯识论直解》,复旦大学出版社 2000 年版,第 149—150 页。

在知性之对象意识、识心之对偶性结构的作用下,主体把"物"看作非我的、对象性的客体实在来对待。如此一来,一方面,使"物"进入人的认知活动中,而非与人毫无关系的本然状态;另一方面,这种对"物"之本然状态的超越,并不意味着对物之自在性、客观规定性的消解(先验主体构造的客观规定性)。在认知活动中,"物"固然已具有属人的性质,但由于它的对象性特征,与人拉开了距离,因而保有某种自在或独立的品格,体现出某种实在性。所有将"物自身"看作事实概念的观点,说到底都是没摆脱这种对象意识进行思考的结果,也就是没有真正摆脱知性、识心之思。只要人以认知的态度对待事物,就离不开对象意识,离不开知性的对象化活动;以对象意识为前提去思考物自身,就总觉得它好像是一个事实概念。

牟宗三郑重地告诉大家:"哲学家们!如果你们只就我们人类的辨解知性说话,而不就无限心说话,或于我们人类不能点明其转出无限心及智的直觉之可能,你们休想反对康德,也休想说我们能认知'物自身'。"①这里的辨解知性、观解理性首先就表示出"对象化""对偶性""物物"原则。我们亦可仿此而说:研究者们!如果你们还是在对象意识中思考物自身以及智的直觉等问题,就还是停留在识心的立场上、知识论的框架中,就根本没有理解牟宗三,更休想反对他。

综上,凡是认为物自身是事实概念的,都预设了物自身是与主体拉开距离、相对待而在的这一前提。依康德,这种对象意识是由知性的先验统觉能力所塑造的;依牟宗三,这种心物之对偶性是识心的基本特点。而牟宗三认为物自身要跳出这种"对象性"关系,表现出"非对象性"的特点。这样一来,物自身一方面与主体互即互具、不可分离,另一方面又不与感性主体发生关系。在这种两边夹逼的状态下,若我们不拒绝人有道德主体,那么就只能推出物自身是与道德主体不可分离、互即互具的,也就必然是具有价值意味的概念。可以说,物自身的"非对

---

① 牟宗三:《现象与物自身》,《牟宗三先生全集》21 卷,联经出版事业公司 2003 年版,第 8 页。

象性"是牟宗三将其视为价值意味的概念的关键环节。

第三节 对"非对偶性"心物关系的探索

"无执的存有论"中的心物关系,即无限心与物自身的关系超越了"对偶性"。牟宗三认为:"我们于'无执的存有论',于佛家方面说的独多,因为可资以为谈助者多故,执与无执底对照特显故,而存有论之意义亦殊特故;然而仍归宗于儒者,这是因为由道德意识显露自由无限心乃必经之路故,独真切而显豁故。"①本节就进一步考察牟宗三如何借用儒家与天台宗的思想资源来展示这种心物的非对偶性关系。

一、性具:天台圆教中的心物关系

依天台宗思想而说无限心(智的直觉)与物自身,直至一种"性具圆教"式的"无执的存有论",是牟宗三晚年的得意之笔。对此,我们可以从天台宗的著名命题——"一念三千"入手来进行理解。

按牟宗三的梳理,天台圆教朗现"智的直觉"是从《维摩诘经》中"从无住本立一切法"一语为根据,再进一步消化而成立"一念三千"之命题。"从无住本立一切法"中的"无住本",顺早期空宗之解说,是表示遮诠的词。它不是说一切法真有一实体性的"无住"为"本",为诸法所依止,而是要显示诸法皆无自性,"无住"即无所依止,一切法以无依止、无自性为其"本",实则是"无住"即"无本",诸法以"无自性"为本,所以说诸法之本为"无住本"。天台宗的诠释则不限于此,当然也不违此义。牟宗三解释说,智者大师把"无住本"不只是理解为"性空",而是进一步理解成"一念心",而且从此"一念心"出发,又可分从"无明"与"法性"两

---

① 牟宗三:《现象与物自身》,《牟宗三先生全集》21 卷,联经出版事业公司 2003 年版,第 10 页。

方面立一切法。因此,总说之为"从一念无明法性心立一切法",这是天台宗"一念三千"的由来。

"三千"即"三千世间法",是智者大师从《华严经》中摘取了"十法界"、从《大智度论》中摘出了"三种世间",与慧思对《法华经》中"十如是"的解读相配合而形成的。这三者中,又是以"十法界"为首出,将"三种世间"与"十如是"附于其上的。而十法界的差异其实正是由于心之无明惑的多少而造成的,"如《华严》云:'心如工画师,造种种五阴,一切世间中,莫不从心造'"①,画师即指无明心也,一切世间即是十法界、三种世间等等,有无明心之造作才造成了十法界之差别。智者大师继而云:"夫一心具十法界。一法界又具十法界,百法界。一界具三十种世间,百法界即具三千种世间。此三千在一念心。若无心而已,介尔有心,即具三千。"②故一切法首先就是由这无明心而缘起造作地成立的,是故凡说法(缘起生灭法)皆是依据心而说,这个能造万法的心是妄心、无明心。心是缘起造作或变现地具一切法,故可说"无明心具一切法",此"具"是缘起造作地"具"。但若只是从"无明心"这单方面说明一切法,则落入智者大师所批评的摄论师之"阿黎耶依持"的观点(智者也称之为"缘具一切法"),即只依能持一切种子的无始无明之阿赖耶识(妄心)说明一切法之存在,如无著世亲之虚妄唯识学③,其错误的原因则在于没有处理好"阿黎耶"与"法性"的关系。有心、有法、有无明就同时必有"法性","法性"首先可以理解为法之性,法之性即是空如也,无明心与法性本不可分离。智者大师即依此而用两难论证的方式破斥道:"若言法性非依持,黎耶是依持,离法性外,别有黎耶依持,具不关法性。若法性不离黎耶,黎耶依持即是法性依持,何得

---

① 智顗:《摩诃止观》,转引自牟宗三:《佛性与般若》(下),《牟宗三先生全集》4 卷,联经出版事业公司 2003 年版,第 745 页。

② 智顗:《摩诃止观》,转引自牟宗三:《佛性与般若》(下),《牟宗三先生全集》4 卷,联经出版事业公司 2003 年版,第 746 页。

③ 摄论师真谛的唯识学是走向真常心之一系的,与无著世亲之虚妄唯识学并不相同,智者大师于此分疏不清,把摄论师归于妄心系,显得笼统颟顸。但其对"只依妄心说明一切法"的批评则可单独成立。牟宗三对此辩说已详,可参见《佛性与般若》第三部第一章第三节中"对于别教之规定"。

独言黎耶是依持？"①正是由于"无明无住，无明即法性"，单独说"无明心具一切法"就违背了"无明即法性"的基本精神，故智者大师斥其"哪得发头据阿黎耶出一切法"？②同理，也不能单说"法性具一切法"，这样会落入智者所批评的地论师之"法性依持"的观点(智者也称之为"心具一切法"，这里的"心"即指"法性"，亦可说是"真心"。但这"真心"尚不同于由《起信论》而来的真常心系之"真心"，它是依中观学而说"非心非缘"，而不是随缘起现的"如来藏自性清净心")。因为"法性非心非缘"(这里的"心"指的是"无明心")，而生一切法则离不了无明心之因缘造作，故而不能单说"法性具一切法"。

智者大师自己对一切法的存在源由给出的说明是，万法既不是单独依"无明心"而生起，也不是单独依"法性"而生起，而是"应言'无明法法性'生一切法，如眠法法心，则有一切梦事"③。就是说，无明心按照一切法的自性而生一切法。本来，凡说法(缘起生灭法)皆是就无明心而说的，因为妄心始有生灭，故一说心，就是法。但无明心"无始无明"，只是一"根本惑"，一种无体的迷惑。它本身是无根、无本、无住的。一旦清醒，转迷成悟，则它当体即是空、如、无性，即是法性。"当体"是就可能性上说的，无明当体即法性，此法性不但表示无明心本身是空，同时亦表示一切法亦是空。因此，"法性"就不单单是空性、如性，而是"一切法之空、如性"。故从无明心立一切法，而无明当体即空(当体者，是从一切可能性上说的，无明心之一切可能造就之法即是空)，一切法亦当体即空，此即所谓一切法"不出法性"。因此，可由"无明心即具一切法"转而说为"法性具一切法"或"中道实相理即具一切法"，即由"心具"

<hr>

① 智顗：《摩诃止观》，转引自牟宗三：《佛性与般若》(下)，《牟宗三先生全集》4 卷，联经出版事业公司 2003 年版，第 747 页。

② 牟宗三认为，以此思路可含有一"执的存有论"于其中，"从其以妄心(虚妄的异熟识)为主这一方面说，……其中的遍计执性与染依他，它可含有一现象界的存有论，即执的存有论。此一存有论，我们处于今日可依康德的对于知性所作的超越的分解来补充之或积极地完成之。"(牟宗三：《佛性与般若》(上)，《牟宗三先生全集》3 卷，联经出版事业公司 2003 年版，第 429—430 页。)

③ 智顗：《摩诃止观》，转引自牟宗三：《佛性与般若》(下)，《牟宗三先生全集》4 卷，联经出版事业公司 2003 年版，第 750 页。

转而为"性具""理具"。说"法性即具一切法"就与说"无明心即具一切法"不同,牟宗三分别道:"心具"中的"'即'是'就是'义,'具'是缘起造作地'具'",而"性具"中的"'即'是'即于'义,不离义,'具'是以即而具,非生起地具。此即是说,法之性是即于法而见,而见者见其空如无自性,即以空为性也。是故此法性仍是抒义字,非实体字,不失缘起性空义也。故只说'性具'"①。所以,"性具"是说法性是依即于一切法的,同时也是具备着一切法的,也可说是"圆具"(圆者,满也,圆满地具备一切法),此即所谓"圆谈法性"。说"理具"亦复如是。"理具"之"理"即是"中道实相理"。

天台宗讲"实相"是所谓"中道实相",这个"中",既不是如实相般若说"即空即假即中"之观法上的"中道",也不是如真常心系以"空不空"来表示的"中"。般若学言"中"只是空之异名而已,"中"就是第一义空、胜义空,天台宗说它是"中无功用,不备诸法"。真常心系之"空不空"其实就是"真空妙有"。"空不空"中的"空"是指"如来藏自性清净心",是绝对清净寂灭的、没有烦恼的(不是说如来藏自性清净心是缘起性空的,因为此真常心本根不是缘起法),"不空"是指这如来藏自性清净心具有无量无数的无漏功德。牟宗三特别解释说:"无漏功德其实是指一个生命有无量数的清净的意义,用中国传统的说法,这个清净的意义就是德(virtue),即是说,这个生命有无量数清净的德。……德就是'意义'(meaning),不是事件(event)。"②事件才是缘起法,意义则是寄法显示而已,故说"不空"是根据自身清净的如来藏自性清净心随缘起现而有充满丰富的意义说其"不空",并非根据真常心本身具备一切法而说的。因此,以"空不空"说"中"只是"但中之理"(只是"中",只是真常心自身而已,亦名"但中")。具备着一切法的"中"是天台圆教所说的"圆中",是"一切法趣某,是趣不过"。"一切法趣某,是趣不过"这句话是牟

---

① 牟宗三:《佛性与般若》(下),《牟宗三先生全集》4 卷,联经出版事业公司 2003 年版,第 614 页。

② 牟宗三:《牟宗三先生晚期文集》,《牟宗三先生全集》27 卷,联经出版事业公司 2003 年版,第 395 页。

宗三对《大般若经》中说一切法可趣于任何东西,如空、色、声、香、味、触等等,都是"趣不过"那一大段话的总括,其中"趣"指"趋向","趣不过"表示就是最后的、终极的。然而,《大般若经》中的这句话,只是表现般若智的妙用,即是说一切法在般若的不舍不著下当体而为空如实相,天台宗则是将这句话套在"一念心"处说,即是说一切法全部在这一念心里具备,在这"一念心"中得到一存有论的说明。①

牟宗三解释说:

> "一切法趣,是圆教义"显示了"一切法趣某某,是趣不过"这句话具有圆教的特色,为什么这样说呢? 因为这句话透显著一个"理",这个理就是一切法存有的"理",就是所谓"中道实相理"。一切法的存有就是这个"中道实相理"中存在;而这个"中道实相理"亦是即于而且具备着一切法而为实相理。所以,"中道实相理"的"中"就是"圆中"——圆中的意义就是:它不只是实相般若的"即空即假即中"之观法上的"中道",而且是在"空即假即中"当中同时具备着一切法而成为"中道"。要言之,圆教的这个"中道",我们称它做"圆中",它是具备着一切法的;反过来说,一切法的存在亦必须在这"即空即假即中"的"中道实相理"中具备。故此,我们在这里可以清楚看到,天台圆教这个"圆中",是对一切法的存在,即一切法的根源,有所说明的。②

这其中的道理也可以作如下理解:"三千世间法"可以看作对心的所有可能性的圆满展示,将众生所能缘起造作而成的一切法互即互具地都

---

① 若依智者大师的原意,立一切法的"法"主要是说"法门"的意思,即种种教化的功用,并非牟宗三从存有论的角度所说的诸法的存有性是在最高宗教性真理中而建立的。当然,这也是一种合逻辑的推演。法门必定要在现实中起作用,就必定会有其现实的存在性,如此一来,存有论的意味就在教化的实践中被带出来了。将天台圆教的存有论性格凸显出来是牟宗三的一大贡献。

② 牟宗三:《牟宗三先生晚期文集》,《牟宗三先生全集》27 卷,联经出版事业公司2003 年版,第 402 页。

纳入其中了。就其是从心出发而言,这一切法似乎都是迷中之缘起法;然而,就其穷尽一切缘起之可能性而成为一个完整体系而言,它又是具有客观性(普遍必然性、绝对性),是个"理"①。只要众生起心动念,不论这心思是菩萨心肠还是猪狗不如,都具体地落在了这个体系之中,有其定位,从属于这个理,不可能在这"三千法"之外。于是,我们可将它视为一个超越了主观迷惑的,既主观又客观、非主观非客观、绝对圆满的、不可变更的实相体系,是摄尽一切法的理体②(智者大师将"体"字训为"礼",礼法也,表示规约之义③)。这个圆满的实相体系就是我们生活、修行、教化的不能离开的唯一道场、"场域"。如此,法之实相即是每一法皆具一切法,而每一法又皆是实相也,"诸法即实相"。故牟宗三说天台圆教"乃是实相学之究极耳"④。

因此,在修行成佛的道路上,无明之惑可破、可断,也必须破、必须断,但由无明而来的九法界之法则不可破、不可断,因为那是绝对的理体中之本有的。此即所谓"不断断",不断无明法而断无明也。由此而

---

① 霍韬晦承接唐君毅的观点,认为天台宗是从客观存在的入路而达到绝对与圆融的,但未能正视主体,未能建立主体的能动性,所以不如华严宗圆融。(参见霍韬晦:《绝对与圆融——佛教思想论集》,东大图书公司 2011 年版,第 324 页)这就是没有意识到智顗的实相论首先就是从心处建立,首先就是一种"心实相",心具万法,心即实相,万法亦即实相,故其本身就内含着主体能动性,而非单纯的客观真理性。空宗般若学才是直接就缘起法本身说,即从客体方面说。

② 陈英善认为:"(就法性自性而言)'实相'就等于'缘起',等于'中道',合起来说,就是'缘起中道实相论',也就是说,天台的实相论本身是立基于缘起、中道来谈的。"(陈英善:《天台缘起中道实相论》,法鼓文化 1997 年版,第 1 页。)她批评牟宗三对天台宗的理解并非天台之本义。但是依笔者的看法,天台宗中的每一个概念都不能离开"摄尽一切法"这个必然"场域"而理解其义,但陈氏理解"实相""中道""佛性"等概念时,完全忽略了这层意思。若按陈氏的解说,则智者大师的思想与鸠摩罗什所传般若学实无多大差别,这显然是淹没了天台宗的特色。

③ 陈坚解释说:"智顗在这里借助中国古代的'字训说理法'以世俗社会的'礼'来比况'实相',殊为的当。'礼'规约社会的一切行为,'实相'规约宇宙万法。'礼'有自己的一套规则,一切行为都遵循着这套规则;'实相'亦有自己的一套规则,这就是'即空即假即中'之'圆融三谛',宇宙万法亦都遵循此一规则。换句话说就是,'礼'涵摄了社会之一切行为,'实相'涵摄了世出世间的一切诸法,善、恶、凡、圣、菩萨、佛均忝列其内。"(陈坚:《烦恼即菩提——天台"性恶"思想研究》,宗教文化出版社 2007 年版,第 56 页。)

④ 牟宗三:《佛性与般若》(下),《牟宗三先生全集》4 卷,联经出版事业公司 2003 年版,第 717 页。

有天台宗"法门不改""除无明而有差别"之说。法本身无论净秽,皆是客观常住的,问题单在执与不执。知礼云:"既十界互具方名圆,佛岂坏九转九耶? 如是方名达于非道,魔界即佛。故圆家断、证、迷、悟,但约染净论之,不约善恶净秽说也。"①染净是主观工夫上的事,迷、惑即是染,悟即是净;善恶净秽是客观的法门、法类,天、人、阿修罗是三善道,地狱、恶鬼、畜生是三恶道,这六道又通名为秽,声闻、缘觉、菩萨、佛通名为净(对佛来说,前九界俱是秽)。至佛界,已断惑尽、无无明,是绝对的清净,但仍不断前九界之秽法门,因其要度众生之故。此即所谓"去病不去法"。

牟宗三解释道:

"除病不除法",这句话很重要,这是佛教的一个基本原则。尽管开始说明法的来源是从"无明"来,但来了以后,我们要修行成佛的时候,要去无明,不去无明,不能说修行。不能说修行,不能成佛。所以成佛一定要去无明。去掉无明,不是去掉法,到这个地方,无明跟法分开了,开始的时候是合在一起的,分不开的。分不开,你就可以问,既然法从无明来,去掉无明,法还有没有呢? 到成佛的时候,法跟无明分开了,这个时候就可以说"去病不去法","法"就可以保得住。佛教的解答也很合逻辑,因为无明缘行,有一切法,这只是说有了无明,就有一切法,但这并未说:没有了无明,就没有一切法。所以,佛说法要一层一层说,业感缘起是最基本的,最开头的。到可以解答"去病不去法"这个问题时,"法"若必然保得住,永远保得住,这样才可以讲佛教式的存有论(buddhistic ontology)。②

---

① 知礼:《十不二门指要钞》,转引自牟宗三:《佛性与般若》(下),《牟宗三先生全集》4卷,联经出版事业公司2003年版,第784页。

② 牟宗三:《四因说演讲录》,《牟宗三先生全集》31卷,联经出版事业公司2003年版,第134页。

为什么在这里"无明"与"法"又可以分开了呢？三千世间法不是由无明心缘起造作而成的吗？是的，但"无明无住，无明即法性；法性无住，法性即无明"，因此，由无明而来的一切法就不仅可以从无明的角度看，还可以从法性的角度看。智者大师曾用心喻法性，梦喻无明，而说"'无明法法性'生一切法，如眠法法心，则有一切梦事"。此喻甚妙。一则，它表示万法的生起就如同我们做梦时梦到的东西，是在睡眠状态中心智的产物；二则，它说明万物如梦幻泡影，并不真实；三则，做梦时梦到的一切法也不过是我们清醒时心智可能经验到或想到的一切法而已，梦可醒，但心智可能经验到或想到的一切法却不因梦醒而废，清醒时我们依然要生活在那些可能想到或经验到的一切法之中。从法性看一切法即是在醒来时理解梦中梦到的一切法而已。故而，说"心具"反成了虚说，说"性具""理具"则是实说。两方面整合在一起，即成"一念无明法性心即具三千法"也。这样一来，就对一切法的存在的必然性有了一个交代，也就含有了一套存有论在其中。

牟宗三认可天台宗的教观特色是："以性具为经，以止观为纬，织成部帙，不与他同。"①"性具"一义可有三解。当"性"的含义是指"本质"时，"性具"表示无论是"念具"或智具，本质上或者说原则上都即具三千法。当"性"特指"法性"时，又分二解：一是在迷时，"念具"即是迷时之"法性具"或"理具"，此中即有一"执的存有论"；二是在悟时，"智具"即是悟时之"法性具"或"理具"，是"一切种智"具体地圆实地知一切法之如相并同时即知各种法门之差别相也。迷时之性具三千即念具三千中，已含有"智的直觉"之可能；悟时之性具三千即智具三千、智现三千中，"智的直觉"始能充分朗现。不过，这种智的直觉是从识心、迷念处对翻而来，并不显其创造性，不像儒家从道德意识处切入而贞定了那创生性，所以牟宗三称之为"灭度的智的直觉"。总之，在牟宗三看来，只有在"性具圆教"中，佛教式的智的直觉始能证成，一种解脱的实践中的

"无执的存有论"才能真正建立。

以上是依牟宗三的解读,对天台宗从"一念三千"到"性具圆教"所以成立的学理方面的解说。其中逻辑演进的关节处在于:1."法"与"心"不二分,法由心造,心法不相离且一同呈现,而心亦是法。2.要将"法性"不只是理解为法之缘起空性,而要从"法性无住,法性即无明处"理解为"依于一切法而显为空性"。3.要知道"法性""实相""佛性""中道"四者在智者后期成熟的作品中皆是相通的。"法性"即"佛性"即"实相"即"中道","法性"依住于一切法,则"佛性""实相""中道"皆具一切法。4.进而可得出:言"即"必须"具一切法"而说"即",亦是"当体全是"之意。"无明即法性"不只是从无明分析出无住、无本从而说其为法性的,而是说处在无明中的一切法皆无住、无本,皆不出法性;"法性即无明"也不只是说法性必依于具体的无明法而彰显,而是说法性虽已即于无明而为心、为一切法,但法性并不失也。在此"相即"中,明了法性与无明非"异体"而是在"不断断"中为"体同"。5.此"体同"是"三千并常、俱体俱用"之三千法共为一事体,此体中之一切法都是"依他住"而不"自住",都是互即互具、同体共在,不可分离的。①

总之,天台宗视野下的每一个概念都不能独立地去理解,甚至也不能只从空与有、无明与法性这种两面性去理解(这是中观学的方式),而是必须不能离开"一切法"这个"场域"、这个"理体"(理事不二,理体即事体,同为三千法之一体也),都要"即具一切法"而理解其义。此即所谓"一心三观"是也,任何一事一物(心亦是一物)本身皆同时具有实相体系之"从假入空""从空入假""具足诸法之中道"三个面相。此中包含着一种一体共在论。

天台性具圆教的最大特色就是"圆融""圆满",牟宗三则是以"非分别"来概括之,并进而视为一种具有普遍意义的圆教之模型。这种每一

---

① 体别与体同、自住与依他,对于理解别圆与圆教的差别尤为重要。参见第三章第一节之第二部分。

法都不能离开"一切法"这个"场域",都要"具一切法"而获得理解的特点,必然含着"色心不二""智如不二""念处不二"等种种"不二"之理境,究显圆教之圆、实、满、遍之义,亦是对"对偶性"思维的完全破除。在天台宗系统中,属于"心"范畴者,有"识""念""智"等等;属于"物"范畴者,有"法""色""境""相"等等。可是,在圆教下的"心"即是"智心"、"识"是"无分别识"、"念"即智的异名、"物"即是"性色"(亦称之为"妙色",即"无分别色")"实相法"也。天台圆教中的心物关系同样也超越了"对偶性"而无外在之显相。

对此,我们不妨再引牟宗三的一段话以佐证之:

> 实相法之隶属于智不像现象之隶属于识。后者是在认知的对偶性下而隶属于识的。现象是以"对象"底姿态出现。但是实相法之隶属于智则不是在认知的对偶性下而隶属。实相法亦不可以作"对象"观。说它是智之对象乃是语言上的方便,它实不是对象,即无对象义。它是"智如不二"下的如相、自在相:如相一相,所谓无相,当然亦无"对象"相。识心之执虽挑起现象,但以概念决定之,这便是执定之为一对象,为我所摄、所思、所知之对象。而智则无执,故不如此。[①]

智如不二、色心不二。"一念即三千"则是主客不二、能所不二,万法本具于一心之中。实则心就是法。故每一法皆具足一切法。一即一切、一切即一("一体"之"一"),非一非异。原本一切都处于圆融圆满不可分别的交融共在状态之中,哪里还有对象(与我成对待者)呢?哪里还有对偶、隔膜、分别之势?哪一物还有其隔绝之自相呢?牟宗三依据天台宗的思想资源,为我们展示出了一幅在超越了对偶性之后,心与物在无对待、无自体、无自相方式下打交道的图景。

---

① 牟宗三:《现象与物自身》,《牟宗三先生全集》21 卷,联经出版事业公司 2003 年版,第 424 页。

二、创生与感应：儒家"一本论"与"同体论"中的心物关系

牟宗三在《圆善论》的最后说"一本同体是真圆"①，故儒家圆教兼含"一本"与"同体"两义。此两义对应于仁体本心之"创生"与"觉润"两义。②从"一本论"出发处理心物关系，心物关系表现为纵贯式的本体宇宙论的创生关系，而"同体论"中的心物关系则表现为同体圆具式的感应关系。

（一）一本与创生

在《心体与性体》中，牟宗三确立明道之学为圆教，理由在于其义理在主客观两面皆饱满而无遗：

> 至明道则两方面皆饱满，无遗憾矣。……首挺立"仁体"之无外，首言"只心便是天，尽之便知性，知性便知天，当下便认取，更不可外求"，而成其"一本"之义。是则道体、性体、诚体、敬体、神体、仁体，乃至心体，一切皆一。故真相应先秦儒家之呼应而直下通而为一者是明道。明道是此"通而一之"之造型者，故明道之"一本"义乃是圆教之模型。从濂溪、横渠而至明道是此回归之成熟，两方皆挺立而一之，故是圆教之造型者。③

在牟宗三看来，明道从客观层面本体宇宙论地说天道之"於穆不已"，从主观层面道德实践地说仁心之"纯亦不已"，又言"天人本无二"，尽心便知性便知天，使天道落实于人之行为而得以具体化，只心便是天。故天大无外，性大无外，心亦大而无外，心性天在本质上相同，心性天竟直是

---

① 牟宗三：《圆善论》，《牟宗三先生全集》22 卷，联经出版事业公司 2003 年版，第 325 页。

② 参见牟宗三：《心体与性体（二）》，《牟宗三先生全集》6 卷，联经出版事业公司 2003 年版，第 237 页。

③ 牟宗三：《心体与性体（一）》，《牟宗三先生全集》5 卷，联经出版事业公司 2003 年版，第 47 页。

一也。此"通而一之"、主观面与客观面皆饱满之义理规模,正为明道所造型,故牟宗三以明道之"一本"为圆教之模型。

牟宗三强调:"所谓'一本'者,无论从主观面说,或从客观面说,总只是这'本体宇宙论的实体'之道德创造或宇宙生化之立体地直贯。"①"一本"是"同一本体"的意思,心体、性体、道体皆指同一"本体宇宙论的实体",即能起宇宙生化之"创造实体"。之所以要从客观面说,是为了以道体、天理等作为道德本心的终极根据,将道体、性体之客观性内化到心体之中,堵住情识的肆之放纵,不至于泛滥而无收煞,从而保证道德本心的超越性和客观性。之所以要从主观面说,是为了强调此道体本身不是外在的、空悬的、抽象之理,天理是内在于此真诚恻怛之本心而具体地、自觉地呈现出来者。"良知是天理之自然而明觉处,则天理虽客观而亦主观;天理是良知之必然而不可移处,则良知虽主观而亦客观。此是'心即理'、'心外无理'、'良知之天理'诸语之实义。"②天理即是从良知之明觉处、自身不容已地涌现处见,心就是理、就是天,而不是析心与理为二之后再讲心与理合,由心统理。

具体而言,此"道体""天理"又可以从两个层次上看。在较浅层次上,天理表示道德法则,如孝、悌、忠、信等。这些道德法则不是外在于我而强加于心的,而是良知自身为自己所定立的,是其自身的决定活动。此自身决定活动即决定一应当如何之原则、呈现一个理,故良知是自觉之即自然呈现出一道德法则,自觉之即不容已地要将此理涌现并落实。牟宗三由此而说"道德自律"与"道德有力"③之义。在更深层次上,天理即表示为创生性的原则。"天理"即是"创造性自身"(creativity

---

① 牟宗三:《心体与性体(二)》,《牟宗三先生全集》6卷,联经出版事业公司2003年版,第20—21页。

② 牟宗三:《从陆象山到刘蕺山》,《牟宗三先生全集》8卷,联经出版事业公司2003年版,第181页。

③ "道德有力"是由杨泽波提出的"道德无力"一概念而来。杨泽波指出,牟宗三对朱子学的不满,与其说是由于后者是"道德他律",不如说是"道德无力"。(参见杨泽波:《贡献与终结:牟宗三儒学思想研究(第二卷·三系论)》,上海人民出版社2014年版,第231—234页。)这是有道理的。既然牟宗三反对"道德无力",则他自己所推崇的理论便可称为"道德有力"。

itself），它不但是道德行为的超越的根据，也是存有论的实体。天理下贯于个体处则曰"性体"，性体亦表示这创造性的原理，只是着重于个体方面而立此名而已。总说则为道体，散开于万物处则说为性体，表现出来则为道德的本心。本心、良知是道德的，亦是形上的，它通过人的意志与情感将创造实体具体而真实地显现出来，表现为道德行为之创造。道德的创造、德行之纯亦不已，是创造的最切实的意义，因为它完全无条件的，不谈"如果……那么……"，只讲"应当"，如无中生有一般。故本心为一超然之大主，有其绝对的普遍性。从主观面说是心体，是纯粹道德意识之呈现；从客观面说是性体，是道德之所以可能的超越根据；从绝对面说是道体，是万物存在之所以然（实现之理）。实则三方面通而为一，只是这创造实体在道德实践处具体而真实的呈现以印证这创造性自身。如此一来，所以然即所当然，宇宙秩序即道德秩序，天道性命贯通为一，客观性与活动性同时具足。①

在此心性天通而为一的"一本论"圆教中，最关键的是"性体"一观念。

> 宋、明儒之将《论》、《孟》、《中庸》、《易传》通而一之，其主要目的是在豁醒先秦儒家之"成德之教"，是要说明吾人之自觉的道德实践所以可能之超越的根据。此超越根据直接地是吾人之性体，同时即通"於穆不已"之实体而为一，由之以开道德行为之纯亦不已，以洞澈宇宙生化之不息。性体无外，宇宙秩序即是道德秩序，道德秩序即是宇宙秩序。故成德之极必是"与天地合其德，与日月合其明，与四时合其序，与鬼神合其吉凶，先天而天弗违，后天而奉天时"，而以圣者仁心无外之"天地气象"以证实之。此是绝对圆满

---

①　在牟宗三看来，这种主观性原则与客观性原则通而为一意味将康德在实践理性中的三个悬设，即作为"本体"的上帝、自由、灵魂通而为一。上帝即是创造性之客观面、绝对面，自由即是创造性之主观面，两者同为无条件者，而无限不能有二，故必合而为一。同时可以看出，牟宗三虽有时也说自由之理念与上帝、灵魂之理念不同，但毕竟还是将实践地实存的自由意志（作为事实之事）与只作为理性之理想（作为信仰之事）的上帝、灵魂混同为三个地位相当的智思物（本体）而视之。

之教，此是宋、明儒之主要课题。此中"性体"一观念居关键之地位，最为特出。西方无此观念，故一方道德与宗教不能一，方道德与形上学亦不能一。①

正是由于肯认了"性体"之存在，才使作为"创造性自身"的天道实体能够直贯而至心体之中，使道德本心具有了形上实体之意义；继之以心著性，本心以其道德之创造性表现此"创造实体"，才能成立道德的形上学。

实体之创造性表现为道德行为之纯亦不已，此中便含有一种"心物关系"。此"物"实际上是道德实践方面的"事"，若说为"物"，牟宗三称之为"行为物"。以"事"解"物"，强调的是物与人密切相关而非独立自存，如同行动做事，没有人去"做"自然就无事可言。因此，这个行为物是"意之所用"而非外在那里的认知"对象"，故阳明说："意之所用，必有其物。物即事也。……有是意即是有物。无是意即无是物矣。物非意之用乎？"②

此"意之所用"之意也有其意向性，但牟宗三指出："此意念是道德生活中的意念，不是纯认知中的意指、指向，指向于一个纯然的对象。道德生活中的意念很少纯然地指向一个外物的。它是因着涉及外物而想到吾人可作或应作什么事。这是对物所起的一种反应态度，或如何处之之态度，但不是认知的反应态度，亦不是认知地处之之态度。此后者是指向于'物'本身的，此大体是朱子所谓'格物'。"③这就是说，道德实践中意志的意向性并不把物对象化，不是把物放置在与我并列相对的对偶性关系中，而是由指向某物之机遇而返回到发用此行动的"存心"，即某一行动在道德上应当做不应当做，也就是王阳明所说的"诚

---

① 牟宗三：《心体与性体（一）》，《牟宗三先生全集》5 卷，联经出版事业公司 2003 年版，第 40—41 页。

② 王阳明：《王阳明全集》（上），上海古籍出版社 2011 年版，第 53—54 页。

③ 牟宗三：《现象与物自身》，《牟宗三先生全集》21 卷，联经出版事业公司 2003 年版，第 453 页。

意"(使意念完全依本心而发)、"格(正)物"(使行为正当)、"成物"(实现一正当之行为,即德行)。这是一种即往即返、回互性的意向性结构(按牟宗三的词语说是"徼向性"),摄物(事)归心、"事(行为物)成"即是"己成",心以宰物(事)、"成己"即是"成事",而不像胡塞尔所说的那种单向性的、往而不返的意向性那样最终构成一个与"自我极"相对应的、在抽象意义上的另一极,即作为某个对象性之物的"对象极"。在此中可说智的直觉之自觉与觉他。心物关系如此而成一"纵贯"之态势。

> 认知心下之"致知究物"是认识论的能所为二之横列的,而良知下之"致知正物"则是道德实践的摄物归心心以宰物之纵贯的,扩大说,则是本体宇宙论的摄物归心心以成物之纵贯的。①

在此纵贯态势下,心物以一种是摄物(事)归心、依心成物(事)的方式实现了对对偶性结构的超越。

简言之,"一本论"强调的是以性体为关键中介的心性天通而为一,同是能起宇宙生化之"创造实体",其关注的重点是心性关系,其用意是将人之道德行为视作天道之体现,其理论架构体现为纵贯结构,其中的心物关系体现为心对物(事)的创生。

(二)同体与感应

在牟宗三看来,本心不但具有创造行为物开道德界的能力,亦有感应而为一切存在之源开存在界的能力。对于后者,牟宗三常援引阳明"良知明觉之感应为物"来说明。

> 事亲之事,即,这一件行为……吾人所注意的是"事亲",而不是"亲"这个存在物。亲之为存在物是在事亲中被带进来的。当然

---

① 牟宗三:《从陆象山到刘蕺山》,《牟宗三先生全集》8卷,联经出版事业公司2003年版,第191页。

我们亦可注意这个存在物。这注意是在"如何实现事亲这一孝行"
之问题中注意。这一注意是认知的注意,即我们需要了解亲本身
身心之状况。如是,这显然显出良知是实现孝行底"形式因"与"动
力因",只此还不够,还需有一"材质因",即经验的知识。在事亲之
行为中,我们注意亲之为存在物是认知地注意之,这样注意之,以
为实现事亲这一孝行提供一经验的条件,即,提供一材质因,而此
是副属的。在此副属层上,我们有一现象界,有一认知的活动,有
一执的存有论。而就事亲这一层说,当事亲这一孝行实现而系属
于知体明觉,在知体明觉中一体而化时,我们即有一无执的存有
论。此时,我的事亲之行与亲之为存在物俱是"在其自己"者。因
此,我们有一本体界全部朗现,而认知活动亦转为明觉之朗照,即
所谓智的直觉是。至此,我们不再说意之所在为物,而只说明觉之
感应处为物。①

良知之发用可以直接创造行为物,但不能直接创造存在物。不过,德行
中又必然会涉及存在物。这存在物是从由良知而来的道德活动中所带
出来的、牵涉的。在这种关联、牵涉中,存在物可以以现象的身份出现,
如要事亲行孝,就必须先对双亲以及侍奉双亲所需之衣食住行有一客
观的、认识的了解。从这种对存在物之"是什么"的认识中,可建立"执
的存有论"。不过,在事亲孝行中,双亲之存在以及侍奉双亲之衣食住
行之物又可以不以认识活动中的对象视之,而系属于良知明觉,此物即
是阳明所谓"以其明觉之感应而言,则谓之物"。这里不能说双亲或侍
奉双亲之物是由良知创生,但可以说双亲对我之道德意义,或者说双亲
作为价值意味的物自身是与吾人之良知明觉一同呈现出来的。这样就
显示出良知之为存有论的实现原理,此良知之感应中即含有一智的直
觉,由此可建立"无执的存有论"。如此,行为物与价值意味的存在物同

---

① 牟宗三:《现象与物自身》,《牟宗三先生全集》21 卷,联经出版事业公司 2003 年
版,第 456—457 页。

植根于心体,心体既是道德行为的超越根据,也是存在物作为道德意义存在的根据。"一切盖皆在吾良知明觉之感应的贯彻与涵润中。事在良知之感应的贯彻中而为合天理之事,一是皆为吾之德行之纯亦不已。而物亦在良知之感应的涵润中而如如地成其为物,一是皆得其位育而无失所之差。此即所谓事物双彰也。"①这种"事物双彰"是将物之道德意义挂搭在行道德之事中得以实现的。其中,由德行之纯说智的直觉之自觉,由良知感应为物说智的直觉之觉他。

良知本心并不是一个隔离的自体摆在那里,不能抽象地去想一个心体。因此,我们不能说良知之感应必到何处为止。或问阳明,因何可言人心与禽兽草木为同体,阳明答曰:"你只在感应之几上看。岂但禽兽草木?虽天地也与我同体的,鬼神也与我同体的。"(《传习录》卷三)故我们不能为良知感应划定一个界限,其极必是以天地万物为一体。这就使一切存在物皆在感应之中统摄而为一体。因此,良知感应即含有"心外无物"义。心外无事,心外亦无物,后者不是说先有个既成的天地万物来感而后应之(此仍是"心外有物"),也不能说心创造万物,更不是说心就是物,而是说物即在本心之感通觉润中存在,心与物(准确说是作为物自身的价值意味)一起呈现。

在此感应关系中,心与物无对,心与物完全超越了对偶性结构,物作为价值意味的物自身既没有外显相,明觉感应作为智知也无知相。"知相"与"对象相"皆是在心物对偶性结构下,也就是在执的存有论中,心与物所表现出来者。良知之感应是智的直觉,良知感应之物是物自身。此时,"即物而言,心在物;即心而言,物在心。物是心的物,心是物的心。……此即曰无分别的心,亦曰无分别的物也。然而无分别亦不碍分别地言之"②。良知明觉与物分而不分,一体朗现,皆是无执的存有论中的心与物。这样也就完全超越了执心之对偶性原则。同时,由

---

① 牟宗三:《现象与物自身》,《牟宗三先生全集》21 卷,联经出版事业公司 2003 年版,第 457—458 页。

② 牟宗三:《现象与物自身》,《牟宗三先生全集》21 卷,联经出版事业公司 2003 年版,第 102 页。

于那些定相(先验概念)皆起现于识心之本执,而识心可转,本执可化,当识心本执被转化后,这些先验概念亦同归于无。因而,心物皆无外在之显相也。

不过此间尚存一疑问,如此讲心物一体呈现、心外无物是否就是圆教模式了? 对此话题的讨论见下章第一节,这里先说结论:这种讲法容易滑向"别圆"而非"真圆"。下面再依据"真圆"之义理模式重新解说此一体感应论。

在解读明道《识仁篇》时,牟宗三以本心之感通无碍、觉润无方解读此"与物同体"之仁体:

> 故吾常说仁有二特性:一曰觉,二曰健。健为觉所函,此是精神生命的,不是物理生命的。觉即就感通觉润而说。此觉是由不安、不忍、悱恻之感来说,是生命之洋溢,是温暖之贯注,如时雨之润。曰"觉润"。"觉"润至何处,即使何处有生意,能生长,此是由吾之觉之"润之"而诱发其生机也。故觉润即起创生。故吾亦说仁以感通为性,以润物为用。横说是觉润,竖说是创生。横说,觉润不能自原则上划定一界限,说一定要止于此而不应通于彼。何处是其极限? 并无极限。其极也必"以天地万物为一体"。此可由觉润直接而明也,此即仁之所以为"仁体"。……横说是如此,竖说,则觉润即函创生。故仁心之觉润即是道德创造之真几,此即函健行不息,纯亦不已。……综此觉润与创生两义,仁固是"仁道",亦是"仁心"。……此仁心是遍润遍摄一切,而"与物无对",且有绝对普遍性之本体,亦是道德创造之真几,故亦曰"仁体"。[①]

感通是感应之作用结果。明道极重视"感应",曾言"天地之间只有一个

---

① 牟宗三:《心体与性体(二)》,《牟宗三先生全集》6卷,联经出版事业公司 2003 年版,第 237 页。

感与应而已"①。"天下之理,无独必有对"②,一说感,其中就包括一体内二端之"往来",即有"应"。有感必有应。牟宗三曾以"感应"训"格物",说:"落在此感应上予'格物'一训诂,则格是感格之格。此则倒反较近于原初降神之义:在祭祀之时,以诚敬感神而使之降也。此义若用于格物,就明觉之感应而言,便是明觉感应于物而来物并来一切行事也。来之即成之。"③人感之而物即"来之"(物之意味呈现出来)以相应,此是秡平距离、"降至"于物而使物"来",也就是把物拉"近",直至能所不分、相即相容,而非如识心之对象化活动那样把物推出去,使之"去"、使之"远",成为主客、能所对待之势。一体之内,我与物感应,我达至物,物则以其自身回应我,来到我这里,物我往来不已,故物我互"通"而同体共在。因此,"感"非单向性的意义赋予,也不是两端之间的相互给予,而是在同一场域(一体)里,在心物间相互交感中的意味生成。物就在这感之、"来之"中,即与仁心本体无距离地涵润中,随时向人敞开而吸引人与之相感通,来展现其对人的价值意味以实现其自己。

---

① 此语《近思录》卷一道体篇中明白记为明道语,而《宋元学案》记为伊川语。牟宗三亦将其视为伊川语,并因中间有一"与"字,便认为此条是感与应分说,是从气上说感应而非如明道从诚体神体上说寂感,是"客感"而非"内感"。(参见牟宗三:《心体与性体(二)》,《牟宗三先生全集》6卷,联经出版事业公司2003年版,第280页)这种看法无论从文献上还是从义理上皆可讨论。从文献上看,盖伊川常顺其兄明道之语说话,即便此语伊川说过也不能视作明道就没说过,何况《近思录》明确将其记为明道语。牟宗三在分判明道语录和伊川语录时常有此问题,为了凸显他所认为的明道学说之特点,难免将明道可能也说过的话通通归于伊川。当然,兄弟二人同说一语,但含义不同,这是可能的。从义理上说,只根据一"与"字就说此条是感与应分说,是"客感",理由亦稍欠。"客感"来自"物交",指相互独立的事物之间以气为中介相交并发生感应作用;而"内感"是指一体之内的即感即应,非自外也。明道论感应,自是在一体之内而言的,但凸显一体并不妨碍一体之中有二端,此二端并非二物仍是一体中事,二而不二、不二而二,故二端之感应仍是"内感"。如此,"内感"同样可以分说感与应。此外,牟宗三认为感应是落于气上说,落于下乘,寂感才是自体上说。一体二端之感应确实是自气上言,但自气上看未必就落入下乘,圆教中一切存在皆是天理(即此于穆不已的生生大流的生机)之存在,如此方为圆教。

② 器之问程子说感通之理。曰:"如昼而夜,夜而复昼,循环不穷。所谓'一动一静,互为其根',皆是感通之理。"木之问:"所谓'天下之理,无独必有对',便是这话否?"曰:"便是。"(《朱子语类》,黎靖德编,王星贤点校,中华书局2020年版,第2209页)

③ 牟宗三:《现象与物自身》,《牟宗三先生全集》21卷,联经出版事业公司2003年版,第459页。

在这样一体二端中,心物、能所、主客间根本不存在彼此不可突破的、封闭的疆界,都不是具有明析界限的封闭之"自体",而是同为一体。此"同体",牟宗三解释为"同一事体"而非"同一本体",最大的"事体"莫过于"仁者以天地万物为一体""与物无对","同体"充其极即为"一体"。此"一体"不可作"同一本体"解,故"同体(一体)"论与心、性、天之为"同一本体"的"一本"论不同。

申言之,"感应"是"一体"("同体")的认识理由,"一体"("同体")是"感应"的存在理由;"感应论"是通达"同体"的认识论,"同体论"是"感应"得以可能的存在论。心无"自体",物亦无"自体",心与物都在一体"之内",是一体之二端,分而不分,不分而分,两端皆具有开放性,皆敞开自身、容纳对方。天地、万物、他人都可以进入我心,我心也可以进入天地、万物、他人,此中并没有如原子论者所设想之不可突破的疆界。相互进入的通道即是"感"。"感"不断引导人进入事物之中,使仁者与万物为一体。一体中既可以说"盈天地皆心也",也可以说"盈天地皆物也",还可以说"盈天地间皆气、皆理、皆器、皆道……",这才能同于天台圆教"一切法趣某,是趣不过"之特色。正是由于万物本就同体共在,无须臾不感,感之于物才如感自身之痛痒,才能言"视天下无一物非我",并由感应最终实证"仁者与天地万物为一体"。一说感应自然含着与物同体,一说同体自然含着能相互感应。

感应的交互通达作用使人不关注事物之"是其所是",而是关注事物对自己之"应答"或"作用"。因此,在同体之感应中,物就不是认知中之"是什么"的存在物,也不是在"应当成为什么"的道德实践过程中创生的行为物,而是对我"意味着什么"的意味物。在一体之感应中,心将其意味给予物而使物成为有意味的物,物因其意味而有其存在。如此"感应"即"成物",此亦可说心之感应为一切存在之源。但此物之"意味"又不同于"应当"那样是纯粹主体的目的或价值赋予,它同时也是物之自身展现的特征,只不过这物之自身意味是受到人的诱发而与人的品味与境界相契合的。意味物之意味虽不能离人,但到底不是人的单向赋予。此时,智的直觉之自觉与觉他也通而为一,自我只有在与世界

131

打交道一同呈现之际才能实现自我认识,无法把自我从世界割裂开来去领会它,而对世界的领会也是以渗透着自我存在的方式实现的,是有我之知,知之即实现之,自我与世界同体共在。

简言之,"同体论"强调心之感通遍润作用及其与万物之意味一体呈现,其理论架构说到底是共在共生的同体结构,其中的心物关系体现为心与物同体共在、一体呈现。而无论是"一本论"中的心物(事)之创生关系,还是"同体论"中的心物之一体感应关系,心物关系在此间皆是超越了对偶性结构的。

第三章　牟宗三心物关系论的
三种基本结构

　　哲学总是希望以简御繁，找到一套能"执一以驭多"的思想形式，从而为人们理解、描述、规范世界提供相对简易、稳定的架构。借用库恩的术语，我们可以称之为思想的"范式"。在牟宗三哲学中也存在着这样的深层思想范式，即心物关系之"对偶性""纵贯性""共在性"三种结构。它们就像一种"类型学"被刻进了牟宗三的整个逻辑架构、思考方式之中，并在其学说的各个领域展现出来。本章我们首先通过对牟宗三"无执的存有论"中的心物关系作进一步梳理，先将这三种思想范式提炼出来，再考察他们在牟宗三的其他思想中（认识论与存有论之外的论域）是如何体现出来的。

第一节　对"非对偶性"心物关系的进一步区分

　　"执的存有论"中的心物关系是以"对偶性"与显"相"为特征的，这是一种肯定性的描述，一种正面的表诠。而我们在上一章中说，"无执的存有论"中的心物关系是"非对偶性"与无"相"的，这种说法却只是一种遮诠式的表达，只是针对执心与现相之物的特点而反向立论的。若要对其特点有正面的表述，还要求我们深化对"无执的存有论"中的心物关系的认识。对此，我们似乎可以按牟宗三的提示从智的直觉之"创生性"来入手。

一、"纵贯纵讲"与"纵贯横讲"

"智的直觉"是无执的存有论中"心"作用于"物"之方式的方法论提炼。牟宗三对"智的直觉"的最基本规定是："存有论的(创造的)实现原则(principle of ontological or creative actualization)。"①此外,他还经常从"上帝"处论说"智的直觉"的特点,如："吾人根据神学知道上帝以智的直觉去觉一物即是创造地去实现一物。我们据此知道了智的直觉之创造性。"②可以看出,"创造性的呈现"是牟宗三"智的直觉"概念最核心的内涵,而且这本身也确实是康德论说这一概念的核心内涵。

不过,被牟宗三归属于"智的直觉"下的种种学说并不都能表现出这种"创造性"。在牟宗三看来,最能表现出智的直觉的创造性的是基督教与儒家,而在道家与佛教中智的直觉的创造性则并不凸显,甚至严格地说根本就没有创造性。《老子》中虽然也有"道生之""天下万物生于有,有生于无"这类的表述,好像表现出道是有创造性的。但这种创生,在牟宗三看来实则只是"不生之生"。道家玄智式的"智的直觉",就是在这"不生之生""无为而无不为"之中表现。这个"无不为"即是老子所说之"生而不有,为而不恃,长而不宰,是谓玄德"(《道德经》第十章)。"生而不有"即是不生之生,"为而不恃"即是无为之为,"长而不宰"即是不主之主,此三者皆是冲虚的无限智心之妙用。牟宗三解释说："你能让开一步,而不操纵把持,即等于生之、为之、长之矣。你的生命能如此,即谓为有道之生命,亦可说为有'玄德'之生命。在此玄德之中,天地万物(一切自然或一切存在)皆得成全而得自在。……此是道家圆满之境也。"③因此,道家之智的直觉不是直接地由道心去创生物,不是

---

① 牟宗三:《智的直觉与中国哲学》,《牟宗三先生全集》20卷,联经出版事业公司2003年版,第237页。

② 牟宗三:《现象与物自身》,《牟宗三先生全集》21卷,联经出版事业公司2003年版,第10页。

③ 牟宗三:《圆善论》,《牟宗三先生全集》22卷,联经出版事业公司2003年版,第294—295页。

"存有论地成就"万物,而是"作用地保存"万物。我归根复命而得自在,万物亦随着我之不操纵把持而皆各归根复命而得自在。万物之自在即是万物之在自己,我要做的仅仅是"不禁其性,不塞其源"而已。故牟宗三称道家之智的直觉之创造性是"消极意义的创生"①,称其智的直觉为"静态的'智的直觉',亦可曰'非决定判断'的智的直觉"②。

牟宗三认为,道家之"智的直觉"之所以不同于儒家与康德,在于后两者的智的直觉都是"向一方向而创造的","此若就判断说,即康德所谓'决定判断'。(认知判断与道德判断俱是决定判断。认知判断决定外物之质量与关系,道德判断是决定吾人行为之方向,由定然命令而表象者。)而道家之创生性却类乎康德所谓'反身判断'(reflective judgement),审美判断是反身判断,是无所事事,无所指向的品味判断(judgement of taste)。故决定判断亦可曰有指向的判断,反身判断亦可曰无指向的判断。故道家之主体可以开艺术性关键在此"③。这里,牟宗三指出了康德、儒家与道家讲"智的直觉"不同的关键,即前两者都具有意向的指向性特征(徼向性),都可以比作"有向判断",而在道家那里"智的直觉"是"无向"的,是"无向判断"。"有向"意味着从某物出发指向他者,这个他者虽不必先在,但这个出发点必是先天地被确立的了。这种徼向性的出发点的确立,是通过超越的分解之路来实现的。而且,这个被确立的出发点还必须实有其体,自身就要不容己地向外辐射。用一种可感的语言来说,这个出发点要是温的、热的,自己要先有温度,这样才能够向外辐射、温暖他者,而不能是不温不凉的(淡的)或凉的。④例如,儒家就是在道德实践中通过对道德行为的超越根据的反省,一种所以然的追问,确立本心本性、良知仁体作为道

---

① 牟宗三:《智的直觉与中国哲学》,《牟宗三先生全集》20 卷,联经出版事业公司2003 年版,第 268 页。

② 牟宗三:《智的直觉与中国哲学》,《牟宗三先生全集》20 卷,联经出版事业公司2003 年版,第 271 页。

③ 牟宗三:《智的直觉与中国哲学》,《牟宗三先生全集》20 卷,联经出版事业公司2003 年版,第 268—269 页。

④ "温""凉""淡"正好可以用来描画儒、释、道三家的精神基调。可参见贡华南:《味觉思想》,生活·读书·新知三联书店 2018 年版,第 265 页。

德实践的根基,然后此道德实体自觉地就要有所活动、不容己地就要引发道德事实、创生道德行为,即上文所说"意之所在为物",此"物"是行为物,表现为德行。儒家自道德言智的直觉,其本心仁体之道德的创生性甚显。

若说道家如老子还有一点创造性的影子,佛家连这点影子也没有,而且佛教根本就要打掉"生"这个观念。《中论》云:"诸法不自生,亦不从他生,不共不无因,是故知无生。"此是佛教诸家之共法也。故牟宗三说:"在康德的说法中,智的直觉有创生义,而在天台宗的性具系统下,则是即具即现,似乎不显这创生义。在佛家,无论那一宗,都不能显此义。从道德心说,例如阳明的知体明觉,则易显此义。"①唯在如来藏一系中,由于真心好像有"梵我"之嫌,似乎有创生性。但其实也不然,我们不能说如来藏自性清净心创生万物,而只能说一切生死法、还灭法依止于如来藏自性清净心。天台宗由智具三千而智现三千,由此表现"智的直觉"之自性与妙用。但智如不二的法性体、佛心智"其自我活动即具而现三千世间法,此即智的直觉在佛家系统下之创生性——消极意义的创生性。此与儒家意志因果之积极意义的创生性不同。(儒家所讲的心体性体是道德创生的心体性体,用康德的意志因果表示为便)"②与道家一样,这种消极意义的创生性也只是从它保住一切法这个结果上说的,其创生性在活动中根本不显。

牟宗三总结说:

> 因此创造(creativity, creation)用在儒家是恰当的,却不能用于道家,至多笼统地说它能负责物的存在,即使物实现。……实现有许多种方式。基督教的上帝创造万物是一个意义,以创世纪神话的方式讲,上帝从无创造万物。儒家讲天道不已创生万物又是

---

① 牟宗三:《现象与物自身》,《牟宗三先生全集》21卷,联经出版事业公司2003年版,第429页。

② 牟宗三:《智的直觉与中国哲学》,《牟宗三先生全集》20卷,联经出版事业公司2003年版,第416页。

一个意义,那不是从无而造,而是"妙万物而为言"的那运用的创
造。二家都讲创造也还有不同,但都可以用实现原则说。佛教根
本不能用创造。①

儒、释、道、耶四家都可以说"实现"万物(作为物自身),但只有在基督教
与儒家那里,这种实现才是以创生的方式表现出来的。实现万物即在
理论上可视为一种存有论,因实现万物的方式不同,存有论也就获得了
各自的形态。按牟宗三的说法,西方的存有论(这里不是指基督教,而
是希腊以来的哲学传统)主要是训练我们把握这个"是"(being);佛教
则正好相反,是训练我们如何空掉这个"是";儒家则是训练"应当"
(ought),由"应当"来决定"是";道家则是处在"是与不是之间,当与不
当之间",只是个"如何"(how)的问题。②从"无执的存有论"的视角来
看,实现物的方式被牟宗三分为"纵贯纵讲"与"纵贯横讲"两种。

　　"创生的关系笼统言之,是一种纵贯的关系"③,因此,在牟宗三看
来,儒家"事物双彰"、上帝创造物自身这类表示心物关系的方式就是
"纵贯纵讲"。这是必须于内圣之学的全部而就本心仁体之无外以见其
为道德创造之实体、为宇宙生化之实体。与此相对应的,道家与天台圆
教由于并不能彰显出创生性,故它们处理心物关系的方式被牟宗三称
之为"纵贯横讲"(即纵贯的关系非纵贯地讲)。之所以都称为"纵贯",
首先是由于从处理心物关系的大方向上说,四家都属于"唯心论"的,都
是将物"隶属"心的。牟宗三说:"此亦如康德说物自身是隶属于上帝。
上帝创造物自身,并不创造现象。上帝之创造物自身是依神意神智而
创造。神智底作用是直觉,因此,也就是依智的直觉而创造。在'隶属'
这一点上,康德的说法与佛家的天台宗、华严宗(甚至空、有两宗),甚至

---

① 牟宗三:《中国哲学十九讲》,《牟宗三先生全集》29 卷,联经出版事业公司 2003
年版,第 104 页。

② 参见牟宗三:《佛家的存有论》,载《牟宗三先生晚期文集》,《牟宗三先生全集》27
卷,联经出版事业公司 2003 年版,第 236—237 页。

③ 牟宗三:《中国哲学十九讲》,《牟宗三先生全集》29 卷,联经出版事业公司 2003
年版,第 109 页。

与儒家及道家,俱无以异。"①正是由于四家都是以物"隶属"于心,所以都被牟称为"纵贯系统"。在这个意义上,与之相对的是认识论式的、对偶性的"横摄系统"。换言之,执的存有论都属于"横摄系统",无执的存有论都属于"纵贯系统"。不过,"隶属"这个词不论是用在道家那里还是用在天台宗那里都不甚切合。道心对物不损不益,不好说物是隶属于道心,而一念无明法性心本身就是与一切法互即互具,又何来隶属之说? 故说道家与天台宗属于"纵贯系统"、有"隶属"特征,其实都是以儒家为标准而强为之名的。最多只能说四家都是以心定物(展现物自身)而已。若"纵贯"是以正宗儒家为标准,"横摄"是以西方近代知识论为标准,那么,佛、道的存有论其实是"非纵非横"的(老子、王弼以及佛教真常心一系之学都似有"纵"象,但也只是貌似而已)。同样,佛、道讲工夫既不同于儒家之纵贯式的逆觉体证,但也不同于"横"的讲知识方式(道家的"静观"似有横义,但与知识论式的"观解理性"也不同)。因此,两家讲工夫应该也是"非纵非横"的。"纵贯横讲"的说法是以儒家为标准来命名的。②

不但"纵贯横讲"与"纵贯纵讲"可以因创生性的不同而被区分开来,而且同为彰显创生性的"纵贯纵讲"中,上帝创世式的创造与儒家"事物双彰"式的创生亦有所不同。上帝创世是无中生有式的,是在世界之前先确立一个作为创造之源的上帝。这是分解地把经验世界完全撇开而专讲创造之源,如此而来的创造之源显然是超绝的。但牟宗三认为,中国思想讲超越是既超越而又内在的,既然是内在的,则儒家讲那创造性的实体一定是和万物连在一起说的,是连着万物通过徼向性而具体地言生物的。对此,牟宗三用《周易·说卦传》中的"妙万物而为

---

① 牟宗三:《现象与物自身》,《牟宗三先生全集》21卷,联经出版事业公司2003年版,第423页。

② 牟宗三自己也承认"纵贯系统"一词用在儒家最为恰当。用"纵贯横讲"说佛、道,其实不太符合牟宗三以往对这两词(特别是对"横")的用法,且略有护教之心态,不欲直以此最高之"圆"标识佛、道的基本形态(智者大师所谓"非纵非横,乃成圆伊")。若真正按照牟宗三一贯使用该词的含义而说"纵贯横讲",应该用来标识朱子用泛认知主义的方式讲纵贯的实现之理的形态。相关讨论可参见第四章第三节。

言"来表示之："若没有天地万物也可以讲道的徼向性,那就是耶教式的创造万物,即儒家亦不如此,因儒家是'妙万物而为言'的运用的创造。故亦必须和万物连在一起说。"①

若再细化,牟宗三虽然强调儒家是"事物双彰",但分别观之,"为事"与"为物"对创生性的表现又有所不同。"意之所在为物(行为物)"更接近上帝式的创生,它也是无中生有的,由超越的道德本心本性而引发具体的道德行为,这种德行之行为物完全是无中生有式地由道德实体创造而生。这是先立乎其大者,先确立一超越的道德实体,再由此实体创生物的思路(这时物是完全隶属于心的,因而与"对偶性"中的心物关系不同;在此,"成事"同时也在"成己","格物"即是"正心",这是既往且返,因而与上帝单向性的创世亦有异),这样实际上只是一心之自我展示,具有实体—主体主义的"一元论"的形态。

"明觉之感应为物"体现的则是心物不分、一体呈现。牟宗三说:

> 儒家顺着孟子到陆王讲心、讲良知,从"明觉之感应"说物,创生的意义和一体呈现的意义完全顿时融在一起,而不再拆开来说良知创生与万物被生。因此儒家既超越而又内在,仍保有创生的意义,因为良知是道德的创造实体,明觉是良知明觉、知体明觉,因此说"明觉之感应为物"。儒家虽也有一体呈现的意义,但却不是佛教式的或道家式的一体呈现,而仍保有创生的意义。因此是纵贯纵讲。②

从良知与万物一体呈现、顿时融在一起而言(这只是从表现结果上看,并非从"所因处"而言),这里没有二元对立,不是"一元论",而是无本论、"一体论"。如此一来,无限心与物自身的关系又可以分为以心为首

---

① 牟宗三:《中国哲学十九讲》,《牟宗三先生全集》29 卷,联经出版事业公司 2003 年版,第 105 页。

② 牟宗三:《中国哲学十九讲》,《牟宗三先生全集》29 卷,联经出版事业公司 2003 年版,第 123 页。

出、物完全隶属于心和心物不二这两种情形。前者心物还是可分的,因其走的是超越的分解之路的缘故。

通过以上梳理可以看出,无执的存有论,按照牟宗三的一种讲法,可以以有无"创生性"为依据作进一步地区分,即区分为"纵贯纵讲"与"纵贯横讲"两种①;"纵贯纵讲"又可以依心物是否可以被分别地说之为依据,区分为"物从属于心"(一本)与"心物不二"(一体)两种。然而,若直接从心物关系的角度看,"纵贯纵讲"之"同体(一体)论"与"纵贯横讲"在心物关系方面具有一致性,而不同于"纵贯纵讲"之"一本论"中的心物关系。这表明,在无执的存有论中,就划分心物关系而言,以有无"创生性"为区分标准是难以周延的,需要我们另寻区分标准。

二、"别圆"与"真圆"

在牟宗三那里,对无执的存有论作进一步区分,除了以创生性为标准外,还可以以能否具备一切法为标准区分为"终别教"②模式与"圆教"模式。这其中,以围绕"别教一乘圆教"与"同教一乘圆教"之区别的讨论最为精微。

"别教一乘圆教"(简称"别圆")本是华严宗对自己学说的定位,贤首大师将它与标识天台圆教的"同教一乘圆教"(简称"同圆")合在一起

① "纵贯纵讲"与"纵贯横讲"的区分又与"实有形态的形上学"与"境界形态的形上学"的区分相关,这里就不再单独加以讨论了。不过,由于文中常用到"实有形态"与"境界形态"这两个概念,这里提供一个牟宗三对这两个概念的基本界定:即:"这种形而上学因为从主观讲,不从存在上讲,所以我给它个名词叫'境界形态的形而上学';客观地从存在讲就叫'实有形态的形而上学',这是大分类。中国的形而上学——道家、佛教、儒家——都有境界形态的形而上学的意味。但儒家不只是个境界,它也有实有的意义;道家就只是境界形态,这就规定它系统性格的不同。"(牟宗三:《中国哲学十九讲》,《牟宗三先生全集》29 卷,联经出版事业公司 2003 年版,第 102 页。)
② 在天台"化法四教"的判教系统中只提到"别教",将"别教"再进一步区分为"始别教"与"终别教"是牟宗三的独创。他将赖耶缘起视为"始别教",如来藏缘起视为"终别教",使得天台判教理论能够更好地收摄如来藏一系的思想,且调和了天台与贤首的意见。从两层存有论的角度看,"始别教"属于执的存有论,"终别教"与"圆教"才属于无执的存有论。

共同用来表示对"一乘"的不同看法。简单地说,"同教一乘"是从《法华经》"会三归一"思想而来,即随应二乘、三乘等根机而说法,使其入于一多无尽之法界,是将一乘之法寄显于三乘之法中而说一乘之义;"别教一乘"是以《华严经》"十十无尽"思想而来,是别异于二乘、三乘之法,而说为一乘法。"别圆"与"同圆"虽有别、同之异①,但都被华严宗视为"一乘圆教"。"一乘"即是"佛乘",佛乘本不能有二,故要在这二种一乘圆教中进行高下判定。华严宗的本义实际上是褒"别"而贬"圆",此"别"即专就佛法身而言,华严宗正是以此来显示它的殊胜与高妙。

牟宗三则认为天台之"同教一乘圆教"方为"真圆"。这里,首先要确立的是"真圆"的标准。"圆教"者,圆满无尽、圆融无碍之谓也。按牟宗三的说法,圆通无碍是"作用意义的圆",圆满无尽是"存有论意义的圆"。就"作用意义的圆"这方面说,"别圆"与"同圆"皆是顺般若学"缘起性空"之义而来(此是大乘之共法),二者在这方面并没有什么实质上的不同。真正使二者区分为"别圆"与"同圆"的是"存有论意义的圆"这方面。这就涉及佛教式的存有论。

佛教式的存有论,即如何在佛学中对一切法的存有作一根源的说明,是牟宗三梳理中国佛学思想的核心问题意识。牟宗三说:"关键唯在是否对于一切法作一穷源的根源的说明,即吾所谓存有论的说明。而此问题之关键又在是否能进至'如来藏恒沙佛法佛性'一观念。"②在牟宗三看来,"佛性"概念就是佛教中担负起说明一切法之根源的概念。按他的疏解,"佛性"有两个意义:一是"体段义",旨在说明应以何种形态成佛方为究竟;二是"性能义",旨在说明成佛何以可能,将觉悟成佛的能力放在主体之中。此二义也可用大乘的两个核心观念来说明,那就是"悲愿"与"众生皆可成佛"。为了同时表示这两个含义,牟宗三还

---

① "别教一乘圆教"之"别"与天台"藏通别圆"三教之"别"还有所不同。别教之"别"者是专就菩萨而不共小乘又非圆教之谓也;"别教一乘圆教"之"别"是不共声闻缘觉,且亦不共菩萨,只是专就佛法身而言之教义也。

② 牟宗三:《佛性与般若》(上),《牟宗三先生全集》3卷,联经出版事业公司2003年版,第112页。

造了一个词,即"如来藏恒沙佛法佛性",表示"佛性者具足无量数的佛法而为佛性也。悲愿宏大,不舍众生。无量数的佛法具体地言之,即是十法界法(六道众生加四圣)。佛性具著恒河沙数那样多的佛法而为佛性即是具足十法界而为佛性"①。其中,"恒沙佛法"是强调佛性具备着一切法;"如来藏"则表示成佛的主体性基础。"藏"有二义:一者含藏,二者隐藏,合起来表示这成佛的可能性本就含在众生之中,但为那无始无明所覆盖,故如来藏又被称作"在缠的法身"。宽泛地说,只要承认"如来藏恒沙佛法佛性",便可以讲"圆教"。但是,不同宗派对"如来藏恒沙佛法佛性"却有不同的解释,这才是问题的关键所在。

华严圆教是如何体现佛是保住一切法而成佛的呢?是如何体现圆通无碍、圆满无尽的呢?它是将"缘起性空"之实相般若套在佛法身上(即如来藏自性清净心上,清净心即真实性),然后分析地引申而说一套法界缘起观,进而在这法界缘起中之事事无碍、主伴具足②的境界上来体现的。但是,法界缘起中的法实际上并非真正的缘起法,而是毗卢遮那佛法身以其"海印三昧"(一种深沈的禅定)之威神力,随众生所乐见而将其"因地"(对佛果之果位而言,"等觉"以下者皆为"因地")久远修行所经历之事待到"果地"后重新映现出来,或者说一起倒映进佛法身中而成为佛法身的无量功德、无量丰富的意义。这不是从现实的角度来看一切法,而是从修行者内在的修证工夫中映照出的一切法。因此,这种事事无碍、主伴具足体现出的一即一切、一切即一之圆满,并非是十法界中的一切法的互即互具——如天台宗所表示的那样——而是九法界中的一切法的意义在佛法界中的互即互具,实际上真正的法只有佛法界中的法,而九法界中的法已被隔绝矣。如此一来,它所体现的圆满只是佛法身自身的圆满性,犹如日出先照高山、塔尖,而并非无所不

① 牟宗三:《佛性与般若》(上),《牟宗三先生全集》3卷,联经出版事业公司2003年版,第116页。

② "主伴具足"者,主即主导,伴即从属。华严宗说法界缘起之法时,若以此为主,则以彼为伴;若以彼为主,则以此为伴,如此主伴具足而摄德无尽,称为"主伴具足"。它与"事事无碍"义一样,都表示一即一切,一切即一之义。

照、无所不遍的具体而真实的圆满。正因其不是即于九法界而成佛，故并非真正的"圆教"。对此，牟宗三引用智者大师批评别教的话，称之为"曲径迂回，所因处拙"。

> 吾人如考察此一圆教系统之特性以及其是否可真为圆教，不当就这展转引申之分析处说，乃当就这一圆教系统之所因处说。此圆教系统之所因如下：
>
> （1）唯一真心回转（空不空但中之理）。
>
> （2）随缘起现，随缘还灭。
>
> 就此处着眼讨论才是问题之所在，此即是批判的考察。此种考察决定其是否真为圆教，并决定真正圆教如何建立。此即示不能于佛法身作分析的引申而说圆教也。①

所谓"所因处"，就是这一义理系统之所以能被建立的前提条件。在牟宗三看来，华严圆教讲得再圆满、圆融，它的义理架构仍然是顺《起信论》而来的真常心一系，它的义理前提仍是由超越的分解先立一超越的真常心（"真心即性"之真心），而此真心又以"随缘不变，不变随缘"的方式而成为一切法的依止。众生本皆有此如来藏自性清净心，但还只在迷中，而在迷中则有生死流转之缘起法。这样一来，就可以解释说，在生死流转法中有如此这般的现象，也是依持于这个尚在迷中的、不自觉的、不变的真心而随缘起现的。此即所谓"真如依持"。但其实真心只是执念起现、缘起法生起的依凭因，而非生起因。因依凭于真心，故可间接地说真心随缘而生起染法、净法，两者皆由真心而起现。此即所谓"性起"系统。而一旦成佛，则这些在迷中的缘起法，无论当时是多么痛苦、烦恼，现在都被赋予了终极的意义，即都是对成佛的一种助缘，现在回味起来都是充实而美好的经历，都成了佛所

---

① 牟宗三：《佛性与般若》（上），《牟宗三先生全集》3卷，联经出版事业公司2003年版，第554—555页。

知见的法。

华严圆教的基本前提是由超越的分解而偏指一真常心。此真心在迷中才能随缘而起九界之法，因而这随缘而起的九界本身离不开无明的作用。而真心必断无明才能成为真正的真心、悟中的真心，但无明一破即破九界，只能在佛法界中回味九法界之法的意义了，此即所谓"缘理断九"。这就可以看出，华严圆教之所以不能如天台圆教那样达到十界互即互具的真实圆教，正是由于它的基本前提，那个"真心即性"的真心，是"空不空但中之理"（"但中"，只是于空、假之外别立中道一理，此"中"是"空如来藏与不空如来藏"的真空妙有。而即具一切法而说的"中"是"不但中""圆中"），本身并不具、不即一切法，一切法必须随缘而得之故也。更何况以随缘的方式也不能必然地保证随缘能随尽一切法。故牟宗三谓之曰"所因处拙"。华严圆教不是真圆，"别教一乘圆教"仍是别教。

天台圆教之所以被视为真圆，正是由于它的前提不是唯真心，而是"一念无明法性心"①，此心同时即具一切法。天台宗获得此前提的方式，并不像华严宗那样走如来藏系之超越的分解的路子先确立一真心，而是以"非分别"的方式，强调无明与法性并非"体别"，而是"体同"。所谓"体别"，就是认为离烦恼外，别有一法性存在，牟宗三解释道："体别者，即两者是一独立体，各有独立的意义"②，这也意味着法性"自住"；所谓"体同"，牟宗三解释道："意即无明与法性同一事体也，只是一个当体，并不是分别的两个当体"③，法性纯是依他住，即在无明无住处现。天台宗运用此前提的基本方式，也不是像华严宗那样"随缘不变，不变随缘"使真心成为一切法的依止。后者是以真心为"自住"，以随缘为其

---

① 在智者大师那里，也有"佛性真心"这一观念。但智者大师这是以真心说中道佛性，是一种"心即理"的思考模式，而"中道佛性"的特点之一就是"具备诸法"。（可参看吴汝钧：《中道佛性诠释学：天台与中观》，台湾学生书局 2010 年版，第四章。）因此，天台宗所说的"佛性真心"还是不同于如来藏系所说的"真常心"。

② 牟宗三：《佛性与般若》（下），《牟宗三先生全集》4 卷，联经出版事业公司 2003 年版，第 697 页。

③ 牟宗三：《佛性与般若》（下），《牟宗三先生全集》4 卷，联经出版事业公司 2003 年版，第 699 页。

"依他住"，这是体别而依他，是有"自住"的依他；而前者是强调此无明与法性同体的"一念无明法性心"无自住，只是依他住，以"一切法趣某，是趣不过"的方式说明三千法中的每一法都是以一切法为其实相、理体的，这是体同的依他，是无"自住"的依他。每一法都以一切法之整体为其体，每一法都即具一切法，都是当体即成终极的。天台宗以"法性心"即"无明心"即"一切法"（即空即假即中）这种三者间"诡谲的即"的关系而成立"一念无明法性心即具三千世间法"，便保住了一切法。故牟宗三说"这诡谲地圆融地说的'体同'即是圆教之所以为圆教处"①。

对于圆教中这种极具特色的"诡谲的即"，这里还要再多说几句。这一概念之所以被命名为"诡谲的"，是由于它必须从"即空""即假""即中"三个方面相即这种角度去理解。换句话说，事物中所蕴含的对立双方与一切法这三者同时即于一点上。但不少学者在理解这一概念时，往往只是从对立的双方这两个方面去理解，而忽略了与一切法的相即。例如，冯耀明就认为，所谓"诡谲的即""最为恰当而一致的比喻是'一物二（状）态'或一物二性（能）。然而，如此地理解的法性与无明的'相即'关系，乃是建基于常识概念之分析。换言之，这些比喻都是'分别说'之用语，而非所谓'非分别说'之诡词，实无甚'诡谲'之可言也！"②又如，杨泽波认为"'诡谲的即'简单说就是一种辩证关系"，并解释说："我们平时用辩证这个概念一般也包含两层含义。首先，矛盾对立双方并非截然孤立，而是相辅相成的，没有对立的甲方，也就没有对立的乙方。其次，矛盾对立双方是一个动态的过程，可以相互转化，不是僵死不变的。……牟宗三创立'诡谲的即'这一概念，其实就是要表达这两层意思，而这两层意思合在一起，也就是我们通常所说的辩证关系。"③这些

---

① 牟宗三：《佛性与般若》（下），《牟宗三先生全集》4 卷，联经出版事业公司 2003 年版，第 699 页。

② 冯耀明：《"超越内在"的迷思》，中文大学出版社 2003 年版，第 93 页。

③ 杨泽波：《贡献与终结：牟宗三儒学思想研究（第四卷·圆善论）》，上海人民出版社 2014 年版，第 57—58 页。

都是在"诡谲的即"中只注意到"空""假"两方面,而忽略了"中"(即"中道佛性",具备一切法)这一关键的因素。"非分别说"之"诡谲的即",不但是一物中对立双方的相即,更是一物即具一切物的相即。还是上文说过的那句话:天台宗视野下的每一个概念都不能独立地去理解,甚至也不能只从空与有、无明与法性这种两面性去理解(这是中观学的方式),而是必须不能离开"一切法"这个"场域"、这个"理体"(理事不二,理体即事体,同为三千法之一体也),都要"即具一切法"而理解其义。

此外,辩证关系的核心还不是对立统一,而是自我否定。这里显然是有"自住"的,其中,自我与非我的辩证关系是有自住的依他,此依他只是"真妄合",是依而不即。因此,圆教之"诡谲的即"根本不能用辩证关系去理解。这同时也表明,牟宗三晚年提炼出的圆教理型,实际上已经溢出了他最为依傍的理论资源——康德与黑格尔哲学——的核心立场。德国古典哲学强调的是"自我"。作为康德理论理性与实践理性之间"拱心石"的自由概念,其首要含义就是"出于自己""不受限制";而黑格尔的"绝对哲学",其"绝对"就是"自身""保持住自己"的意思,"所谓'绝对哲学',我们就可以理解为'哲学'必须以'自己自身'为立足点和核心"①。在此基础上,康、黑从主体能动性出发思考主体与客体的关系问题,换言之,"自我—由自—自由"才是"本体"。黑格尔虽然强调主体需要通过他者才能回到自己,好像他者已是不可或缺的,但其实他者在此仍不过是自我充实的中介而已,精神仍要在他者中保持住自己并最终回到自己。而圆教之依他,强调的是自我与他者"更互相依",自而非自,自即是他,从体上说实则无自亦无他,自我与他者同体共在。②这样一个一体共在的世界必是一个事的世界、生活世界、伦理世界,而非物的世界、科学世界。

依以上视域观之,儒家之"一本论"与"同体论"实对应于别教与圆

---

① 叶秀山:《"哲学"须得把握住"自己"》,《叶秀山文集》,上海辞书出版社 2005 年版,第 373 页。

② 此亦不同于列维纳斯强调他者高于自我、他者是自我的条件之"绝对他者"论。

教两种思想模式。"一本论"是纵贯结构,是"自住";"同体论"是同体共在结构,更多的是展现出"依他住"。"一本论"也可以开出心物一体呈现、万物一体之境界,但那只是别圆形态;"同体论"却不与"一本论"相容,"同体"不再需要"本",或者说同体是以依他为本、以一体为本,此方乃真圆。打比方说,"别圆"所到达的万物一体,就好像在黑夜中由于房间顶上的灯(心)是红色而使得屋内的一切东西(物)看起来皆是红色。就一切皆红而言,也可以说达到了心与万物的一体呈现,因此,"别教一乘圆教"看似也是"一体论"。而"同圆"(真圆)所达到的万物一体就好像在白天走进房间,虽然屋内颜色各异,但实际上都是由三原色按不同比例调和而成,因而形成你中有我、我中有你、共在共生、依而复即的局面。前者是化多为一的"同一哲学",追求"同质"化,后者是保有异质的多样性与和谐的哲学形态。

质言之,"别自、圆他"(荆溪语),说自住是别教意,依他住是圆教意。凡是走分解的路子,必然落得"曲径迂回,所因处拙",皆成"自住",皆不能达成真圆。

三、一心开三门

总结以上对"无执的存有论"中心物关系的讨论。"无执的存有论"中非对偶性的心物关系,还可以被进一步地区分。在牟宗三的讲法中,一种区分方法是以是否体现出创生性为标准,将"无执的存有论"中的心物关系区分为"纵贯纵讲"与"纵贯横讲"两种;而更为周延的区分方法是以别教与圆教之别为标准,也就是以"自住"与"依他"、"分别说"与"非分别说"的区分为标准,实质上是以带有西方近代实体主义、主体主义痕迹的"一本论"与生机主义的一体共在之"同体论"间的区别为标准,将心物关系区分为物隶属于心与心物不二两种,将"无执的存有论"区分为"终别教"与"圆教"。

牟宗三认为,"纵贯纵讲"+"非分别说"方为正盈圆教,这实际上就是要将"一本论"与"同体论"相融合,也就是说正盈圆教必待道德创造

147

作用与感通遍润作用相结合而成立一"无限智心","吾人必须进至由无限智心而讲圆教始能彻底明之"①。

对于无限智心这两种作用之间的关系,牟宗三自己给出的说法是:

> 同一无限心而有不同的说法,这不同的说法不能形成不相容;它们只是同一无限心底不同意义。无限心本有无量丰富的意义,每一意义皆与其他意义相镕融,相渗透,而不能形成其他意义底障碍。否则这一意义便不是无限心底意义。……无限心只是总说而已。任一意义就是无限心自己。若义义相碍而不相通,那便不是无限心。②

这里牟宗三认为心体之创生与觉润都体现出一无限性,无限者不能有二,因此无限智心必同时具有此两种能力。然而,创生能力体现出的心体之无限性,其意义是说心体能够无中生有、不依傍他者而自住自立;觉润万物、与万物同体中体现出的心体之无限性,其意义是说心体自身无封限、不与他者为对,是依他共在。前者是质的无限,落实而言无非是指人的意志自由;后者是体的无限,它指向上通天德下通万物的绝对实体,类比于西方,此无限心无非是将泛神论意义上的上帝内化而为吾人之体,使其能够具体而真实朗现,故牟宗三说"此时上帝即是无限心,无限心即是上帝"③。这根本是两种不同的理论模式,不能简单地直接融合在一起。

既然"一本论"与"同体论"分属别教与圆教两种理论模式,那么这种融合只能是以一方消化、融摄另一方的方式进行的。在有些地方,牟宗三其实表示过可以用"同体论"、心之觉润作用去融摄"一本论"、心之

---

① 牟宗三:《圆善论》,《牟宗三先生全集》22 卷,联经出版事业公司 2003 年版,第 258 页。

② 牟宗三:《现象与物自身》,《牟宗三先生全集》21 卷,联经出版事业公司 2003 年版,第 465 页。

③ 牟宗三:《现象与物自身》,《牟宗三先生全集》21 卷,联经出版事业公司 2003 年版,第 470 页。

创生作用。例如,他在解读明道《识仁篇》时,就说:"'觉'润至何处,即使何处有生意,能生长,此是由吾之觉之'润之'而诱发其生机也。故觉润即起创生。……觉润即函创生。"[1]这是以心体之觉润义收摄创生义。若发挥此义,则将以心物同体无对的方式展现心体之无限性,以共通感而非实践理性讲道德意识,以在生机主义的共在论中呈现一个有生机、有价值、有趣味的世界的方式而非以无中生有的方式讲创造性。这是真正圆教的讲法。

然而在绝大多数情况下,牟宗三是强调先从道德意识入手,彰显心体之道德创造性,再讲心体"体物而不可遗"而为一切存在之源。牟宗三说:

> 儒家义理之圆教不像佛道两家那样可直接由诡谲的即,通过"解心无染"或"无为无执"之作用,而表明。盖它由道德意识入手,有一"敬以直内,义以方外"之道德创造之纵贯的骨干——竖立的宗骨。……若徒自"大人者以天地万物为一体",或"大人者与天地合其德,与日月合其明,与四时合其序,与鬼神合其吉凶,先天而天弗违,后天而奉天时"而言,则迹本论可直接用于此大人,迹本圆融是三教之所共。但"大人者以天地万物为一体"之大人,若依儒家义理而言,……其无限智心之本除解心无染(自性清净心)与无为无执外,还有一竖立的宗骨,此即是"敬以直内义以方外"所表达的道德的创造,即仁心之不容已,此由首章讲孟子即可知也。是故儒家的无限智心必扣紧"仁"而讲,而体现此无限智心之大人之"以天地万物为一体"之圆境亦必须通过仁体之遍润性与创生性而建立,此即其所以不能直接由"诡谲的即"而被表明之故也。它不能只由般若智或玄智之横的作用来表明,它须通过仁体创生性这一竖立的宗骨来表明。因此,它必须是纵贯纵讲,而不是纵者横讲。[2]

---

[1] 牟宗三:《心体与性体(二)》,《牟宗三先生全集》6 卷,联经出版事业公司 2003 年版,第 237 页。

[2] 牟宗三:《圆善论》,《牟宗三先生全集》22 卷,联经出版事业公司 2003 年版,第 296—297 页。

这实际上是试图将"同体论"收摄于"一本论"中,用心体之道德创造性收摄其觉润性。道德意识是儒家立教之本,但牟宗三依康德之无条件的命令方式讲道德,强调自律、肯定先验道德主体等等,实乃"自住"义,是分别说,不达圆教义。特别是牟宗三常以"目的"义来诠释物自身,更加使得物自身对于良知而言就好像只是在感应中所赋予万物的道德意义。这样一来,良知与万物间相互感应的关系就有被简化为一种单向性的由良知向万物进行道德目的之赋予或价值含义之投射的风险。在这种康德式解读中,儒学的理论前提成了:1.以超越的分解方式先立一作为道德实践之超越根据的良知、知体明觉;2.这种超越的良知本体也是以随缘感应的方式创生作为目的、价值意义的万物。这就仍属于"性起"系统,同样面临"所因处拙"的问题,并落入主体主义、实体主义之窠臼。由此进一步发展至王龙溪之"四无"义,也并没有改变其基本的理论架构。"四无"依然先要走超越的分解之路,其在存有层面上依然是先肯定一超越的良知本体。而在"四有"之上再进一步说"四无",只不过是为了表示在作用的层面上,良知的表现是自然而然的,不是有意造作的(这与圆教之为"无作四谛"之"无作"不同)。由此而至"万物一体"也就只是一种心灵境界,即通过道德实践工夫所达至的万物起现其道德意义之境界,并非客观的诸法实相。这就仍是"别圆",仍是以超越的分解为进路,由"一本论"而进至某种类似于"一体论"心物不二的理论形态。但这种"一体论"不是如真实圆教那样是实有形态的万事万物同体共在。质言之,带有主体主义、实体主义色彩的"一本论"与共在存在论的"一体论"是两种思维模式的区别,而如何讲创造性、如何凸显道德意识,在不同的思维模式中可以有不同的表示方式。

因此,我们对"无执的存有论"中心物关系的进一步划分,要以"终别教"与"圆教"的分别为基准,也就是以"自住"与"依他"、"分别说"与"非分别说"的区别为准,从"所因处"分立"纵贯"与"圆具"两种形态,并将其确定为"绝对一元论"与"一体论"两种哲学模式。前者是由超越的分解,先立乎其大者,肯定一个超越的、绝对的本心实体,由此实体通过创生而实现物（作为物自身）的存在。后者则是肯定心与物之间、物与物之间本是非分别地为同一事体，是你中有我、我中有你，同体共在，二而不二的关系。

在前两章中，我们通过考察牟宗三在"两层存有论"中所论述的心作用于物的不同方式，获得了关于二者关系的两种基本形态：一是在对偶性结构下的心物关系；二是在非对偶性结构下的心物关系。在本节中我们又已说明，就后者而言，还可分为两种：一种类乎"绝对一元论"，完全是一心之自我展现，物皆是由其创生的而隶属于它的，主体与客体处于一种垂直关系中；另一种相应地可称之为"同体论"的共在存在论，心物之间是你中有我、我中有你、相互交感、相互支撑的关系，主客处于一种横向的互具中。一种是心物对待、一种是物完全从属于心、一种是心物互具。这三种结构共同构成了理解牟宗三心物关系的基本范式，也可以说是心的三种活动方式。从物的方面看，牟宗三事实上也已指出了三种看待物的方式：一是在认知活动中追问"是什么"的客观对象之物；二是在道德实践活动中的德行，即"应当成为"的行为物；三是感应中物对人之意味，前者被牟宗三视为现象界的物，后两者则均被视为物之在其自己。这三种基本范式所体现出的心物关系结构，可用"横摄""纵贯""圆具"来表示之。这样一来，我们就从牟宗三一心开二门的两层存有论架构中梳理出了三种心物关系论。

若从存有论的角度看待牟宗三所诠释的天台四教义，"藏教"对存在的考察只局限于经验的层次上，"通教"的旨趣不在存有层面而在作用层面。因此，判教系统中的存有论思想重点就落在了"别教"与"圆教"上。在牟宗三的诠释中，"始别教"属于"执的存有论"，而"终别教"与"圆教"共属"无执的存有论"。后两者虽共属"无执"，但它们说明存在的方式仍有显著的差别。"终别教"走的是超越地分解的路子，是分别说，而"圆教"则是非分别说。这样看来，牟宗三诠释下的天台判教论本就包含着三种存有论。因此，在这里我们将牟宗三的"一心开二门""两层存有论"进一步区分为"一心开三门"、三种存有论形态也是有其自身论断作为依据的。

第二节　三种心物关系结构之多维展现

以上对心物关系的考察，主要集中于存有论与知识论层面。这些虽是体现牟宗三心物关系思考的核心方面，但并不代表全部方面。作为与世界打交道的方式，牟宗三还将这心物关系的三种基本结构放置于中西文化比较的视域中，以凸显不同关系结构所带来的文化上的优劣，并思考在不同心物关系结构之间如何进行相互沟通的问题。

一、"对偶性"结构与"分解的尽理之精神"

心与物之对偶性关系，这种旁观者式的与世界打交道的方式，不仅体现在西方近代认识论中，也体现在政治组织、道德生活等社会实践活动中，是支撑西方文明尤其是现代文明的重要精神原则。牟宗三认为西方文化的基本形态，就其基本精神说，可以称作"分解的尽理之精神"；就其表现方式说，是"理性之架构表现与外延表现"；就其获得的真理说，所获得的是"外延的真理"。这些都是"对偶性"原则的应有之义与具体展开。与它们相区别的，是以"隶属原则"为主导的中国文化之为"综合的尽理之精神""理性之运用表现与内容表现"以及所得之"内涵的真理"。

（一）"分解的尽理之精神"与"沉思"传统

牟宗三认为，中国文化要由内圣开出新外王，就要吸纳西方的科学传统、自由民主传统，但这种吸收不能仅仅是器物、制度层面的，而是要"从其文化系统之形成之背后的精神处"①去吸收。对偶性原则可以说正是科学、民主形成之背后的精神，也可称之为科学、民主之"体"。"它

---

① 参见牟宗三：《历史哲学》，《牟宗三先生全集》9 卷，联经出版事业公司 2003 年版，第 200 页。

这个'体'是对等并列之原则"①,也叫"对列格局",即对偶性原则。既然对偶性原则是科学与民主之"体",那么,该原则何以能够开出科学、民主呢? 这首先要追溯到古希腊的"沉思"传统之中。

从大陆去台湾的前十年,是牟宗三自谓"文化意识及时代悲感最为昂扬之时"②。这一时期,牟宗三的学术重心是在历史哲学和政治哲学方面,其思考的主题是揭示中西文化的特质,分析中国文化发展中的症结,开出中国文化走向现代化的途径。在《历史哲学》一书中,牟宗三认为,中西文化从根源性与内在本质上看,一个是"分解的尽理之精神",一个是"综合的尽理之精神"。

所谓"分解的尽理之精神",其中"分解"一词,"是由'智之观解'而规定"③。"智之观解"即是知性形态,也就是我们通常所说的"理论理性"(theoretical reason),牟宗三译为"观解理性",能观解的"心灵之光"就是"智",所观解的则是"自然"。这种"智"既是由观之结构塑造的,则在自然方面必重其"形(型)"。故牟宗三认为,古希腊哲人之"爱智",即"是由智以观解与其所观解出之理型而规定"④。换言之,这种"智"是由"观"而得的。

"分解的尽理之精神"首先就表现在古希腊之"学统"上。牟宗三梳理道:古希腊早期的哲学家由对自然的观解,获得了许多"观解知识",构建起了种种"观解自然宇宙的哲学系统";到了苏格拉底,虽然研究的方向由自然转向了人事,但依然是用观解的态度进行讨论,并因此意识到一事有其成为一事之理;柏拉图顺其思路,提出"理型"(idea, form),并建立起一个涵摄本体论、宇宙论的伟大系统,牟宗三也称之为"观解的形上学";"到亚里士多德,由理型、形式,再转而言共相(即共理或普

---

①　牟宗三:《时代与感受续编》,《牟宗三先生全集》24 卷,联经出版事业公司 2003 年版,第 462 页。

②　牟宗三:《道德的理想主义》,《牟宗三先生全集》9 卷,联经出版事业公司 2003 年版,第 3 页。

③　牟宗三:《历史哲学》,《牟宗三先生全集》9 卷,联经出版事业公司 2003 年版,第 196 页。

④　牟宗三:《历史哲学》,《牟宗三先生全集》9 卷,联经出版事业公司 2003 年版,第 195 页。

遍者），则十范畴出焉，五谓出焉，定义之说成焉，由之以引生出全部传统逻辑。如是，贞定了我们的名言，亦贞定了我们的'思想'"①。牟宗三认为，虽然科学的成立是近代的事，但其传承的精神大体还是古希腊以来的"分解"（观解）精神。此一精神，向外而贞定自然，向内而贞定思想（"贞定"者，脉络分明，名、言俱确之谓也）。

牟宗三总结说：

> 故近人讲西方文化，从科学一面说，必归本于希腊也。希腊人爱好形式之美，故其所尽的智之事，自以逻辑、数学为凸出也。此由柏拉图之特别重视数学、几何，亚里士多德之能形成逻辑，即可知之。②

古希腊的这种重"形式"的特点与它对视觉的重视分不开。牟宗三将"theoretical reason"翻译为"观解理性"，就很好地体现出"理论"一词与希腊语动词"观审"这种视觉活动的原始联系。按照海德格尔的解读，"理论"这个词就起源于"观审"，"即：注视在场者于其中显现的那个外观，并且通过这样一种视看（Sicht）观看着逗留在这个在场者那里"③。这个"外观"就是"爱多斯"，看到这个外观就拥有了知识。

柏拉图奠定了西方思想中视觉主义传统。一方面，他表现出对所有感觉的不信任，认为理性的灵魂要想获得智慧与美德，就必须征服或至少控制肉体的感官；另一方面，他又实际上是以视觉作为模本来塑造理智，将理念（相④）作为心灵之眼的对象。特别是在《理想国》中，"洞

---

①② 牟宗三：《历史哲学》，《牟宗三先生全集》9 卷，联经出版事业公司 2003 年版，第 195 页。

③ 海德格尔：《演讲与论文集》，孙周兴译，生活·读书·新知三联书店 2005 年版，第 47 页。

④ "相"是陈康的翻译。陈康认为，将"idea"之希腊文翻译成"观念、概念、理型、理念"皆是错误的，因为它本是无"念"、无"理"的，即主观意识的一面并不凸显，这些都是后来哲学加进去的。在柏拉图的语境中，这个词的原义即"所看的形状"，而"中文里的字可译这外表形状的是'形'、'相'。但'形'太偏于几何形状，'相'即无此弊病；又'形'的意义太板，不易流动，'相'又无此毛病"。参见柏拉图：《巴曼尼得斯篇》，陈康译注，商务印书馆 1982 年版，第 43—45 页。

喻"以"看"为指引层层深入,看洞壁上的影子、看火光中的人偶、看火光本身、看水中的倒影、看阳光下的事物、看日光本身,洞穴中的"看"是肉眼之看,只能看到偶然事物,阳光中的"看"是心眼之看,方能看到本质。柏拉图指出,"视觉不是太阳",但"它是所有感觉中最像太阳的","让我们以同样的方式理解灵魂:当它凝视由真理和实在照耀的事物时,它能理解和知道,它显然拥有理智"①。亚里士多德对感觉给予了更多的肯定,而最重视的仍是视觉。他在《形而上学》开篇就首先强调了视觉的重要性:"求知是所有人的本性。对感觉的喜爱就是证明。人们甚至离开实用而喜爱感觉本身,喜爱视觉尤胜于其他。不仅在实际活动中,就在并不打算做什么的时候,正如人们所说,和其他相比,我们也更愿意观看。"②视觉的发生必然要与对象保持一定的距离。视觉隐喻意味着与对象保持距离,以静态客观的态度对待事物。这种距离性,首先就使得视觉在最大程度上摆脱了肉体欲望的束缚,从而获得某种超越性,这正是柏拉图设想中的灵魂的特点。其次,这种距离性意味着对对象的触碰、干涉被降至最低,这样就最大程度上保证了事物的客观性。同时,这种距离性也使我们首先注重并把握到对象形式方面的因素③,进而以"形"来规定、分别事物,最后形成了西方"形式即本质"的观念(这个"形"后来又逐渐地与逻辑之"理"和"数"相结合,共同构成了西方人理解的所谓"本质")。古希腊的这种视觉性思维的传统,通常也被称为"沉思"传统,即消隐、沉没主体之肉身,追求"纯粹的看"。而"沉思"(contemplation)这个词在希腊文中的词源与上面提到的"观解"是同一个,原义都是指观审活动。contemplation 这个词的另一个常用的译名即"静观",就很好地体现出了这种词源上的联系。

---

①　柏拉图:《理想国》,《柏拉图全集(增订版)》6 卷,王晓朝译,人民出版社 2017 年版,第 219—220 页。

②　亚里士多德:《形而上学》,苗力田译,中国人民大学出版社 2009 年版,第 27 页。

③　当然,"看"不只能看到形状,还能看到色彩。印度原始佛教也重视视觉(章太炎将哲学与中国传统所言之道学称为"见学",就是受到了印度佛教的影响),但首先注意的却是"色"而非"形"。因此,对形状的关注是古希腊视觉传统的特点。相比于色,形状更具有客观性,更能体现对象自身的特征,更具有稳定性,更具有普遍可传达性,更容易在主体间获得一致性,因此,也更容易抽离出来加以单独地讨论。

具体而言，牟宗三又将"分解"剖析为三义：

> 一、函有抽象义。一有抽象，便须将具体物打开而破裂之。二、函有偏至义。一有抽象，便有舍象。抽出那一面，舍去那一面，便须偏至那一面。三、函有使用"概念"，遵循概念之路以前进之义。一有抽象而偏至于那一面，则概念即形成确定，而且惟有遵循概念之路以前进，始彰分解之所以为分解。分解之进行是在概念之内容与外延之限定中层层以前进。①

事物本来是"形式"与"质料"不可分割的结合体。古希腊哲人以其视觉性的、重形式的思维，把事物的圆整性打破，将事物之形式作为事物的本质而从质料中抽离出来。"抽象"（准确地说，应该译为"抽相"）首先就表现为抽掉"质料"而留下"形式（相）"。他们认为，质料是感性的、具体的、流变的、不稳定的，形式（理念）则是永恒的、不变的、稳定的，以形式来把握世界才能获得永恒的东西、获得真理。这就是概念思维。古希腊哲学家们正是希望使用抽象的、形式化的概念把一切感性的、具体的东西都消减掉，剩下一个高度普遍的不变体，即"理型"，认为这样会便于人们形成对于世界真相的认识。后来黑格尔将理念（即"理念的概念"）视为本质的存在，是存在和本质的真理，而又将"绝对理念"视为"是概念的纯粹形式，这形式将其内容直观为其自身"②的思想，正是古希腊这种思维方式的体现。牟宗三由此三义再加以引申，认为分解的精神是方方正正的（即有其"型"），是层层限定的（即概念化的、逻辑化的），是"方以智"的精神。

至于"分解的尽理"所尽之"理"，牟宗三认为：

---

① 牟宗三：《历史哲学》，《牟宗三先生全集》9卷，联经出版事业公司2003年版，第196页。

② 黑格尔：《哲学全书·第一部分·逻辑学》，梁志学译，人民出版社2002年版，第374页。

从内容方面说，自以逻辑、数学、科学为主。若笼罩言之，则其所尽之理大体是超越而外在之理，或以观解之智所扑着之"是什么"之对象为主而特别彰着"有"之理（being）。即论价值观念，亦常以"有"之观点而解。①

这里，牟宗三已接触到西方哲学最为核心的部分，即对"是"（being、sein，哲学中也常译作"存在"，牟宗三译为"有""存有"）的讨论。以"是"为核心的思想方式，是西方思想的独特之处，表现在语言中即是印欧语系对系词"是"的倚重。以"是"为核心，西方哲学发展出了一套特有的哲学形态，即"本体论"（ontology）。俞宣孟指出："本体论在西方称为第一哲学，或哲学中的哲学，在形式上，它是以'是'为核心范畴逻辑地演绎成的纯粹原理体系，英文的名称叫做 ontology，直译可作'是论'。"②首先将"是"从日常语言中提炼出来，作为"理念"来看待的，是柏拉图。在《巴门尼德》及《智者》篇中，柏拉图将"是"（理念）视为一切"所是"（存在者）是其所是（之所以存在）的根源，即"所是"是因为分有了"是"才是其所是。而"是"一旦成为理念，即"形式""相"③，就成为了"心灵之眼"的对象。正如俞宣孟所说，"'本体论'出于以心灵的眼睛对世界的'看'"④，牟宗三将"是""有"看作"以观解之智所扑着之对象"，显然是抓住了其中的核心精神。

牟宗三还进一步指出，单独的希腊精神还不足以成就近代西方的民主政治，民主政治的形成中还有罗马法律传统的加入。不过，即使如

---

① 牟宗三：《历史哲学》，《牟宗三先生全集》9 卷，联经出版事业公司 2003 年版，第196 页。

② 俞宣孟：《本体论研究（第三版）》，上海人民出版社 2012 年版，"前言"第 15 页。与 ontology 译作"是论"相应的，古希腊的 Metaphysics 应该被译作"形学"而不是"形而上学"。"形而上"在先秦文本的语境中有"形形者""使形者"之义，是要超越形名家"以形为性"而走向"其上"的（参见贡华南：《从无形、形名到形而上——"形而上"道路之生成》，《学术月刊》2009 年第 6 期，第 52—61 页）。

③ 后来，在黑格尔那里，就不仅仅把"是"视作逻辑化、形式化的东西，而是加入了"是起来"的含义，即生存论的维度，要去是的决心。后来，海德格尔进一步扩大了这种意思。这种维度的加入，其实是受到希伯来文明传统中听觉性思维的影响。

④ 俞宣孟：《本体论研究（第三版）》，上海人民出版社 2012 年版，"前言"第 7 页。

此,民主政治背后的基本精神,依然是"分解的尽理之精神"。牟宗三分析说:

> 分解的尽理必是:一、外向的,与物为对;二、使用概念,抽象地、概念地思考对象。这两个特征,在民主政治方面,第一特征就是阶级或集团对立。第二特征就是集团地对外争取,订定制度与法律。所谓尽理,在对立争取中,互相认为公平合于正义的权利义务即是理,订定一个政治、法律形态的客观制度以建立人群的伦常以外的客观关系,亦是理。①

在牟宗三看来,成立民主政治的两个基本条件是,外在地对立而成"个性"与集团化地向外争取。总括起来,就是客观制度(亦是形式化的、抽象的)的建立。这种对制度之客观化的追求,也正是"分解的尽理之精神"的核心诉求。因此,民主政治中虽然有罗马法律传统的成分,但基本精神还是古希腊式的。

"分解的尽理之精神"在科学与民主之中,又突出地展现为"原子性原则"(principle of atomicity,罗素语)与"个体性原则"(principle of atomicity)。此两者是同一原则,前者是在知识论中表示,后者是在社会政治方面的表示。所谓"原子性原则",简单地说,即"科学知识是可以分解的方式来表达的……部分可以独立地被了解,不一定要通过全体才能被了解"②。倘若"牵一发而动全身",要了解我头上的这根头发,就要了解我的整个头、整个身体,乃至我在的房间、学校、城市、国家、地球、太阳系、银河系等等,如此牵连下去,如何能了解这根头发呢? 这也就是上文提到的,认知关系是外在关系,而非内在关系。这种原则,在政治社会生活方面,就表现为对独立之"个体"的重视。肯认了独立之

---

① 牟宗三:《历史哲学》,《牟宗三先生全集》9 卷,联经出版事业公司 2003 年版,第199 页。

② 牟宗三:《中西哲学之会通十四讲》,《牟宗三先生全集》30 卷,联经出版事业公司 2003 年版,第 116—117 页。

"个体",才能进一步讨论自由、人权、法权等等。牟宗三指出,英美之自由主义传统便是特别重视这一原则。

总之,作为"分解的尽理之精神"①的最重要代表,被牟宗三称为"学统"的古希腊哲学传统,就是重"形式"、重"分解"、重"纯粹的看"的视觉精神传统,即"沉思"传统。这与中国文化之为"综合的尽理之精神"完全不同。"综合的尽理之精神"中,"综合"指的是"上下通彻,内外贯通"的"智的直觉"之形态,其所尽之"理"则是"道德理性",是合情合理之当然之理性,是孔孟之仁心、本心。

(二)"分解的尽理之精神"之多面展开

1. 理性之架构表现

牟宗三认为,与西方文化之背后的精神为"分解的尽理之精神"相呼应,西方文化从表现方式与途径上看,是"理性之架构表现与外延表现"。这是不同于中国文化在表现方式与途径上为"理性之运用表现与内容表现"的。

牟宗三解释说,所谓"架构表现",其"底子是对待关系,由对待关系而成一'对列之局'(co-ordination)。是以架构表现便以'对列之局'来规定。而架构表现中之'理性'也顿时即失去其人格中德性即具体地说的实践理性之意义而转为非道德意义的'观解理性'或'理论理性'。因此也是属于知性层上的(运用表现不属于知性层)"②。如政道方面,在架构表现中,政体内之各成分,如权力之安排、权利义务之订立,皆是对

---

① 牟宗三所说的"分解的尽理之精神"还包含基督教的基本精神,比下文要说到的"对列格局"所涵摄的范围更广。但基督教精神不能被视为视觉性的。虽然在它的发展中,由于受希腊哲学的影响,表现出了某种对视觉性思维的青睐,比如基督教经典中大量的"光喻"的使用以及教堂中对耶稣圣像的看。但就其底色看,它依然是以犹太教重视听觉的传统为根底的。牟宗三将基督教文化归为"分解的尽理之精神"主要是鉴于其人神相分的教义。可是,基督教虽然强调人神相分,但并不成对立格局,因为人终究是归属于上帝的。而且,基督教之教义虽然也可以被概念化、逻辑地思考,但不是必然地要被概念化,甚至从其立教本怀处看,它是排斥概念化、逻辑化的知性思考的。因此,将基督教传统归结为"分解的尽理之精神",并不符合牟宗三自己对该精神原则的解读。本文在"对偶性"原则下所讨论的"分解的尽理之精神"就不包括基督教精神。

② 牟宗三:《政道与治道》,《牟宗三先生全集》10卷,联经出版事业公司2003年版,第58页。

等平列的关系。因此,在政治上人民需要与大皇帝(政治权力的实行者)拉开距离而成为一有独立个性并与之对立的对立体,即"敌体"①,这样才是实现民主政治的基础。客观知识之成立,也正如上一节所述,必须预设主客体间的对偶性。将外界推出去成为客观的对象,则主体即成为认知的主体,这两者都是在对立关系中凸显起来的。因此,牟宗三将西方的逻辑、数学、科学与近代意义的国家、政治、法律等,都视作是理性之架构表现的成果,并将这些都比喻为"建筑物"(后来又比喻为"土堆"),是实现某种更高目的(如自由)的媒介。

2. 理性的外延表现

在这种"对列之局"之下,理性之表现途径又可被称之为"外延的表现"。对于这种理性,牟宗三亦称之为"概念的心灵"。他解释道:"理性自始即客观地向外延方面施展,而其客观的落实处即在那些形式概念之建立,故形式概念所成的纲维网一旦造起,理性即归寂而无着处。"②例如,在政道中,政权、主权、人权、权利、义务、平等、自由等,皆是政治上的形式概念,而"外延的表现"就是要正视这些形式概念。"因这一切皆为形式概念,故称其为'理性之外延的表现',而此即所以建立民主政体,成就政治之自性者。"③有了对这些理念的形式化、规范化、制度化的规定,处理公共事务才有了一定的客观标准或者说客观程序义的法。

心与物拉开了距离,就必然重视对象之外在性特征,即重其"形",将此"形"观念化就成为了形式概念。此形式性的概念,在知识论上表现为"范畴"而成就客观知识,在政治领域表现为"法律"而建立民主政体。这些都是心物在横摄对列结构(视觉性思维)下合乎其本性的发展。

不仅如此,这种向外关注的视觉性思维还会导致重视功利的价值

---

① 牟宗三:《政道与治道》,《牟宗三先生全集》10卷,联经出版事业公司2003年版,第59页。

② 牟宗三:《政道与治道》,《牟宗三先生全集》10卷,联经出版事业公司2003年版,第173页。

③ 牟宗三:《政道与治道》,《牟宗三先生全集》10卷,联经出版事业公司2003年版,第172页。

原则,乃至道德上的他律原则。海德格尔在诠释尼采所理解的价值时说的一番话,有助于我们对此的了解。海德格尔解释说:

> 价值的本质在于成为观点(海德格尔在此强调,"观点"乃是"观看之点"——译者注)。价值是指已经被收入眼帘的东西。价值意味着一种观看的视点,这种观看针对某个东西,或者如我们所说,指望某个东西同时也必须指望其他东西。……作为观点,价值总是被一种观看、并且为这种观看而设立起来了。这种观看具有这样的特性,即它看,是因为已经看到了;而已经看到,是因为它表象并设定了被看见的东西本身。通过这种表象着的设定,那个对'针对某物的看'来说必需的、从而对这种观看的视线起着指导作用的点才成为视点,也即才成为在观看中并且在一切受视野引导的行为中起标尺作用的东西。因此,价值并非首先是某个自在的东西,然后才得以偶尔地被看作观点。①

这里,海德格尔指出,"价值总是被一种观看、并且为这种观看而设立起来",这种观看又是以"已经看到了"的东西为前提。换言之,这种价值的设定是以一个和自身有距离的、外在的、对象化的他者(即目的)为前提。众所周知,康德界定说:"如果意志除了在其准则对它自己的普遍立法的适合性中以外,在任何别的地方,从而,如果它走出自身之外,在它的任何一个客体的性状中,寻求这个应当规定意志的法则,那么任何时候都会冒出他律(Heteronomie)来。"②因此,这种由"观看"而设立的价值正体现出一种他律原则。③

与之相对,中国文化是"理性之运用表现与内容表现"。所谓"运

---

① 海德格尔:《林中路》,孙周兴译,上海译文出版社 2004 年版,第 241 页。

② 康德:《道德形而上学奠基》,杨云飞译、邓晓芒校,人民出版社 2013 年版,第81 页。

③ 若细分,这属于他律中经验性原则,而非出自完善性的原则。以上帝的意志为原则的他律则是由听觉性思维塑造的。

用",就是禅宗所说"作用见性"、宋明儒者所说'即用见体'中之"用"的意思。牟宗三解释说:"凡是运用表现都是'摄所归能','摄物归心'。这二者皆在免去对立:它或者把对象收进自己的主体里面来,或者把自己投到对象里面去,成为彻上彻下的绝对。内收则全物在心,外投则全心在物,其实一也。这里面若强分能所而说一个关系,便是'隶属关系'(sub-ordination)。"①如果说"架构表现"必须以"对列之局"为前提,而呈现出一种二元论结构的话,那么,"运用表现"则是摄所归能,呈现出一种一元论的结构。在这种结构中,理性的运用不是形式化的,而是带着"质料"的(如情感),是形质不分的。按牟宗三的说法,这种表现方式的特点是"据体以成用,或承体之起用,这是在具体生活中牵连着'事'说的"②。这种"运用表现"中的"理性",是生活中具体地说的实践理性而非抽象的观解理性,它即是人格中的德性,是浑融的、不破裂的、拖泥带水的。"拖泥带水"就是带着"质料"而非只关注"形式"的思考。这种带着"质料"的思考方式,就是所谓"内容表现",即"就那事实作实际的处理,不作形式的追讨"③,也就是不要"化质归量"。

在牟宗三看来,科学知识的基本特点之一就是"化质归量"④,展示出一"外延性原则"(principle of extensionality,罗素语),"即命题可由其外延的范围,也即量来决定,不受主观的影响"⑤。内容一经外延化就可以不为主观所影响,由此,知识才可以客观化。

3. 外延的真理

从理性作用的结果处看,理性之外延的表现获得的是"外延的真

---

① 牟宗三:《政道与治道》,《牟宗三先生全集》10 卷,联经出版事业公司 2003 年版,第 58 页。

② 牟宗三:《政道与治道》,《牟宗三先生全集》10 卷,联经出版事业公司 2003 年版,第 52 页。

③ 牟宗三:《政道与治道》,《牟宗三先生全集》10 卷,联经出版事业公司 2003 年版,第 143 页。

④ 牟宗三:《中国哲学十九讲》,《牟宗三先生全集》29 卷,联经出版事业公司 2003 年版,第 275 页。

⑤ 牟宗三:《中西哲学之会通十四讲》,《牟宗三先生全集》30 卷,联经出版事业公司 2003 年版,第 13 页。

理",理性之运用的表现获得的是"内容的真理"。内容与外延是逻辑学中的概念,内容是指概念的意义,外延是指具有定义所确定的内容之概念的应用范围。将此两者运用到命题处,则又有外延的命题与内容的命题之分。这是罗素提出来的。牟宗三解释说:"内容命题(intensional proposition),其所以为'内容的',最基本的意义,可先从两方面说:一是系属于主体,二是有实际内容或实际的意义。使其脱离主体而客观化,便为外延命题(extensional proposition)。再抽去它的实际内容或实际意义,而只剩下一命题形式(propositional form),亦是外延命题。"①外延命题必须是脱离主体而客观化的,而且是取决于类而量化的。而内容命题所表示的概念联结是系属于主体的,因而不能客观化而成为类间的客观关系。后来,罗素干脆不用"内容命题"而改称之为"命题态度",表示系属于主体的命题不是真的客观成立的命题,而只是表示主观的心理情态而已。

在这些区分的基础上,牟宗三进而提出"外延真理"与"内容真理"两种真理。牟宗三解释说:

> 外延真理是脱离主体而客观化量化的真理,内容真理系属于主体而常保持其质的强度的真理。依是,凡数学真理皆外延真理,此是形式的外延真理,以无经验内容故也。凡自然科学的真理皆是外延真理,此是实际的外延真理,以有经验内容故也。有经验内容,而解之以外延之类,故成为外延真理。凡道德宗教、家国天下、历史文化的真理,皆是内容的真理,皆不能脱离主体而纯外延化与量化。②

可以看出外延真理与内容真理的最重要的区别在于,外延真理不系属

① 牟宗三:《理则学》,《牟宗三先生全集》12卷,联经出版事业公司2003年版,第34页。

② 牟宗三:《时代与感受续编》,《牟宗三先生全集》24卷,联经出版事业公司2003年版,第157页。

于主体,其所说的内容要能够与主体拉开距离,摆脱主观性,从而能进行客观化、量化,能被客观地肯断、被实证。内容真理则"不能脱离主体性(subjectivity)"①,也就不能被客观化、对象化。所谓"内容的"牟宗三也译为"强度的",这种强度是系属于生命、系属于主体的,只有生命主体才能表现出这种强度。这个主体永远不能被对象化,不能作为对象来作所谓的客观研究。但既然作为真理,内容真理所不能脱离的主体性,就不是感性层面的主体性,而应当是理性层面的。这种理性也不是指观解理性、理论理性(这是外延真理所表现出来的),而是实践理性、道德理性。

牟宗三进一步指出,真理都具有普遍性,外延真理具有外延的普遍性,内容真理具有内容的普遍性。外延的普遍性是"抽象的普遍性"(abstract universality),即外延越大,内涵越小。抽象概念所表现出的普遍性,就是典型的抽象的普遍性。从抽象概念的形成方式上看,在西方特别是科学领域,主流的方式是归纳法。这种方法首先预设个体物具有多种性质,是性质(相)的集合,然后通过舍异存同的方法,将存在差异的性质排除出去,留下共同具有的性质。这种共同的性质,即"共相",表示所有归属此概念集合中的个体物所具有的共同特征,牟宗三亦称之为"归纳普遍化之理"。这种抽象的普遍性是将事物肢解破裂之后才能获得的,换言之,这是一种通过分解、分离而通达于普遍的方式。牟宗三指出,运用这种普遍性进行思考,属于海德格尔所说的"表象的思想"(representative thought),即通过这些抽象概念,我们可以"把一个对象的各方面表象出来,表象出这个对象的那些普遍的性相、那些普遍的特征"②。但牟宗三同时也指出,这样的思考方式是进入不了存有论的堂奥的,在表象的思想外,我们还需要一种海德格尔所说的"根源的思想"(original thought)。

---

① 牟宗三:《中国哲学十九讲》,《牟宗三先生全集》29 卷,联经出版事业公司 2003 年版,第 25 页。

② 牟宗三:《中国哲学十九讲》,《牟宗三先生全集》29 卷,联经出版事业公司 2003 年版,第 33 页。

与之不同的是,内容的普遍性是"具体的普遍性"(concrete univer-sality),即外延越大,内涵就越大。牟宗三解释说:"它是在一个具体的强度里随时呈现,并且有不同程度的呈现,它是在动态的弹性状态中呈现。它不是一现永现,不是一成永成。所以它是具体的,绝不是抽象的。"①这个意思,可以借用宋儒常说的"月印万川"来表示。例如,"仁"作为理是一,但根据不同情境则表现出对具体行为的规范作用,如在对父母的特殊关系中表现出来则是特殊的、具体的孝行。牟宗三还打比方说,这种内容真理之表现方式好比是"一个圆转的轮子:转到那里,实际的具体的直觉心灵即润泽到那里;润泽到那里,即就那里的事理之当然,该如何便如何"②。这种真理之普遍性不是建立在抽离的基础上的,而"一定是相即的"③,就是上文所说"带质的",也就是考虑具体情境的。这种具体的普遍性也表现出内容真理的"独特性"。"独特性"不同于"特殊性","特殊性"是指在形而下的器的层面上的表面迹象、具体质料方面的特殊;而"独特性"是指内容真理本身在表现上因具体情境而具体化了那普遍之理所体现的。这种"独特性"是外延的真理所不具备的。

牟宗三认为,西方文化在外延真理方面,即在与主体拉开距离的基础上,追求能够量化、实证化的真理方面,发展得很好。中国文化在内容真理方面,即在保持主体之为主体而不被对象化的基础上,追求展示生命之强度或者说生命之"明"(实践理性、良知)的方面,发展得比较好。基于两者真理都具有普遍性,中西文化可以相互沟通、相互调节。

4. 无理、无体、无力

牟宗三指出中国文化的当前发展需要理性之架构表现与外延表现,但他同时也意识到了这种理性作用方式的缺陷之处。这可以看作

---

① 牟宗三:《中国哲学十九讲》,《牟宗三先生全集》29 卷,联经出版事业公司 2003年版,第 35—36 页。

② 牟宗三:《政道与治道》,《牟宗三先生全集》10 卷,联经出版事业公司 2003 年版,第 145 页。

③ 牟宗三:《中国哲学十九讲》,《牟宗三先生全集》29 卷,联经出版事业公司 2003年版,第 38 页。

是从反面对这种表现方式之特质所做的总结。这种特质,总的说来,即"无理""无体""无力"。牟宗三进一步解释说:"只有事而无理,只有象而无体,只有既成事实之推移与平面之计算而无实体性的创造之力。"①

"无理"中这个与"事"相对的"理",不是泛泛而言的。牟宗三曾将唐君毅所讲的中国思想史中的理字之六义重新整理为:名理(属于逻辑学,广言之也包括数学)、物理(属于经验科学,包括自然的或社会的)、玄理(道家)、空理(佛家)、性理(儒家)、事理(亦摄情理,属于政治哲学与历史哲学)。②这里所说的"无理"之"理",显然是指玄理、空理、性理而言,这三者均属于"道德宗教"(亦道德亦宗教、即道德即宗教、道德宗教通而为一)。若再联系"无体""无力"两方面,则这个"理"当特指儒家所畅言之"性理"。"性理"者,即性即理、性即是理,"儒者所说之'性'即是能起道德创造之'性能';如视为体,即是一能起道德创造之'创造实体'(creative reality)"③。因此,"无理"之"理"也就是作为道德实践之根据,能起道德创造之实体。这种"理"也内在地包含了终极之目的与价值。对于这种"理",牟宗三有时也用康德的"纯粹实践理性"概念来解说之。④

牟宗三又从"理"之为"所以然"的角度,将"理"分为存在之理(Principle of Existence)或称为实现之理(Principle of Actualization)与形构之理(Principle of Formation)。其中,形构之理是一个"类概念",表示一物之所以为此物之理,是自然义、描述义、形下义的"所以然之

---

① 牟宗三:《政道与治道》,《牟宗三先生全集》10卷,联经出版事业公司2003年版,第174页。

② 参见牟宗三:《心体与性体(一)》,《牟宗三先生全集》5卷,联经出版事业公司2003年版,第5—6页。

③ 牟宗三:《心体与性体(一)》,《牟宗三先生全集》5卷,联经出版事业公司2003年版,第43页。

④ 在有些情况下,牟宗三所说的"无理"还不仅仅指没有纯粹实践理性,而是将这个"理性"概念都去掉,将其还原为语言的逻辑句法,如逻辑实证主义者之所为。参见牟宗三:《中国哲学十九讲》,《牟宗三先生全集》29卷,联经出版事业公司2003年版,第339—340页。

理"，它负责描述和说明一事物的本质(即下定义)。而存在之理是使本质与存在相结合者，它是形上的、超越的、本体论的"所以然之理"。它是就存在物之存在而明其所以存在之理，是负责创造与实现一物。具体而言，存在之理(或称为实现之理)又可分为：静态地、形式地说明存在之存有性的存在之理，是只存有不活动的，如伊川、朱子所言之理；动态地、实际地表现存在之存有性的实现之理，是即存有即活动的，如明道之言理。联系到"无体""无力"两方面，则"无理"之"理"在此当特指动态地、实际地表现存在物之所以存在的实现之理。

结合以上"性理"与"实现之理"两义，"理"融合了道德的应当与存在之所以然。"无理"是说在理性之架构表现与外延表现中，没有对所涉及的存在者之存在性给予根源性的说明，没有给予事物与行动以终极性的价值与目的。"有理"即有根据，且合乎目的与价值。

"无体"之"体"是"本体"义，表示事物存在之根据，即超越层面的"所以然"。在这个含义上，"体"与上述之"理"字有重合之处。故牟宗三说："若就'无体'而一般地言之，则可函'整个人生与宇宙皆无根底'这一广泛的意思。"[1]不过，牟宗三在此处特别强调的是"只有象而无体"。这里所说的"象"也就是"相"，在牟宗三那里，"象"与"相"(理念)基本上是一个意思[2]，"形"则是"相"的具体化，皆是视觉化的语言。例如，他在《周易哲学演讲录》中解释"在天成象，在地成形"时就明确

---

[1]　牟宗三：《道德的理想主义》，《牟宗三先生全集》9卷，联经出版事业公司2003年版，第254页。

[2]　当然，牟宗三在有些地方也对"相"与"象"作过区分，如他在《现象与物自身》中区分了"著象"与"著相"(参见牟宗三：《现象与物自身》，《牟宗三先生全集》21卷，联经出版事业公司2003年版，第174页)。其实，在中国思想中，"形"("相")与"象"这两个字的意义是有不小的差别的。在外延上看，"形"指有形者，"象"既可以指有形者也包含无形者。从内涵上看，形偏重于外在的形状义，而且指既成而不能变化者，"象"是能变化者，既指外形，也指内在之质、生机、生命、精神。此外，"形"与视觉性思维相对应，"象"则与感思相对应。(参见贡华南：《中国思想世界中的"形"与"象"之辨》，《杭州师范大学学报(社会科学版)》2008年第3期，第19—23页。)"相"与"形"的意义基本相似，细究起来，则"形"更偏于几何形状，意义又较"相"更呆板一些。牟宗三对这些概念间的细微差异并不敏感。所以，严格说来，西方哲学中"Gegenstand"应该翻译成"对相"而非"对象"，"Phaenomena"应该翻译成"现相"而非"现象"，胡塞尔的"现象学"应该译为"现相学"，这些词语都与视觉化的活动情境有关。

地说："'在天成象'这个'象'就等于柏拉图（Plato）的那个 Idea（理念）。……'在地成形'就是成具体的东西。"①

将"体"与"象"相对照，意在说明，在理性之架构表现与外延表现中，是将关注的重点落在事物之外在的形式上，以形式作为事物的本质、一物之为此物的自身规定性。但是，这种对待事物的方式有其自身的限制，即它不能应付无形的东西，例如心、仁、性、道等等（也包括传统哲学中的气、阴阳等）。"体"更多地着眼于事物之实质方面、内容方面的规定性，而非形式方面。"体"就是对自己而言是自己存在的支撑者，是使自己成为自己者，也可以称之为"自性"，即自身内在的规定性。因此，无"相"、无"形"的事物依然有"体"，有其存在性、真实性。同时，"体"对"相""形"的超越也弱化了界限意识，从而强调了通达。万物不但皆有其体，万物也终将一体。万物之为"一体"体现出事物之间不是相互隔绝的，不存在绝对的界限，不是如罗素之"原子性原则"所规定的那样，而是相互贯通，共同构成一个整体。万物可以"形"异而"体"同。因此，"无体"又表示出在理性之架构与外延的表现中，忽略了事物（包括人自身）内在的质的规定性，以及事物之间相互通达的关系。

总之，"无体"既是说对各个事物之"体"缺乏追寻，也是说万物缺少共同之"体"作为根据。

对于"无力"，牟宗三说："'力'这个概念亦是指示事象背后的一个'所以然'的概念……它可以指点'充足理由'、'实现原理'、宇宙论上的一个理。"②此"力"即是上面所说之"理"的"所当然而不容己"者。道德创造之"理"、实现之理的获得，也就意味着获得了行动的方向、目的、根据与动力。"理"作为道德上之"应当"，内在地即具有一种要将其实现出来的要求与力量。按康德的话说，"纯粹理性自身就是实践的"。因

---

① 牟宗三：《周易哲学演讲录》，《牟宗三先生全集》31 卷，联经出版事业公司 2003 年版，第 68 页。

② 牟宗三：《道德的理想主义》，《牟宗三先生全集》9 卷，联经出版事业公司 2003 年版，第 255 页。

此,"无力"就意味着没有实践的动力、目的,没有内生的创造力(真正的创造性只能体现为道德的创造),只看到事物间的逻辑关系、方位关系,却看不到事物间的价值关系、责任担当;只有对既成事物的观解,而无实现事物的动力。

牟宗三总结道:"无体、无力、无理,只有'事件'与'语句的形式'。这是近代顺科学而发展出的一个局面。"①同时,这也是顺"对列格局"所开出的局面,是依照对偶性心物关系所发展出来的必然后果。与此相反,隶属的心物关系所发展出的文化则是"有体、有力、有理"的。这种文化简单地说,就是不能脱离实践之理性、道德的理想,在此必然要肯定一道德的主体。

二、"隶属原则"与"对列格局"

中国文化如何实现现代化,对这个问题的回答,牟宗三大体上仍继承了"中体西用"的思路。不过,面对前人"牛体马用"(严复语)的讽刺与攻讦,牟宗三的推进在于,他认为"中体"要先坎陷为"西体",然后由"西体"展开"西用"。这其中也内含着不同心物关系结构的变化与关联。

牟宗三认为:"现代化的基本精神是'对列格局'(co-ordination)之形成。"②这个"对列格局",具体而言,就是"成两端,两两相对"③,即相互拉开距离,成对待之势,也就是"对偶"的形态。若用《大学》中所向往的治国平天下的理想来说,就是"絜矩之道"。絜者合也,矩者即指方形,絜矩之道就是要求形成一个方形格局。这在牟看来也就是现时代的外王之道。

---

① 牟宗三:《道德的理想主义》,《牟宗三先生全集》9 卷,联经出版事业公司 2003 年版,第 255 页。

② 牟宗三:《政道与治道》,《牟宗三先生全集》10 卷,联经出版事业公司 2003 年版,第 29 页。

③ 牟宗三:《政道与治道》,《牟宗三先生全集》10 卷,联经出版事业公司 2003 年版,第 26 页。

　　牟宗三在晚年又将这个"对列格局"称作"对等并列之原则"。他在"徐复观学术思想国际研讨会"的主题演讲中提到，人们常说"中学为体，西学为用"，但对什么是中学之"体"，这个"体"又如何能开西学之为"用"却总是说不清楚。牟宗三认为，所谓中学之"体"是指儒家的孔孟之道，即心性之学，体现出一种"隶属原则""纵贯原则"（从物的角度说是"隶属"于心，从心的角度说是"纵贯"于物）。这个原则自身是不能开出科学、民主之"用"的。在西方，与中国孔孟之道相对应的"体"是由基督教的精神来代表的，但基督教的精神其自身一样也开不出现代化之科学与民主。因此，他认为，科学与民主（牟宗三说"民主"不是泛言的，而是专指民主政体）本身是有自己的"体"的，这个"体"就是"对等并列之原则"。

　　科学传统是希腊传统，希腊传统有纯粹的逻辑，有纯粹的几何学，有纯粹的数学，这才是科学之"体"。科学有科学之体，再加上罗马法，才产生近代人讲的自由民主的法治，建立这有宪法基础的民主政治。这是属于客观实践方面的。逻辑、数学、科学，是属于知识方面的。这两方面一属于知识，一属于行动，看起来是相反，但这两个是同一个层次，是同一层次的两面。同一个层次，那就表示说，不管你是从知识方面讲科学、数学、逻辑，或者就实践方面讲国家、政治、法律，虽然两面相反，一知一行，但同属一个层次，所以基本原则是同一个原则。而这个原则在中国文化里面不具备，所以直接产生不出科学和民主政治来。……这个原则是什么原则呢？我叫它做"对等并列之原则"（principle of co-ordination）。不管你是逻辑、数学、科学，或者是国家、政治、法律，它后面的基本精神，和表现这个基本精神的基本原则，是对等并列之原则。至于中国以前讲孔、孟之道的那个"体"，它主要是往上通，不管是儒家、道家、佛教，儒、释、道三教都是往上通，不往下开。往上通的第一关，不是对等并列之原则。如果永远停在对等并列的话，你通不上去的。中国以前认为人要往上通，它的基本精神表现首先第一关是

"隶属原则"(principle of sub-ordination)。①

这里,牟宗三指出,科学有科学之"体",这个"体"同样也是民主政治之"体",即"对等并列之原则"②。"'并列'是把主体摆在这儿,把客体推出去了,有主客体对立的意思。'并列'就是两两相对,对偶并列的意思,是一个对列之局。它先有这个对列之局,才能成科学知识,才能成民主政治,才能有真正的国家、政治、法律。"③"隶属原则"恰恰要求"天地与我并生,万物与我为一",要打破那种两两相对,对偶并列,表现出上下通彻、内外贯通、免去对立的特点。"中体西用"在牟宗三看来,是先要对作为"中体"的"隶属原则"来个自我否定,从而吸收作为科学、民主之"体"的"对偶原则",再由此一原则的指引下开出科学、民主的事业。因此,中体之通于西用是"曲通",而非"直贯",是"从动态转为静态,从无对转为有对,从践履上的直贯转为理解上的横列"④,"它要求一个与其本性相违反的东西"⑤。不过,在牟宗三看来,人也不能永远停留在对偶性原则、对列格局之中,最终还是要向上通,接上纵贯之精神的。

　总的来说,"中体西用"实际上可以分为两层:从大的方面看,儒家心性之学表现出的"隶属原则"是体,西方现代化背后的"对等并列原则"是用;就现代化内部看,"对等并列原则"是体,科学、民主是用。"对

---

①　牟宗三:《时代与感受续编》,《牟宗三先生全集》24卷,联经出版事业公司2003年版,第460—461页。

②　这样一来,"对偶性"就在四个方面获得了自身之体现:一是认识活动中的对偶性,即认识主体与认识对象始终是以对偶性的关系出现的;二是逻辑本身之对偶性,即逻辑之肯定否定底对偶性,这是理性(知性)自身之展示,是理性之二用;三是表现在西方文化的基本精神中,作为科学、民主之"体"的"对列格局"之对偶性原则;四是表现在执的存有论中,作为识心之执的基本结构之对偶性。此四者同属识心之执层。

③　牟宗三:《时代与感受续编》,《牟宗三先生全集》24卷,联经出版事业公司2003年版,第461—462页。

④　牟宗三:《政道与治道》,《牟宗三先生全集》10卷,联经出版事业公司2003年版,第64页。

⑤　牟宗三:《政道与治道》,《牟宗三先生全集》10卷,联经出版事业公司2003年版,第63页。

等并列原则"与科学、民主之为体用是通体达用的,但"隶属原则"与"对等并列原则"之为体用是坎陷关系。

因此,牟宗三对科学、民主的吸收,既不是简单的照搬,也不是如某些学者所批评的"泛道德主义"①。他一方面给予了科学、民主以充分的独立地位与发展空间,另一方面又在终极层面上强调了心性之学对科学、民主的指导作用。牟宗三曾将这种以心性之学为核心的文化意识传统比作空气和水,它们看不见、摸不着,无具体的功用,是虚的,但又是须臾不可离,随时对社会历史起作用。②杨泽波用"让开一步""下降凝聚""摄智归仁"三者来概括牟宗三"坎陷"概念的含义③,也很好地表达了这种意思。

牟宗三在晚年曾指出,未来中国的文化是一个大综和(合)时期。这种大综和(合),"是根据自己的文化生命的命脉来一个大综和,是要跟西方希腊传统所开出的科学、哲学,以及西方由各种因缘而开出的民主政治来一个大结合,不是跟基督教大综和。跟基督教没有综和问题,那是判教的问题"。④就是说,未来的中国文化,一方面要保持中国文化自身的命脉,即隶属原则,另一方面,要吸收西方文化中的"对等并列之原则"。至于西方文化中的基督教精神,在牟宗三看来,它与孔孟之道之为"中体"一样,同为文化中最有底蕴和深意的部分,是文化的基本动力,同为一隶属原则、纵贯之格局,展现出一超越的宗教精神。但基督教之超越精神,是外在超越,中国哲学之超越精神则是既内在又超越。因此,中国传统固有的孔孟之道、道家精神,与佛教精神乃至基督教精

---

① "泛道德主义"是学界对坎陷论的一种影响较大的批评,代表人物有余英时、韦政通等。对于这些论调,笔者赞同李明辉的回应。可参看李著《论所谓"儒家的泛道德主义"》与《儒家思想与科技问题》二文,见李明辉:《儒学与现代意识(增订版)》,台大出版中心 2016 年版,第 79—158 页,第 185—212 页。

② 参见牟宗三:《时代与感受续编》,《牟宗三先生全集》24 卷,联经出版事业公司 2003 年版,第 364 页。

③ 参见杨泽波:《贡献与终结:牟宗三儒学思想研究(第一卷·坎陷论)》,上海人民出版社 2014 年版,第 239 页。

④ 牟宗三:《牟宗三先生晚期文集》,《牟宗三先生全集》27 卷,联经出版事业公司 2003 年版,第 453—454 页。

神,主要是相互对话、相互摩荡的关系,按牟宗三的用语说即是"判教"工作。对于西方文化,我们重点要吸取的是"对等并列之原则",要在心物关系以隶属为主的传统上,吸收对偶性的、横列的心物关系为之补充,以适应现时代的发展需要。

三、"圆善论"与"无相之美"

圆具结构的心物关系在文化层面表现出对德福一致的"圆善"以及"无相"之"美"的追求。更深层的表现,则是对现实的也是唯一的生活世界的肯定。这是一种"当下即是"的精神、"一切放下"的襟抱。

（一）圆善之论

牟宗三对"圆善"问题(如何使德福之间具有配称关系)的思考,正是将德福关系转化成心物(法)关系来进行的。

依照"意志自律"(本性、本心)而行的行为才是"德",这一点牟宗三与康德的理解是一致的。只不过,在牟宗三看来成"德"的关键是肯定仁义内在、并由心见性,在"性而心"的过程中,最终确立起一"无限的智心"。他说:"只此一无限的智心之大本之确立即足以保住'德之纯亦不已'之纯净性与夫'天地万物之存在以及其存在之谐和于德'之必然性。此即开德福一致所以可能之机。"①而"福"则被牟宗三理解为"一切存在之状态随心转,事事如意而无所谓不如意,这便是福"②。也就是说,"物随心转""物边顺心"即是"福"。这样一来,德与福之间如何具有配称关系这个问题就被转化成为"物"如何能随"无限智心"而转的问题。简言之,"德"是"性—心"结构,福是"心—物"结构,而德福关系结构可通约为"性—心—物"。

麻烦来自"心",它的多变使"物"具有了多重含义。一方面,"物"指

---

① 牟宗三:《圆善论》,《牟宗三先生全集》22 卷,联经出版事业公司 2003 年版,第256 页。

② 牟宗三:《圆善论》,《牟宗三先生全集》22 卷,联经出版事业公司 2003 年版,第316 页。

现象之物,这样达成的"物随心转"借用杨泽波的话说即是"物质幸福",指在现实生活中得到的物质享受;另一方面,"物"又可以指物自身之物,这样达成的"物随心转"借用杨泽波的话说即是"道德幸福",指成就道德后内心生成的一种满足和愉悦。严格地说,在牟宗三的视野中,幸福当该是兼有物质幸福与道德幸福两层含意的。因为牟宗三对幸福的定义,即"物随心转",只是一个空架子,或者说是一种函数关系,函数的值(物)是会根据变量(心)的变化而发生改变的。但是,问题的关键在于:依牟宗三的理路,那个能承体起用、自律而自觉地践行道德,同时又能在道德实践中赋予万物之存在以道德意义的心是本心,而那个期望着感性欲求之满足、期盼着道德幸福的心却是习心。当本心呈现出来时,习心就被超越了,其所对应的现象物和所要求的物质幸福也被超越了;而当习心显现出来、其所要求的物质幸福也被期望时,本心就被遮蔽了。由于在两层存有论中心被分解为本心与习心,物被分解为物自身与现象,导致了德行、道德幸福与物质幸福被分裂为了两层:德行与道德幸福以及二者的一致是物自身界中的事,是在本心中呈现的;物质幸福却属于现象世界,对应的是习心。因此,德与福之间如何具有配称关系这个问题就又被转化为无限智心如何能同时具备包括现象与物自身在内的一切法的问题。

熟悉的读者马上就会意识到,这个问题其实就是"成佛如何能具备着包括染法与净法在内的一切法而成佛"这一问题的翻版。解决该问题的方式也要从天台圆教中去找寻。牟宗三指出"圆教成而圆善明",要按照天台性具圆教的模式,由"念(心)具"一切法(物)转为"性具"一切法(物),亦即无限智心具一切法,将德福关系结构由"性—心—物"结构约化成"性—物"的性具结构,"去病不去法",从而达到"三千果成,咸称常乐"的状态,实现德福一致的理想。

但是,这里所达成的"圆善",其中的"德"还是不是牟宗三和康德都肯定的那个依无条件的绝对命令而来的"德"呢?恐怕已经不是了。因为不论是康德依意志自律而说的道德,还是牟宗三依无限智心所说的道德,都是由超越的分解之路,先立一个超越的道德实体,如自由意志、良知而达至的。而德福一致的圆善却是由非分解的圆教模式才能实现的,其中的"德"是依同体感应中的生机而言的。这就又出现了前面所提到的"终别教"与"圆教"间的差异问题。牟宗三为了综合这两者,既合于康德对"德"的理解,又以非分别的方式实现一切法随心而转,故而在说明圆善问题时他实际上是以作为"别圆"形态的龙溪之"四无"句为准的,而不是以作为"真圆"的明道为准。这也就是为什么《圆善论》一书的论述重点在龙溪身上,而在一次关于"圆善论"的演讲中,牟宗三甚至连明道、五峰的名字都没提到。[1]但这样一来,"福"的概念又与康德所追求的兼具物质幸福的"福"不同了。上文已指出,"别圆"之为"圆"只存在于主观的境界形态中,"别圆"模式下的"圆善"只是一种"人不堪其忧,回也不改其乐"的主观境界,而非康德意义上的德福一致。[2]

若要达成物质幸福,心物需要呈现出对偶性的结构;若要达成以意志自律而行的道德,心物需要呈现出以心为主、物(行为物)隶属于心的结构;若要实现一切物随心而转,心物需要呈现出一体、不二、非分别的结构。一者是"横",一者是"纵",一者是"非横非纵"的"圆"。圆善问题同时涉及心物之三种不同结构,而三种结构又不可能同时呈现出来,这就是牟宗三在处理这一问题时顾此失彼的根本原因。

不过,对于牟宗三所指出的"圆教成而圆善明"这条理路,我们还是有可能为之一辩的。这样所达成的圆善虽较之康德意义上的德福概念发生了转变,但这些转变在牟宗三看来可能都是合法的,甚至必然的。这是因为:凡是给予概念以确定含义的都是分别地说,都是在过程中的权教,都是可诤的。可诤就意味着那些确定的含义都是非必然的,反而要发生转化倒是必然的。圆教之非分别说正是就着那些分别说的意义予以开决,决了一切权教之确定性而显其实相。而圆教的规模又是一

---

① 参见牟宗三:《〈圆善论〉指引》,《牟宗三先生全集》22卷,联经出版事业公司2003年版,第331—346页。

② 单就这一点而论,笔者赞同杨泽波关于"牟宗三未能解决康德意义上的圆善问题"的判断。(参见杨泽波:《贡献与终结:牟宗三儒学思想研究(第四卷·圆善论)》,上海人民出版社2014年版,第137—156页。)

定的,都是非分别说之诡谲的即所展示的,此不能有二。因此,在牟宗三看来,像康德哲学这种处于过程中的权教必然地要向着圆教模式发生转化,他正是替康德做了这种转化工作。如依牟宗三诠释后的天台判教理论,康德哲学大体处在"始别教"向"终别教"的过渡阶段,只能对现象界的存在作出说明,而对于先验的道德主体只承认是个悬设,故不能打开物自身界,只能正视物质幸福而不能正视道德幸福,也不能使成德有必然之保障。牟宗三首先通过对康德道德哲学的调整,确立先验的道德主体以保障成德的必然性,同时打开物自身界,将幸福(物)从现象方面扩展为现象、物自身两方面,而进入"终别教"阶段。又进一步确立创生性的"无限智心",将康德二元论的世界观转变为彻底的唯心主义一元论,而进入"别教一乘圆教"。最后进入天台圆教,在同体不二中证成了德福一致。因此,牟宗三绝不会也不可能直接就康德意义上的德福观念而讲圆教中才能达成的德福一致,因为康德哲学离圆教模式还有较远距离,故必须经过层层转化与发展才行。说到底,牟宗三对康德圆善问题的解决是以转变"性—心—物"关系结构的方式进行的,心物关系的转变也就必然带来其中幸福概念含义的变化。这就好比毕达哥拉斯学派在只知道自然数的情况下不能解释等腰直角三角形对角边与腰的勾股关系,后人深化对数的认识提出"无理数"予以解决。这种转变可能在牟宗三眼中不是误读、滑转,他认为本根是必然的。

因此,若我们从"别教"必然要进至"圆教"的判教理论考虑,则也还是可以说牟宗三为"康德意义上的圆善问题"之解决提供了一条可能的道路。总而言之,在心物不二的关系结构下,德福一致的"圆善"理想,至少是可以设想与期许的。①

(二)无相之美

牟宗三对"美"的成熟思考,最集中地体现在他为翻译康德《判断力批判》所写的长篇疏导与商榷之文中。那是直接针对康德的美学思想

---

① 牟宗三自己也说,以圆教解决圆善"这本是神学与形上学的事,天下事本不必一一皆求现实地做到也"。(参见颜炳罡:《整合与重铸——牟宗三哲学思想研究》,北京大学出版社 2012 年版,第 22 页。按作者的说明,这句话是牟宗三在审阅颜书时所加。)

而发的。在那里,牟宗三提出了以"无相原则"为审美判断超越原则的美学和以道德为骨干的"真善美合一说"的思想。而不论是"无相"(包括"无向")原则,还是"合一说",又都是依托于心物之为非分别的关系结构才得以实现的。

牟宗三认为,康德以"合目的性原则"作为审美判断之超越的原则,是不相应于美以及审美特点的"外离"之论,而非"内合性的表示"①。在他看来,作为审美判断之超越的原则的应该是"无相原则"。对于这一原则的由来,牟宗三说:"故审美品鉴之超越原则即由其本身之静观无向而透示,此所透示之原则即相应'审美本身之无向'的那'无相原则'也。"②这就是说,"无相原则"取决于由"无向"为基础的判断(即"无向判断"),而"无向判断"正是审美判断(审美品鉴)自身的特点。

关于审美判断的特点,牟宗三说道:

> 审美固亦是一种判断,但这判断,通常名之曰"品鉴"或"赏鉴",此即远离一般认知意义之判断力矣。故此品鉴或赏鉴是属于"欣趣"(taste)或"品味"的,而不属于认知的;即使它亦有"知"意,这也是品知,而非基于感性而有待于概念的认知;即使这"品知"即是直感,这直感也是品味之直感,而非知识中感性之直感。故审美判断力之"品味",吾人直接名之曰"审美力",不再名之曰判断力。对此审美力,若自其"品知"而言,吾人名之曰"妙慧";若自其"直感"而言,吾人名之曰"妙感"。依此,审美判断即是妙感妙慧之品鉴;若名之曰"反省反照的判断"(自其非决定性的认知判断而言),此名固可,但也只是妙感妙慧之品鉴之反照,故康德所云的"反

---

① 所谓"外离",即"不但不能切合于美以及对于美之愉悦,反而冲淡而疏离了美,此之谓'外离'"。所谓"内合",即"只内在于审美判断之自身而理解审美判断之特殊性而并不须外离地出位而思之"。参见牟宗三:《康德〈判断力之批判〉》,《牟宗三先生全集》16卷,联经出版事业公司 2003 年版,第 58、56 页。

② 牟宗三:《康德〈判断力之批判〉》,《牟宗三先生全集》16 卷,联经出版事业公司 2003 年版,第 70 页。

照",吾亦直接意解为"无向",反照判断即是"无向"判断。①

在康德那里,审美判断是反思的判断力(即"无向判断"),又可称之为鉴赏力(审美力)。鉴赏力的德文是"Geschmack",它在日常用语中的含义是"口味""味道"。在中国,"美"从字源上看,也是同味觉快感联系在一起的,可与表示口味的"甘"字互训。②

对此,康德曾在口味辨别、感性评价、鉴赏这三个相互关联但又彼此区别的意义上来理解该词:

> 口味(Geschmack)这个词,……其本来意义是指某种感官(舌、腭和咽喉)的特点,它是由某些溶解于食物或饮料中的物质以特殊的方式刺激起来的。这个词在使用时既可以理解为仅仅是口味的辨别力,但同时也可以理解为合口味[如某种东西是甜的还是苦的,或者,它的味道(甜或苦)是不是使人快适的]。……但现在口味一词也被看作这样一种感性的评价能力,它不仅是根据我个人的感官感觉,而且也是根据一种被想象为适用于任何人的确定的规则来作选择的。……但还有一种合口味的规则是必须先天地建立起来的,因为它指示着必然性,……我们看来可以把这种口味称为玄想的口味(鉴赏),从而与作为感官口味的经验的口味相区别[那是 gustus reflectens(味觉的反射),这却是 reflexus(反思)]。③

作为"Geschmack"的第三种含义,即鉴赏力、反思判断力,虽然被康德视为先验地建立起来的,但显然的,它与前两种经验性的含义有着某种

---

① 牟宗三:《康德〈判断力之批判〉》,《牟宗三先生全集》16 卷,联经出版事业公司 2003 年版,第 69 页。

② 参见李泽厚、刘纲纪主编:《中国美学史(第一卷)》,中国社会科学出版社 1984 年版,第 79—81 页。

③ 康德:《实用人类学》,邓晓芒译,上海世纪出版集团 2005 年版,第 148—150 页。

内在的关联，三者其实是"异质而同构"的关系。审美鉴赏力其实也就可以视作是一种高级的、玄想的口味。李泽厚曾提出"味觉美感"的概念，他说："'味'同人类早期审美意识的发展有如此密切的关系，并一直影响到以后，决不是偶然的。根本原因在于味觉的快感中已包含了美感的萌芽，显示了美感所具有的一些不同于科学认识或道德判断的重要特征。"①这个特征，是我们在品尝食物时最基本的要求，即我与食物无距离地接触，并让食物在口中融化。这其中实际上就隐含着一种心物无距离的、非分别的关系结构。正是这种心物无距离的、非分别的关系结构使得审美判断具有了"无向"性的特征，并最终形成了"无相原则"。

"无向即是把那'徼向'之'向'剥落掉。"②如何才能剥落这意向之指向性？只有在心与物无距离地交融在一起时，心之发用才不会显出任何指向性，因为此时"盈天地皆心也"（借黄宗羲语），同时也是"盈天地皆物也"，心外无物、心即是物，如此还有何处能为心之所向？若心物成对偶性关系结构，则心之发用必指向于外物，而凸显其意指性，进而显出心物的"时空相""范畴相"。有"相"（时空、范畴）是建立在心物对偶性的关系结构的基础上的。若心物成隶属性关系结构，则心不即具诸法而要创生诸法，此创生过程也会显示出一种指向性，进而显出心的"应当相""命令相""严肃相""紧张相""崇高伟大相"。当然，后者的"有相"只是对现实的常人而言，它们只如一时之"土堆"，是有可能被化除而归于"平地"的。儒者所描述的"尧舜性之""自诚明谓之性"的圣境，便无命令相、应当相，他应当去做时他自然会去做，此即阳明所谓"无心俱是实，有心俱是幻"。

"无向"（"无相"）不但是分别说中美的原则，同时也是真美善之合一说的特点。牟宗三说："既是'无向'，此一'无向'即函一'无相'之原

---

① 李泽厚、刘纲纪主编：《中国美学史（第一卷）》，中国社会科学出版社 1984 年版，第 81 页。

② 牟宗三：《康德〈判断力之批判〉》，《牟宗三先生全集》16 卷，联经出版事业公司 2003 年版，第 70 页。

则而越乎其自己,此一越乎其自己之原则虽内合地就'无向'而显一美相,此为无相原则之内用,然而同时亦越乎此'无向'而外离地可化掉此美相并可化掉一切相,此为无相原则之外用。"①此无相原则之"内用"即显美本身之特点,而其"外用"则能够化掉一切相(真相、善相),并通化之使之皆归于无相。这正如尤西林所概括的:"美之超越性'无向'('无相')即是分别相之美自身的特性,又吻合于真善美合一圆成境界整体特性。"②

分别说的"真"存在于现象界,是由人的感性、知性以及观解的理性而起的现象界的知识,是依托于对偶性的心物结构而成立的。分别说的"善"已进至物自身界,并跨现象与物自身两界,是由人的纯粹意志所起的依定然命令而行的道德行为,是依托于纵贯的(隶属性)心物结构而成立的。而分别说的"美"与"合一说"的即真即善即美,则都是依托于非分别的、圆具的心物结构而成立的。不过,牟宗三在真美善的合一说中还是特别突出了"善"的位置,强调此"合一"要以实践理性之心为主导,以道德心为建体立极之纲维者。先挺立"大体"以克服小体,由此"克己复礼"关进至凸显崇高伟大相的第二关,最后到达"无相"关而归于实理之"平平"。走这种理论路径所能达成的,仍然只是"别圆"形态,牟宗三在《商榷》一文中也正是以王龙溪的"四无"来表示此即真即善即美之化境的。

此外,还应该注意的是,不论是在实现"圆善"还是在达成"真美善的合一说"的过程中,牟宗三都表现出要将其一横(对偶性结构)一纵(纵贯、隶属结构)"十字打开"的理论格局复归于"非纵非横""一体"之"圆"的思想倾向。对偶性结构更适用于思考经验世界,隶属性结构更适用于思考本体界。而在中国传统中,这种本体世界与经验世界之两分其实并不突出,甚至可以说中国传统思想的发展线索之一正是要不

---

① 牟宗三:《康德〈判断力之批判〉》,《牟宗三先生全集》16 卷,联经出版事业公司2003 年版,第 78 页。

② 尤西林:《心体与时间——二十世纪中国美学与现代性》,人民出版社 2009 年版,第 209 页。

断裂平"两个世界"的分化趋势,走向"一个世界""一个人生",肯定本体即在现象中,理想即在生活中,"极高明而道中庸"。牟宗三晚年对由"横"到"纵"再向"圆"的回归,也可以看作对这种思想传统的契合与呼应。不过,由于牟宗三借鉴了希腊科学传统与基督教传统,因而加深了对"横"与"纵"结构的认识,从而使得他对"圆"(非分别的一个世界)的回归显得更加丰富而饱满。

　　综上所述,在牟宗三看来,对偶性的心物关系结构有利于科学思维与民主政治的发展,从而促进中国的现代化进程;纵贯性的心物关系结构有利于道德理想的高扬、历史文化意识的承继,为现代的中国人找到安身立命的立足点;而非分别的心物关系结构有利于实现"圆善"的人生理想,达成"真善美合一"的最高境界。这些足以显示,此三种心物关系结构超出了两层存有论的范围,而能作用于牟宗三思想的各个方面,是具有范式功能的。

第四章　牟宗三心物关系论的理论定位及对其溯源性思考

第一节　心物关系结构与"文化心理结构"

在前三章中,我们以心物关系为切入点,从牟宗三的整体思想中梳理了三种带有普遍意义的心物关系结构,即对偶性结构、隶属性结构、非分别的结构,并依此对牟宗三的主要思想进行了解读。可以说,这三种结构基本上体现了牟宗三思考中的深层逻辑,是牟宗三在广泛地吸取了中西哲学传统中的营养之后,为我们展现出的与世界打交道的三种根本方式,也可以说是"心"的三种基本展开方式。那么,我们该如何在人类总体的生存、生活中去定位这一理论贡献呢?又该如何对这三种结构的来源与内涵作进一步的解析呢?这是本章所要讨论的话题。对此,李泽厚的"文化心理结构"说给我们带来了启示。

一、李泽厚论"心理本体"(文化心理结构)所带来的启示

李泽厚的"人类学历史本体论"以"人活着"为基本事实、思考的出发点和哲学主题,融汇中西方多种思想资源而自成一体。他说:"我的哲学将历史与心理结合起来,从马克思开始,进过康德,进入中国传统,马克思、康德、中国传统在我的哲学中融成了一个'三位一体',已非常

不同于原来的三者。"①特别是他借助康德哲学以及海德格尔思想而提出的马克思未曾谈及的"心理本体"理论,对于思考唯物主义与唯心主义的关系,乃至会通马克思主义与中国传统心性之学具有重要的理论意义。

注重"本体",是处在当代哲学氛围中的李泽厚哲学的一大特色。"本体"在李泽厚那里被理解为不能问其存在意义的"最后的实在""一切的根源"。而终极本体(本体在李泽厚那里是有层次的)则是指"历史本体"或者说"实践本体",即"只是为了强调以人与自然(外在自然与内在自然)的历史总体行程来作为一切现象包括'我活着'这一体己现象的最后实在""只是每个活生生的人(个体)的日常生活本身"②。在此基础上,李泽厚进而提出了"工艺本体"(也称作"工具本体")与"心理本体"的"双本体论"。前者强调了制造与使用工具对人活着的基础性作用,后者则突出了心理结构(人性结构)在人的存在中的重要意义。两者都是由人类群体历史地形成的,只是分别落在了个体的物质生存与精神存在上。

"心理本体",李泽厚也称之为"人性结构""文化心理结构""主体性的主观面""内在自然的人化""心理积淀""情理结构"等等,这些都是在不同语境下对同一概念的多角度描述。对于其特点,李泽厚指出:

> 人类不但制造、积累、发展外在世界的物质文明,从原始石器、陶器到今天的航天飞机,而且同时也在不断创造、积累、发展内在世界的精神文明。除了物态化的作品(Karl Popper 的世界 3)之外,它还表现为人的精神、心灵本身的结构状态(世界 2)。人的心理不同于动物,人有其区别于动物的人性,这就是建筑在动物性生理机制上的社会性的心理结构和能力。文化心理结构使人区别于动物,它即是人性的具体所在。探索、分析、研究这一结构应该是

①　李泽厚:《人类学历史本体论》,天津社会科学院出版社 2008 年版,第 327 页。
②　李泽厚:《人类学历史本体论》,天津社会科学院出版社 2008 年版,第 70—71 页。

今天哲学的一个重要课题。

这个结构中至少又可以分出智力结构、意志结构和审美结构三大分支（知、意、情），科学、道德和艺术是物态化的表现。它们确乎是历史具体的，随社会、时代、民族、阶级而具有各自特定的内容和作用，但是，同时它们又随社会、时代、民族、阶级而具有各自特定的内容和作用，但是，同时它们又有其不断内化、凝聚、积淀下来的结构成果，具有某种持续性、稳定性和非变异性。前者（内容）时过境迁，经常变化、发展或消失，后者（形式）却常常内化、凝聚、积淀、保存下来，成为人的主体能力和内在结构。以前讨论得很多的所谓道德继承性、文化遗产继承性诸问题也都与此相关。任何文化、道德都是历史具体的，具有特定的社会、时代、民族、阶级的不同内容，原始时代不同于封建社会，封建社会又不同于资本制度，各种知识观念、道德标准和艺术趣味都在不断变迁。然而也就在这种种变迁运动中，却不断积累着、巩固着、持续着、形成着与动物相区别的人所特有的心理结构、能力和形式。它是心理的，但建筑在生理基础之上，实际上是生理和社会两个方面的交融统一。因之，它表现为感性自然的普遍性并不是生物性的，而毋宁是社会性的了。①

"'心理本体'……不是指某种经验的心理，它是指由历史形成的某种心理形式，它是一种框架。"②这种心理形式、框架，既不同于纯粹的经验心理，也不同于抽象的逻辑形式，而是一种由历史、实践、文化无意识地积淀、塑造而形成的形式、结构、构架、能力、意义。它们在凝结化之后，其间的关系便具有了较为稳定的性质，从而超越了特定的心理规定获得了某种准逻辑的意义，并在其现实性上表现出心理与逻辑相统一的

---

① 李泽厚：《新版中国古代思想史论》，天津社会科学院出版社 2008 年版，第201页。
② 李泽厚：《实用理性与乐感文化》（修订版），生活·读书·新知三联书店 2008 年版，第133页。

态势。其具体包括思维方式、情感状态、行为模式、审美趣味等等方面，总括起来则是智力结构、意志结构和审美结构（知、意、情）三大部分。换言之，具体历史条件下的心理内容可以消失，但心理形式、结构却被长久地、相对稳定地保存了下来。而这种文化心理结构作为形式、结构，是超越了任何现实的历史条件、具体的个体存在的，但同时它给予了当下现实中的每一个个体以生存的规则。这种"规则"在李泽厚看来也就是"理性"，知、意、情三种结构分别是"理性内构（内化）""理性凝聚"和"理性融化"。由之而有人的"自由直观""自由意志"和"自由感（享）受"。这种形式，对于族群是由历史所积淀形成的，对于个体则是由广义的教育而获得。特别是对于作为个体的人来说，由人类和族群的历史积淀下来的文化心理结构，恰恰是最本质的"实在"，是人性的存在形式。它们以其不同的形式，内在地制约着、规范着、引导着人的知行活动，是人的知行活动的内在根据。

不过，这种"理性形式"是经由人类的实践历史所建构的感性中的理性，是有其动物性的生理基础的，而非先验的。李泽厚说："人是动物，有与动物心理完全相同的基本机制和功能，但人毕竟又不完全是动物，经由制造—使用工具和社会群体组织的漫长历史，人的心理机制和功能，有不同于动物的特异之处。这特异之处就在于：动物性与文化性已交融混合在一起：既是动物心理，又有某种文化成果积淀其中；既有社会性（文化性、理性），又有个体性（动物性、感性）。我称之为'文化心理结构'。"[1]也就是说，这种心理结构是把人的生物本能理性化，从而塑建作为人自己内在的理想规范的心理形式。它们可以超越个体、可以超越具体的时空文化，从而表现出某种先验性，却不可能超越作为总体的人类历史文化。因此，这种理性的形式、结构不是固定不变的，而是伴随着新的历史条件下新内容的不断加入，一方面将新内容纳入原有结构中，并冲破、淘汰那些与具体内容联系过密的形式，从而不断巩固原有的形式、结构；另一方面又将调整、改变旧有的形式，引起形式结

---

① 李泽厚：《人类学历史本体论》，天津社会科学院出版社 2008 年版，第 39 页。

构的不断发展延续,从而始终作为本体(在李泽厚那里,本体不是不变的,其本身也在不断的生长、更新、变化之中)。这显然也吸收了皮亚杰关于认识结构之双重构建(同化—顺应)的思想。

李泽厚还特别强调说,文化心理结构是一个民族"得以生存发展所积累下来的内在的存在和文明,具有相当强固的承续力量、持久功能和相对独立的性质,直接间接地、自觉不自觉地影响、支配甚至主宰着今天的人们……面临 21 世纪工艺—社会结构将发生巨大变革的前景,如何清醒地变化和改造我们的文化心理结构,彻底抛弃和清除那些历史陈垢,以迎接和促进新世纪的曙光,我以为,这正是今日中国哲学要注意的时代课题"①。要做到这些,首先就是要对以往我们的文化心理结构作出准确的揭示。

在对西方人文化心理结构的揭示方面,李泽厚最重视康德的工作。他指出:"康德对人类精神结构(认识、伦理、审美)的探索和把握,便是基本特色所在。"②并在《批判哲学的批判》(第六版)最后一段写道:"总结全书,我以为,康德哲学提出的是'人之所以为人'即'人是什么'这样一个总命题。前三问('我能认识什么?''我应该做什么?''我可期望什么?')都最终归结于最后一问'人是什么'。对这个伟大问题,康德从认识、道德、审美三个方面作了文化心理结构即'普遍必然'的人性能力(人性的主要特性和骨干部份)的伟大回答。但'普遍必然'的人性能力如何可能,归结为'纯粹理性'并未解决问题,'人是什么'仍为疑问。于是,这就应由提出'经验变先验,历史建理性,心理成本体'的人类学历史本体论来作进一步的探求了。"③这就是将康德之唯心主义先验论哲学的贡献定位在对"文化心理结构"的揭示方面,把康德的先验形式解读为文化心理结构,并从发生学的角度,对其来源给出了自己的回答,

---

① 李泽厚:《新版中国古代思想史论》,天津社会科学院出版社 2008 年版,第236 页。

② 李泽厚:《批判哲学的批判:康德述评》(修订第六版),生活·读书·新知三联书店 2007 年版,第 49 页。

③ 李泽厚:《批判哲学的批判:康德述评》(修订第六版),生活·读书·新知三联书店 2007 年版,第 443 页。

即经由人类生活实践所历史地形成的。

在对中国人文化心理结构的塑造和揭示方面,李泽厚最重视儒家的贡献。在他看来,孔子塑造、揭示出的以"实用理性""情理交融"为特征的仁学结构,是中国传统文化的重要特征。他在评价孔子时指出:"尽管在当时政治事业中是失败了,但在建立或塑造这样一种民族的文化心理结构上,孔子却成功了。他的思想对中国民族起了其他任何思想学说所难以比拟匹敌的巨大作用。孔子在中国历史上的地位以及重要性,似乎就在这里。"①而对于宋明理学,李泽厚在严厉指出以程朱"理学"为中心的道学在统治思想领域数百年中对广大人民的惨重毒害以及对中国现代化进程的潜在阻碍之外,又肯定了它在塑造民族的文化心理方面——如道德自律的意志结构、情理和谐、天人合一的结构等——的积极价值。不仅如此,李泽厚还从"巫史传统"的角度,对中国传统心理结构之特征(如"实用理性""乐感文化""情理结构""一个世界"等)的文化历史源由作了揭示,认为这些都是理性化了的"巫史传统"。

牟宗三一生反对马克思主义,但他的这种反对是建立在他将马克思主义哲学视作完全忽视了人的主体性而落入经济决定论,这一并不准确的理解之上的。这种误解,一方面有牟宗三自身的问题,但另一方面也有中国早期马克思主义者在理解与传播马克思主义的过程中,片面强调历史发展的客观规律性、经济基础的决定作用等所带来的负面效果。李泽厚提出的"心理本体"概念,在坚持历史唯物主义基本原则的同时,极大地高扬了主体性的地位与作用,是对像牟宗三这类误解的有效回应。牟宗三总是质疑道,讲知识论、讲实践、讲革命,若不先明其存心、"立乎其大者",则知识之普遍必然性在何处? 革命之正当性在何处? 实践之动力在何处? 价值之方向在何处? 牟宗三由此认为必须首先肯定认识主体之先验性与道德本心之绝对性。而李泽厚则又对这看

---

①　李泽厚:《新版中国古代思想史论》,天津社会科学院出版社 2008 年版,第31 页。

似先验的心理本体之由来，提出了"经验变先验、历史建理性、心理成本体"的著名命题。这是对人——作为类的人——的理性能力、心理本体之来源的一种回答。若我们从人——作为个体的人——运用这理性与本体的角度而言，则又可以得出相反的说法："先验返经验、理性渗历史、本体存心理"（杨国荣语）①。在某种意义上，这近乎牟宗三"自上而下""摄物归心"的理路。这两条进路，前者是后者的前提，后者是前者的运用并可以被前者收摄于其中。

总之，笔者以为，像李泽厚这样将那些强调内省原则，突出心（主体性）的首要地位，肯定具有先验性的原则存在的哲学思想（以往多称之为"唯心主义"），定位为对人类文化心理结构（心理本体）的揭示与建构，是一种比较合理的看法。这样一来，一方面肯定了这些心理结构在人的现实生活中的重要性，赋予它们以一种本体论的地位，从而高扬了人性的力量与精神的价值；而另一方面又对其产生的源由抱以历史的态度，从而杜绝了将这些心理结构的东西引向独断的、超验的、神秘的、封闭的可能。

二、心物关系结构作为一种深层的"文化心理结构"

那么，我们从自称是"彻底唯心主义"的牟宗三哲学中所梳理出的那三种心物关系结构，能否被定位为对文化心理结构的一种揭示呢？按照上述思路，这显然是可以被允许的。

李泽厚肯定宋明理学对中国人文化心理结构的重要贡献，而牟宗三正是被他视为"现代的宋明理学""宋明理学在现代的某种回光返照"②的"现代新儒家"的重要一员。他之所以称"现代新儒家"为"现代的宋明理学"，正是由于他们承接了宋明理学的"内圣"心性理论。这属于"内圣"的心性理论，也就是李泽厚所谓的文化心理结构。只是，李泽厚强调作为整体的文化心理结构不仅包含道德，还应包含认知、艺术、

---

① 参见杨国荣：《政治、伦理及其他》，生活·读书·新知三联书店 2018 年版，第393—397 页。

② 李泽厚：《杂著集》，生活·读书·新知三联书店 2008 年版，第 274、276 页。

审美等。至于"外王",李泽厚把它理解为"整个人类的物质生活和现实生存,它首先有科技、生产、经济方面的问题"①。若从这种对"外王"的理解来看牟宗三的"由内圣开新外王"思想,则可以说牟对"外王"方面是缺乏关注的,因为牟宗三的"外王"思想主要关注制度方面而非生产、生活方面。②因此,可以在这种意义上说牟宗三哲学的重心仍只是在"内圣"方面,也就是文化心理结构方面。

郑家栋提出的"断裂中的传统"说,同样也注意到了上述这一特点。郑家栋指出:"在传统儒家那里,思想与历史、社会原是浑然一体的,在一定意义上甚至于可以说,历史就是思想的现实状态。……当代新儒家是以割断传统的方式在卫护传统——他们是在历史的层面割断传统,而期图在某种纯粹哲学或思想的层面来卫护传统。……新儒家所要肯定和弘扬的只是某种超越的道德精神或理念,而不是历史上具体的制度、法则、伦理规范等等。"③他又指出,在传统与现代的冲突中,"新儒家解决此种矛盾冲突的一个基本模式,就是把儒家思想的义理结构从与社会历史的直接同一性中一步步剥离出来,而最终将之处理为一套可以在思想的逻辑法则上自足自立的理论系统和观念形态——这可以说正是历史上儒家所着力反对的"④。在郑家栋看来,儒家的历史已经终结了,可儒家的思想还存活着,牟宗三正是以这种更为超越的形式,即纯思想的形式延续着儒学。这种工作所带来的一个直接成果,就是使得传统儒学系统化、体系化,从而能够适应现代意义下的教育、体制与社会生活。这种从社会历史层面、现实生活状态中抽离出的那种纯粹思想的逻辑法则或义理结构,其实就是所谓的文化心理结构。

此外,李泽厚将康德对"人是什么?"这个总问题,以及下属"我能认

---

① 李泽厚:《中国现代思想史论》,生活·读书·新知三联书店2008年版,第332页。

② 牟宗三早年倒是也关注过生产、生活方面,相关研究可参看彭国翔:《智者的现世关怀:牟宗三的政治与社会思想》,联经出版社2016年版,第二、三章。但这毕竟不是他"外王"思想的主要方面。

③ 郑家栋:《牟宗三》,东大图书公司2000年版,第19—20页。

④ 郑家栋:《牟宗三》,东大图书公司2000年版,第22页。

识什么？""我应该做什么？""我可期望什么？"这三个子问题的回答，视作康德从认识、道德、审美三个方面作了文化心理结构即"普遍必然"的人性能力的回答。而牟宗三一生的思考，从某一层面看，也正是比对着康德的这些答案，依照中国传统的智慧给出自己的答案。

对于"我能认识什么？"康德指出，普遍必然的知识之所以可能，在于主体所具有的先验的直观形式与超越的知性范畴，认识活动是这些先验的东西与经验性的直观相配合的活动。牟宗三则是将康德所说的这一套认识论归结为"识知"，而在此之外依中国哲学的传统提出人还有一种"智知"能力，也就是"德行之知""智的直觉底知"。对于"我应该做什么？"康德指出了实践理性以及由此而来的自律意志在实践活动中的优先地位。牟宗三肯定了康德的这种思想，但认为康德由于不承认人可有智的直觉，故而将导致此优先性的落空。他则依中国哲学传统由道德开无限心，由无限心说智的直觉，一方面稳固自由在实践中的现实性，另一方面由此朗现本体界，证成一"道德的形上学"。这样一来，对于"我可期望什么？"这个问题，牟宗三就既不需要像康德那样建立一套"道德的神学"来保障"圆善"，也不需要用在审美中发现的合目的性原则去沟通道德（目的）王国与自然王国，而是依天台圆教模式之非分别说而达成"圆善"理想与"无相之美""合一之美"。最后，对于"人是什么？"这个总问题，牟宗三认为康德的回答是"人是有限的"，而他自己的回答则是"人虽有限而可无限"。牟宗三与康德对这些问题的不同回答，其实就可以被视作依照不同的历史文化积淀，而对其各自文化心理结构所作出的剖析。

李泽厚最终是将文化心理结构归结为"知、情、意"三方面，即智力结构、意志结构和审美结构。但实际上，对同一结构，不同的文化传统可有不同的理解。如对智力结构，就可有"识知"与"智知"的区分。这种区分，正如本书前三章所指出的，实际上是建立在不同的心物关系结构的基础之上。例如，"识知"是以心物的对偶性关系为基础而形成的，"智知"则是以心物的隶属性、即具性关系为基础而形成的。又如，康德与牟宗三对意志结构的揭示，大体上都是以心物的隶属性关系为基础的，相反，他律意志则建立在心物的对偶性关系上；而两人对审美结构的理解，大体上都是以心物的非分别性、即具性关系为依托的。由此表明，心物关系结构不但是智力结构、意志结构和审美结构的基础，而且，在不同的心物关系结构下完全可以塑造出不同的智力结构、意志结构和审美结构。因此，心物关系结构（或者说心的展开方式）实际上是相比智力、意志和审美三结构更为深层、稳固的文化心理结构。

因此之故，我们可以将从牟宗三哲学中梳理出的三种心物关系结构，即对偶性、隶属性（纵贯性）、圆具性（非分别性），也可以说是心的三种展开方式（与世界打交道的方式，也就是主体以"横""纵""圆"的方式展开自身），视作对一种普遍的人类文化心理结构的揭示。

第二节　"感知塑理知"：对心物关系结构来由的一种解说

牟宗三是先验主义者，在他那里，那些体现文化心理结构的东西，如体现心物之纵贯结构的良知本心、智的直觉等都被他视为人所先天具有的，是不能再问其出处的。在他看来，能说出理由的良知就不是真正的良知。这种看法对作为当下存在的个体的人而言，也许是合理的，因为这正体现出文化心理结构的稳定性、深层性与无意识性。可是，对于作为历史发展中的人类整体而言，情况就未必是如此了。在这方面，笔者认可一种"建构论"而非"预成论"的思路，即没有什么形式、结构、能力从根本上说就是先验的，即使有一定时期内对于个体或某一群体来说是"先在的"①文化心理结构，这种先在的结构对于从古至今的人类总体而言也仍然是在后天的经验活动中被构造塑成的，说到底都是来自人类的经验活动。就是说，没有离开历史中整体人类的"普遍必然性"（先验性），一切都是在具体的、感性的实践经验中塑造起来的。这

---

① 这个词是参考杨泽波的用法，主要是指"在时间上有优先性"。"先在的"不同于"先天的"。参见杨泽波：《孟子性善论研究（再修订版）》，上海人民出版社 2016 年版，第 164—165 页。

也就要求我们从发生的维度去理解文化心理结构的形成。正如皮亚杰所指出的：“认识的获得必须用一个将结构主义和建构主义紧密地连结起来的理论来说明。”①

对文化心理结构采取一种“建构论”的立场，需要回答的一个关键理论问题就是，感性经验如何能实现自身的“飞跃”而成为与其完全异质的思维逻辑。对此，皮亚杰通过对传统的“经验”概念作进一步的区分，即区分为“源于外物的感觉经验”和“源于操作的逻辑经验”，认为先验逻辑并不是起源于感知觉，而是源于“操作”（operation，生命体主动施与的活动）。这就相当于从“经验”的起源上就区分出感知的因素和逻辑的因素。李泽厚也是基于皮亚杰的这一思想将文化心理结构的普遍必然性如何可能的问题解释为来自人类总体的生存实践活动，特别是其中的创造—使用工具的实践活动。

笔者亦赞同“操作”在塑造文化心理结构，特别是认识形式上的重要作用，但并不认为基于感官的感知活动就与认识形式的构成没有关系。在笔者看来，身心是一体的，身体感知世界的方式会参与塑造着心灵把握世界的方式，使得二者成为“异质而同构”（性质虽不同，但内在结构上有一致之处）的关系。这种“结构性”并不会单独存在，感知领会世界的结构性方式会“映射”到理知活动之中，反过来，理知中的心物关系结构也可以通过感知活动本身的结构性而被真切地把握。这一想法简称“感知塑理知”，贯穿于其中的是一种基于感知获得的人与世界打交道的结构性方式。

一、切身感知是塑造心物关系结构的重要环节

感官是我们与世界打交道的必经门户。“谁能出不由户，何莫由斯道也。”故西方人常说“眼睛是心灵的窗户”，中国古人则有“耳目心之枢机”、舌是心之窍等说法。这些都表明我们在思考心物关系时，不应遗

---

　　① 皮亚杰：《发生认识论原理》，商务印书馆 2011 年版，第 15 页。

忘身体感官的维度。事实上，感官与心、物三者相互通达。感官的感知方式直接地塑造着心之展开的方式，同时也塑造着对象的存在方式。当然，这里所说的感官感知，已不同于传统经验论之所说，而更多地具有现象学的特征（渗透着精神、意识，是被动与主动合而为一的东西）。在这种理解下，感知活动就不是思维与存在关系的中介、限制或开始，而是根基、奠基性的活动。

　　"感知"的首要特征在于它的"切身性"（Embodied，一般多译作"具身""亲身"，这里取自萧统所谓"亲己之切，无重于身"而译为"切身"）。人与世界打交道，心物关系的形成，首先并不是在意识中实现的，而是基于身体感知实现的。因此，有必要先对这个"身体"之维略说一二。

　　"身体"在西方哲学传统中历来都是受到贬抑的一维，西方近代认识论以离身之思维与存在作为心物关系之两极，显然是忽略了认识中的身体维度。不过，随着西方哲学的不断发展，到如今，"身体"已经成为当代哲学的核心话题之一。有不少学者甚至认为，西方哲学在发生"语言转向"之后又发生了"身体转向"。从"身体"逐步成为联系甚至说打开心物关系之重要维度的进程上看，在欧陆哲学方面，现象学是主要的进路，梅洛-庞蒂则是标志性的人物。作为现象学探讨主题的"意向性"，胡塞尔一开始将其视作离身的意识之本己特性，但当他转向对"前所予"领域的生成分析时，就逐渐为先验意识探到了一个身体、世界、意识交织在一起的源头之"域"。海德格尔则明确地给予了这个意识的意向性一个生存论的前提，即意向性存在于此在的"在世存在"，可身体在存在论中的地位却也被此在的"现身情态"所淹没了，致使此在好像只有心理而没有身体似的。① 到了梅洛-庞蒂，则揭示出一种"身体意向

---

① 海德格尔也不是没有集中讨论过"身体"的问题，相关研究可参见王建辉：《动态的身体：身体—身体化——海德格尔〈泽利康讲座〉中的身体现象学》，《世界哲学》2016年第4期，第19—25页。此外，海德格尔也对感官（尤其是视觉与听觉）与思想的关系给予更多的关注。例如，海德格尔说："倘若我们把思想理解为听和看的一种类型，则那种感性的听和看就被接纳和移交到那种非感性的觉知即思想之领域中去了。……学者们的语言把这种移转叫作隐喻。思想因而只可以在隐喻的、比喻的意义上被称作一种听（倾听）和看（发现）。"（海德格尔：《根据律》，张柯译，商务印书馆2016年版，第100页。）

性",表示意向性从根本上是在世界之中的肉身化的意向性,即与世界打交道的不是"意识—主体"而是"身体—主体"。"身体"是意义的发生场,是躯体(object-body)与意识的本源性的结合,人的意识生活所显示的意向性特征其实是奠基于在前反思状态中人已经拥有的身体感知之上的。因此,意识无论是立义(意义赋予)还是筹划,都不是无中生有的,而是早已植根于身体与周遭对象、情境缠绕下的意义空间中。这也就是说,传统所理解的"理智"活动其实是奠基于肉身的感知能力之上的,而非离身的。正是由于梅洛-庞蒂将人的存在首先确立为作为身体的存在而非意识的存在,才正式开启了之后欧陆哲学(尤其是法国哲学)对身体的广泛而深入的主题化讨论。

在英美哲学方面,古典实用主义对"经验"的关注内在地蕴涵着身体的维度。尤其在杜威那里,由于他对经验的理解摆脱了意识哲学之内省分析的特点(这是他的前辈詹姆斯对经验的理解方式),身体在其哲学中的重要地位已呼之欲出。只是杜威尚未对身体的哲学意义作系统的阐发。而在经历了语言转向后的新实用主义者那里,由于要讨论语义的来源问题以及言语与世界如何相关的问题,一些学者再次关注到"经验"概念,将经验作为语义的来源。麦克道威尔将"经验"理解为概念化的经验,从而回答了谈论经验所使用的概念如何突破语言的界限而与经验本身相对应的问题。普特南则进一步指出,经验的"概念化"是在人的实践活动中形成的,语义最终来源于人的生活实践中。基于此,莱考夫等人揭示出在"概念化"过程中,概念的意义(即语义)源自前概念经验结构(即"基本层次结构"与"动觉意象图式结构"),这些结构之所以直接有意义,正是由人的肉身结构及其在环境中的活动方式塑造的。这样,以"身体"作为语义的最终来源,也就意味着将"身体"带入了语言哲学的核心话题之中。此外,英国哲学家波兰尼也在认识的默会维度下指出,"所有的思想都是肉身性的(incarnate);它依靠躯体与社会的支撑而存在"①。

---

① 迈克尔·波兰尼:《认知与存在:迈克尔·波兰尼文集》,李白鹤译,南京大学出版社2017年版,第111页。此外,关于当代西方思想中的"身体"维度,可参见陈立胜:《身体:作为一种思维范式》,《东方论坛》2002年第2期,第15—17页。

相比较而言,中国自古就少有身心二分的传统,儒道两家都是身心一体之学。例如,儒家经典中就非常重视"身",常常讲要诚身、守身、安身、正身、反身等等。受到佛教心性之学的影响,宋明儒学对"身"的关注似不像之前那样突出,但在"涵养察识"的工夫论中仍然包含着"身体"的因素。就连在宋儒中最接近"意识哲学"的王阳明,也强调"故无心则无身,无身则无心"①的身心不二之论。而在作为其后学的泰州学派中,"身"的地位又再次被加以凸显。如王心斋作有《明哲保身论》,提出"正己"就是"正身",主张"以身为本""身尊则道尊"。到了王夫之那里,更是直截了当地提出了"身以载道""即身而道在"的思想,将"身"提升至通达于道所必由之的高度。如他说:"所贵乎道者身也,辱其身而致于狂乱,复何以载道哉!"②又说:"性者道之体,才者道之用,形者性之凝,色者才之撰也。故曰汤、武之身也,谓即身而道在也。道恶乎察?察于天地,性恶乎著?著乎形色。有形斯以谓之身,形无有不善,身无有不善,故汤、武身之而以圣。"③不切于身者,道即无所求之,而圣人之所以成圣是"身之而以圣"。王夫之对于"身"可谓推崇备至矣!

近代以来,由于受到西方哲学的影响,中国哲学在相当长的时期内忽视了自身学理中内含的身体之维。像牟宗三的哲学就过分地强调了儒学之心性论这一方面,而忽略了儒学中的身体维度。④当然,当唐君毅、牟宗三等人使用"感"这一传统哲学概念时,也不可避免地蕴含着

---

① 王阳明:《王阳明全集》(上),上海古籍出版社 2011 年版,第 103 页。

② 王夫之:《读通鉴论》,中华书局 2013 年版,第 81—82 页。

③ 王夫之:《尚书引义》,中华书局 1976 年版,第 116 页。

④ 在这一方面,牟已被他的学生林安梧所批评。林提出,在哲学进路上需扭转牟宗三的意识哲学(心学)与主体性哲学而为"身心一体之学""场域哲学"。当然,也有学者从"心性之学"本身即是一大套彻头彻尾的"身体哲学",以及牟宗三"道德的形上学"以实践的道德工夫为进路这一特点出发,指出"在牟宗三的'道德的形上学'、尤其是'无执的存有论'中,确实是包含着一套'心性论'的'身体哲学',而且这套'身体哲学'可以通到'执的存有论'之中。"(王兴国:《论牟宗三"道德的形上学"与哲学转向》,《中山大学学报》2014 年第 1 期,第 129 页。)笔者原则上赞同王兴国这一具有启发性的高见。但显然的,这是一条有待挖掘、需要再阐释的隐性线索,牟宗三本人对它的思考并不够,王氏也承认这一点。此外,王氏所指出的作为"工夫论"的"身体哲学",与笔者在这里所说的作为人与世界打交道之方式的、能够塑造思想结构的"身体哲学",在内涵上还是有所不同的。

"身体"的因素。在现代中国哲学中,最重视"感"的恐怕就要数唐君毅了。唐君毅直接以"感通"作为其理论轴心。他在其扛鼎之作《生命存在与心灵境界》的"导论"首段,便开宗明义地写道:"今著此书,为欲明种种世间、出世间之境界(约有九),皆吾人生命存在与心灵之诸方向(约有三)活动之所感通,与此感通之种种方式相应;更求如实观之,如实知之,以起真实行,以使吾人之生命存在,成真实之存在,以立人极之哲学。"①这就是以"感"作为人之生命存在的根本方式,将"感通"作为贯穿心灵与诸境的基本原则,并要求如实地以此感通原则而知之、行之,以证成"立人极"的真实生命。另外,唐君毅还以"感"来解说西方关于人性之"知、情、意"的经典三分,直接以"感通"说"知"、以"感应"说"意"、以"感知"说"情"。如果说牟宗三是"我觉故我在",唐君毅则可说是"我感故我在"。

牟宗三则在三个意义上讲"感":一是知识论中的感触、感触直觉;二是形上之域中的"感应、感通"(affections);三是生命中的感触、感受。关于"感应、感通",有研究者指出:"此一概念固然不是作为解释性的原则来撑起牟宗三的哲学体系,但在界定'仁体'、'诚体'或智的直觉(智性直观)时,感通是一个基本规定。而由于涉及的是以'仁教'为核心的儒学内容,此一'感通'的规定也涉及到工夫论的层面。"②而一旦涉及工夫论层面,也就不能不与身体发生某种关联。此外,牟宗三还在更加源发、更加日用的意义上讲生命的感触(这不同于认识论中的感触)。他说:"知识与思辨而外,又谓必有感触而后可以为人。感触大者为大人,感触小者为小人。旷观千古,称感触最大者为孔子与释迦。知识、思辨、感触三者备而实智开,此正合希腊人视哲学为爱智慧爱学问之古义,亦合一切圣教之实义。"③这里的"感触"大体相当于日常所说的"感

---

① 唐君毅:《生命存在与心灵境界》,中国社会科学出版社 2006 年版,第 1 页。
② 黄冠闵:《牟宗三的感通论:一个概念脉络的梳理》,《中国文哲研究通讯》2009 年第十九卷第 3 期,第 66 页。
③ 牟宗三:《圆善论》,《牟宗三先生全集》22 卷,联经出版事业公司 2003 年版,第 16 页。

受",是身心合一的。其对于哲学活动的意义,又与唐君毅的"感通"概念相近:生命中的感触、感受是哲学的源头活水。尽管牟宗三论"感"之中存在着种种身体的因素,但他毕竟没有将身体作为其哲学的一个重要环节凸显出来,而是淹没在对心性之学的谈论中,这也是不争的事实。

学界重新对于身体之维在中国哲学中的地位加以自觉的讨论,也还是近三十年来的事。杜维明最早捻出"体知"概念(其中"体"就包含"体之于身"的意思)作为中国哲学的方法论特点。张再林一直致力于用"作为哲学本体的身体"对中国传统思想进行多角度的解读。陈立胜则集中于考察以身体作为思维范式对宋明儒学研究的启发意义。贡华南提出"味觉思想"作为中国文化的特质,以不断超越视觉融摄听觉走向味觉来刻画中国思想发展中的基本脉络,并以此来贯穿并诠释包含形上与形下各个方面的中国传统思想,表现出较强的解释力。此外,台湾学者杨儒宾、黄俊杰,汉学家吴光明、安乐哲等等都对中国哲学传统中的身体维度有所着墨。

牟宗三在思考心物关系时,忽略了身体之维。而我们则正是要在加入了这一维度的基础上,重新解读牟宗三的观点。这里,笔者所说的"切身感知",也在上述"身体哲学"的脉络之中。不过,对于这"切身之感知"的特点,还有必要做进一步的说明。

其一,我们是将"身体"维度具体地落实到"感官感知"上。一些重视身体维度的学者,对"身体"的理解有时也失之"笼统"。他们只是笼统地谈"身体"(其实多数都是以"触"来谈身体),而没有进一步落实为具体的感官活动,即视、听、触、味、嗅。为什么谈论身体,特别是在谈论身体对我们认识的塑造方面,要落实到具体的感官感知上去呢?因为若按照莱考夫的"核型"理论来看,"身体"这个概念属于"上位层次"的概念而非"基本层次"①。就是说,"身体"概念本身并不是直接可理解

---

① 所谓"基本层次",是指在概念系统(包括基本层次、上位层次和下位层次)中这一类概念处在基本位置。例如,"动物"概念处于上位层次,"藏獒"概念处于下位层次,而"狗"概念就处于基本层次。这种概念的基础位置表现在以下四个方面:"1.感知:(转下页)

的概念,我们对之不能获得基本的"意象图式","身体"的结构性不明确。当然,我们要做的工作也不是要将"身体"拆分到更基本层的单位,而是尝试将"身体"落实到不同的感知方式中。

或疑之,"身体"能够被拆分理解吗?这种理解的根据何在?对此,皮亚杰曾认为:"正如胚胎学的研究揭示了动物界在结构上的类似一样,儿童发展的研究则可以有助于弄清成人的思维结构。"①以这种视角为指导,可以发现,婴儿使用自己的身体,也并不是从一开始就能将多种感官熟练地相互配合使用,而是有一个不断发展的过程。研究表明,婴儿一生下来,虽说五种感官能力皆已具备,但最开始善于使用的是触觉、味觉,其次是听觉、嗅觉,视觉则是成熟最晚的一种感知能力。显然,即使将"身体"作为一种综合性的感知能力,其本身也是在不同感官感知都发展完善之后,由多种基本的感知方式相互组合而实现的。因此,我们将"身体"之维回溯到不同的感官感知上去,也有其现实经验上的依据。

其二,感知是在肉身与意识交织作用中的感知。感知也是一种知,但这种知是在现实的、感性的身体("肉身",flesh)基础上才能产生的,是根本不能脱离这身体感官而有的。传统经验主义者将"感知"理解为一种基于感官的能力,这一点是正确的。但是,这种基于感官的接受性

（接上页）整体感知的形状、单个意象、快速识别。2.功能:一般肌动生物程序。3.交际:最短、最常用的语境中的自然词语,最先为儿童学习,最先收入词典的词语。4.知识组织:范畴成员的大多数特征储存在这一层次"(乔治·莱考夫:《女人、火与危险事物:范畴显示的心智》,李葆嘉等译,世界图书出版公司北京公司2016年版,第49页。)不难看出,基本层次概念是人最先获得、运用最多的概念,事实上,我们的基本知识,尤其是常识,主要就是在基本层次概念上组织起来的。

基本层次概念是通过"核型"的方式获得的。所谓"核型"指的是某概念中的典型代表,是挑选出的某个特殊事物,它具备这一概念中成员的概括性图式的表征,其他成员都是通过与它的家族相似性而不是如客观主义所认为的共同特性,被归于同一个概念之下的。获得这种概念的概念化方式被称为"核型范畴理论",其实质就是在特殊性中揭示出一般性的一个特殊事物,因为一般性不能以其他方式来界定。基本层次上的概念之所以能通过"核型范畴理论"获得,关键在于基本层次上的概念其意象图式(即"基本图式")具有完形结构,这使得我们能够十分直接、迅速、准确地将与其具有家族相似性的东西纳入同一概念中。

　　① 皮亚杰:《发生认识论原理》,商务印书馆2011年版,第1页。

能力并不是完全被动的、单纯的反应，而是被动之中有主动，感性之中有理性，肉身之中有意识，接受之中有构成。而且，由此"感知"所获得的东西，也不应被简单地理解为"感觉材料"（sense-data），而应该是"意义、意蕴"（Sense）。Sense 这个词本身就既可以译为"感觉"，也可以译为"意义"。传统经验主义者所说的感知，乃至近代科学中的感知，正是将这种"意义"给抽离掉了，试图去追求认知的最小、最基础、最确定的单位。但其实，这种"意义"的呈现是依赖于一种整体性、一种结构性而实现其自身的。

站在意识哲学的立场，可能会有人反对"感知塑理知"的观点。在他们看来，一切感知都是在意识中的感知。典型如黑格尔，就完全是在精神之中并且是为了精神才让"感性"出场的。这就表示精神是先在的，因而怎么能说精神的结构反倒是由感知活动塑造的呢？对于这种可能存在的质疑，笔者的回答是："意识哲学"一出场，就是以一种"大胡子"的形象（象征着一种具有高度的自我反思能力、严谨的逻辑推理能力，良好的语言表述能力的成年男子形象）示人的。以此为原点，去反思感知，当然就会认为一切都在意识活动之中，感知本身是反思中的感知，非理性是通过理性来理解的，甚至还可以说感知是语言中的感知。但是，这种成熟的意识能力，这个"成年男子"是哪里来的呢？意识哲学对此不做发生学的追问，它只是在既有的意识能力中进行反思。事实上，我们人一出场，是"婴儿"的形象（意识是朦胧的，语言是潜在的，感知——首先是触感、味觉——却是真切的）。那个由"成年人"形象所代表的意识能力、语言能力，不正是由这种"婴儿"形象所代表的感知活动逐步成长出来的吗？幼儿教育中有句名言："来自智力的东西没有一件不是来自感官。"因此，以反思的方式而言，感知是意识中的感知，意识逻辑在先；以发生的角度而言，则意识是感知塑造的意识，感知时间在先；而现实中两者总是纠缠在一起的。

其三，胡塞尔对"感知"（Wahrnehmung，一般指感性感知、外感知）的分析，极大地推进了人们对于该概念的理解。在他看来，"'感知'是最具奠基性的意识行为，……所有意识行为最终都可以回溯到'感知'之上"①。作为一种意识行为,"感知"是对对象认识的主要方式。这里所说的"对象"不但可以是实在的对象,也可以是观念的对象,即一般性的规律。但不论是哪种对象,都是被感知中的意向行为所意指的。感知通过把"意义"赋予感觉材料而指向对象。在感知行为中,包含着统觉和判断的意向行为。也就是说,人的思想与人的感知本来就是不可分的。此外,在胡塞尔那里,与"感知"相关的,还有"感受"(sensation)概念。"感受是带着被动性的意识经验,但是具有'被动性中的主动性'。感受也是(被动)构造性的意识活动,它构造着所谓感受对象。此外,感受还有'准意向性',不再被设想为单纯内在的材料,而是也具有概念性和形式结构。"②将感知(感受)理解为具有主动的构造性,可以整理、统握感觉材料,从而构成感知对象,使它们作为意向内容向我们呈现出来;又将感知(感受)设想为带有概念性、结构性的东西,这些我们都十分认同。

不过,胡塞尔将视觉感知的模型,将感知的结构最终理解为一种单一的意识结构,即"意向活动——意向相关项"这种结构。笔者认为,"感知"是"身心合一"的活动,感知是感官的感知,必然是要带着感官本身的特点的。意识活动与感官活动是"异质而同构"的关系。因此,不同的感官活动会塑造出不同的意识结构。同样是现象学,同样讲意向性,同样是强调意识对对象的构造作用,若我们挖掘出意识背后的身体感官维度,则实际上胡塞尔所阐释的主要是一种"视觉现象学",其意向性犹如从主体中发出的一束照亮世界的光;梅洛-庞蒂则是在视觉性的基础上加入了触觉性的成分,他的"知觉现象学"更多地展示出作为存在论的触觉为认识论的视觉奠基的意味,可看作是一种"触觉现象学"③;而马里翁的呼声现象学以及唐·伊德(Don Idhe)的工作又提示我们存在着一种"声音现象学"。现象学都讨论"意向性",但"意向性"

---

① 倪梁康:《胡塞尔现象学概念通释(增补版)》,商务印书馆 2016 年版,第 542 页。
② 李忠伟:《感受、构造与形而上学中立》,《哲学动态》2017 年第 3 期,第 82 页。
③ 参见李金辉:《"身体"体现:一种触觉现象学的反思》,《江海学刊》2012 年第 1 期,第 63—67 页。

的结构并不是单一的。若是与视觉活动具有同构性的意识，则必然带有视觉活动自身的结构性，即与所看者拉开距离的感官生理结构特征。这是一种对象化（与……相对待）的结构，以此方式塑造起来的意识也就会以对象化的方式展开自身。若以触觉性来补充这种视觉性的意向活动，如梅洛-庞蒂的"身体意向性"，则是以身体为中介而朝向事物，而身体（触觉）是与对象缠绕在一起，不可分离的，因而其对对象的塑造并不在对象性的结构中。而与听觉活动具有同构性的"意向性"，在某种情况下甚至可能是"逆意向性"的。如唐·伊德所说，对"沉默"（一种"不在场"的声音）的现象学揭示"使我们超越了笛卡尔/胡塞尔的以直观为先天条件的理想。它还是一种反意向性的现象学，在此现象学中，构成性的主体被他者的声音和面貌所构成……视觉被'扬弃'在声音中"①。这同时也再次表明，在"身体"范畴中，处在"基本层次概念"层面上而使我们能直接获得其结构因而也是直接可理解的概念，是"视觉""触觉""味觉""听觉""嗅觉"这种感官感知性概念。因此，我们应该在此基础上讨论问题。

　　其四，这里所说的"感知"不同于那种具有综合性的"感受"，其区别有二。一是"感受"与"感知"在人与世界打交道过程中所处的位置不同。杨国荣认为感受具有一种中介性，主要涉及世界对人"意味着什么"，"从逻辑上看，由'是什么'的追问，经过中介性的感受，引出'意味着什么'的问题，最后基于'事'，指向'应当成为什么'的规范性维度，这一进展从不同的方面体现了人与世界的内在关联"②。而笔者所说的"感知"在人与世界的关系中处于原初性的地位。正是在"感知"中基于身体而获得的"前理知结构"塑造着对象的"是什么"，甚至对对象"是什么"的追问方式本身也是由感知活动塑造出来的。因而，它不是只作为由"是什么"通向"应当成为什么"的中介。二是与"身体"概念一样，"感受"的发生结构不是单一的基本结构，而是多种结构组合而成的复合性

---

① 转引自李金辉：《声音现象学：一种理解现象学的可能范式》，《哲学动态》2011年第 12 期，第 48 页。译名有所改动。

② 杨国荣：《人与世界关系中的感受》，《社会科学》2018 年第 10 期，第 115 页。

结构,亦如杨国荣所说,"其内容呈现体验、体悟、体会的交错,感知、情感、思维的互融"①的特点,这种综合性的"感知"既具有意向性又具有反身性,还能以心物交融的方式接纳存在。这些其实是多种基本感知结构复合而成的结果。

其五,笔者虽然强调感官感知对理知的塑造作用,但完全不否认理知的运用具有独立性、思维的过程具有纯粹性。笔者只是想强调,人的心理本体中所蕴含的先在结构离不开由肉身而来的感知活动的塑造。但这绝不是说感知本身就已经足够思想了。事实上,不摆脱感知的理知是走不远的。人的心理结构所具有的先在形式、结构,其来源的一个重要方面虽然是感知,但在此结构的凝结过程中,这种感知的感性特征将逐渐地被抹去,而留下相对稳固、抽象的结构、形式,这才是我们所说感知与思想的"同构"之处。就是说,思维中思考心物关系的先在形式、结构在根源上与感知相联系,但在积淀的过程中,感性性质会逐渐地脱离,甚至被完全隐去,留下来的只是结构性的东西。因此,后文所说的视觉性、听觉性、味觉性思维等概念,不是要否认思维的纯粹性,而是要通过这些感官的作用结构,更为鲜明地展示出一套思想结构,表示用从视觉、听觉等活动中所提供、积淀下来的形式、结构去思考。

总之,笔者所说的"感知"是基于肉身的,具有某种前理知的结构性,能够构造感知对象的存在方式以及人们去思维对象的方式,是在人与世界打交道的活动中具有基础性地位的一种活动。心、思之方式的形成,离不开由感官的作用方式逐步积淀而成型的历程。这是一种自然(人的自然,即生理性的感官活动)的人化(文化心理结构的形成)过程。正如李泽厚所言:"是指人的内在自然(五官身心)的人化,它即是人的'文化心理结构'的逐渐形成。"②在这里,感官与心、思,是"异质而同构"的微妙关系,那积淀下来、塑造出来的正是这种一致性的内在结构。

---

① 杨国荣:《人与世界关系中的感受》,《社会科学》2018 年第 10 期,第 108 页。

② 李泽厚:《美学三书》,天津社会科学院出版社 2003 年版,第 205 页。

二、感官感知的基本结构

既然思维中的心物关系结构是由感官感知活动塑造起来的，既然思想与感知有某种"同构性"，既然我们可以通过感官感知的作用结构更加清晰地展示出一套思想的结构，那么，现在我们的首要工作就是要梳理出感官作用方式的多种结构性特征。

思想结构是感官感知在实际的生活经验中而被积淀、塑造起来的。因此，我们所需要的感官感知结构，只能是从实际生活经验中获得的，不是来自科学式的实证研究（如直接参考现代具身认知科学的研究成果）。在这方面，哲学史上有许多哲学家都能为我们提供讨论的资源，如亚里士多德、洛克、康德等人都对感官活动的特点有所讨论。这其中，佛学里的相关讨论，以其系统而精微的特点，值得我们特别地关注。下面，我们就先从唯识学对五识的分析入手，从中获得我们所需的感官感知结构。

唯识学的基础典籍、相传是玄奘大师所作的《八识规矩颂》前五识颂的第二颂曰：

> 五识同依净色根，九缘八七好相邻，
> 合三离二观尘世，愚者难分识与根。

其大意是：八识中的前五识，即眼识、耳识、鼻识、舌识、身识，均是要以眼根、耳根、鼻根、舌根、身根这五种与之相应的器官组织（或者说神经系统）为依托才能发挥作用的。五识的产生需要一定的条件，这其中，眼识生起要具备全部九种条件，耳识生起具备其中的八种，鼻识、舌识、身识生起要具备其中的七种，这些条件彼此联系、合作，并不相互乖违。通过这五种器官组织对外部对象世界的观察可分为两种情况：一种是鼻、舌、身三识在认取客观境界时，必须根境相合（即器官组织必须与相关对象贴合在一起）；另一种是眼、耳二识在认取客观境界时，根境之间必须保持相当的空间距离（即器官组织必须与相关对象相互分离，彼此之间有距离）。而愚痴的人们往往无法分得清楚心识活动和器官组织的区别。①

这段话讨论的主题是眼、耳、鼻、舌、身（触）五识起作用所要具备的条件。在佛教看来，一切有为法皆是待缘、依他而起，五识的生起活动当然也不例外。不过，在考察这些条件之前，我们必须首先分明"识"与"根"的关系。

这里的"识"有"分别""知了""了别"等含义，意味着透过对象的分析与分类而起的一种识别、认识作用。唯识宗强调"唯识无境"。这一命题表现在认识方面是说：识不能认识识以外的事物，只能认识识自己所变现的相分，认识的过程是由识的主体（自证分）变现见分和相分，并由见分对相分进行认识。正是由于这一观点，有学者将唯识学对意识结构的分析与胡塞尔的现象学，尤其是其中的意象性理论结合起来，从而将作为了别活动的识理解为"意向活动"。例如，倪梁康就指出："它（指'识'——笔者注）通过认同、分辨，将杂乱的感觉材料整理成对象，使相对于主体的客体被构造出来。因而'识'无异于构造对象的活动，或者说，客观化的活动、对象化的活动。"②"根"指的是人体的器官与机能。又可分为"浮尘根"和"净色根"，"浮尘根"是一种较粗显的物质，相当于人们用肉眼就能看到的外部器官，如眼球、耳鼓、鼻腔、舌膜、肌肤等；"净色根"则是一种不可见的细微物质，是五根中真正起作用的成分，现代许多学者，如太虚、王恩洋、梁漱溟等等，将五净色根看作是生理学所说的神经系统。对于识来说，"净色根"相较于"浮尘根"更为基础，关联也更为紧密。关于"根见"与"识见"，佛教内历来就有争论，"根见"认为能够认识事物的是根，如眼根发生观看的功能，就能看到客观的事物；而"识见"则认为能认识事物的是识，只是识认识物时要依根生起而已。对此，演培法师有个形象的比喻，他认为识与根好比是电与

---

① 此译文及以下解说参考了：倪梁康注译：《新译八识规矩颂》，三民书局 2016 年版。演培法师：《八识规矩颂讲记》，《谛观全集·论释二》，天华出版公司 1989 年版。
② 倪梁康注译：《新译八识规矩颂》，三民书局 2016 年版，第 13 页。

电线,电线能传电,但不能说电线就是电。大乘唯识学者大多认同"识见"的立场。当然,五根虽不能直接去认识,但它为识的生起有强大的助力,五识都依根立名,正是由于其重要性。而根之所以不能直接发生识,是由于根只是生起的增上缘,只是众缘之一。

关于五识的种种因缘,唯识家有"九缘生五识"之说。其中,"九缘"是指:1.根缘,即器官条件;2.境缘,即心识之对象条件;3.空缘,即空间条件;4.明缘,即光线条件;5.作意缘,即注意力;6.分别依缘,即第六意识;7.染净依缘,即第七末那识;8.根本依缘,即第八阿赖耶识;9.种子缘,即阿赖耶识中含藏有五识种子,这是五识生起的先天可能性的条件。若以此九缘配合四缘来说,种子缘是亲因缘,境缘是所缘缘,其余七种皆为增上缘。(由于这九缘是按照与识同时俱起而说的,故没有等无间缘,若要综合考虑五识生起的前后念,则等无间缘亦不可少也,如是则有十缘。)不过,不是五识中每一识的生起都必须全部具备以上九缘的。对此,唯识家又有"眼识九缘生、耳识八缘生、鼻舌身七缘生"的说法。这即是说,眼识的生起要具备以上所说全部九种缘,耳识的生起要具备除了明缘以外的其他八种缘,而鼻舌身三识的生起则要具备除了明缘、空缘以外的其他七种缘。值得注意的是,围绕着是否需要具备"空缘"(空间条件),《八识规矩颂》的作者将五识分为了两大类:鼻、舌、身三识是"合中取境",即器官组织必须与相关对象贴合在一起方能认识对象;眼识、耳识则是"离中取境",即器官组织必须与相关对象拉开距离才能认识对象。这种分类是以根境的距离关系为前提的。

一切有为法皆依因待缘而起,五识所依因缘的不同正好显示了五识各自的特点。从现象学的方法看,鼻舌身三识之"合中取境",眼耳二识之"离中取境",正是对五识最基本结构的描述。对此,我们还需作如下两方面的说明。

一方面,唯识学虽然强调识不离根,根助力识,但这只是就五识的范围内而言的。五识之外,在现象界的范围内,唯识学认为是有"无身的意识"存在的,如第六意识就可分为与前五识俱时而起的"五俱意识"和不依前五识而起的"独头意识",更不用说在界外还有第七末那识与第八阿赖耶识。这当然就是一种意识哲学的立场。唯识学对五根之识的分析,亦如胡塞尔对"身体意向性"的分析一样,只是对先验意识之意向性结构分析的一个环节。在这里,我们站在"身体哲学"的立场认为,意识不是绝对的透明的"自为",而是在身体之中的,与身体纠缠在一起的意识。身体是有意识的身体,意识也是有身体的意识。所以,我们对五识的考察,与唯识宗本身的意图作了一个根本性的扭转,如同梅洛-庞蒂对"身体意向性"考察一样,是为了将意向的本质结构放在身体自身的经验结构之中来加以探索①。"身体意向性"作为一种"源始的意向性",在主体的反思之前(即自觉的意识活动之前)已在运作着了,意识的结构其实是植根于身体意向性结构之中的。

另一方面,梅洛-庞蒂虽然强调身体意向性的重要,但是他没有意识到身体意向性结构又会依不同的感官的意向性结构而有所不同。我们认为,对意向本质结构的考察还应落实到对五种身体器官活动的意向结构的考察,即对五识的考察。材料被经验到,组合材料的结构同样能被经验到。不同感官对同一事物有不同的感知,就表明不同感官感知对事物的理解结构不同。而梅洛-庞蒂只关注到了视觉意向与触觉意向的差异。莱考夫、约翰逊和一些从事具身认识研究的学者倒是关注到不同的感官对思维的影响,但他们所关注的不是思维与感官发生结构之间的关系,而是思维与感官内部的神经系统的关系。例如,莱考夫、约翰逊到后来就转向了对概念隐喻作神经生理学的解释。这种思路其实就是上文提到的大乘唯识学所批评的"根见",它错将身体器官的内在运作结构(如神经系统等)当作感知的本质结构。②在唯识宗看来,五识的发用中,根缘只是九缘之一,它是五识发生的必要条件,却不是充要条件。我们可以更进一步地说,感官除了具有它的物理结构(不

---

① 陈立胜曾准确地区分出,胡塞尔的身体现象学是"意识本位的身体现象学",而梅洛-庞蒂的身体现象学是"身体本位的身体现象学"。(参见陈立胜:《自我与世界:以问题为中心的现象学运动研究》,北京燕山出版社 2017 年版,第 285 页。)

② 莱考夫等人逐渐将身体经验的发生结构还原到身体机能的客观结构(如神经系统),最终把哲学化约成了神经科学、脑科学等。这是我们不能赞同的。

论是外在的还是内在的），还在它的物理结构之上表现出它的作用结构。

因此，我们要追问的所谓五识的本质结构中的"本质"，不是个事实，对其本质的考察也不是个实证的问题。在这里，"本质"指的是最关键的、最独特的，浸透在这五种感觉现象情境之中的，在感知中活生生当场被构成的，又具有普遍意义的（但不是实体意义上的被普遍化）东西。从这个角度来看，《八识规矩颂》中"九缘八七好相邻"一句可以视作对五识缘构发生情境的描绘，"合三离二观尘世"便是对五识本质结构的最基本的描述。正如考斯梅尔曾指出的："区分视觉、听觉与嗅觉、味觉和触觉的最基本方面，就是看在感官活动中肉体明显被卷入的程度。"[①]当然，将五识的全部结构分为"合"与"离"两类只是最基础的区分，我们还可以对其作进一步细化。

视觉和听觉的本质结构就是感官要与对象拉开距离，是一种带有距离性的认识活动。但若仔细分辨，视觉与听觉对于距离的态度还是有所不同。其实，小乘佛教中对此问题就有所争论。例如，《成实论》第四卷根尘合离品第四十九云："耳识二种：或到故知，或不到而知。耳鸣以到故知，雷声则不到而知。"后来，有部《阿毗达摩顺正理论》又对这种说法予以破之，认为"耳根唯取不至境"。为什么对耳识的根境距离会存在争议，而对眼识则不会呢？这是因为在听的过程中，声音的传递带有一种过程性，似乎有一个由远及近的过程，而这是视觉经验所没有的。（严格地说，视觉的传递也有过程性，这在科学中的"光年"概念上就能得到充分体现。不过在日常感知中，这种过程性不能被经验到。）

沃尔夫冈·韦尔施在比较视与听的类型学差异时说："听觉和视觉都是范围很广的感觉，但是事实上形成距离的是视觉。视觉将事物保持在一定距离之外，让它们各就其位。……听觉没有将世界化解为距离，相反是接纳它。如果说视觉是距离的感官，那么听觉就是

---

① 卡罗琳·考斯梅尔：《味觉》，吴琼等译，中国友谊出版公司 2001 年版，第 3 页。　　207

结盟的感官。"①以"结盟"形容听觉很是贴切。所谓"结盟"即是表示双方由原先的存在隔阂到现在拉近彼此间的距离从而消除隔阂的过程，这正是听觉不同于视觉之作为恒常距离性感官的特点。此外，眼识的发生还要有一个独特的条件，那就是"明缘"。光的介入，不但使视觉认识活动有了一个存在论的前提，即由于光的存在，世界才被给予我们，才能被我们看到；也使视觉对事物的认识停留在了事物的表面。"表象性"是视觉活动的重要特征。我们看到的其实只是对象表面反射回来的光，我们甚至不能说看到了事物本身。

触觉、味觉与嗅觉同为无距离性感官。关于味觉与嗅觉，康德指出："味觉和嗅觉的感官两者都是主观性多于客观性的。……这两种感觉都是由盐类（固态的和挥发的）而刺激起来的，一些盐必须溶解于口中唾液，另一些盐必须逸散于空气中，它们都必须渗进感官，才能给感官带来它们的特殊感觉。可以把外感官的感觉分为机械作用的感觉和化学作用的感觉。最高的三种感官属于机械作用的，较低的两种属于化学作用的。前者是知觉的（表面的）感官，后者是享受的（最内在地被吸收的）感官。"②这里，康德将味觉与嗅觉称作"主观性多于客观性的""化学作用的""享受的（最内在地被吸收的）"感官，区别于将视觉、听觉、触觉称作"客观性多于主观性的""机械作业的""知觉的（表面的）"感官。之所以如此，是因为在其他三种感官，特别是视觉中，感官与对象都是在保持自身规定性的前提下发生感觉活动的，而且这种活动的发生也不会改变对象与感官自身。而味觉与嗅觉在感知对象时，其感觉的产生需要对象进入感官、感官吸纳对象，双方相互交融渗透，相互改变。如果说，视觉是"距离"的感知，听觉是"结盟"的感知，味觉与嗅觉就是"交合"的感知。

康德把触觉和视觉、听觉同归一类而与嗅觉、味觉分开，是有一定道理的。触觉作为一种"亲密"型感知，虽然身体需要与对象亲密接触，

---

① 沃尔夫冈·韦尔施：《重构美学》，陆扬、张岩冰译，上海译文出版社 2002 年版，第 222 页。

② 康德：《实用人类学》，邓晓芒译，上海世纪出版集团 2005 年版，第 40—41 页。

但其与味觉、嗅觉的接触方式不同。触觉发生时，身体与对象的接触是一种表面的接触，严格说来，身体也没有进入对象之中，双方还是一种外在关系，只是接触到了事物的表面。（但这比视觉还是更进了一步，严格说，视觉只接触到事物表面对光线的反射。）而味觉、嗅觉活动则是身体与对象完全交融在了一起，双方是内在关系了。不过，触觉还可细分为触及之觉与自身之觉，用手去摸是触及之觉，感到痛痒是自身之觉。若依触及之觉而言之，触觉与视觉或可归为一类，均是对对象的探寻。若依自身之觉而言之，所触及者便不能以对象视之，痛痒与感到痛痒是不可分的，觉与所觉是一体的，这就不能以"机械作用的感觉""知觉的（表面的）感官"视之了，而更近于"化学作用的感觉"。

另外，康德将听觉仅视作"客观性多于主观性的"感官，这种看法也不全面。《入阿毗达摩论》曾按声音的来源将声音又分为两类：一是发自"无执受者"的声音，即无情识之物发出的声音，属于物理现象，如自然界的声音、机械发出的声响；二是发自"有执受者"的声音，即有情众生如人与动物等说话、歌唱、鸣叫等声音。[1]若以发自"无执受者"的声音为准，则康德对听觉特性的判断是正确的。但若以发自"有执受者"的声音——尤其是人的语言——为准，就不能说听觉是"客观性多于主观性的""机械作业的""知觉的（表面的）"了，因为此时我们不是把这种发声当作物理现象，而是当作"符号"来接受，如我们在听话语、诗歌时，听的对象是意义。这种对于意义的听，不是对于某一声响所指示的意义的事后的反思性理解，而是在听的当下直接就是对意义的听。

致力于声音现象学研究的美国学者家唐·伊德将对"声音"的考察同样分为两个层次。初级考察"首先开始于（和视觉）近似和处于焦点上的中心听觉。它从这种听觉移向'外部'的事物的声音……这种考察一直关注世界的声音"[2]。进一步地考察则"会提高听觉的生存论意义。我们听到的声音不'仅仅'是声音或'抽象'的声音而是有意义的声

---

① 陈兵：《佛教心理学》，陕西师范大学出版总社有限公司 2015 年版，第 39 页。

② 转引自李金辉：《声音现象学：一种理解现象学的可能范式》，《哲学动态》2011年第 12 期，第 47 页。

音。在首要的意义上,听是对声音的听,是在最宽泛意义上的对人的语言和声音的听"①。这种对人的具有意义的声音的听,不仅包含不同主体间的"听—说",也包含听来自自己的声音;不仅包含明确说出来的话语、"在场"的声音,也包括如"言外之意"这样"在场"声音的"不在场"方面(伊德称之为"戏剧性的声音");不仅包括"在场"声音的"不在场"方面,也包括"不在场"声音的"不在场"方面(即"沉默")。

按照这种区分,对外在的、物理性的、抽象的声音(它仅仅是"声响")的听,是符合康德对听之特征所作的描述的。但对有意义的作为符号的声音的听,则更多地表现出"主观性多于客观性""享受的(最内在地被吸收的)"的特点。黑格尔就曾说:"听觉……比视觉更是观念性的……所听到的不再是静止的物质的形状,而是观念性的心情活动。……声音和内在的主体性(主体的内心生活)相对应。"②这显然是针对后一种听而言的。我们对意义的理解自然要求主体的参与、投入、咀嚼、品味。这就是说,听觉活动的特征,依照其所听对象的不同,既有近于视觉特征的方面,又有近于味觉特征的方面。"听"的结构是五种感官中最为复杂的。

综上所述,视觉活动的基本特征(结构)是感官与对象拉开距离,味觉活动的基本特征是感官与对象无距离地相互交融在一起,触觉与听觉活动则介于两者之间,前者与对象亲密接触,后者有一个拉近、弥合感官与对象之间距离的过程。这就是对感官感知最基本结构的概括。

当然,感官感知是多方面的,不同的人,同一人在不同情境中,同一感官面对不同的感知对象,其具体感知以及结构都可能是不同的。但是,这四种结构却是最基本的,或者说是最原始的,因为它们实际上与人类身体感官在机体方面的特征直接相关。谁能去看完全和眼睛相贴着的东西? 谁能不将东西放入口中而尝出它的味道? 而且,这四种结

---

① 转引自李金辉:《声音现象学:一种理解现象学的可能范式》,《哲学动态》2011年第 12 期,第 47 页。

② 黑格尔:《美学》第三卷(上),朱光潜译,北京大学出版社 2017 年版,第 388—389 页。

构对感知来说也具有周延性。我们的感知,要么就是在与对象保持距离中感知对象,要么就完全与对象交合在一起,要么就是与对象完全贴合在一起而感知对象,要么就是感知中有一个消弭距离的过程。很难再想象第五种情况。因此,我们称有距离的、无距离的、先有距离而此距离又可被消除的、负距离这四者为感知的基本结构。

李泽厚将文化心理结构的普遍必然性如何可能的问题,解释为来自人类总体的生存实践活动,进而提出了著名的人类学历史本体论"三句教",即:"经验变先验,历史建理性,心理成本体。"对于这一观点,笔者十分赞同。不过,在笔者看来,基于身体感官的"感知"在塑造人性能力方面也发挥着相当重要的作用。感官感知中的结构同样塑造着人的文化心理结构。为了凸显这方面的作用,笔者特提出"感知塑理知"作为补充,这样就由"三句教"变为了"四句教",即"经验变先验,感知塑理知,历史建理性,心理成本体"。这就是说:具有某种普遍必然性质的先在形式本身也有其经验性的来源,并没有离开历史中总体的人类的"普遍必然";在这种先在形式的塑造过程中,除了运用工具的生存活动之外,切身性的感官感知所含存的结构性也发挥了重要的作用;基于此,并在历史发展中的不断积淀下,人类逐渐形成了能彰显出人性能力的理性(这里指适用于人类生存的合理性)品格;这种具有形式性、结构性的人性品质(即文化心理结构),最终获得了本体性的地位,成为了"心理本体"。

若我们赞同心之展开方式源于感官感知活动之发生结构,且承认感知为我们呈现出的结构,从最根本上说有且只有"距离""结盟""亲密""交合"这几种。那么,通过将以上对视觉、听觉、味觉活动基本结构的分析与牟宗三哲学中三种心物关系结构两相比照,不难看出,牟宗三哲学中展示出的"对偶性""纵贯—隶属性""非分别性"这三种最内在、最基本的人与世界打交道的方式,其实就植根于视觉、听觉、味觉活动的作用结构之中。这样一来,我们也就开启了对牟宗三思想中所展示出的三种心物关系结构的新的解读视角。

第三节　横—纵—圆：牟宗三哲学中的
三个基本"意象图式"

在由感知到心理本体、理知的积淀过程中，"意象图式"（Image Schema）起到了关键的中介性作用。"图式"（Schema）是康德在其认识论中首先提出的一个概念，是作为联结感性直观与知性范畴的中介，兼有感性的具体内容与知性的先天形式这双重性质，是先验现象力的产物。后来，对于这"图式"的来源，皮亚杰提出了一种建构论的思想，认为认知图式是由人的后天行为在不断积淀、内化中建构起来的。这就给了康德的图式论以发生学的解释。"意象"（Image）则常作为心理学的术语被使用，既可以指对象当下直接被给予的形相，也可以指在对象不在场的情况下人的心智依然具有该对象的形象。莱考夫和约翰逊则将它运用到了隐喻分析中，并逐步与"图式"相结合，形成了"意象图式"概念。[①]他们认为，意象图式具有体验性、想象性、抽象性（相较于直接经验而言）、心智性、动态性等特征，并且是形成概念、分析隐喻、理解意义、进行推理等思维活动的关键性环节。[②]本节所要讨论的大体就是这个意义上的"意象图式"。

具体说来，所谓"意象图式"指的是人类与世界打交道的互动性体验过程中反复出现的常规性样式，它们主要起意象性抽象结构的功能。一方面，意象图式源于互动性体验过程，就是说，意象图式源自切身感知的经验，是一种身体性、感知性的东西而不是先天性的[③]，"意象图式

---

① 按康德的区分，Schema 的表象是纯粹的，而 Image 是经验性的。按照现象学的看法，我们看到某物时，看到的不仅是个体殊相，在对每个个体的直观中往往同时包含着对一般共相的直觉。例如，我们看到一栋房子时，同时在我们心中呈现出这栋房子和一般的作为共相的房子两重表象。换言之，我们意识中同时呈现出特殊表现和一般表象于其中，Schema 代表作为共相的表象，Image 表示殊相。我们感知一个对象和在概念中确定一个对象是同时进行的。

② 参考王寅：《认知语言学》，上海外语教育出版社 2006 年版，第 173 页。

③ 其实亲身体验里面也有某种可以视作先天性的成分，即知觉本身的感知结构，如视觉必然要求与所看对象拉开距离、触觉必然要求与所触对象接触等。

是对我们的感觉经验和一般空间经验的反映"①；另一方面，意象图式为我们提供的是某种前概念、前语言的结构性，这种结构本身就含有一种思考的逻辑，或者说进行思考的条件，我们对这种结构、逻辑的获得都是直接的。这就是说，意象图式处在由切身感知转化成抽象概念，乃至思想方式的中介环节，它将由感知所获得的理解整理为一种结构性的东西并映射到概念的意义及其间相互关系之中，它是构成我们文化心理结构的关键环节。

牟宗三哲学中是否能找出这样的"意象图式"概念？这些"意象图式"又是如何参与到牟宗三哲学体系的建构中的呢？笔者认为，牟宗三哲学中有着三个贯穿其一生哲思的基本意象图式，即："横""纵""圆"。接下来，我们先从牟宗三思想发展的各个阶段以及每个阶段的研究主题中厘定横、纵、圆三个意象图式的位置，以证明其在牟宗三的思考中发挥了关键性的作用，同时从中获得牟宗三对这三个意象图式的含义的基本规定。

一、贯穿一生哲思的三个"意象图式"

（一）"横""纵""圆"的出场

牟宗三学思历程的第一阶段是大学时期②，以《从周易方面研究中国之元学与道德哲学》一书为代表，其重心主要落在自然哲学或自然宇宙论方面。这一阶段也被牟宗三自己称为"直觉的解悟"时期。正是在其思想的初始阶段，牟宗三就已经开始使用"横""纵""圆"这三个意象来处理问题了。

---

① 乔治·莱考夫：《女人、火与危险事物：范畴显示的心智》，李葆嘉等译，世界图书出版公司北京公司 2016 年版，第 471 页。

② 关于牟宗三哲学的思想分期，除了牟自己的一些十分扼要的说法外，学术界最常用的是蔡仁厚的"六个阶段"说（蔡仁厚：《牟宗三先生学思年谱》，《牟宗三先生全集》32卷，联合报系文化基金、联经出版事业公司 2003 年版），以及郑家栋提出的"五个阶段"说（郑家栋：《牟宗三》，东大图书公司 2000 年版，第 37—39 页）。这里笔者兼顾时间与主题，以"五个阶段"说为主线依次考察之。

牟宗三在梳理郑玄的易学时,曾用"横"与"纵"来说明由两仪到四象的演化过程:

> 于是,四方、四时、五行,皆阴阳之气之流行的始壮究之显示也。其流行之始壮究以七八九六象之,而四时四方亦由流行而成也,故亦可以七八九六而象之,七八九六表象流行之始壮究也,故七八九六所表象之四方四时亦有始壮究之性,即终而有始,循环不息之性。两仪之七八九六,固是动的过程,四象之七八九六,亦由七八九六之流行而演成也。前者自纵的方面看,后者自横的方面看。横对纵而言,似有静意,然从其运行方面看,亦是动也。即是说先以七八九六之运行,而成为四象,复以此七八九六,象彼已成之四象也。故结果这两套七八九六,只是流行的始壮究之显示。①

这里,牟宗三用"横""纵"两种意象来标识"四象之七八九六"与"两仪之七八九六"的不同。两仪之于此四数具有"生成"的含义,而四象之于此四数则无生成义,这便表示出了"纵"的第一种含义,即"生成"义。此外牟宗三还说出了"横""纵"意象的另一对意义,即"纵"意象表示"动",而"横"意象表示"静"。

在阐释胡煦的易学时,"圆"作为意象也在牟宗三思想中登场了:

> 先后天是胡氏的出发点,所以也应是先决问题。他的先天是含蕴是合圆;他的后天是分化是拆散。这与邵朱及西洋所谓先后天意义都不同了。②

---

① 牟宗三:《周易的自然哲学与道德函意》,《牟宗三先生全集》1卷,联经出版事业公司2003年版,第49—50页。本节所有引文下的着重号俱为笔者所加,主要是为了指出横纵圆三意象之意义。

② 牟宗三:《周易的自然哲学与道德函意》,《牟宗三先生全集》1卷,联经出版事业公司2003年版,第185页。

这里,牟宗三对"圆"意象的基本规定是"合""含蓄",并指出了它的对立面是"分""拆散"。

总的来说,在第一阶段中,"横""纵""圆"三个意象还处在边缘地位,牟宗三对其的使用还是偶然的、不自觉的,更不是所讨论问题的核心话语。但它们已经开始出现,并开始形成自身的意义域。

（二）意象内涵的丰富

牟宗三学思历程的第二阶段是自大学毕业到离开大陆前,以《逻辑典范》《认识心之批判》两书为代表,其重心在逻辑和知识论方面,1955年出版的《理则学》一书,亦是此项工作的延续,可并于该阶段。这一阶段是牟宗三所谓"架构的思辨"时期,此时,牟宗三开始更为广泛地使用这三个意象。

在《逻辑典范》中,"横"与"纵"两个意象已经作为标题出现于其中:

> 第二卷为逻辑正文之一,名曰真妄值系统。此为现代逻辑之真精神,……此卷分两部分:一为横的系统,讲真妄值之间的关系;一为纵的系统,讲真妄值之推演。①

对于这"横的系统"与"纵的系统",牟宗三在另一篇长文《论纯理》(1944年11月)中作了较概括的说明(其中"纵的系统"又被称为"直线系统",是取线之"竖直"意,非水平线也。):

> 命题既为一符号,非句法,无意义,则二值系统必只由真假值而构成,真假为基本概念,由之可以构成最基本之句法。……如此种种句法,皆依真假二基本概念而构成,亦依真假而有意义。每一如此之句法,实为一真假之关系。真假之关系一变换,即定一句法或函值。此种变换甚有统系,并非凌乱无绪。此种统系名为二值

---

① 牟宗三:《逻辑典范》,《牟宗三先生全集》11卷,联经出版事业公司2003年版,第3页。

系统之横面系统。

横面系统外，尚可构一直线系统。此曰推演系统。于推演系统中，以"非 P"与"P 或 Q"为首出之句法。以此两者先定"P 函蕴 Q"之句法，再定"P 与 Q"之句法，复由"函蕴"与"与"再定一"等值"之句法。此为基本之定义。此共为五句法。依此五句法再构若干原则，并依据推断之手续，即可构成一推演系统。此推演系统以"函蕴"而勾连，故曰函蕴系统。①

若依现在逻辑学中常用的术语来说，牟宗三讲述的"真妄值系统"就是一阶逻辑中的命题逻辑部分。除了作为基础的"真假值"外，这里所谓"横的系统"，大体介绍的是命题逻辑的句法和语义，即五个最基本的命题联结词（否定、合取、析取、蕴涵、等值）以及通过这五种方式相互界定从而得到的一系列替代规则或者说真值函项等值规则，如结合律、交换律、分配律、德摩根律、双重否定律、实质蕴涵律等等。所谓"纵的系统"，大体介绍的是命题逻辑中五个基本联结词的逐步推演以及利用这五个基本联结词表示出的一系列形式推理规则，如合取交换律、合取简化律、肯定前件律（MP）、假言易位律（MT）等等。这个"纵"字表示前提蕴涵着结论，故而推理即是能够必然的获得，因此，也就意味着"纵"有"推演"（带有过程性）与"函蕴"的意义。

牟宗三十分重视"纵"的"函蕴"意义，因为这与他对逻辑本性的思考联系在一起。在《认识心之批判》中，牟宗三说：

析取统系为一横面相关之统系。其相关之关系为外在关系。然及乎尽皆可能而为相容之析取，各个范畴意义皆相等，则本为析取统系者，今为函蕴统系，本为横面相关者，今为纵线之相关。以其为函蕴为纵线，故本为外在之相关者，今则为内在之相关。由

① 牟宗三：《牟宗三先生早期文集（上）》，《牟宗三先生全集》25 卷，联经出版事业公司 2003 年版，第 420—422 页。

此，吾人由析取统系转而论函蕴统系。

　　原则命题间之推演关系皆为必然关系，亦即皆为函蕴关系所连结。函蕴关系所贯穿之命题统系，即谓函蕴统系。函蕴统系之见于纯逻辑中者为一套套逻辑之推演统系，其中每一命题皆为套套逻辑之必真，而每一命题之出现或成立，亦皆为表示套套逻辑之函蕴关系所连结。是以纯逻辑之推演统系乃为无始无终推隐至显之循环统系。其所表示者即为纯理自己。①

这里，牟宗三用"纵"来表示逻辑推理中前提与结论之间具有的内在必然的蕴涵关系，也就是用"从自己得出自己"这一"纵"的意象图式来描摹逻辑推理过程。若将这一意象图式进一步理论化，就得出了"逻辑是纯理之自己"的结论。而对于逻辑系统，牟宗三认为它有且只有四个：一是亚里士多德所确定的"传统逻辑"；二是莱布尼茨创立的"逻辑代数"；三是罗素与怀特海在《数学原理》中所陈列的"数理逻辑"，又称"真值函蕴"系统；四是美国路易士（C.I. Lewis，今译为刘易斯）所造的"严格函蕴"系统（就是通常所说的"模态逻辑"，是"内涵逻辑"之一种）。《理则学》一书正是系统地展示这四个系统。在书中，牟宗三又使用了"横"与"纵"两意象来概括这些系统的基本特点。

　　牟宗三在介绍"逻辑代数"的基本特性时说：

　　除＋，×，＝，≠等运算符号外，还有一个主要的运算符，这便是表示包含关系（inclusion-relation）的"C"。以此为主，副之以＋，×，＝，≠，遂使此系统成为一个纵贯的推演系统。这点便与传统逻辑不同。传统逻辑中的推理是散列的，是就"已分解的命题"（analysed proposition）而言词（端、项）或句子间的关系，以形成推理。……这些推理都是散列的，不成一纵贯的推演系统。但是

　　①　牟宗三：《认识心之批判（下）》，《牟宗三先生全集》19卷，联经出版事业公司2003年版，第526页。

这个系统是一纵贯的推演系统。其推演是一种演算。但是它所藉运算符以演算的,不是命题,而是"项"(term)。①

对于"真值函蕴"系统,牟宗三说:

> 现在我进而要说:这个系统也是一个纵贯的推演系统。它一方既不像传统逻辑那样为散列的,一方也不像逻辑代值学那样是关于项的演算。它是关于命题的演算,而命题 p, q 等是未分解的。它之成演算系统,除乘积与加和等副助关系外,还有一个主要的关系,那就是 p, q 间的函蕴关系,因为唯赖此关系才可以成为纵贯的推演。②

牟宗三在完成对"逻辑代数""真值函蕴"系统和"严格函蕴"系统的介绍后,总结说:

> 我们在本部里已经介绍了三个系统,这三个系统都是纵贯的推演系统(deductive system),而且都是形式化了的系统,所以我们也可以叫它们是些"成文系统"(code-form system)。这些系统都是代表"逻辑"的。③

综合来看,对于这四个逻辑系统,牟宗三认为亚里士多德的"传统逻辑"是"横的推演系统",而"逻辑代数""真值函蕴"系统和"严格函蕴"系统则是"纵贯的推演系统"。为什么有这样的区分呢?因为传统逻辑的推理靠的是概念之间的意义连接,例如:"凡是人都是会死的,苏格拉底是

---

① 牟宗三:《理则学》,《牟宗三先生全集》12 卷,联经出版事业公司 2003 年版,第154 页。
② 牟宗三:《理则学》,《牟宗三先生全集》12 卷,联经出版事业公司 2003 年版,第202—203 页。
③ 牟宗三:《理则学》,《牟宗三先生全集》12 卷,联经出版事业公司 2003 年版,第267 页。

人，因此苏格拉底是会死的"这个三段论推理，其推论之成立靠的是"人"与"会死的"这两个概念意义的实质蕴涵关系。但这种实质层面的蕴涵关系不是逻辑自身就能获得的，而是基于逻辑之外的实际经验，因此，就不能完全展现逻辑是推理之自己，而是有了逻辑之外的东西与之相对待，故牟宗三用"横列"表示之。其他三个系统则不同。例如"真值函蕴"系统，只是从真假关系来表示命题间的蕴涵关系，而在真理值的形式结构中，只表示这些形式结构如何形成、如何转换，而不涉及意义与内容，所以牟宗三称之为"形式化了的系统"。这种纯形式化的推演，正好能真正显示逻辑是推理之自己。

牟宗三逻辑哲学最根本的观点就是"逻辑是纯理自己""逻辑系统是纯理自己之展示"。这是对逻辑本性的理性主义、先验主义的解释。它不仅是牟宗三反思逻辑本性所获得的最重要观点，更使得牟宗三因此而扣开了认识主体之门，并由此接上了康德先验哲学的思路。这足可见其在牟宗三思想发展中的重要性。牟宗三以"纵"意象标识之，说明他心目中的"纵"这时已有"超越的"（先于经验）的含义，并以"横"意象作为其对立面而时时与之对照。这也说明这对意象图式已经开始进入牟宗三思想的核心理路之中。

此外，这一时期的牟宗三其实已经十分关心当时的时代问题。他写的时论中就有一篇直接是以"纵与横"为题目的（《时论之一：纵与横》1939年11月30日）。在该文中，牟宗三写道：

> 观察事物要看到事物的里面，就是说，要握住它的本质。论一个时代的精神亦是如此。本质就是一件事物所以如此的必须条件。……三角形之未过去，就是三角形之为物的本质之持续性。这种持续性就是我们所谓"纵"之根据。"横"是自一件事物的各种变相或暂态方面打洞似地向里看；"纵"的看法，不只如此，而且由所打出的或剥落出的本质着眼，看其在各阶段的作用与关系。大家说历史是继往开来。……所谓继，所谓历，所谓纵，就是在这个种子的持续方面看。如果看不出这个持续，而只从横的观点，向各

种变相方面追求,势必只有点或段,而不能成线。这就无所谓历,无所谓纵,亦就无所谓继。……

凡只承认时尚而不认识本质的人,我就说他是以横的观点看历史。这种看法,历史不过是花开花谢,一堆不相连不相传的死象而已。……

所以我们不只从横的观点上给过去的时尚以同情的了解,还要进一步从时尚中剥落出时尚的本质以继续历史。这是纵的看法的根据。①

这里,牟宗三用"纵"表示事物之持续性的本质,而用"横"来表示本质之各种变化相与状态,并且用"纵"的观点看待历史,认为历史有其继承性、历程性而不是不能连成竖线的片段。这种观点直接影响着牟宗三对时代问题的解决思路,即解决现时代的问题不能单纯地就该问题本身而思考,而是应该从历史文化意识出发,做所谓"调适而上遂"的工作。因此,牟宗三也就并不赞成当时流行的、与传统进行较彻底之革命的理论。我们知道,这一时期牟宗三的政治立场大体是张君劢先生倡导的国家社会主义,他在另一篇文章(《从社会形态的发展方面改造社会》1934 年 1 月)中认为,中国当时"唯一的出路即是国家社会主义,以国家冠之,即是纵的冲破横的"②。这里提出的"纵的冲破横的",牟宗三没有再展开说明,其实就是要从历史文化意识的高度看待现时代的社会问题。而这正是牟宗三下一阶段思考的主题。

总之,从这一时期开始,"纵"与"横"两意象已经参与到牟宗三思想的核心理路中去,并获得了更为丰富饱满的意义。

(三)走向概念化

牟宗三学思历程的第三个阶段是赴台初期的十余年,以《历史哲

---

① 牟宗三:《牟宗三先生早期文集(下)》,《牟宗三先生全集》26 卷,联经出版事业公司 2003 年版,第 889—893 页。

② 牟宗三:《牟宗三先生早期文集(下)》,《牟宗三先生全集》26 卷,联经出版事业公司 2003 年版,第 736 页。

学》《政道与治道》《道德的理想主义》三书为代表,还包括《生命的学问》
与《五十自述》二书,其重心在文化哲学和政治哲学方面,落实到现实的
层面则较为集中在文化意识和历史意识的阐扬。这是牟宗三自谓"文
化意识及时代悲感最为昂扬之时"①。在这一阶段,牟宗三思考的主题
是揭示中西文化的特质,分析中国文化之症结,开出中国文化走向现代
化的途径。

　　牟宗三认为,中国文化的核心是生命的学问,它是"综合的尽理之
精神"下的文化系统,其展现方式是理性之"运用表现"与"内容表现"。
而西方文化是"分解的尽理之精神"下的文化系统,其展现方式是理性
之"架构表现"与"外延表现"。中国文化存在的问题则在于"有道统而
无学统""有治道而无政道",故没有出现科学与民主,没有走上现代化
的道路。解决现时代中国文化之症结的方法在于要由"综合的尽理之
精神"转出"分解的尽理之精神",由理性之"运用表现"与"内涵表现"转
出理性之"架构表现"与"外延表现",由良知之自我否定坎陷出民主与
科学。而这基本方案,若用"横""纵""圆"三意象表示之,则是用"纵"的
态度,将文化由"圆"和"纵"的形态开出"横"的形态。

　　在《生命的学问》自序中,牟宗三提纲挈领地说道:

　　　　这些短篇文字,不管横说竖说,总有一中心观念,即在提高人
　　的历史文化意识,点醒人的真实生命,开启人的真实理想。此与时
　　下一般专注意于科技之平面的,横剖的意识有所不同。此所以本
　　书名曰《生命的学问》。生命总是纵贯的,立体的。专注意于科技
　　之平面横剖的意识总是走向腐蚀生命而成为'人'之自我否定。中
　　国文化的核心是生命的学问。由真实生命之觉醒,向外开出建立
　　事业与追求知识之理想,向内渗透此等理想之真实本源,以使理想
　　真成其为理想,此是生命的学问之全体大用。②

────────

①　牟宗三:《道德的理想主义》,《牟宗三先生全集》9卷,联经出版事业公司2003年
版,第3页。
②　牟宗三:《生命的学问》(四版),三民书局2015年版,自序第1—2页。

这里牟宗三用"纵贯的""立体的"来描绘生命的特征，强调只有这种对传统历史文化具有继承发展意识的真实生命，才能完成在现时代"建立事业与追求知识"的使命。

依此，他批评当时的学者解决时代问题缺乏纵贯的历史文化意识，他说：

> 须知时下人所说的自由民主，只是我们的纬。若只限于此，即是没有经的。没有经的纬织不起来。我们的经即是人性通神性之理性以及实现理性之历史文化民族国家，这是一条纵贯线。自由民主之为纬是横断面。若只止于此，则必落于齐于物的横断面下而不能逃。①

"纵"是"经"，"横"是"纬"，只注重"纬"便不能立其体。在这方面，牟宗三甚至认为梁漱溟的这种"纵"的历史文化意识也不太够：

> 可惜梁先生并未能再循其体悟所开之门，再继续前进，尽精微而致广大，却很快地即转而为他的乡村建设事业，自己弄成了隔离与孤立，这就是他的生命已降落而局限于一件特殊事业中，这是他的求效求成之事业心太重，就是说"我要作一件事"。此中之"我"与"一件事"，俱是表示他的生命之降落与局限。这不是宁静与凝聚。须知文化运动，宏扬教法，不是这样形态所能奏效的。后来他又降落而局限于一时之政治漩涡中，即民主同盟中。这是他个人的悲剧，也是宏扬孔教上之不幸。他的文化意识只是类乎苦行的社会意识，所以容易落于横剖面的社会主义之范畴下。至于民族国家，历史文化，自由民主，道德宗教，这种纵贯的，综合的，纲维的文化意识，他并不够。这还是由于他体悟孔教的生命与

---

① 牟宗三：《生命的学问》（四版），三民书局 2015 年版，第 240 页。

智慧之不透。①

这里牟宗三所批评的,是梁漱溟"就事论事"的心态,牟宗三认为这种心态"事业心太重",有"我"与"事"(对象)的对待之局面(横列),生命会被现实拖拽住而挺立不起来,因此不能真正接续传统之慧命,也就不能完成现今开出中国文化健康发展之坦途的重任。(牟宗三认为最富有此纵贯的历史文化意识的是熊十力和唐君毅。)所以,中国文化要回应现代问题,必须首先有此"纵贯"的意识。

有了此"纵"的历史文化意识,就要以此为经,来审视中西文化的特点及优劣得失。牟宗三认为,中国以往的文化是"圆"的、"纵"的形态,而西方文化,尤其是以科学、民主为代表的现代西方文明是"横"的形态。

> 是以中国文化生命,无论从礼乐一面或心性一面,其所表现的"综和的尽理之精神"所成之文化系统实是一充实饱满之形态。我亦曾名之曰"圆盈的形态"。②
>
> 现代化的基本精神是"对列格局"(co-ordination)之形成,而所谓反封建,即是反老的一套。老的方式即是理性的作用表现所表现的方式,基本上亦可用 sub-ordination 这一个名词来代表,亦即是个"隶属"的方式。③

这里,牟宗三将整个西方现代文明之精神,也就是现代新儒学要开出的

---

① 牟宗三:《生命的学问》(四版),三民书局 2015 年版,第 126 页。后来,牟宗三多次作出类似对梁漱溟的评价,这里就不再一一列出了,可再参见牟宗三:《"唐君毅先生逝世十周年纪念会"讲辞》、《我所认识的梁漱溟先生》、《客观的了解与中国文化之再造》等文。这些文章中也有牟宗三对熊十力与唐君毅富有极强的历史文化之纵贯意识的赞许。

② 牟宗三:《历史哲学》,《牟宗三先生全集》9 卷,联经出版事业公司 2003 年版,第 194 页。

③ 牟宗三:《政道与治道》,《牟宗三先生全集》10 卷,联经出版事业公司 2003 年版,第 29 页。

新外王之精神,归结为"对列格局",并指出这种对列格局之特点在于:"成两端,两两相对"①,即相互拉开距离,成对待之势,也就是"横"的形态。而将中国传统文化归结为"圆盈"与"隶属"(即"纵"的),也就是"综合的尽理之精神""理性的运用表现",其特点是"上下通彻、内外贯通、免去对立"的,表现为"摄所归能""摄物归心""即用见体""情理浑融",总之是"圆智"而非"方智",消融了主客、能所、心物等对列关系,也就没能开出现代化的民主、科学。然而,牟宗三认为中国文化之没有发展出科学、民主,是"超过的不能,不是不及的不能",因此,只要以纵贯的历史文化意识,依时代发展之需要,开出即可。这一过程又被称为"良知的自我坎陷"。

例如,对于科学知识,牟宗三分析道:

> 要者是:在以前儒家学术的发展中,智始终是停在圣贤人格中的直觉形态上,即智慧妙用的形态,圆而神的形态上;始终未彰着出来,成为其自身之独立的发展,因而亦无其自身之成果。即智没有从直觉形态转而为"知性形态"。它总是上属而浑化于仁中,而未暂时脱离乎仁而成为"纯粹的知性"。因此,逻辑、数学都出不来。智,必须暂时冷静下来,脱离仁,成为纯粹的"知性",才有其自身独立的发展,因而有其自身之成果,这就是逻辑、数学与科学。智成为纯粹的知性,才能与物为对为二。而中国以前则必讲与物无对无二,这是王阳明所讲的心理合一之良知的天理。在心理合一之良知的天理中,智是不能与物为对为二的,因而亦就不能成为纯粹的知性。智不能转为知性,则其所对之"物"(即"自然")亦不能外在而为纯粹的客体,即不能为研究之对象。"知性主体"一呈现,则运用不能不是逻辑的。此即为"逻辑理性的我"之所在。因此,逻辑、数学都在这里成立。此即为纯形式科学之成立。②

---

① 牟宗三:《政道与治道》,《牟宗三先生全集》10 卷,联经出版事业公司 2003 年版,第 26 页。

② 牟宗三:《道德的理想主义》,《牟宗三先生全集》9 卷,联经出版事业公司 2003 年版,第 201—202 页。

经此一步坎陷,智(理性)就从动态、直贯的实践理性转为静态的理论理性(此为由"纵"转"横");从仁智不分、物我不二之无对转为主客对列之有对(此为由"圆"转"横")。由此,将实践理性转化为独立、纯粹的知性,科学与民主的实现也就有了可能。广而言之,传统之"圆"与"纵"的文化形态,均要经此一自觉地自我否定,转为"横"的形态,方能实现现代化。

总之,在这一阶段,牟宗三思想中基本的问题意识与解决思路就已经可以用"横""纵""圆"这三个基本意象的关系来加以概括了。这一时期,可以说是这三个术语开始形成比较固定的意义域的时期,也是它们由前概念的意象图式到哲学概念,由不自觉地使用到予以自觉地运用,并逐步摆脱其想象性与模糊性而走向抽象性、理性化的重要过渡时期。

(四) 成为解释原则

牟宗三学思历程的第四个阶段是 20 世纪 60 年代前后,可以三巨册的《心体与性体》为主要代表,同样出版于 60 年代的《中国哲学的特质》《才性与玄理》,以及出版时间稍后但同为梳理哲学史的《佛性与般若》《从陆象山到刘蕺山》等书,亦归于此阶段。该阶段是其"彻法源底"的时期,其问题意识之核心在于中国传统思想学术内部的梳理、阐释与判教。而牟宗三梳理儒释道三家之义理时,正是自觉地使用"横""纵""圆"这三个意象图式来完成的。

《才性与玄理》一书内容丰富,不过大体上可概括为两条线索:一是围绕着"才性"与"玄理"两个核心概念,梳理《人物志》和王充思想中所继承的告子、荀子、董仲舒等以来的"气性"传统以及王弼、郭象等玄学家的玄学思想;二是从中国文化的整体发展脉络出发,指出魏晋时期是中国文化生命暂时离其自己同时也是充实其自己的时期,故在讲述此阶段的思想时,处处与儒家精神进行对照,以凸显其得失。这后一方面,若扩大地言之,其实也就是在总结道家的文化地位。在牟宗三看来,道家思想在哲学义理方面最大的贡献就是提炼出主观工夫上的"无"的智慧,即一种"诡辞为用"的"圆智",凸显出一种主观上的"圆教境界"(牟宗三后来称为"作用的圆"),并认为这应该成为哲学中的一种

"共法"。

对此,牟宗三说:

> 欲了道家之玄理,须顺诡辞之路进;故以诡辞为用,一切沾滞皆化矣。……自理境言之,则凡至乎无执之圆教者,皆必以"诡辞为用"也。①

> 此冲虚玄德之为宗主实非"存有型",而乃"境界型"者。盖必本于主观修证(致虚守静之修证),所证之冲虚之境界,即由此冲虚境界,而起冲虚之观照。……以自己主体之虚明而虚明一切。一虚明,一切虚明。而主体虚明之圆证中,实亦无主亦无客,而为一玄冥之绝对。②

> 圆教可自两方面说:一、自玄智之诡辞为用说,不滞一边,动寂双遣,自尔浑化,一时顿圆。二、自超越心体含摄一切说,一毁一切毁,一成一切成,无余无欠,一时顿圆。前者老庄玄智,本自具有。在佛教,则为般若破执,冥照实相。玄智,般若智,固相类也。在儒家,则不自智入,而自仁体之感通神化说,故无许多诡辞,而亦平实如如也。后者,在道家,超越心体似不显。道家不经由超越分解以立此体。惟是自虚静工夫上,损之又损,以至无为。无为而无不为,则进而自诡辞为用以玄同彼我。③

由主观境界之虚静,而至玄同主客、迹本圆融的圆教境界,这正是牟宗三心中道家思想的义理特色及其哲学方面的贡献。"圆"也就由此从一种意象转变成了具有特定表达方式的"作用层"上的"圆教"模式。④

---

① 牟宗三:《才性与玄理》,《牟宗三先生全集》2卷,联经出版事业公司2003年版,第221页。

② 牟宗三:《才性与玄理》,《牟宗三先生全集》2卷,联经出版事业公司2003年版,第164页。

③ 牟宗三:《才性与玄理》,《牟宗三先生全集》2卷,联经出版事业公司2003年版,第265页。

④ 牟宗三关于"实有层"与"作用层"的区分,以及论述道家只有"作用层",可参见《中国哲学十九讲》,第七章"道之'作用的表象'"。

《心体与性体》是牟宗三最具影响力的著作。此书详细展示了牟宗三所理解的儒家系统之规模，并创造性地提出了宋明儒家的三系说。对于三系，牟宗三都十分自觉地使用"纵""横""圆"三概念来说明。牟宗三将宋明儒学分为五峰—蕺山、象山—阳明、伊川—朱子三系，并解释概括道：

> 以上 1.2.两系以《论》、《孟》、《易》、《庸》为标准，可会通而为一大系，当视为一圆圈之两来往：自《论》、《孟》渗透至《易》、《庸》，圆满起来，是一圆圈；自《易》、《庸》回归于《论》、《孟》，圆满起来，仍是此同一圆圈，故可会通为一大系。此一大系，吾名曰纵贯系统。伊川、朱子所成者，名曰横摄系统。故终于是两系。前者是宋、明儒之大宗，亦合先秦儒家之古义；后者是旁枝，乃另开一传统者。①

这里，牟宗三将儒学之正宗（包括前秦之《论语》《孟子》《易传》《中庸》，以及宋明之五峰—蕺山系与象山—阳明系）称为"纵贯系统"，而以歧出的伊川—朱子系为与之相对的"横摄系统"（还包括先秦的《荀子》）。两个系统差别的关键在于对形而上的实体的体悟不同，即"纵贯系统"所理解的道体是"即存有即活动"，而"横摄系统"所理解的道体是"只存有而不活动"。

对于此点，牟宗三进一步解释道：

> 此是差别之所由成，亦是系统之所以分。此为吾书诠表此期学术之中心观念。依"只存有而不活动"说，则伊川、朱子之系统为：主观地说，是静涵静摄系统；客观地说，是本体论的存有之系统。简言之，为横摄系统。依"即存有即活动"说，则先秦旧义以及宋、明儒之大宗皆是本体宇宙论的实体之道德地创生的直贯之系

---

① 牟宗三：《心体与性体（一）》，《牟宗三先生全集》5 卷，联经出版事业公司 2003 年版，第 53 页。

统,简言之,为纵贯系统。系统既异,含于其中之工夫入路亦异。横摄系统为顺取之路,纵贯系统为逆觉之路。此其大较也。①

"纵"与"横"在这里已不仅仅是两个意象,而是由意象上升为了"纵贯"与"横摄"两个严格的哲学系统,有了自己明确的意义界定与系统化、理论化的术语表达。

需要指出的是,即使是伊川—朱子的"横摄系统",若突破儒学内部的限制,放在更广阔的平台上进行比较的话,则它依然可说是一"纵贯系统"。牟宗三后来在《中国哲学十九讲》中说道:"宋明儒中,除了伊川、朱子稍有偏差外,都能充分保持纵贯的意义。但是伊川、朱子的那些词语还是从纵贯系统中提炼出来的;他们只是不自觉地转向,大体类乎柏拉图传统的形态。"②又说:"柏拉图还有纵贯横讲的味道。这纵贯横讲当然不同于佛、道两家的形态,其横讲是偏重认知的。"③如此说来,在儒、释、道三教乃至中西比较的视野中,伊川—朱子的"横摄系统"其实可称之为"纵中之横",是"纵贯横讲"(与佛、道之为"纵贯横讲"不同,下详)。这个意思用《心体与性体》中的话来说则是,作为儒学之大宗的"纵贯系统"所理解的"理"是超越的、动态的"实现之理"或"存在之理"(此可说是"纵的理",因其有超越义、动态义),伊川—朱子的"横摄系统"所理解的理虽亦是超越的"存在之理",却是静态的,故"实现"义有损(存超越义,亦可说是"纵之理"但未能表达出"纵"的动态义),但毕竟不是"形构之理"("横的理",这种理的获得需要主体与对象拉开距离成对列格局,以便主体冷眼旁观对象的形式特征)。又因其对理的把握方式是格物穷理之认识的方式(此认识方式是典型的横摄系统),所以

---

① 牟宗三:《心体与性体(一)》,《牟宗三先生全集》5卷,联经出版事业公司2003年版,第62—63页。牟宗三还绘有"纵贯系统"与"横摄系统"对比图,可参见《心体与性体(三)》(《牟宗三先生全集》7卷,2003年版,第322—323页)。

② 牟宗三:《中国哲学十九讲》,《牟宗三先生全集》29卷,联经出版事业公司2003年版,第438页。

③ 牟宗三:《中国哲学十九讲》,《牟宗三先生全集》29卷,联经出版事业公司2003年版,第436页。

成就了"纵中之横"的理论体系。与此相对,最能体现"纵贯系统"的当属继承先秦儒学及北宋前三家的五峰—蕺山系。此系统先分立客观面的性体与主观面的心体,再由客观面到主观面,即由道体直贯而为性体、性体直贯地呈现著而为心体,由主观面形著而真实化此道体、性体。此最能显出"纵贯"的意象特点(先拉开距离,再通而为一,此方能显示出由上到下的纵贯之象),可谓"纵中之纵",是典型的"纵贯纵讲"。而象山—阳明系虽也是"纵贯系统",可纯是一心之朗现、一心之伸展、一心之遍润,此便显出一"圆"象,可谓"纵中之圆"。但牟宗三又认为:"虽其一心之遍润,充其极,已申展至此境,此亦是一圆满,但却是从纯主观面申展之圆满,客观面究不甚饱满能挺立,不免使人有虚歉之感。自此而言,似不如明道主客观面皆饱满之'一本'义所显之圆教模型为更圆满而无憾。"①这就是说,由五峰—蕺山系之"纵中之纵"可发展为更为圆满的圆教模型。

如此一来,《心体与性体》一书为我们所诠表的儒学义理,可用"纵""横""圆"作如下概括:儒家之义理,总的来说是"纵贯系统";五峰—蕺山系是最能表现此"纵贯"特点,可谓"纵中之纵";象山—阳明则纯是一心之遍润,可谓"纵中之圆";伊川—朱子系对"纵贯"之意有所减弱,最终成为"纵中之横"也。

《佛性与般若》是牟宗三的得意之作。此书借天台宗之判教模式(主要是其中的"化法四教"),以"佛性"与"般若"这两个观念为纲领,综述东来一代佛教发展的脉络关节,个中分判,又常用"横""纵""圆"这三个意象词汇以明之。

牟宗三首先以般若智之不舍不著的妙用为一"圆智",并指出只有在不舍不著之方式下具足一切法,方成其为实相般若。但是,牟宗三又分判说:

----

① 牟宗三:《心体与性体(一)》,《牟宗三先生全集》5 卷,联经出版事业公司 2003 年版,第 51 页。

　　此般若之妙用是共法，一切大小乘皆不能背。它可行于一切大小乘中，然它却不能决定大小乘之为大小乘。因为：（一）它是消化层，无所建立故；（二）它是诡谲的方式，非分解的方式故；（三）它圆具一切成就一切是般若之作用的圆具与成就（即不坏不舍义），而却对于一切法并无根源的说明，因为它无所建立，无分解的或非分解的说明故，因而这般若之作用的圆具并非一存有论的圆具。然则负"大小乘为大小乘"之责者，负"一切法之根源的说明"之责者，乃至负"存有论的圆具"之责者，必是在般若外之另一系之概念中。此另一系之概念即悲愿与佛性是。①

　　这里，牟宗三区分了"作用的圆"与"存有论的圆"。他指出"作用的圆"是消化层上的不舍不著的智慧，是佛教中一种共同的观法。其中的"圆"，是"圆通无碍"的意义，它对于法的存在并没有根源性的说明，也不能决定各个系统之教。能真正从存有论上说明一切法之存在的是天台宗特有的"性具圆教"，它是"如来藏恒沙佛法佛性"的圆满体现，是佛教式的圆教之存有论，其中的"圆"是"圆满无尽"的意义。（当然天台性具圆教同时有"作用的圆"与"存有论的圆"两个层次，因"作用的圆"是佛教的共法故。）如此，牟宗三就用"作用的圆"与"存有论的圆"将"通教"中作为一共法的"般若"与由三因佛性遍满常以及法之存在之说明而来的"圆教"区别开来。不仅如此，牟宗三还指出了"圆"（无论是"作用的圆"与"存有论的圆"）的根本特点，那就是"非分别""非分解"。这可说是对"圆"（不管是作为意象或是系统）的本质规定。而除此之外，无论是"横"还是"纵"，则都是"分别的"。

　　中国佛教如何吸收印度佛教之瑜伽行派的义理，并转化而成为具有中国特色的真常性系统，一直都是佛学界的热点与难点话题。牟宗三创造性地将"别教"再分为"始别教"与"终别教"正是为了解答这一问

---

① 　牟宗三：《佛性与般若（下）》，《牟宗三先生全集》4 卷，联经出版事业公司 2003 年版，第 1210—1211 页。

题。"别教"是就阿赖耶系统与如来藏系统而说的，玄奘所传即为虚妄唯识之阿赖耶系统，判为"始别教"，真谛所传则为真常唯心之如来藏系统，判为"终别教"。

牟宗三分析道：

> 要者是在妄心派以阿赖耶为主，而以正闻熏习为客，真如境始终是在正闻熏习所成之出世净心之仰企中，亦在其所缘中，因此，始终是在对列之局中（一如朱子），而未能以真心为提纲，融真如理于真心中，而为一实践存有论之纵贯系统也。流转还灭两来往即函一佛家式的实践的存有论。而此存有论之完成是在唯真心之纵贯系统下始完成，虽不是终极的圆实的完成。（依天台判教，此是别教。至天台部详明。）心理为一即是纵贯系统。心理为一的真如有内熏力，能生无漏功德法，所谓"性起"，即是纵贯系统。（在生死流转方面只是缘起。）此与妄心派言真如理不生起，既不能熏，亦不受熏，贤首所谓"凝然真如"者，异矣。真谛是向此而趋，但又依附瑜伽系论典而寄意，故处处虽显特色，亦显刺谬也。此前期唯识学，真谛所传者，当然使无著世亲之唯识学面目不清，故有玄奘之发愤西游也。[1]

别教，无论始别教还是终别教，都已开始接触到"如来藏恒沙佛法佛性"这一观念。所谓佛性者，一可由佛格处去了解，即是所成之佛的形态；二可由因性处去了解，即是成佛可能之根据，而说三因佛性（正因佛性，缘因佛性，了因佛性）。小乘当然也可成佛，故有佛格之佛性，但所成只是灰断佛，既未能见佛性常住，又无因性佛性之观念。同时，小乘只是自度，未能度他，此即悲愿不足。以此二故，故为小乘。而大乘之所以为大，以其悲愿广大不舍众生，即成佛要以一切众生得度为条件。因

---

① 牟宗三：《佛性与般若（上）》，《牟宗三先生全集》3 卷，联经出版事业公司 2003 年版，第 357—358 页。

此，其佛格佛性以及因性佛性必须遍满常而达至无限之境，成立"如来藏恒沙佛法佛性"①。此观念显然不是就众生的现实表现而经验地确立的，故其具有超越性。就其具有超越性来说，则别教从整体上看，相较之藏通二教突显一"纵"的特点。然而，单就别教内部来说，始别教将真如理与心（妄心）对立起来，而成一横列之局，成为如朱子那样的"横摄系统"；而终别教则将真如理直贯下来与心通而为一，而肯认"如来藏自性清净心"的存在，成为一"纵贯系统"。

总的来说，佛教之义理系统，因其有般若智之"作用的圆"为共法，又以"存有论的圆"为究极，则可相对于儒家之为"纵贯系统"而说为"圆具系统"。天台四教中"圆教"自然是"圆中之圆"，而"别教"可说是"圆中之纵"，"始别教"与"终别教"又可称之为"纵之横"与"纵之纵"也。

需要辨析的是，牟宗三在《中国哲学十九讲》中将儒家称作"纵贯纵讲"系统，将佛、道称作"纵贯横讲"系统。他说：

> 儒、释、道、耶诸大教原都是讲纵贯的关系，只有知识才是横的，要主客对立。科学知识是由认知机能（cognitive faculty）底认知关系，亦即横的关系而成。认识论则是反省这种关系而予以说明。凡是超过知识层面以上的、讲道的，都是纵贯的关系。②
> 工夫是纬线，纵贯的关系是经线。若是了解了道家工夫的特殊意义，因而了解了它的纬线，那么就可以用一个新名词来表示：道家的境界形态的形而上学是"纵贯的关系横讲"。道家的道与万物的关系是纵贯的，但纵贯的从不生之生、境界形态、再加上纬来了解，就成了"纵贯横讲"，即纵贯的关系用横的方式来表示。这横

---

① "如来藏恒沙佛法佛性"一词应该是牟宗三自创的，以前经论中有"如来藏佛性"与"恒沙佛法"之说，将两者合二为一应该是自牟宗三始。其中，"恒沙佛法佛性"是强调佛性俱着恒河沙数那样多的佛法而为佛性，即是具足十法界而为佛性；"如来藏"则表示成佛之可能性的根据。"藏"有二义：一者含藏，二者隐藏，合起来表示这成佛的可能性本就含在众生之中。

② 牟宗三：《中国哲学十九讲》，《牟宗三先生全集》29 卷，联经出版事业公司 2003 年版，第 111 页。

并不是知识、认知之横的方式，而是寄托在工夫的纬线上的横。……这名词也可用于佛教，佛教也有纵贯的关系，但不能说般若解脱法身三德秘密藏所成的大涅槃法身创生万法，这是不通的，因此佛教也是"纵贯纵讲"。①

可以看到，牟宗三将佛、道称作"纵贯"完全是站在儒家的视角而说的。以儒家道德创造式的存有论为典型，就因为佛、道也有自己的一套存有论，且这些存有论都强调主体的主导作用，故将其也称之为"纵贯"。如他评价道家说："盖停滞于自然无为层面上而为平面的，而非立体的。"②但连牟宗三自己也十分清楚，佛、道表示存有论的方式与儒家完全不同，是"一念三千""不生之生"。"纵贯"之本体宇宙论的创生只是讲存有论的一种方式，不能因为讲存有论就被称为"纵贯系统"。因此，佛、道的存有论其实是"非纵"的（老子、王弼以及真常心系似略有"纵"象，但也是"圆中之纵"）。同样，佛、道讲工夫既不同于儒家之纵贯式的逆觉体证，但也不同于牟宗三一贯称之为"横"的讲知识方式，因此，两家讲工夫应该是"非纵非横"的。智者大师说"非纵非横，乃成圆伊"，佛、道两家的义理系统还是以"圆"来表示为妥帖。（用"纵贯横讲"则不符合牟宗三以往对"纵""横"的理解，且略有护教之心在作怪，不欲直以此最高之"圆"来标识佛、道。真正按照牟宗三以往使用该词的含义而说"纵贯横讲"，指的应该是朱子用泛认知主义的方式讲纵贯的实现之理的理论形态）。只不过，道家系统偏重于用"作用的圆"融摄"存有论的圆"，在天台圆教则"作用的圆"与"存有论的圆"两方面皆圆融饱满。

　　总之，牟宗三梳理儒、释、道三家义理时，已经完全自觉地使用了"纵""圆""横"来说明三教之特点。从大的方面说，儒家是"纵贯系统"，道家是"圆融系统"，佛家天台宗是"圆具系统"。由于这里所说的每个

---

　　①　牟宗三：《中国哲学十九讲》，《牟宗三先生全集》29 卷，联经出版事业公司 2003 年版，第 113—114 页。

　　②　牟宗三：《政道与治道》，《牟宗三先生全集》10 卷，联经出版事业公司 2003 年版，第 156 页。

系统都是逻辑较严密、理论乃至方法（工夫论）较完备的体系，因此，也就标志着"纵""圆""横"正式地由意象上升为哲学系统，由在后台默默地发挥作用转变为了台上的主角。

（五）哲学范式的确立

牟宗三学思历程的第五个阶段是 20 世纪 70 年代以后，以《智的直觉与中国哲学》《现象与物自身》《圆善论》《中西哲学之会通十四讲》等书为代表，也包括写在译著《康德〈判断力之批判〉》卷首的《以合目的性之原则为审美判断力之超越的原则之疑质与商榷》这一长文（以下简称《商榷》），其思考方向是在进一步消化康德的基础上，会通中西，建构和不断完善自己的哲学体系。该阶段牟宗三提炼出"智的直觉"一概念作为中西哲学差别的关键，构建起"两层存有论"的理论体系，又吸收"圆教模式"解决圆善问题并通达"真美善合一"境界。这其中，"横""纵""圆"已起到思想范式的作用。

众所周知，康德在《纯粹理性批判》与《实践理性批判》中分别阐明了认识和道德的先天原理，规定了自然界和自由的法则，即知性在认识领域为自然立法，理性在实践领域为自由立法。对于这两种立法，牟宗三分析道：

> 知性并不能凭空地替它立法则，自动地为自然自立法则，制造法则，一如自律的意志之为道德行为自立道德法则，这后者是从天而降地自立法则，这是毫无假借的，所以意志是创造性原则，而知性不是创造性原则，意志是垂直的纵贯的，而知性则必须是横列地对立的。知性无论如何笼罩、综摄、统思、综涉、综就，它总不能为自然立法，说自然底法则是我给它的，是我安置在那里的。它不能替自然制造法则，因为它不是创造原则。它只能以它先验的、自发的、超越而形式的施设活动来逼显法则。①

---

① 牟宗三：《智的直觉与中国哲学》，《牟宗三先生全集》20 卷，联经出版事业公司 2003 年版，第 27 页。

这其实就是将康德在《纯粹理性批判》中建构的知性为自然立法的体系判为"横摄系统"，而将《实践理性批判》（包括《道德形而上学奠基》）中建构的理性为自由、为意志立法判为"纵贯系统"。

而要真正贴合"创造"的实义，一定要是纵贯纵讲，儒家与康德的接头正在于此。牟宗三说：

> 儒家系统从最究极处看，是个纵贯系统，就是康德所说的两层立法中实践理性的立法那一层。……康德也是纵贯纵讲。康德之所以能和儒家接头，是因为他讲意志的自律。这个扭转很重要，也是中国人所赞成的，因为儒家属于这个型态，一看就能了解。①

但是，牟宗三又认为康德所讲不如儒家所讲更切合"纵贯"之实意，这是因为康德将"意志自由"视为悬设，不承认人有"智的直觉"，而"智的直觉"是"纵贯系统"所必须要肯定的。

> 康德可以不承认智的直觉，但是中国人不一定不承认。过去儒家虽然没有这个名词，但是必须肯定这个事实。这种肯定是在纵贯的系统中承认智的直觉，而非在认知的横列的系统中承认。我们承认了智的直觉，我们也未扩大我们的知识，这和康德的知识论并不冲突。智的直觉不能给我们知识，它是创造原则，而非认知原则，因此我们不能以了解感触直觉的方式去了解它。感触直觉是在横的关系中，它能给与一个对象，但不能创造一个对象。智的直觉是在纵的关系中，它直觉某物即创造某物。②

智的直觉之创造即是本心仁体之创造，是纵贯的，承体起用的。这不同

---

① 牟宗三：《中国哲学十九讲》，《牟宗三先生全集》29 卷，联经出版事业公司 2003 年版，第 438 页。

② 牟宗三：《中国哲学十九讲》，《牟宗三先生全集》29 卷，联经出版事业公司 2003 年版，第 441 页。

于在认知层面的"横"的关系中,以感触直觉的方式给予对象。而肯定了"智的直觉"便能凸显出与"内在于一物之存在而分析其存有性"这种存有论(即"执的存有论",表现为知性的存有论性格)不同的"无执的存有论"。

"无执的存有论",是就存在物而超越地明其所以存在之理。

> 此种存有论必须见本源,如文中所说儒家的存有论(纵贯纵讲者)及道家式与佛家式的存有论(纵贯横讲者)即是这种存有论,吾亦曾名之曰"无执的存有论",因为这必须依智不依识故。①
> "依于神心"(神心即无限智心,含有智的直觉——笔者注)是存有论的、纵贯的;"依于有限心"是认识的、横列的。②

由此,我们也可以说"两层存有论"中,"执的存有论"是"横摄系统","无执的存有论"是"纵贯系统"。"无执的存有论"与"执的存有论"之间有一"坎陷"关系,这种关系正是要将"纵"的转为"横"的。"经此坎陷,从动态转为静态,从无对转为有对,从践履上的直贯转为理解上的横列。"③而这种转变正是儒学第三期发展的核心工作,正如牟宗三早已指出的,"以纵贯系统融化横摄系统而一之,则是今日之事也"④。

纵贯系统不仅要下开横摄系统以成就知识,还要上提至圆具系统以达到"圆善"与"真美善合一"之境。具体而言,要解决圆善问题要从纵贯系统出发而通至圆教模式(存有论的圆)方可,要达至"真美善合一"则要从纵贯系统出发而至作用的圆方可("四无"之"无"即作用意义的无,其为圆则为作用意义的圆)。

---

① 牟宗三:《圆善论》,《牟宗三先生全集》22 卷,联经出版事业公司 2003 年版,第 328 页。

② 牟宗三:《从陆象山到刘蕺山》,《牟宗三先生全集》8 卷,联经出版事业公司 2003 年版,第 188 页。

③ 牟宗三:《政道与治道》,《牟宗三先生全集》10 卷,联经出版事业公司 2003 年版,第 64 页。

④ 牟宗三:《心体与性体(一)》,《牟宗三先生全集》5 卷,联经出版事业公司 2003 年版,第 435 页。

总之,牟宗三在这一阶段,消化康德,会通中西,建构和完善自己哲学体系的理路,可用"横""纵""圆"概括为:以纵贯系统为主干,下开横摄系统,上达圆教模式。不仅如此,此时牟宗三甚至还自觉地把这些术语当作哲学上的概念对其下定义。如他解说道:"纵贯者,照字面解,是'竖起来而竖直地直贯下来'的意思。什么东西能竖直地直贯下来?直贯下来贯至什么?落实说,这是预设一道德性的无限智心,此无限智心通过其创造性的意志之作用或通过其感通遍润性的仁之作用,而能肇始一切物而使之有存在者也。"①他甚至还强调,"讲哲学首先要了解甚么是横列的系统,甚么是纵贯的系统"②云云。这些足以见得此时这三个意象图式在牟宗三哲学中的核心地位。

二、"意象图式"联结着感知结构与心物关系结构

以上,我们按照牟宗三思想发展的线索,对相关文献材料略加疏解,目的是为了说明:"纵""横""圆"足以称得上贯穿牟宗三一生哲思的基本意象图式,而且这些意象本身也有一个从辅助思考的边缘角色进至其哲学体系之核心范式的发展过程。③意象本来就具有模糊性④,这也就无怪乎牟宗三对"纵""横""圆"三个术语的使用有时候并不那么的严格,但从整体上看,此三者在牟宗三思想中还是形成了相对稳定的结构特征与意义域。

"横"的基本结构是"对列格局"(横列),即形成两端、两两相对。形

---

① 牟宗三:《圆善论》,《牟宗三先生全集》22 卷,联经出版事业公司 2003 年版,第319 页。

② 牟宗三:《周易哲学讲演录》,《牟宗三先生全集》31 卷,联经出版事业公司 2003 年版,第 78 页。

③ 其实,牟宗三对这三个意象的使用远不止于本节论述过的这些领域。在分别不同的因果关系(垂直因果与横面因果)时、在解析黑格尔的"辩证"概念时、在分析无著之"一种七现"论与世亲"八识现行"论的差别时,在解释天台宗"性修不二"时,牟宗三都曾使用这三种意象来辅以说明问题。这里限于篇幅就不再一一列举了。

④ 其实,对所谓明晰性的追求这种思想本身就是基于一种视觉性体验的视觉隐喻。

象地表示为：

$$A\text{——}B$$

其中，A 与 B 虽有某种关联，但两方都具有其自存性，不可用一方完全取代另一方，因此，A 与 B 是两个东西，总有距离，是二元论的，不可合一。此外，两者呈水平状，表示 A 与 B 两端不存在着绝对的高低之分。基于这一基本意象图式，牟宗三常用"对偶""水平""平面""横摄""顺取""共在"等词表示"横"，又逐步将其与"静态""事件化"（碎片化）"空间化""量化"等联系起来①，并最终，以"横"来代表以西方认识论（在主客二分的前提下，考察主体如何实现对客观世界的认识）为典型的哲学形态。

"纵"的基本结构是"竖起来而竖直地直贯下来"（纵贯），形象地表示为：

这里，A 与 B 在地位上是有上下、高低之别的，所以呈现为竖直之态。但是，这种上下高低之分只是表面上的、暂时的，由于 A 要直贯下来，贯至于 B，故而，A 和 B 最终又将贯通而为一。因此，"纵"意象有一个"先有距离而又通而为一"的过程。从 A 到 B 说是"创生"，从 B 到 A 说是"隶属"。就其最终必将通而为一来说，"纵贯"终归是一元论的。基于这些特点，牟宗三赋予了"纵"以"立体""创生""本质""动态""历史性"等特点。作为儒学之大宗的"纵贯系统"正是由"纵"之意象发展出的典型形态。

"圆"可形象地表示为：

---

① 牟宗三曾说："所以今之治史者，……此之谓科学方法之用于史。其结果是治史者不懂史，成为历史意识文化意识之断灭，成为慧命之斩绝。虽曰纵贯，实是横列。他们把历史事件化、量化、空间化，哪里还有纵贯？这是休谟哲学之用于史。"（牟宗三：《生命的学问》（四版），三民书局 2015 年版，第 168 页）

表示"圆融无碍""圆满无尽",是"非分别的"。在其中,主客、内外、万物同为不可分别的一体(同一事体)。这个"一体"不是一元论的意思,因为通常所说的"一元论""二元论"都是通过分解的方式建立起来的。而"圆"之为"同体""一体"则是非分解的,毋宁说,它是无元、无极的,《易·乾》所谓"群龙无首"是也。故牟宗三又常用"诡谲的即""绝对""不二""无对""和谐""统一"等等来形容之。表现"圆"之意象的典型哲学系统,则是天台宗所展示出的"性具圆教"。

　　从蕴涵的结构上说,"横"表示的是一种两元对待的结构;"纵"表示一种两方先有距离,再由一方完全收摄另一方,从而消除这种距离的结构;"圆"则是自始无距离,非分别的结构。感官感知为我们提供出的三种基本结构,即视觉之"距离"、听觉之"结盟"、味觉之"交合",在牟宗三哲学中,正是通过"横""纵""圆"这种意象图式,最终塑造出心物关系之"对偶""纵贯""即具"三种基本关系结构。它们就像是牟宗三哲学自带的解读图表一般。

　　"意象图式"既不是先验的,也不是特殊的心理经验,但它可以表示出某种前概念、前语言的结构性与条件性。它不是对具体事物进行抽象所得,而是由感知到理知的塑造环节,其源头是在人生在世之感。思想方式的塑成,从整体上看呈现出"感知—意象图式—思维方式(语义、概念、推理)"的过程,其中,由意象图式到思维方式的过程就是隐喻映射的过程,贯穿其中的要求是发现相似性的"结构"。隐喻在思维中的位置是由"相似关系在原有的观念向新观念转变过程中所起的作用"[1]规定的,相似性"不仅是隐喻陈述所建构的东西,而且是指导和产生这种陈述的东西"[2]。而结构就像这些"线条"(将其表示为"—""↓""○"只是为了理解起来形象方便的行权而已),有了它才使我们的思想进一步明晰化、有序化。这种"线条"式的前概念结构,不断作用于思考过程,逐步发展成互参、联想、类比等思考方式,并最终发展成为逻辑思

---

[1]　保罗·利科:《活的隐喻》,汪堂家译,上海译文出版社 2016 年版,第 238 页。
[2]　保罗·利科:《活的隐喻》,汪堂家译,上海译文出版社 2016 年版,第 266 页。

维、概念思维。可以说,理知思维本身的关键性概念与推理方式,最初几乎都是由前逻辑的感知隐喻所造成的。而这些相似性结构也成为了思想的条件,或者说思想背后的深层定式,受它塑造的概念的意义、推理的方式都将不自觉地受到它的"规训"。

若用中国传统的概念来表示,"意象图式"可谓之"象"。"象"由"感"而生,融幽明显隐为一体而具有生发、牵引之能。由"象"而"意"的过程,则可谓之"兴"。《尔雅·释言》释云:"兴,起也","起"意味着"以彼及此""使之发生",即将基于切身感知所获得的"象"映射到概念思维的理知中。"感知塑理知"即是"兴—象"思维的一种表现形式。

黑格尔把概念称为"无图像的理解",认为只有依概念推导的方式才能论证真理、把握绝对,才是哲学的方式。从语义角度看,概念的"去图像化"其实就是隐喻的"词化",就是对隐喻的"损耗"并使之成为"死隐喻"。"隐喻在何处消失,形而上学概念就在何处产生。"①概念抽象"本义"的确立是与隐喻在最初意义中的消失紧密联系在一起的,与之一同消失的,还有"语言的创造能力"和"由虚构所展现出来的启发能力"②。"象思维"则是一种不离意象图式的思考方式,它用"象"将人带回活生生的思想处境、意义原初的场域,让思考过程高度场景化、充满现场感,让观点在情境中被激活、被当场构成,使思想带有永不僵化的现场感与灵活性,并"通过语义更新揭示现实的新的方面"③。象思维与概念思维不是并列的关系,前者是在后者的底层发挥着能动的创造性作用,是后者的根,也是我们撬动充满概念思辨的牟宗三哲学的钥匙。

牟宗三哲学体系宏大、思索精深、文字晦涩,还喜欢创造新概念,在学界是出了名的难啃。不过,就笔者的学习体会,若能切实领会其中"横""纵""圆"这三个意象的内在结构,便可以起到纲举目张、提要钩玄之效,直至实现对其庞大体系的消化创新。

---

① 保罗·利科:《活的隐喻》,汪堂家译,上海译文出版社 2016 年版,第 399 页。
② 保罗·利科:《活的隐喻》,汪堂家译,上海译文出版社 2016 年版,前言第 5 页。
③ 保罗·利科:《活的隐喻》,汪堂家译,上海译文出版社 2016 年版,第 405 页。

第五章 追踪牟宗三思想背后的
感官感知结构

从牟宗三哲学自身看,身体的维度、感官感知的维度并没有进入其哲学思考的核心领域。我们也并不是要以这一套身体哲学的观点去外在地批评牟宗三,而是抱着"人体解剖是猴体解剖的钥匙"的诠释态度,希望能更进一步、从另一个层次上去理解、诠释牟宗三。通过这种方式,笔者一是期望能对牟宗三所提出的一些极具争议的重要论断,如"智的直觉"是中国哲学的方法论特色,儒家思想是"理性的理想主义"等等给出自己的解读,使其真实的意涵不但明晰而且可感;二是期望能对牟宗三思想的内在发展逻辑及其与中国思想传统的联系,给出扼要的刻画。

这种解读,从方法上看,是以文本中蕴涵的感官隐喻为依据的。不过,这里所说的隐喻不只是一种语言现象,更多地表示一种认知的构成方式,即用一个感知情境来理解一个抽象概念的方式。德里达从解构哲学与文学之对立的角度指出,实际上所有的形而上学话语中都含有"感官类型的隐喻性内容",人们在谈论形而上学时,"实际上是在谈论视觉、听觉和触觉的隐喻(在那里,知识问题作为它的要素),甚至于嗅觉和味觉的隐喻,尽管十分少见,但也不是无关紧要的"①。这就是说,

① Derrida, "White Mythology: Metaphor in the Text of Philosophy", In: Margins of Philosophy, Trans: Alan Bass. Chicago: The University of Chicago Press, 1982, p.227.

我们完全可以从看似抽象的哲学理论中去回溯其发生的感知经验。着力于从"概念化"角度研究认知之切身性的学者乔治·莱考夫与马克·约翰逊也曾指出,抽象概念大部分是隐喻性的,我们对抽象概念的理解是依赖于对我们熟悉的"基本层次概念"之隐喻的扩展,"基本层次概念"之所以为我们所熟知正是由于它源自我们的切身体验(Embodied,也可以译作"身塑的",取"身体塑型"之意)。反过来说,身体经验决定基本层次概念(之意义),这些概念又以隐喻的方式渗透至其他概念中(或者说创造其他概念之意义),这就是所谓的"概念隐喻"理论。哲学概念之意义的生成,当然亦不能外于这个过程。莱考夫等人还特别强调,隐喻不仅决定概念的意义,还会决定我们思维的方式,这种决定是格式塔式的,而且这些决定都具有无意识的(不自觉的)特点。①切身感知基于隐喻作用于认识的无意识性,说明在某一哲学思想中,感官感知的维度即使没有被主题化,但其依然在无意识地发挥着作用。对文本中的隐喻的挖掘,正是使这种无意识地发挥作用的感官经验浮出水面的方法。详细讨论参见附录。

第一节 "梵音开悟":听觉结构与纵贯系统

上一章中,我们将带有先验唯心主义色彩的牟宗三心物关系思想视作了对文化心理结构的深层塑造,还特别强调了在这种结构的塑造中,切身性的感官感知起到了重要的作用。就整体而言,这种塑造是要在历史中长期的生活实践积淀才能形成的;就个体而言,可以通过某些特别时机、机缘的体验与经历,去激发其充分地理解并坚定地肯认其那积淀而成的文化心理结构之全部或某一方面。中国传统谓之"悟道"。在三种心物关系结构中,牟宗三本人最看重的是"纵贯"结构。即使后来又发现了"圆具"结构的种种妙处,他也依然尽力试图将后者纳入前

---

① 莱考夫等人所说的思维的无意识,不是弗洛伊德学说所认为的那种精神被压抑的无意识,而是认知的知觉层面之下操作的无意识。就是说,思维方式对感官经验结构的依赖、概念意义基于切身感知而形成等等,这些都是在下意识中完成的。

者之中。（他在晚年讲到"圆善论"以及"真美善的合一说"时，总是以作为"别圆"形态的王龙溪思想为佐证即是一例。"别圆"者，从"所因处"说是纵贯结构，从表现形态上说是圆具结构。）这与牟宗三对"纵贯"结构以及作为其根由的"听觉"感知有着非凡的体验经历有关。

有学者敏锐地发现，牟宗三在四十八岁左右，有一次类似于"孔子闻《韶》大悟"、阳明龙场悟道的开悟体验。这一体验发生在"一夕，梵音起自邻舍"的听觉情境中，因此，这一开悟的"精神事件"被称为"梵音开悟"①。对此，学界往往关注的是牟宗三此番开悟所证得的具体内容，也有学者注意到这一开悟经历中的佛教因素。②笔者以为，牟宗三此番开悟时的具体情境，即对梵音的"听"（为什么不是在看书时开悟？ 不是在做事中开悟？），对其精神转折的影响以及与其所证得内容的关系才是更加值得探索的。

那时，即将到知天命岁数的牟宗三面临着"'大的行动'能否来临之生死关头"③。他回顾自离开家乡外出读书以来几十年的学思经历，到此时已深感"惫矣""倦矣"。这种倦是心倦，也是一种心病。"此病是一种虚无、怖慄之感，忽然堕于虚无之深渊，任何精神价值的事业挂搭不上"，但同时此病亦可救，亦可由某种方式而从这虚无的深渊里纵跳出来，"从丧失一切而获得一切"④。牟宗三开悟前的精神处境，正是在这种要么"丧失一切"，要么"获得一切"的境况之中。此正是所谓，得之则生不得则死（这里指精神层面的生死），战战兢兢，如临深渊，如履薄冰

---

① 可参见李山：《牟宗三传（增订本）》，中央民族大学出版社 2002 年版，第四章。

② 参见徐波：《存有的圆具：由牟宗三对天台佛学的融摄审视其判教哲学》，香港科技大学人文学部博士论文 2014 年，第 2—5 页。这种观点有点受唐君毅的诱导。牟宗三曾将开悟体验告诉唐君毅，唐君毅回信称"弟亦实由此契入佛教心情"云云。然而从下文看，牟宗三这次体证的不仅仅是佛教的所见，而是未分儒佛耶之前的"本来面目"，可谓三教同证。佛教思想在其中最多只是一个契机，谈不上什么关键性的影响。唐君毅在回信中也提到了对梵音的听的重要性，认为"皆一一以梵音唱出，低徊慨叹，苍凉无限，实足令人感动悲恻，胜读佛经经论无数"，这种对听觉活动本身的关注是笔者在这里要探讨的。

③ 牟宗三：《五十自述》，《牟宗三先生全集》32 卷，联经出版事业公司 2003 年版，第119 页。

④ 牟宗三：《五十自述》，《牟宗三先生全集》32 卷，联经出版事业公司 2003 年版，第123 页。

的险地。

牟宗三为何"倦矣"？为何心病至于将死？这是由于其生命的两极化，即在相对待而拉扯（即对偶性）中造成的。牟宗三反省道：

> 生命由混沌中之蕴蓄而直接向外扑，向外膨胀，成为泛滥浪漫之阶段，再稍为收摄凝聚而直接向外照，成为直觉的解悟，再凝聚提练而转为架构的思辨：这一切都是心力之外用，生命之离其自己。就是在客观的悲情中，而进于具体的解悟，成就历史哲学，也是心力之向外耗散，生命之离其自己。生命之蕴蓄，雷雨之动满盈，膨胀耗散，而至其极，疲倦了，反而照察自己，生命由游离而归于其自己，忽而顿觉一无所有：由蕴蓄一切，一转而为撤离一切，生命无挂搭，顿觉爽然若失，即在此一霎，堕入"虚无之深渊"。①

牟宗三的倦，他的心病，是"心力之向外耗散，生命之离其自己"所导致的，是生命不断向外投射到客观上，往而不返所导致的。这种"心力之外照"，正是由视觉活动的结构性所"映射"而形成的。

视觉活动正是一种不断地向外面、向远处着力的活动。这种向外，对视觉而言是一种自发的、积极主动的朝向。因其自发性，同时也因为视觉是我们现代人最离不开、给予我们信息量最大的感觉方式，牟宗三后来常用"顺取"来形容视觉的这种向外寻求的活动，而和听觉的"逆觉"相区别。这个"顺"既是顺俗而首先关注视觉，又是顺视觉之本性而向外关注。这种向外寻求的活动当然会有所收获，有所成就。阿恩海姆所说："这种远距离感受，不仅使自己的认识领域更加宽广，而且使得感知者不再与他探索的事件直接冲撞。这种使感知者避开感知对象对他自己以及他的所作所为产生影响的能力，使得他能够更加客观地把握周围的存在物及其行为，换言之，使得他能够直接研究这些客观存在

---

① 牟宗三：《五十自述》，《牟宗三先生全集》32卷，联经出版事业公司2003年版，第131页。本章所有引文下的着重号俱为笔者所加，主要是为了指出文字中所蕴含的感官隐喻及其结构特点。

物是什么,而不是这些存在物对他的作用和他自己正在做什么。正如汉斯·琼斯曾经指出的,在这方面表现最突出的乃是视觉,它是一切公正的观看或观照活动的本原。"①由于视觉与其他感官相比,与对象距离最远,对对象的介入最少,在这个意义上它也就最客观。正因如此,一向重视知识的、追求客观性的古希腊哲学传统才将视觉视作感官等级中"最高级的感官",也是"最可靠的感觉"。

对此,牟宗三一方面也认识到了这种向外寻求的活动对成就知识的作用,这种主客分离、与物为对的格局,正是他所追求的开出学统、建立政统的前提。他说:"心力之向外膨胀耗散,是在一定的矢向与途径中使用,在此使用中,照察了外物,贞定了外物,此就是普通所谓学问或成就。"②此中言"照察"、言"贞定",正是通过一种视觉性的思考而导致对象客观性的建立。但另一方面,牟宗三同时也意识到,"凡在一定矢向的途径中的照察总是有限的、表面的、抽象的、吊挂的。永不能达到具体、周匝、备天地之美、称神明之容的境地"③。同样也是由于视觉的距离性特征,视觉对对象的把握就只能停留在对象的表面上,关注于对象之形、色方面的特征。对形状的知觉,其实就是对于在感知对象中发现的形式(结构、相)特征的捕捉(或者也可以说是把某种结构特征强加于知觉现象上),这种形式可以脱离对象本身而被再现,而且可以在不同主体间进行直接的对照。而在观察某物的同时,观察者也有意识地撇开所看对象所处的背景,把对象从整体中抽取出来,好像它是一个孤立的事物似的,以便更准确地把握对象本身的形式。此外,由于视觉活动离不开视角的限制,因此,即使是对对象表面的认识,视觉也永远不能一下子把握住对象表面的全体,而总是对部分的认识。视觉活动的上述种种特征,正是造成牟宗三在对应的认识论与生存论上有"有限的""表面的""抽象的"感受的原因。这种感受,在我们追逐外物时已然

①　鲁道夫·阿恩海姆:《视觉思维》,滕守尧译,光明日报出版社 1987 年版,第 61 页。

②③　牟宗三:《五十自述》,《牟宗三先生全集》32 卷,联经出版事业公司 2003 年版,第 131 页。

如此，当我们希望从心力之向外耗散返回来观照自己时，就表现得又尤为强烈。

按照陈家琪的概括，"视"的三大功能之一是"引着人去反思：因看到什么而想到眼睛的存在——尽管人们并看不到自己眼睛的存在，于是引出主体的观念"。①视觉活动不但能引入"主体"的观念，而且也想"看到"主体。但视觉活动之向外追求的特点必然导致它不能直接地"看到"主体，正如人看不到自己的眼球。因此，视觉性的思维对主体的"看—思"，只能采取对象化的方式，如同我们在镜子中看见自己的眼球一样。然而，镜子中的自己不是真实的自己，按牟宗三的话说，那不是主体之"在其自己"。镜子中的自己、对象中的自己，不但是"有限的""表面的""抽象的"，还是反着的，即"吊挂的"。正是在这欲反观主体的时候，由视觉性结构所带来的生命无挂搭之感、爽然若失之感就显得尤为真切。

牟宗三自白说：

> 这消极的机缘即在吊挂抽象之极而疲倦，反照我自己，而顿觉爽然若失，一无所有。凡吊挂抽象之极必然要疲倦、要厌离，在厌离中，拆穿了那假的贞定，知道那是冻结，那是吊挂，那里的一切都不足恃，都是身外之物，与自己毫不相干，无足轻重，自己处一无所有。充实满盈的世界一变而为虚无星散的世界：一切全撒离了，我们的生命无交待处，无挂搭处。这就是存在主义者所说的从"非存在的"转到"存在的"的第一步感受。
>
> 这一步存在的感受是个体性破裂之痛苦的感受。"我"原是一个统一的个体。但经过向外耗散、抽象、吊挂，生命寄托于"非存在的"抽象普遍性中，此是外在的普遍性，外在的普遍性不能作我生命寄托之所，而彼亦不能内在于我的生命中以统一我的生命，而我自己生命中本有之普遍性又未在"存在的践履"中呈露而尽其统一

---

　　① 陈家琪：《经验之为经验》，社会科学文献出版社2000年版，第24页。

之责，是则生命全投注于一外在抽象的非存在的普遍性中而吊挂，一旦反照自己之现实生命，则全剩下一些无交待之特殊零件，生理的特殊零件，这种种的特殊零件其本身不能圆融团聚，与其本身以外的现实世界亦不能相接相契，而全成陌生、障隔，每一零件需要交待而无交待，需要款待而无款待，全成孤零零的飘萍。①

牟宗三此时的痛苦，正是这种欲求真实主体而不得的痛苦。这种生命经过向外耗散而导致的破裂、陌生、孤零零的虚无怖慄之痛苦，从深层结构上看，正是视觉化的活动所造成的。正是视觉性结构这种只能以对象化的方式认识自己的特点，正是视觉性思维对对象的认识是表面化、抽"相"化、片面化的特点，才使得我们想以此方式来认识自己时，所认识的只是外在化、表相化、抽相化、破碎化的"非我""假我"。我们自己的生命在这种认识活动乃至存在方式中，就如照相机里一张张在不同角度对身体不同部位所拍下的照片一样，是平面化的、僵硬的、零件式的，根本不知该如何整合成一个活生生真实的自己。②这就是牟宗三此时的病根。

同时，牟宗三也感到，这病痛不是他个人的，而是时代的病，是时代之病在其身上的反映。"世界病了，我亦病了。这客观地说，我之'被动的反映'之真病，亦可以把这共劫之大病暴露给世人看，暴露给后世子孙看，让今人、后人以及我自己，从速归于顺适条畅。"③用佛教的话说，这是这个时代的共业。正如本雅明所说，现代社会、现代生活的基本特

----

① 牟宗三：《五十自述》，《牟宗三先生全集》32 卷，联经出版事业公司 2003 年版，第132 页。

② 当然，视觉化的活动虽然不能认识知体明觉之真我，但是可以由统觉底综合统一作用而意识到有一个"认识我"的存在。不过，即便是这个认识主体，也只是形式的我、逻辑的我，由使用概念而架构起来的我。有认识我的"有"，只是一个单纯的、形式的"有"，它既不能与感触直觉相对应，也不能与智的直觉相对应。为了贯彻其"直觉的具体化"原则，牟宗三又提出了一种"形式的直觉"（参见牟宗三：《现象与物自身》，《牟宗三先生全集》21 卷，联经出版事业公司 2003 年版，第 167 页。）与此"形式的我"相对应，使其具有现实的品格。

③ 牟宗三：《五十自述》，《牟宗三先生全集》32 卷，联经出版事业公司 2003 年版，第135 页。

征就是视觉的胜利(在本雅明那里主要指视觉对听觉的胜利)。①视觉中心主义是现代性的深层逻辑。②那么,在这个时代里,如何能融化那冻结,悬解那吊挂,使生命归于顺适条畅,达到具体、周匝、备天地之美、称神明之容之境,并重新归于"在其自己"? 如何使生命"由客观的转而为'主观的',由'非存在的'转而为'存在的',由客观地存在的'具体解悟'之用于历史文化转而为主观地、个人地存在的"③? 如何能从视觉中心主义的限制中超拔而出? 牟宗三认为,这首先需要心之觉醒,需要心力由平面地向外耗散,转而为内在地、直线地向上超越。

是什么契机促成了这超越? 就牟宗三个人来说,首先是遇见熊十力,这件被他称作生命中的一件大事的机缘。有意思的是,从牟宗三的回忆中我们发现,熊十力每次给他带来直击其心灵的大震动之处,又都与"听"的情境有关。

例如,牟宗三回忆第一次见到熊先生时的情境:

> 他们在那里闲谈,我在旁边吃瓜子,也不甚注意他们谈些什么。忽然听见他老先生把桌子一拍,很严肃地叫了起来:"当今之世,讲晚周诸子,只有我熊某能讲,其余都是混扯。"在座诸位先生喝喝一笑,我当时耳目一振,心中想到,这先生的是不凡,直恁地不客气,凶猛得很。我便注意起来,见他眼睛也瞪起来了,目光清而且锐,前额饱满,口方大,体骨端正,笑声震屋宇,直从丹田发。清气、奇气、秀气、逸气:爽朗坦白。不无聊,能挑破沉闷。直对着那纷纷攘攘,卑陋尘凡,作狮子吼。……今见熊先生,正不复尔,显然凸现出一鲜明之颜色,反照出那些名流教授皆是卑陋庸俗,始知人间尚有更高者、更大者。我在这里始见了一个真人,始嗅到了学问

---

① Walter Benjamin, "The Work of Art in the Age of Mechanical Reproduction", Harry Zohn, trans, in Hannah Arendt, ed., Illuminations, New York: Schocken Books, 1969, p.221.

② 严格地说,现代性是视觉主义与听觉主义的共谋。

③ 牟宗三:《五十自述》,《牟宗三先生全集》32 卷,联经出版事业公司 2003 年版,第118 页。

与生命的意味。······我当时好像直从熊先生的狮子吼里得到了一个当头棒喝，使我的眼睛心思在浮泛的向外追逐中回光返照，照到了自己的"现实"之何所是，停滞在何层面。这是打落到"存在的"领域中之开始机缘。①

又如：

此后我常往晤熊先生。他有一次说道，你不要以为自己懂得了，实则差得远。说到懂，谈何容易。这话也对我是一棒喝。······我由此得知学问是有其深度的发展的，我有了一个未企及或不能企及须待努力向上企及的前途。我以前没有这感觉，以为都可在我的意识涵盖中，我只是未接触而已，一接触未有不可企及者，我只是在平面的广度的涉猎追逐中。我现在有了一个超越而永待向上企及的前途。这是个深度发展的问题，时时有个超越前景在那里，时时也使我返照到自己的生命现实之限度与层面。②

还有这次著名的对话：

有一次，冯友兰往访熊先生于二道桥。那时冯氏《中国哲学史》已出版。熊先生和他谈这谈那，并随时指点说："这当然是你所不赞同的。"最后又提到"你说良知是个假定。这怎么可以说是假定。良知是真真实实的，而且是个呈现，这须要直下自觉，直下肯定。"冯氏木然，不置可否。这表示：你只讲你的，我还是自有一套。良知是真实，是呈现，这在当时，是从所未闻的。这霹雳一声，直是

---

① 牟宗三：《五十自述》，《牟宗三先生全集》32卷，联经出版事业公司2003年版，第76—77页。

② 牟宗三：《五十自述》，《牟宗三先生全集》32卷，联经出版事业公司2003年版，第77页。

振聋发聩，把人的觉悟提升到宋明儒者的层次。然而冯氏依旧聋
依旧聩。这表示那些僵化了的教授的心思只停在经验层上、知识
层上，只认经验的为真实，只认理智所能推比的为真实。这一层真
实形成一个界线，过此以往，便都是假定，便都是虚幻。人们只是
在昏沉的习气中滚，是无法契悟良知的。心思在昏沉的习气中，以
感觉经验来胶着他的昏沉，以理智推比来固定他的习气。……滔
滔者天下皆是，人们的心思不复知有"向上一机"。由熊先生的霹
雳一声，直复活了中国的学脉。[1]

正是熊十力这一次次的"狮子吼"、一次次的"棒喝"，使牟宗三重新找回
了那早已被遗忘的"耳朵"（所谓"振聋发聩"），使他的"眼睛心思在浮泛
的向外追逐中回光返照"、使他"有了一个超越而永待向上企及的前
途"、使他摆脱"实现的胶着与理智推比的昏沉"，而"向上一机"，接上了
中国的血脉，接触到了真正的学问——生命的学问，一种"纵贯"结构的
学问。

　　这当然还只是牟宗三个人的心觉超越之路，但"听"的情境与心
灵的超越之间的联系却不限于他个人。这一点，牟宗三自己也有所
体会。在牟宗三看来，心觉的超越之路有儒家式的、基督教式的、道
家式的、佛家式的，其具体形态不同，但其向超越方面直线而上升的
结构则是一也。而在促成了这些超越的契机中，都不难发现听觉的
身影。牟宗三写道：

　　　　当约翰在约旦河施洗时，人们就记起古人的预言："旷野之中
有人声，修直主的道，铺平他的路。"这"旷野之中有人声"，是苍茫
中最庄严的一个灵感：人间有一个迫切的要求，要呼唤着一个伟大
的精神之来临。仪封人说："二三子何患于丧乎？天将以夫子为木

---

　　① 牟宗三：《五十自述》，《牟宗三先生全集》32 卷，联经出版事业公司 2003 年版，第
78 页。

铎。"这都是苍茫中最庄严的灵感；人间须要有一个大灵魂来作主，来安慰。我一直认为"旷野之中有人声"、"天将以夫子为木铎"，是人间最庄严最美的大块文章、最庄严最美的呼声。①

这超越之契机是旷野之中的人声、是古者将有文事而敲响的铜铃声，是这些"呼声"所带来的"灵感"使我们意识到了我们人性中的神性。正是这些有意义的声音(人声、木铎声)呼唤着精神。当上帝之音环绕于人时，信仰便由此产生。何以这些精神性的体验、超越性的体验都与声音、与听的情境有关？这是由听觉活动的结构性所决定的。

黑格尔在讲到浪漫型艺术时，曾对音乐及其所需的感官活动——听觉——的一般性质作过一番扼要的说明。他指出，听觉是"比视觉更为观念性"的感官。"由于运用声音，音乐就放弃了外在形状这个因素以及它的明显的可以眼见的性质。……所听到的不再是静止的物质的形状，而是观念性的心情活动。……通过这外在形象的双重否定(这是声音的基本原则)，声音和内在的主体性(主体的内心生活)相对应，因为声音本身本来就已比实际独立存在的物体较富于观念性，又把这种较富于观念性的存在否定掉，因而就成为一种符合内心生活的表现方式。"②这里，黑格尔所谓的作为声音的基本原则的"对外在形象的双重否定"，先是指声音是对物体占空间状态的否定(这是第一重)，同时，声音又是后一声否定前一声，随生随灭的，耳朵一听到它，它马上就消失了，这是对声音本身持久存在的否定(这是第二重)。由于听觉包含了对这外在性的双重否定(否定之即超越之)，所以其代表着由视觉的向外投射转向内在，转向主体性。③同时，声音的转瞬即逝，一方面要求听

①　牟宗三：《五十自述》，《牟宗三先生全集》32卷，联经出版事业公司2003年版，第108—109页。

②　黑格尔：《美学》第三卷(上)，朱光潜译，北京大学出版社2017年版，第388—389页。

③　不过，黑格尔又认为音乐表现的主体只是一个完全抽象和空洞的精神或主体，因为音乐缺乏色彩和形式这样的空间要素，不如诗在艺术中的层次高。这种观点有黑格尔哲学特定的思想作为背景，对此的反思可参见张祥龙：《孔子的现象学阐释九讲——礼乐人生与哲理》，华东师范大学出版社2008年版，第147—157页。

者本身的精神集中、凝聚、收敛,不向外耗散,专心致志;另一方面也会将所听到的,乃至发出声音者目的化、神秘化,尤其是当这种声音是一种有意义的声音时。这种目的化很容易将人引导到宗教的方面。罗兰·巴尔特曾指出:"由这第二种听(指有意义的声音——笔者注)所导致的沟通是宗教性的:这种沟通将听的主体与神的隐藏世界联系起来,因为正像每个人都知道的那样,这些神说的语言,只有其某些神秘的闪光点最终能够到达人,而最为残酷的是,理解这种语言对于人来讲又是至关重要的。听,是非常好的福音动词:正是对于神的言语的听聚拢着信仰,因为人正是借助于这种听而与上帝联系起来了。"①这种由听觉方式而塑造的宗教性②,广义地说就是一种超越性,使我们从对外在方面的牵扯中超拔出来。声音总是突如其来地打动了我们,这种突如其来如横空出世一般,使我们在瞬时摆脱、越出那外在的、对象的、形式的等等思维与存在方式的束缚,一下子进入一个与视觉性完全不同的结构之中。孔子曾说"乐其可知也;始作,翕如也",张祥龙在解释这个"翕如"时说道:"展开来理解就是,音乐一开始就让人摆脱开其他的一切羁绊、算计、筹划,也就是摆脱日常的思考方式、感觉方式和情感方式,音乐让你的思路不再在地上爬行了,而是一下子飞了起来,蓦然、勃然而振起,凭空出世、冲天一飞,进入与非音乐态绝然不同的翱翔状态,也因

---

① 罗兰·巴尔特:《显义与晦义:文艺批评文集之三》,怀宇译,中国人民大学出版社 2018 年版,第 245—246 页。奥古斯丁就是一个典型的例子,他建立起对上帝的信仰,就与在某个契机下听到了上帝的声音有直接的关系。

② 关于听觉导致宗教性,沃尔夫冈·韦尔施也说过:"核查、控制和把握属于视觉,听觉则要求专心致志,意识到对象转瞬即逝,并且向事件的进程开放。视觉属于存在的本体论;听觉属于产生于事件的生活。这便是何以视觉也亲近认知和科学,反之,听觉则亲近信仰和宗教的原因。"(沃尔夫冈·韦尔施:《重构美学》,上海译文出版社 2002 年版,第 221—222 页。)此外,威廉·詹姆斯在《宗教经验种种》一书中也指出,对音乐的听在神秘主义的体验中占有特殊的地位。例如,他强调"神秘主义真理与我们交谈的最好媒介不是概念的言语,而是音乐……音乐给予我们的本体论意蕴,非音乐的批评无法反驳……"(威廉·詹姆斯:《宗教经验种种》,尚建新译,华夏出版社 2008 年版,第 305 页。)他还认为那些神经主义的信条"可以从神秘主义深层涌出的'听呀,听呀!'或'阿门'那里获得支持。听见进入神秘界的口令,我们便认得它,但是,我们自己不能使用这些口令;只有神秘界自己保留着'原始口令'。"(威廉·詹姆斯:《宗教经验种种》,尚建新译,华夏出版社 2008 年版,第 306 页。)

此而满足了'始作'（原本的发作）的要求。"①这里所谓日常的思考方式、感觉方式和情感方式就是对偶性、横列的、视觉性的方式。由"地面爬行"转而为"冲天一飞"，正寓意着由视觉性之外物的、水平化的、内外相对的格局中转而为听觉性之精神的、竖直的、向上的格局。这就是心灵的超越之所由。

值得注意的是，视觉性思维与听觉性思维都能实现某种超越性。视觉性思维所造成的超越性是通过对本质（是什么）的追问、以形式化思维为途径、以形式的普遍性为指归的对具体质料的超越，借用孙周兴的说法②，可称之为"形式的超越性"。听觉性思维所造成的超越性是以对价值（应当如何）的追问、以总体化思维为途径、以至高者（神性者）为旨归的超越，对比言之，可称为"实质的超越性"。这两种超越性又正好可以对应于西方形上学中"先验"与"超验"的区分，也对应于"本体论"（以及与之相关的形式科学）与"神学"（以及与之相关的实存论）的区分。③

当听觉作用于我们自己时，当我们用听的结构而非看的结构去认识自己时，我们自身也就超越了那个由视觉化活动所构造的对象化的自己，为我们呈现出完全不同的面貌。在我们的五种感觉中，唯有听觉性活动能意识到一个内在自我的存在，我们不能直接地看到自己的形象、尝到自己的气味，却可以直接地听到自己内心的声音。这内心的声音，也如上文所说，是转瞬即逝的、否定一切外在形式的。它甚至比上文提到的作为有意义的声音的人声、音乐等等更能体现听觉之否定外在性的特征。因为，这内心的声音甚至不需要发出任何声响、没有任何

---

①　张祥龙：《孔子的现象学阐释九讲——礼乐人生与哲理》，华东师范大学出版社2008年版，第76页。

②　参见孙周兴：《后哲学的哲学问题》，商务印书馆2009年版，第113页。

③　味觉亦有其超越性。以味觉论超越性，是强调自我与他者的共在、共生。自我"不自住"，不是原子化的个体，而是"依他住"，与他者互具互即，一体而在。因此，必须走出自身，超越自我，走向他者，通过与他者的联系为自我奠立稳定的存在根基。有学者称这种超越是"超越自我"而与西方的"自我超越"相区别，这是有见地的。（参见吴先伍：《"自我超越"抑或"超越自我"？——儒家形上超越的他者之维》，《华东师范大学学报（哲学社会科学版）》2019年第6期。）

音波的振动,就能被我们自己听到。"于无声处听惊雷。"它纯是意义的,是对外在制约的完全否定。以这种纯意义的方式认识到的自己——这个内在的发声者——当然不会如视觉性的方式所认识到的那样,是外在化的、表相化的、抽相化的、破碎化的、"非我"的自己。与之相反,它是内在化的、精神性的、超越的、不可分化的、具体而真实的主体之"在其自己"。这个内在主体性是生命之源、价值之源的纯精神性,也是牟宗三赴台后的十年中阐扬文化意识和历史意识时那昂扬之客观悲情的超越根据。

不过,在那"一夕"大悟之前,牟宗三对这超越主体性的认识还不是自证的,还是从他人(外在的、非我的)那里得来的,是"知及之,仁不能守之"。他对这超越主体性的运用也不是自用的,而是外用的,是"'具体解悟'之用于历史文化"。这种所得与所用,都还不是以这超越主体性之本己的方式,即听觉性的方式,还是夹带着视觉性的方式去了解与运用着的超越主体,还是将这主体推出去、客观化了的。故牟宗三还是有挂空、吊挂之感,他说:

> 我感觉到我平时所讲的良知本体、天命之性,全是理解之解悟的,全是干枯的、外在的,即在人间的关系上、家国天下上、历史文化上,我有良知的表现,而这表现也是干枯的、客观的、外在的。但这良知不但要在这些客观的外在的事上作干枯的表现,且亦要在自家心身上作主观的、内在的、润泽的表现。如果这里挖了根,则良知就挂了空而为客观地、非存在地、非个人地抽象表现,而不是真正个人地、践履地具体表现。①

> 就是在客观的悲情中,具体解悟之应用于历史文化,那客观的悲情也是生命外用之原始的表现,那悲情也是在一定矢向中表现,这是悲情之"他相"。他相的悲情是自外而起悲,故云客观的,客观

---

① 牟宗三:《五十自述》,《牟宗三先生全集》32 卷,联经出版事业公司 2003 年版,第136 页。

的即函是外用的,是在一定矢向中的,是顺其生命之根而直接外趋
的,是落在好恶的判断上的。所以也是一种耗散。尚不是那悲情
之"自相",不是那从"主"而观的悲情,不是那超越了好恶的"无向
大悲"之自己,不是回归于自己而自悲自润的重新"在其自己"的
"悲情三昧"。所以耗散的悲情亦是抽象的、吊挂的。①

这内心的声音,这个超越的主体,根本不需要我们从外在的、客观的方
面来认识,只需要我们将心思从外面收摄回来,集中精神,专心致志地
去"聆听"(其实就是"逆觉体证")。欲让超越的主体自作主宰,也只需
依照所听到的内心的声音去行动,而不必从行动之后果处去考量。这
两方面相结合并表现出来,正是"道德自律"的形态,即依无条件的命令
(超越主体发出的声音)而行。

　　若要使这超越的主体彻底从视觉性的思维中脱离出来,自己证得
其自己,自己主宰其自己,还需过得一关。牟宗三之过得这一关,正是
在那"梵音中的开悟",机缘降临。

　　　　一夕,我住在旅店里,半夜三更,忽梵音起自邻舍。那样的寂
　　静,那样的抑扬低徊,那样的低徊而摇荡,直将遍宇宙彻里彻外最
　　深最深的抑郁哀怨一起摇拽而出,全宇宙的形形色色一切表面"自
　　持其有"的存在,全浑化而为低徊哀叹无端无着是以无言之大悲。
　　这勾引起我全幅的悲情三昧。此时只有这声音。遍宇宙是否有哀
　　怨有抑郁藏于其中,这无人能知。但这声音却摇荡出全幅的哀怨。
　　也许就是这抑扬低徊,低徊摇荡的声音本身哀怨化了这宇宙。不
　　是深藏定向的哀怨,乃是在低徊摇荡中彻里彻外,无里无外,全浑
　　化而为一个哀怨。此即为"悲情三昧"。这悲情三昧的梵音将一切
　　吵闹寂静下来,将一切骚动平静下来,将一切存在浑化而为无有,

──────────

　　①　牟宗三:《五十自述》,《牟宗三先生全集》32卷,联经出版事业公司2003年版,第
131—132页。

只有这声音，这哀怨。也不管它是作佛事的梵音，或是寄雅兴者所奏的梵音，或是由其他什么发出的梵音，反正就是这声音，这哀怨。我直定在这声音、这哀怨中而直证"悲情三昧"。那一夜，我所体悟的，其深微哀怜是难以形容的。①

牟宗三反复强调，那时他脑海中"只有这声音""反正就是这声音"。他并不是去关心这声音为什么发出，有什么意义，而且，牟宗三也基本不懂梵文，自然也不会知道这梵音具体表达了些什么。我们或可这么认为，此时此刻牟宗三完全进入了听觉性感知的情境中，他关注的其实就是"对这声音的听"这种情景所带来的结构。正是听觉活动的特点，使他直证"悲情三昧"。牟宗三认为，他所体证的"悲情三昧"就是我们本心之"慧根觉情"。此"慧根觉情"不但亦慈亦悲、亦仁亦爱，而且有以下四个特点。下面，我们就从听觉活动的结构性特点来理解牟宗三这四点所证。

其一，"这样的'慧根觉情'就是'无'，而这'无'就是'无限的有'，故亦可说即是'有'。"②这本心之慧根觉情，即可视为那超越的主体的发声，亦如良知的呼唤。这呼唤不附着于任何外在形式、内容，完全消除了空间性和外在物质性，因此，从外在形式方面看，它就等于"无"。不过，这内心声音的发声者虽然不具有任何外在的形式，但它却不是空洞的、贫乏的，而是蕴含着无限丰富的内容的，它是人类一切价值活动的源头，能说出一切有意义的话语。因此，它又可以说是"有"。这里，"有"显然不是就其外在显相方面而说的，而是"内涵的有""意义的有""价值的有"。（后来，牟宗三把这发声者表述为"真我""无限智心"，所发之声则是"具有价值意味"的"物自身"概念。）

其二，"这'有'同时是'存有'，同时亦是'活动'。故此'存有'贯着

---

① 牟宗三：《五十自述》，《牟宗三先生全集》32 卷，联经出版事业公司 2003 年版，第152—153 页。

② 牟宗三：《五十自述》，《牟宗三先生全集》32 卷，联经出版事业公司 2003 年版，第155 页。

'成为'：它消融一切，亦成就一切。"①这里，"活动"是"呈现"义、"实现"义。我们对这个作为内心声音源头的超越主体之存有性的确定，是通过它的发声。正是内心良知之呼唤向我们的呈现，才使我们确认了良知本身的存有。同时，这良知的声音如同一种命令，一方面，要求我们从对外在事实的"观注"上，转向对这价值意义的聆听；另一方面要求我们应当按其所说来行动，将其所说实现出来（罗兰·巴尔特认为对有意义的声音的听是一种识辨，"我听，……也就是说按照某些规则行事"②）。所以，这良知的呼唤，就其否定外在形象来说是消融一切，就其言以行事来说亦是成就一切。

其三，"这慧根觉情之为无限的有，同时是悲，同时亦是如，此为'觉情'之为'有'，'存有'之为'如'。离开此'悲有'而言'如'，是就缘起幻化之空性而言如，此是'证如不证悲'，'悲如判为二'。"③"觉情"之为"悲有"，是内涵的有、意义的有。声音本身是随生随灭的，耳朵一听到它，它马上就消失了。但是，声音所蕴涵的意义却不会如声音本身那样转瞬即逝，这意义甚至会恒存地、持续地影响着听者。佛家只注意到声音之转瞬即逝、随生随灭对事物外在性的否定，由此而证得缘起幻化之空性，但却忽略了声音所表达的意义的实有性。所以，牟宗三认为"释迦之心灵为外延的、事的心灵，非内容的、理的心灵"。原始佛教只是由事物之外在性的方面析法入空，没能再向内容方面、超越层面转进一步，故牟宗三判佛教为"证如不证悲"，并指出"凡真见道者，必须证'有'，而证有必为内容的、理的心灵也"④。

其四，"这慧根觉情之为无限的有，同时是'能'，同时亦是

---

① 牟宗三：《五十自述》，《牟宗三先生全集》32卷，联经出版事业公司2003年版，第155页。

② 罗兰·巴尔特：《显义与晦义：文艺批评文集之三》，怀宇译，中国人民大学出版社2018年版，第242页。

③ 牟宗三：《五十自述》，《牟宗三先生全集》32卷，联经出版事业公司2003年版，第156页。

④ 牟宗三：《五十自述》，《牟宗三先生全集》32卷，联经出版事业公司2003年版，第170页。

'所'。……离此觉情之为能而言所，则是耶教自上帝而言普遍的爱，此是'证所不证能，泯能而归所'。"①这里，"所"原本是在我们心中呈现的慧根觉情之自身，是我们从内心呼声中所听到的、所获得的内容、意义。然而，由于听觉活动的被动性（相反，视觉是一种主动性、积极选择性很强的感知方式）以及声音的转瞬即逝所导致的将所听到的，乃至发出声音者神秘化的倾向，基督教没有将这慧根觉情的发动者视为我们本身具有的超越主体，而是将其推出去，成为外在的"所"，成为客观实在的、实体性的"上帝"，成为了外在的祈祷、崇拜的对象。而剩下的能聆听的主体，就成了后天的、有罪的、只能仰望上帝等待救赎的心灵。这就将原本的两层主体性（就如同自说自听的情境）的结构，变成了人性与神性的二分结构。故牟宗三判基督教为"离教"，说它"证所不证能"。

儒家的义理架构，若就牟宗三的解读而言，恰是最符合我们在聆听内心独白时那种自说自听的情境。杨泽波从研究孟子"性善论"的角度，就涉及了这种理论的构建与"听内在声音"感知结构的一致性。在转引了一段马斯洛关于"倾听"情境的描述后，他说："'内部的呼声'，不就是良心本心的呼声吗？'倾听自己内部的呼声'，不就是'反身而求'吗？'为了让自己被铸造，被引导，被指引而倾听'，不就是听从本心本体的指挥吗？虽然马斯洛讲的是'道家的倾听'，但他所表达的正是儒家心学最基本的东西。"②这种"最基本"的东西，正是这种听觉性思维塑造下的逆觉体证、纵贯结构。倾听内在心灵的声音，首先要求将心力从外部的巡视中收回来，集中于对自身内在主体性的关注。其次，在这个情境中，内在的发声者成为了一切的主宰，成为了实践的动力、价值的源头，成为了超越者，这是自作主宰。再次，倾听内在心灵的声音是自己对自己的述说、自己对自己的倾听，是主体对主体自身意义的彰显、传达与肯定。在这种结构中，能所为一，主客为一，存有与活动

---

① 牟宗三：《五十自述》，《牟宗三先生全集》32 卷，联经出版事业公司 2003 年版，第156 页。

② 杨泽波：《孟子性善论研究（再修订版）》，上海人民出版社 2016 年版，第 297 页。

为一。

不难看出，牟宗三五十岁之后所阐发的关于纵贯纵讲系统的几乎所有核心理论，如内在超越①、即存有即活动、道德自律等等，其内在理路都可以在此番倾听内心声音的情境结构中找到其亲身体验之感知源头。这些都是牟宗三在"梵音开悟"中所亲证，是对视觉感知所塑造的对偶性结构的彻底超越，也是对听觉感知（尤其是听内心的独白）所塑造的纵贯结构的彻底把握。

第二节　不同感知结构塑造的"智的直觉"

牟宗三将"智的直觉"视为中国哲学方法论的根基，认为肯定"人有智的直觉"是中国哲学的重要特征，同时也是被他视为西方最伟大的哲学家康德相较于中国哲学的"一间未达"之处。他说："如若真地人类不能有智的直觉，则全部中国哲学必完全倒塌，以往几千年的心血必完全白费，只是妄想。这所关甚大，我们必须正视这个问题。"②而他捻出此方法论概念的贡献在于"使中国哲学能哲学地建立起来，并客观地使康德所不能真实建立者而真实地建立起来"③。这足见"智的直觉"在牟宗三看来是何等的重要。然而，对于牟宗三的以上论断，学界一直存在诸多质疑，主要集中在以下这些方面：牟宗三对"智的直觉"的理解是否与康德所说一致？牟宗三肯定"人有智的直觉"其根据何在？肯定"人有智的直觉"是否就是中国哲学所特有？

按照前文所言，"智的直觉"也属于文化心理结构中智力结构的一

---

① 学界多有质疑"内在超越"这种说法者，认为它有矛盾、意义不明确等等，但从文中我们的论述可以看出，牟宗三的这种说法其实是有其亲身体验的基础的。我们认为，"超越性"是由听觉活动的被动性与否定外在形象的特点所塑造的，"内在超越"是由倾听内心声音的情境所塑造的，而基督教式的"超越"与"内在"成为两截是由聆听外在的声音，如"旷野之中有人声"的情境塑造的。

② 牟宗三：《现象与物自身》，《牟宗三先生全集》21卷，联经出版事业公司2003年版，第5页。

③ 牟宗三：《智的直觉与中国哲学》，《牟宗三先生全集》20卷，联经出版事业公司2003年版，第5页。

种,对其的塑造也离不开切身的感官感知在特定历史环境下的长久积淀。因此,我们可以通过回溯塑造了"智的直觉"的感官感知情境的方式,对以上三个问题给出我们的回答。

一、康德认识论的视觉性致使其否认人有"智的直觉"

(一)康德认识论之视觉性特征

关于康德哲学,叶秀山曾敏锐地指出:"康德哲学中包含两种不同的倾向,一种是希腊的科学精神,一种是希伯来的历史、宗教精神。"[1]这其中,"西方文化首先是视觉的文化,这个传统,在它的发祥地——古代希腊已相当明显"[2],"西方'听'的文化的发展,是出现了另一种新的文化因子促成的。我们看到,这种文化是希伯来精神所蕴孕、培养出来的"[3]。这就是说,康德哲学中其实包含着视觉性与听觉性两套不同的思考方式。

康德的认识论是视觉性的思维方式所成就的。

关于如何构成经验知识,康德有句名言:"思维无内容则空,直观无概念则盲",即任何经验知识都离不开感性直观与知性范畴这两方面的配合。先从感性直观这一方面来看。按照康德表面上的说法,感性直观自然应该包括由五官获得表象的能力,看到、听到、嗅到、尝到、触到都是感性直观。但实际上,康德思考"感性直观"时内心的"词语形象"就是视觉的,即是以视觉感知的特征为范型。在此,听觉、嗅觉、味觉、触觉实际上都被视觉化了。从辞源上——也就是从这些概念之意义在其原初生成经验上——说,1."直观"一词的德文 Anschauung 就是"直接地看""紧挨着看"的意思(其中词根 schauung 就有"看"的意思)。

---

① 叶秀山:《哲学的希望与希望的哲学》,《叶秀山文集》,上海辞书出版社 2005 年版,第 55 页。
② 叶秀山:《哲学的希望与希望的哲学》,《叶秀山文集》,上海辞书出版社 2005 年版,第 49 页。
③ 叶秀山:《哲学的希望与希望的哲学》,《叶秀山文集》,上海辞书出版社 2005 年版,第 52 页。

2.感性直观使我们获得"表象",而表象"Vorstellung"一词,前缀"vor"是表示"有距离的在……前面"的意思,"stellung"是"放置"的意思,因此"Vorstellung"字面意思就是"放在前面"。放在面前而与我有距离的东西,自然听不到、触不到、尝不到,只能"看到"。3.我们通过感性直观所获得的对象是现象(Erscheinung),该词的词根"scheinen"则有照耀、发光、看来等含义。因此,Erscheinung是"显现给我们看的东西"。4.感性直观中包含的先天直观形式的"形式"一词,即"form",则有形状、样子、外貌的含义。康德用"直观"一词代替在他之前研究认识论时更为常用的"感觉"(Empfindung)一词,正是希望将形式性的因素带入其中。这种"形"显然只有视觉活动才能达到。可以说,康德在"先验感性论"中使用的几乎所有重要的术语都是视觉性隐喻的词汇。"感性直观"首先表示把东西放在面前,这意味着与事物拉开距离、相对而在,同时也意味着事物的表象化。表象化就意味着对象化,表象就是观念中的对象;对象化就意味着客体化,客体一成立与之相对的主体也同时被确立,主客二分相对的存在结构也就确立了。

　　这种潜藏在语词中的视觉性因素在康德关于"先天的直观形式"的论述中被进一步强化。康德认为,一切感性的东西能够被接受的先天条件是先天的直观形式,即作为外感官的直观形式的空间与作为内感官的直观形式的时间。视觉是以掌握空间的形象为特征,听觉所感知的经验必须在时间的流转中体现,空间对应于视觉,时间对应于听觉。先天直观形式本来不能说完全是视觉性的,尤其是考虑到时间作为内感官形式的基础地位。但是,若单就形成普遍有效性的知识而言,作为直观"形式",康德又努力要把时间维度空间化了。因为时间只有通过空间才能被设想为一个"形式",成为有序的系列系统。康德说道:"正因为这种内部直观没有任何形状,我们也就试图通过类比来补足这一缺陷,用一条延伸至无限的线来表象时间序列,在其中,杂多构成了一个只具有一维的系列。"①时间本身并不能被直观,时间必须被空间化

为一种线性序列,才能被设想,才能真正成为直观形式。不仅如此,康德还指出:"为了遵照诸范畴来理解事物的可能性,因而阐明这些范畴的客观实在性,我们不仅仅需要直观,而且甚至永远需要外部直观"①,正如邓晓芒所解释的,这里康德将时间空间化真实意义在于"这种空间化是建立客观知识的经验性的实在性的必要的、甚至唯一的条件"②。叔本华也很明确地说过:"其实直观的形式毕竟应该是空间,并且是三进向的空间。"③单靠内部直观提供材料不可能构成知识,因为那种感性材料不具有客观实在性。如果没有外在直观的空间形式,对象的客观实在性(这里指"经验的实在性")是不可能建立起来的。

再看知性范畴这方面。范畴是纯粹知性的概念,是具有最高普遍性的概念,能适用于一切可能经验的领域,是知性之自我意识进行统觉的综合统一的手段,是一切经验对象之所以能够建立的先天条件。在康德看来,范畴应该是一个有机的体系,不能随意地增减。为此,康德列举出一套由四组十二个范畴组成的范畴表。这个范畴体系是如何获得的呢?康德认为,判断和范畴同出一源,即人类的知性能力,因此,"如果我们能够把判断中的统一性机能完备地描述出来,知性的机能就可以全部都被找到"④。于是,康德就从形式逻辑的判断表中引出了范畴表。具体而言,一切判断的基本形式是"A 是 B"。量的三个判断是着眼于主词的量的大小,全称判断即"一切 A 是 B",特称判断即"有些 A 是 B",单称判断即"某个 A 是 B"。质的三个判断是着眼于宾词的性质,肯定判断即"A 是 B",否定判断即"A 不是 B",无限判断即"A 是非

---

① 康德:《纯粹理性批判》,邓晓芒译、杨祖陶校,人民出版社 2004 年版,第 214 页。

② 邓晓芒:《康德空间观的两层含义》,《西方哲学探赜——邓晓芒自选集》,上海文艺出版社 2014 年版,第 141 页。邓晓芒在这篇文章以及收入该书的另一篇文章《康德时间观的困境和启示》中,分别从"形式"与"能力"、"直观"与"直觉"、"经验性的实在论"和"先验的观念性"等方面对时间与空间在康德认识论中的冲突关系作出了解说,很有启发性。笔者并不否认时间在康德存在论中的重要地位,只是认为单就形成知识而言,康德将时间空间化了,这也比较切合牟宗三对它的理解。至于对康德时间思想在存在领域中重要作用的探索,那恰恰是由海德格尔站在听觉传统上而发掘出来的。

③ 叔本华:《作为意志和表象的世界》,石冲白译、杨一之校,商务印书馆 2004 年版,第 645—646 页。

④ 康德:《纯粹理性批判》,邓晓芒译、杨祖陶校,人民出版社 2004 年版,第 64 页。

B"。关系判断是着眼于主词和宾词的不同关系。定言判断即"A 是 B",假言判断即"如果 A,那么 B",选言判断则是"要么 A,要么 B,要么 C……"。模态判断着眼于我们的思维对系词"是"的一种主观确定,因此对判断的内容(A、B 以及 A 与 B 的关系)没有任何贡献,它们显示的是在下判断时思维与存在(即系词"是")的关系。①可以看出,上述的一切判断都是建立在主谓逻辑的基础上的,用谓词去说明主词即形成一个判断。这里既然涉及主谓语与系词,照理来说,就不能不与语言以及对语言的"听"有关。逻辑(Logic)一词本身就是从逻各斯(Logos,话语、言说)中引出来的。然而,由古希腊而来的思想传统,正是要将这听觉性的语言方位化、形式化,说到底就是将其视觉化。

对此,叶秀山敏锐地指出:"古代希腊固然早有逻各斯(Logos)之说,但最初只是采集、综合之意,所以从 Logos 发展出来逻辑学、语言学却并不发达,而逻辑学和早期语言学似乎又都与'方位学'(Topos, Topics)有关,仍侧重于一种空间性、方位性、结构性的关系"②,"subject 和 object 这种方位性关系,也被运用到语法结构中来,而所谓'结构'和'法(则)',本也是一种'方位'的规则。词之分主、客,全以其在语句中的方位、作用来定。……主位词是要(被)'说明'(描述)的东西,宾位词则是用以来'说明'(描述)的东西。如没有宾位词,主位词就只是一个抽象的'概念',是看不见的,至少是看不'清'的;只有通过宾位词,主位词才能被'阐明',被'看'到③。如此说来,形式逻辑的判断表其实是对语法中的语位关系所进行的刻画,是一种空间性的思维。对一个对象的知识性表述,一方面,就是将该对象作为主位词纳入某种空间性的语位关系中,这种语位关系最基本的形式是"A 是 B",其他都是对该形式的变形。其中的系词"是"是把主词和谓词联结起来的力量(统觉的

① 参考邓晓芒:《〈纯粹理性批判〉讲演录》,商务印书馆 2013 年版,第 90—92 页。
② 叶秀山:《哲学的希望与希望的哲学》,《叶秀山文集》,上海辞书出版社 2005 年版,第 49 页。
③ 叶秀山:《哲学的希望与希望的哲学》,《叶秀山文集》,上海辞书出版社 2005 年版,第 50—51 页。

本源的综合统一）。这种联结不仅仅是一种主观上的,由于语位的稳定性,系词把两个概念综合起来时能达到一种确定性和客观性。另一方面,则是用宾位词的含义,即"看得见"的东西（直观中的表象）,来对主位词进行具体描述。因此,叶秀山称康德的知识论的先验逻辑是"'宾词'的'逻辑'"①。范畴,就其来源而言属于语言,但就其对知识构成方式而言,实质是起到将经验性对象在先验性的逻辑空间（语法空间）中予以某种定位的作用。所谓"知性为自然立法",所提供的就是这种逻辑空间中的方位,也就是一种视觉性的法。②

知识的构成不光要有感性直观与知性范畴,还要将两者有效地结合起来。规定性的判断力就是把知性的范畴应用于具体的经验对象之上的能力,它是连接感性和知性的中间环节。不过,"纯粹知性概念在与经验性的（甚至一般感性的）直观相比较中完全是不同质的"③,要将两者结合"必须有一个第三者,它一方面必须与范畴同质,另一方面与现象同质,并使前者应用于后者之上成为可能。这个中介的表象必须是纯粹的（没有任何经验性的东西）,但却一方面是智性的,另一方面是感性的。这样一种表象就是先验的图型"④。

"图型"（Schema,也被翻译为"图式""几象"等）具有双重特征,它既是"图",即感性的具体内容,又是"型",即知性的先天形式。它既具有先天性,同时又具有直观性,是介乎先天的范畴和后天的感性的内容之间的东西,与双方都具有一种同质性,因此能够把二者连接起来。对于这"图型"的作用方式,高秉江指出:"Schema 通过可视对象的轮廓或概形（outline）的相似性作为无数具象图形的主题化限定,因此可以说 Schema 是对图像的主题化提引。图像是无主题的,或者是诸多主题的

---

① 叶秀山:《试释"逻各斯"》,《"知己"的学问》,中国社会科学出版社 2013 年版,第 138 页。
② "概念"与视觉的联系同样紧密。鲁道夫·阿恩海姆说:"概念的形成开始于对形状的知觉中""知觉到的形状模式,具有两种性质足以使它们成为视觉概念,一是它的普遍性,二是其容易识认性。"（《视觉思维》,滕守尧译,光明日报出版社 1987 年版,第 73、75 页。）
③ 康德:《纯粹理性批判》,邓晓芒译、杨祖陶校,人民出版社 2004 年版,第 138 页。
④ 康德:《纯粹理性批判》,邓晓芒译、杨祖陶校,人民出版社 2004 年版,第 139 页。

叠加,无数的书写画面千差万别地呈现出来,而我们试图将其提升为概念时,首先要做的就是所有这些书写画面中所共同具有的意义要素是什么,提取了这些主题要素也就拥有了 Schema。"①这里,高秉江将"图型"视为"对图像的主题化提引",是对一眼望去的整体化的具象图形中某一部分的凝视、聚焦、凸显以及对其背景的虚化。他还指出"视觉图像与文字记载的最大区别就在于其非主题的丰富性"②,而 Schema 是图像到文字的中间环节。康德认为,"先验图型"是"时间的先验规定",即先验现象力对单纯时间做出规定。量范畴的图型是数,是时间的序列;质的图型是度,是时间的内容;关系范畴的图型是时间的秩序;模态范畴的图型是时间的包容性。可以看出,这些规定其实是舍弃了时间中质料内容间的差异(作为质的图型的度也被康德量化了,"它把任何实在性都表现为一个量"③),仅以纯粹同质的秩序形式加以展开。因此,时间的这四种先验规定都可以用类似一维线条的形象来加以思考。这同时也成就了把时间图式线性化、空间化的可能性。质言之,"时间的先验图型"是将感性直观所获得的图像,由三维空间变成一维的线性空间,这就为看到的东西(感性直观)进入主谓判断(语言)、进入逻辑空间的(知性范畴)作了准备。

通过上述对直观、范畴以及结合两者的图型论的分析,我们看到,在康德的知识论中,对事物的认识,其实就是将现实地去看所获得的关于这个事物的图像(现象),通过三维空间到一维空间的转化,放置在既定的逻辑空间之中。这完全是以视觉活动为模本而提炼出来的认识理论。

牟宗三在解读康德知识论时也在一定程度上注意到了其中的视觉性因素。例如,他将康德的"理论的理性"称之为"观解的理性",说

---

① 高秉江:《现象学视域下的视觉中心主义》,华中师范大学出版社 2013 年版,第157—158 页。

② 高秉江:《现象学视域下的视觉中心主义》,华中师范大学出版社 2013 年版,第159 页。

③ 康德:《纯粹理性批判》,邓晓芒译、杨祖陶校,人民出版社 2004 年版,第142 页。

"'theoretical'一词,顺俗译为'理论的',实则此是此词的引申义,自亦与'practical'(实践的)相对,然而其原义却是'观解的'(知解的),此亦与'实践的'相对也"①,并认为"康德所说的知识就是这种观解的知识。"②此外,他又将康德所说的先验形式与范畴都理解为种种"相"。"观""相"这些视觉性词语的使用,都表明牟宗三其实也是以视觉活动为模本来理解康德认识论思想的。

(二)康德在西方视觉主义传统下否定人有"智的直觉"

上述康德认识论中表现出的视觉性思考方式,其实是继承了古希腊以来源远流长的视觉主义传统。而康德对这一视觉主义传统进行了一次重要改造,即否定"理智看"单独获取经验性知识的可能,强调知识是"肉眼看"与"理智看"相配合的结果。

古希腊的视觉传统,到了柏拉图那里,彻底地在哲学中扎下了根。柏拉图一方面肯定"眼睛是众神最先塑造的器官"③,并写道:"在我看来,视觉乃是我们最大利益的源泉,……从这一源泉中,我们又获得了哲学……我认为这就是视觉给我们带来的最大好处……神发明了视觉并且将它赐予我们,其目的在于让我们能够看到天上的理智运动,并把它应用到我们自身的理智运动上来"④。这已经十分明白地将哲学理智活动与视觉活动联系在了一起,理智活动就是灵魂的看。另一方面,柏拉图又强调要排斥肉眼的看,用理智的看、心灵之眼代替肉眼。"要探求任何事物的真相,我们得甩掉肉体,全靠灵魂用心眼儿去观看。"⑤这是因为,我们的肉眼只能看到事物低层次的外形,不能看到高层次的理型(共相、理念)。但理型作为所谓纯粹的、永恒的普遍形式,依然是

---

① 牟宗三:《现象与物自身》,《牟宗三先生全集》21 卷,联经出版事业公司 2003 年版,第 50 页。
② 牟宗三:《现象与物自身》,《牟宗三先生全集》21 卷,联经出版事业公司 2003 年版,第 53 页。
③ 柏拉图:《蒂迈欧篇》,《柏拉图全集(增订版)》8 卷,王晓朝译,人民出版社 2017 年版,第 187 页。
④ 柏拉图:《蒂迈欧篇》,《柏拉图全集(增订版)》8 卷,王晓朝译,人民出版社 2017 年版,第 189 页。
⑤ 柏拉图:《斐多》,杨绛译,生活·读书·新知三联书店 2015 年版,第 22 页。

一种视觉性思维的产物，依然是某种"看"到的"外观"①，或者说依然要在视觉情境中才能获得理解，故而在西方有"形式即本质"的传统。

康德本人讨论"智的直觉"（一般译作"理智直观"）正是在柏拉图以来西方理性主义重视"心灵之眼""理智的看"这一传统的影响下进行的。邓晓芒准确地看到了这一点，他指出康德使用"理智直观"这个词的背景是当时在哲学上占统治地位的大陆唯理论哲学，并分析道："唯理论的这种思维方式也有它自身的思想渊源，它一直可以追溯到古希腊的柏拉图。柏拉图的理念其实本质上就是一种智性的直观物，因为'理念'它的本意就是'看'，当然不是肉眼的看，而是心眼（理智）的看，作名词表示看到的'相'。……柏拉图的'相'大量频繁地引证几何学和数学的例子，也为后世唯理论模仿数学来建立形而上学做出了榜样。"②邓氏还进一步指出，康德对"理智直观"的理解其实正是要打破这一源远流长的思想传统。他一方面将数学划归于"感性直观"这一边，另一方面将知性理解为自发地产生概念的能力，而非只是对现成"天赋观念"的逻辑推导。"知性与直观的这种截然二分已经彻底取消了所谓'知性直观'（或智性直观）的一切可能性。"③

我们赞同邓氏的以上说法。古希腊以来的"肉眼的看"与"心眼的看"的分离，在近代哲学中就表现为"经验论"与"唯理论"的对立。唯理论强调"理智看"，认为通过具有自明性的"心灵之眼"能够直接把握住最高的"理型"（所谓天赋原则），以其作为出发点进行逻辑演绎，就可以建立起整个知识体系。经验派强调"肉眼看"，认为以这种感觉经验为出发点而获得的知识才具有可靠性。这两者，一边突出了视觉活动的主动性、自发性（"视觉是一种主动性很强的感觉形式"、"积极的选择是视觉的一种基本特征。"④），另一边，则突出了视觉活动的被动性、接受

---

① 海德格尔说："由于处于其外观中，存在者本身显示自己。在希腊文中，'外观'叫作'爱多斯'或者'相'。"（海德格尔：《路标》，孙周兴译，商务印书馆 2000 年版，第 246 页。）

② 邓晓芒：《康德哲学诸问题（增订本）》，文津出版社 2019 年版，第 409 页。

③ 邓晓芒：《康德哲学诸问题（增订本）》，文津出版社 2019 年版，第 410 页。

④ 鲁道夫·阿恩海姆：《视觉思维》，滕守尧译，光明日报出版社 1987 年版，第 64、65 页。

性,即它必须以所看对象已经存在为前提(我们看到的其实是对象表面反射回来的光,但必须有个东西在那里才能反射光)。视觉活动的特征被两派片面地发展了。

康德的贡献在于,他更加全面地提炼了视觉活动的特点,认识到视觉活动既有自发性的成分,又有被动接受性的成分。他意识到,"理智看"只是表示对"看"之特点的某种抽象。"理智(心灵)""直观(看)"到的"概念"(理型),只是表明"看"关注的是对象"形式"(即本质)方面的东西。①至于具体看到了些"什么",还得用"肉眼"现实地去"看",还需要接受物体表面反射回来的光。于是,康德把"看"的一般性特征,如一定要在时间和空间中去看,称之为"先天的直观形式";看到的必然是某种关系中的"形",称之为"先验的知性范畴"。它们都是在真实的看之外、之先(逻辑意义上的而非时间意义上的先),对视觉感知活动的条件与结果进行模拟,为现实的"看"作准备。知性(理智看)并不能真正看到实实在在对象的内容,也就不能真正形成经验知识。知性范畴只是对作为我们人所能"看"到的对象的必然特征进行提炼。

总之,对于在柏拉图那里存在着的两种"看",康德认为,"肉眼的看"才能"看"新东西,但这种"看"免不了接受性、或然性;"理智看"倒是自发的、普遍的,但它只是在模拟地"看"以及对"所看"之特征作一般性的刻画,代替不了现实肉眼的"看"。真实的、认知性的"看"是两者的共同作用。正是基于对视觉活动这种理解,康德才能得出以下这样的著名论断:

> 我们若是愿意把我们的内心在以某种方式受到刺激时感受表象的这种接受性叫作感性的话,那么反过来,那种自己产生表象的能力,或者说认识的自发性,就是知性。我们的本性导致了,直观永远只能是感性的,也就是只包含我们为对象所刺激的那种方式。

---

① "看"不是只能看到形状,还能看到色彩。对形状的关注是古希腊视觉传统的特点,因为形状更具有客观性,是对象自身的特征,从而更具有稳定性,看的结果(外形)更具有普遍可传达性,可以在主体间获得一致性,因此,更容易抽离出来加以单独地讨论。

相反,对感性直观对象进行思维的能力就是知性。这两种属性中任何一种都不能优先于另一种。无感性则不会有对象给予我们,无知性则没有对象被思维。思维无内容是空的,直观无概念是盲的。……这两种能力或本领也不能互换其功能。知性不能直观,感官不能思维。只有从它们的互相结合中才能产生出知识来。①

这里康德所谓的"我们的本性"其实是"我们的视觉本性"。基于视觉活动的特点,康德当然可以去设想一种不同于"感性直观"的"智性直观"。"智性直观"无非是基于视觉活动情境的一种设想,设想着有一种"看"可以直接创造出所看对象。因此,康德有时把"感性直观"与"智性直观"统称为"一般直观"。但是,"智性直观"也只是基于视觉活动的虚拟、设想而已,我们人所拥有的唯一真实的看只能是"感性直观"。

"一个人直接观看世界时发生的事情,与他坐在那儿闭上眼睛'思考'时发生的事情,并没有本质的区别。"②这句话放在康德构建其认识论的思考活动方面是完全适用的。因为两者(看与思)使用的是同一结构。批判哲学在认识论方面,实质上是对基于我们人的视觉活动塑造而来的思想方式、理性形式作一番批判的考察,而且这种批判本身也同样是基于视觉性活动的特点。

二、康德道德哲学中的听觉性因素以及牟宗三对它的纯化

如果说,康德的知识论是用"宾词"去认识"主词",那么他的道德哲学则在相当程度上拒绝了这种方式。人在实践中是先有欲望、有意志,然后再将这欲望与意志体现在实践活动中,对感性世界造成影响。换言之,在道德实践中,"宾词"不重要,重要的是"主词"的情态(我应当)。感性影响只是实践的后果,而不应该是事先考虑的因素。因此,康德的

---

① 康德:《纯粹理性批判》,邓晓芒译、杨祖陶校,人民出版社 2004 年版,第 52 页。
② 鲁道夫·阿恩海姆:《视觉思维》,滕守尧译,光明日报出版社 1987 年版,第56 页。

《实践理性批判》是直接从"纯粹实践理性的诸原理"的分析出发来展开讨论，最后才落实到人的实践中所伴随的感性方面（道德情感），这与《纯粹理性批判》的程序正好相反。就是说，在讨论实践问题时，作为"主词"的意志不是由"谓词"来规定的，而是由"主词"自身来规定自己。这是一条不同于视觉思维的全新思路。

在康德看来，给意志建立起普遍有效的法则的基础是纯粹实践理性。"纯粹实践理性的基本法则"是："要这样行动，使得你的意志的准则任何时候都能同时被看作一个普遍立法的原则。"①它又被表述为："你要仅仅按照你同时也能够愿意它成为一条普遍法则的那个准则去行动。"②康德又把这条法——"道德律令"——称作"绝对命令"，即"这种规则对于一个不完全以理性作为意志的唯一规定根据的存在者来说是一种命令，即这样一条规则，它以表达出行动的客观必要性的应当作为标志，并且也意味着，假如理性完全规定了意志，那么行动就会不可避免地按照这一规则发生。"③这条绝对命题，既不能从人的感性方面、行动的效果方面来考虑，即"宾词"的表象方面来考虑；也不能从"主词"与"宾词"的逻辑空间关系方面，即"如果 A，那么 B"的假言式来考虑。也就是说，这条法则的订立要摆脱空间性思维，即视觉性思维的影响。

作为无条件的"绝对命令""定言命令"，显然，它是"听"来的，由听觉活动的方式塑造而来。类比于"心眼底看"，我们可说这是"心灵之耳底听"。而且，这"命令"还不是从外面、他者、抑或上帝处"听"来的，而是从意志自身处、纯粹实践理性自身那里"听"来的，其本质就是意志的自律，是我们人作为有理性的存在者中的理性成分发出的"声音"。新康德主义弗莱堡学派的创始人文德尔班认为，良知的心理本性是普遍

---

① 康德:《实践理性批判》，邓晓芒译、杨祖陶校，人民出版社 2003 年版，第 39 页。
② 康德:《道德形而上学奠基》，杨云飞译、邓晓芒校，人民出版社 2013 年版，第52 页。
③ 康德:《实践理性批判》，邓晓芒译、杨祖陶校，人民出版社 2003 年版，第 22—23 页。

意识在个体心中的声音,我们由此能得到个人所应当服从的法则。阿伦特指出,实践理性是在"以命令的口气说话"①。康德自己也说:"在对纯粹的、去掉了一切利益的道德律的无限的尊崇中,有某种如此特别的东西,正如实践理性把这法则推荐给我们来遵守,而实践理性的声音甚至使最大胆的恶棍也感到战栗……"②无论是"命令",还是"声音",这些听觉隐喻的使用,恰恰暴露了康德在成立道德律时,在背后起支撑作用的感知经验是"听觉"。这纯粹实践理性的声音——"你应当……"——就如同内心发出的一声"狮子吼",自上而下地发布,对每个人普遍有效,使我们在感性世界的计较中提升上来,为我们的行动指明了方向。而这种听内心的声音式的"自律"结构,与牟宗三在"梵音开悟"中所悟之结构大体上是一致的,故牟宗三常将康德的意志自律与儒家义理相互阐释。

　　听觉性的思考方式,在西方也有其悠久的传统。叶秀山指出,西方"听"文化"是希伯来精神所蕴孕、培养出来的。古代希伯来人流离、迁徙的生活方式,使他们感到必须在变化的时间中保持自身的统一……在他们看来,'现在'是不可靠的,而'过去'和'未来'反倒是确定无疑的"③,"'过去'、'未来'都只能是'听'出来的"④,"'现时'靠'目击'(witness)'证明','过去'则靠'叙述''保留'……古代希伯来人都是从'圣经'的'叙述'中'听到''过去'的'历史','相信''上帝'是如何施恩于他们的。这样,在古希伯来人中,'语言',而不是希腊人的'思想'、'精神'、'逻辑'那些空灵、形式的东西,才是最为重要的。赫拉克利特的 Logos 到了普洛提诺成为与'神'同一的东西,而对早期基督教理论(神学)产生巨大的影响,Logos 成了'上帝之言'(the

---

① 汉娜·阿伦特:《精神生活·意志》,姜宇辉译,江苏教育出版社 2006 年版,第256 页。

② 康德:《实践理性批判》,邓晓芒译、杨祖陶校,人民出版社 2003 年版,第 109 页。

③ 叶秀山:《哲学的希望与希望的哲学》,《叶秀山文集》,上海辞书出版社 2005 年版,第 52 页。

④ 叶秀山:《哲学的希望与希望的哲学》,《叶秀山文集》,上海辞书出版社 2005 年版,第 53 页。

world of God)"①。康德的道德哲学和宗教哲学在大方向上继承了这一"听觉"传统，但也进行了重大的调整，即从听他者的声音转为听内心的声音。虽然他不像牟宗三那样直接肯定发声者和听从者通而为一，但他毕竟承认敬重感能够化解命令与人之间的距离，从而松动了如上帝命令般严格的距离性。

前两大批判虽然分属两大不同的精神传统，但康德自己仍认为这只是同一理性的不同运用，希望将视觉性思维与听觉性思维整合到一起。表现在第一批判中，即是将"时间"维度带进认识活动中。表现在第二批判中，则是其道德哲学之形式主义的特征。而牟宗三对康德道德哲学的不满，实际上也都指向此处。牟宗三对康德道德哲学的改造，其实质正是要剔除掉其中的视觉性因素，使其完全听觉化。对此，我们先从康德道德哲学的形式主义方面予以论述。

按照李明辉的梳理，说康德道德哲学是"形式主义伦理学"有三层含义：一是康德在《实践理性批判》之"纯粹实践理性的诸原理"中提出的"定理三"："如果一个有理性的存在者应当把他的准则思考为实践的普遍法则，那么他就只能把这些准则思考为这样一些不是按照质料，而只是按照形式包含有意志的规定根据的原则"②。按照康德下文的分析，这里的"质料"其实指的就是"经验性条件""感性条件""意志的对象"，以质料为准则即"他律"，而"形式原则"其实就是"自律原则"。二是黑格尔批判康德伦理学是"空洞的形式主义"，他认为康德的道德律"本身除了矛盾之免除与形式的同一性以外，并不包含任何其他的原则"③。这个意义上的"形式主义"相当于"抽象的普遍主义"。三是舍勒批评康德把一切情感因素排除于道德主体性之外，把道德主体只看成实践理性，只看成立法者，其本身不含实现道德法则的力量。因此其

---

① 叶秀山：《哲学的希望与希望的哲学》，《叶秀山文集》，上海辞书出版社 2005 年版，第 53 页。

② 康德：《实践理性批判》，邓晓芒译、杨祖陶校，人民出版社 2003 年版，第 33 页。

③ 黑格尔：《法哲学原理》，转引自李明辉：《儒学与现代意识（增订版）》，台大出版中心 2016 年版，第 338 页。

形式原则只能是理性原则,我们对道德法则的把握只能是理智地把握,而实践力量落在感性层中的道德情感上。

单就第二种理解来看,李明辉认为这是对康德思想的一种误解。①但这种误解跟康德自身的思路也不无关系。这种"抽象的普遍主义"理解源自康德在"道德律"中对意志的主观"准则"能够成为一条客观的"普遍法则"的要求。特别是绝对命令的第一条派生形式,即"你要这样行动,就像你行动的准则应当通过你的意志成为普遍的自然法则一样"②。这里所要强调的就是一种形式上的普遍性。而且,康德还特别说要像"自然法则"一样。这不只是借用了自然法则之普遍性特点,更是要用自然法则为道德法则提供一种"符征"(Typus,邓译为"模型";牟译为"符征",取符号、象征之义)。

牟宗三十分重视康德的"纯粹实践批判力的符征论",认为"此正是康德学之特色,亦是其本人之实功与真知灼见处,虽然并非无讨论之余地,因而由其实功与识见亦足见其限度"③。故而在翻译此节后,专门作《译者对"符征"义的疏解》加以阐释。康德之所以要用自然法则为道德法则提供一种"符征",是由于在他看来行动是"两头通",一方面受意志的决定,受道德法则的限制,另一方面要落实到感性世界中,受自然法则的规定。这样就遇到了困境。"这些困境来自一条自由的法则应当被应用于作为事件的行动,而这些事件又是在感官世界中发生的,因而就此而言是属于自然的。"④如此一来,道德律令对感官世界中的行动的决定作用(规定性判断力)该如何说明?如何见得?对此的解答还

---

① 对这些误解的回应,以及对康德伦理学形式主义的讨论,可参看李明辉所写《存心伦理学、形式伦理学与自律伦理学》一文(李明辉:《儒家视野下的政治思想》,北京大学出版社 2005 年版,第六章)和《独白的伦理学抑或对话的伦理学? ——论哈贝玛斯对康德伦理学的重建》一文(李明辉:《儒学与现代意识(增订版)》,台大出版中心 2016 年版,附录二)。

② 康德:《道德形而上学奠基》,杨云飞译、邓晓芒校,人民出版社 2013 年版,第52—53 页。

③ 牟宗三:《康德的道德哲学》,《牟宗三先生全集》15 卷,联经出版事业公司 2003年版,第 249 页。

④ 康德:《实践理性批判》,邓晓芒译、杨祖陶校,人民出版社 2003 年版,第 93 页。

得从行动之"两头通"的特点着眼。道德行为就其源自道德法则说,是有理性的存在者之必须如此之行动,道德法则是普遍的;而就道德行为属于感官世界中的现象说,它必须符合的自然法则也是普遍的;就这两者的普遍性相同而言,自然法则为道德法则提供一种"符征"。康德总结道:"所以,也要允许把感官世界的自然用作一个理知自然的模型,只要我不将直观和依赖于直观的东西转移到理知自然上去,而只是把这个一般的合法则性形式(其概念甚至发生在最普通的理性运用种,但仅仅只是为了理性的纯粹实践运用这个意图才能够先天确定地被认识)与理知自然相联系。因为在这范围内,这些法则本身不论它们会从何处拿来自己的规定根据,都是一样的。"①这里的"一样"指的仅仅是指法则皆有普遍性,是普遍性上的相同,而非法则本身相同。因此,康德所谓的"符征"完全是着眼于自然法则与道德法则的外在相关性——都有普遍性——而立论的。这实在是有些牵强。

虽然,康德认为这只是道德律的第一个层次,只是一种类比。但这种思考仍然表现出,尽管康德在发现道德律时排除了对象性(视觉性)的思维,仅从主体自身即意志之自律("你应当"的命令)入手,但他依然试图寻求对其的视觉性解读(道德法则要寻求知性法则的帮助)。这就是为什么牟宗三要说从"符征论"可见康德学之特色与实功,亦足见其限度的原由。康德认为,他提出的"符征说"将最终得出:"适合于道德概念之运用的唯有判断的理性主义,这种理性主义从感性自然中只采取纯粹理性独自也能够思维的东西,即合法则性,并且只把那种能够通过感官世界中的行动反过来按照一般自然法则的形式规则现实地得到表现的东西带到超感性的自然中去。"②其实,并没有什么普遍的理性,有的只是由不同感官塑造的思维方式被普遍化。如上节所论,康德这里所说的"从感性自然中采取纯粹理性独自也能够思维的东西,即合法则性"其实所合的只是"视觉性思维的法则"。康德所说的"适合于道德

---

① 康德:《实践理性批判》,邓晓芒译、杨祖陶校,人民出版社2003年版,第96页。
② 康德:《实践理性批判》,邓晓芒译、杨祖陶校,人民出版社2003年版,第97页。

概念之运用"的判断的理性主义,就是将视觉性思维中形式的普遍性,取之以为听觉性的道德法则的符征,并认为过此(单纯是听觉性的思考)则为神秘主义,不及此(单纯是视觉性的思考)则为经验主义。

若按牟宗三的思路,道德律的普遍性与可行性只需要挺立一个每个人本来都具有的道德主体即可,"它使普遍法则总在其明觉觉情之感应之机上呈现,因此,普遍法则是具体地普遍,不只是抽象地普遍"①。但康德则要从经验对象方面,也就是对象所以可能的"理型"(范畴)方面去类比。若顺着这种思路往前发展,将道德法则与自然法则的外在相关性转为内在相关性,就是康德在《判断力批判》中提出的"美是道德的象征"。再往前发展,就是黑格尔用"客体(宾词)"作为中介去认识"主体(主词)"的思路。黑格尔在《精神现象学》中讲到从理论理性向实践理性过渡时指出,理论理性(黑格尔直接点明其视觉性底色而称之为"观察的理性")以对象为中心,追求主观符合客观的真理性,但它只有回到人自身才能获得其必然规律,并最终来到"对自我意识与其直接现实性的联系的观察",即面相学和颅相学。黑格尔一方面批判了它们的伪科学性,另一方又肯定了它们试图用外部物质形态来猜测内在心灵活动的思路,并由此过渡到实践理性,即"自我意识发现事物即是自己、自己即是事物;就是说,对它而言,它自在地就是对象性的现实性"②。这就是说,在黑格尔那里,"主体"必须通过"客体"去认识,只不过"主体"与"客体"的关系不是外在的,不是用一个外在的"宾词"强加给"主词",而是"主体"本身就孕育着"客体",其自身就要不容已地发展成为"客体"。因此,依凭"客体"认识"主体"就不再是外在的、表相的,而是一种自我认识。在黑格尔那里,"自我"最能表示"思维""精神""上帝""绝对"的特征,即主客的统一体。因为意识到我,就是把我自己当作我的对象,"我"就不再处于一种僵硬的对立状态,而是主客统一的。而这种统一体又不是无差别无矛盾的,里面依然内含着对待性、距离性。这

---

① 牟宗三:《现象与物自身》,《牟宗三先生全集》21卷,联经出版事业公司2003年版,第81页。

② 黑格尔:《精神现象学》,邓晓芒译,人民出版社2017年版,第216页。

就在更高层次上消化了古希腊的视觉主义传统。牟宗三总认为康德之后的德国唯心主义发展的不好，或许就指向了对这种视觉主义因素的不满。

假如我们把这道德律的第一种派生形式去掉，直接由真正的道德是"出于义务的行为"分析出道德律的第二种派生形式，即"你要这样行动，把不论是你的人格中的人性，还是任何其他人的人格中的人性，任何时候都同时用做目的，而绝不只是用做手段"①。这就不是类比于自然法则的形式规律来立论了，而是从行动的目的要成为最高的目的来立论。这个最高的目的，就是人格中不同于物性的神性。按牟宗三的解读，这就是孟子所说"性善"之"性体"，就是由道德意识挺立出一个道德的实体。进而，再分析出第三条派生形式："作为意志与普遍的实践理性协调一致的至上条件，即作为普遍立法意志的每一个理性存在者的意志的理念。"②这就明确地将道德律视作意志自己为自己制定的，也就将主体的能动性与理性的规范性结合起来。按牟宗三的解读就是将心体与性体结合起来，心性是一，道德实体即主体，从而挺立出一个不同于认识主体的道德主体。既然是主体，自然也有其知、情、意方面的表象，但这道德主体的知、情、意不同于认知主体背后的有限识心之感性直观与知性范畴相配合的知、被刺激而起的情感与受欲望所左右的意志，而是智的直觉、道德觉情与自由意志。这些都不是认知主体所具有的，也不要试图用认知主体的方式去理解，两者是并行不悖的。如此，对康德形式主义的第三种理解，即存在道德无力的问题也可一并予以化解。

在康德眼中，有理性的存在者的意志是"按照法则的表象"而非"按照法则"来行动。道德律终究也是摆在眼前的一个可供选择（可被按照）的法则而已。虽然这个法则的内容本身只与我有关，但它一旦成

---

① 康德：《道德形而上学奠基》，杨云飞译、邓晓芒校，人民出版社 2013 年版，第64 页。

② 康德：《道德形而上学奠基》，杨云飞译、邓晓芒校，人民出版社 2013 年版，第67 页。

立,就被推出去成为好像一种对象性的东西,摆在我面前供我选择。我选择了道德法则意味着选择了自己的命令,就是自律。就是说,在康德那里,道德律的成立与听觉思维有关,但对道德律的运用还是导向一种视觉性(对象化)的思考。而在牟宗三那里,道德律是道德主体自身的要求,这个道德主体完全是由听觉活动塑造起来的,道德法则本身就是道德主体自身给出的,是直接承体起用,是"我们单凭自己产生的"。"看到的法则"未必要去做,但"听到命令"却不得不要执行。"听到"给人以一种行动的力量,这正是"看"这种"冷眼旁观"("冷""旁"皆表示与对象保持距离)的认知方式所缺乏的。牟宗三总是批评康德空讲一套道德理论而不能落实,道德实践的动力不足,其根源即在此处。

因此,在牟宗三看来,讲道德自律、讲"仁心德慧",并不用由道德法则的普遍性方面逼至意志的自律。"因而仁之为普遍的法则不是抽象地悬起来的普遍法则,而是混融于精诚恻怛之真实生命中而为具体的普遍"①,也就根本不应该用形式逻辑上的"不矛盾律"去理解。形式逻辑说到底也是一种空间性的逻辑,一种视觉性思维。讲实践理性的判断力,也不必用"符征"这套讲法。"因为道德法则是一'事实',依道德法则而行动,问题只是你行动不行动。你若不行动,也没有什么巧妙的办法(除教育外)使你必行动。你若行动了,则道德法则自然能应用于你的行动。所谓应用即是你的这行动乃依道德法则而来,这是一个实践的纵贯关系,与'认知一个对象'这认知中之横列关系不同。在纵贯关系中,对象底存在,行动之存在,乃是'实践地创生之'的存在;在横列关系中,对象底存在(对象包括自然的对象与作为事件的行动),行动底存在(行动非行动俱在内),乃是通过感性而被给与,这里不论创造。只要知道这两种关系不同,类比即不必要。"②道德实践中的纵贯关系是

---

① 牟宗三:《心体与性体(一)》,《牟宗三先生全集》5卷,联经出版事业公司2003年版,第122页。

② 牟宗三:《康德的道德哲学》,《牟宗三先生全集》15卷,联经出版事业公司2003年版,第259页。

听觉性的,认知中的横列关系是视觉性的,两种关系不同,不必也不应该进行类比。至于两者的更深层次上的统一,在牟宗三那里,还要从道德主体自我坎陷为认知主体的这种关系上说起。

总之,在康德的道德哲学中,凡是符合听觉性思维的成分,如讲意志自律、绝对命令等,牟宗三都是赞许的;凡是不符合听觉性思维的成分,掺杂了视觉性思考在内的观点,如上述的两种形式主义以及视自由意志为悬设、对道德法则与道德情感的分离等,都是牟宗三要调整的。这就是牟宗三吸收、衡定康德道德哲学的内在标准。若从整体上看,牟宗三对康德哲学的消化,其基本思路是:将康德道德哲学中的听觉因素提纯、完善,再通过"坎陷"的方式,将康德知识论中的视觉性思维吸纳进来。

三、牟宗三在听觉性与味觉性思维中肯定人有"智的直觉"

牟宗三说:"吾人所以与康德不同的主要界线只在承认'智的直觉'一点。"①这就好像他和康德所理解的"智的直觉"是完全相同的,不同之处只在于承不承认它为人所具有而已。可一旦我们追踪这个概念背后所蕴藏着的感官隐喻,就会发现牟宗三谈"智的直觉",特别是依中国思想传统而谈"智的直觉",是建立在不同于视觉性感知的听觉性与味觉性感知结构之上的。

单从用语上看,牟宗三就有意没有使用"直观"这个明显带有视觉性隐喻的词语。他解释说:"康德说直觉的意思就是直接看到,德文Anschauung 就是直接看到,……英文用 intuition,这个意思跟中文说:'眼见是实'那个'见'相合,跟那个字相合的意思就是能见到。……德文 Anschauung 原初意思就是直接看到,所以有人译作'直观',但译作'直观'不太好,因为中国人使用'观'字很神妙,观照也是观,玄览也是

---

① 牟宗三:《现象与物自身》,《牟宗三先生全集》21 卷,联经出版事业公司 2003 年版,第 65 页。

观,'直观'这个词不能用,译作'直觉'就是了。"①这里,牟宗三既意识到康德说的直观背后有是一种"看"的方式在起作用,又意识到中国传统讲"观"似乎不能完全从"看"的角度去理解②,因此,选用了"直觉"这个词。从表面上看,牟宗三用这个词似乎是要维护康德视觉性的理解,但实际上,用"直觉"恰恰为牟宗三摆脱视觉性的思考提供了便利。邓晓芒看出了其中的秘密,他指出:"首先必须指出的一点是,牟宗三所使用的'智的直觉'一词译自英文的 the intellectual intuition,严格说来,英译者用该词译康德的 die intellektuelle Anschauung 并不是十分准确。Intuition 来自拉丁文,由 in('进到里面')和 tuitus('看顾',名词 tuitio,'关心')两部分组成;Anschauung 则是个德文词,由 An('靠在上面')和 schauen('观看')两部分组成。这两个词在日常一般的意义上虽然可以互换,即有相互重叠之处;但也有并不重叠之处,即 Intuition 还包含有 Anschauung 中所没有的意思,就是指内心某种主动地突发的灵感(Eingebung),而 Anschauung 则有静态的旁观的意思,这也是 Intuition 中所没有的。……牟宗三的上述译法则本身隐藏着一种陷阱,即把康德的创造出可观对象的智性直观理解为一种另类的直觉,即一种无对象的、因而不可观、只可觉的内心体验。"③笔者完全赞同这种看法。这正表明,在翻译时牟宗三就下意识地要避开只依视觉性的方式思考"直觉"。

(一)纵贯结构中"智的直觉"之听觉性

康德是在认识论中首先提出关于"理智直观"这一话题的。认识论是在"横"的意象中,心物之对偶性关系中的事。牟宗三谈论"智的直觉",却是首先放在道德实践、上帝造物这种"纵"的意象中,心物之隶属性关系中去理解的。一方面,在牟宗三看来,只要承认人类确实存在过

① 牟宗三:《四因说演讲录》,《牟宗三先生全集》31 卷,联经出版事业公司 2003 年版,第 209 页。

② 牟宗三的这种感觉是很敏锐、很准确的。中国传统哲学中的"观"往往被味觉化了,不能用视觉化的图式去理解。参见贡华南《味与味道》第一章第四节"中国哲学中的'看':看何以没有产生哲学"。

③ 邓晓芒:《康德哲学诸问题(增订本)》,文津出版社 2019 年版,第 412—413 页。

依无条件的定然命令而行的道德行为,就能从中分析地得出人有智的直觉。"道德是一实事,智的直觉无法不可能。"①另一方面,他还经常借鉴基督教上帝的特征而说"智的直觉"之种种。"吾人根据神学知道上帝以智的直觉去觉一物即是创造地去实现一物。我们据此知道了智的直觉之创造性。"②

对于以上这两种论述,前者中存在的问题,笔者已在第二章中进行了剖析。至于后者,学界更是多持否定的态度。因为康德根本没有从正面说过,上帝的直观是怎么一回事儿,只是比照着感性直观去设想如果有一种智性的直观的话,它会是什么样子。例如,邓晓芒指出:"可见康德既没有肯定(在人类以外的任何存在者那里)有智性直观(或直观的知性),也没有肯定一旦有智性直观就必定是属于上帝的直观。他肯定的只是,我们虽然可以设想智性直观(这种设想逻辑上并不矛盾),但事实上我们只有感性直观。"③许多学者都认同这一观点。从牟宗三指点的"道德事实"和"上帝创造"处真的不能使我们理解并肯定"智的直觉"吗?当然可以,只不过前提是需要新的解读方法。

上文已经说明了康德论"理智直观"是在视觉图式中思考的。那么,我们不禁要问,牟宗三所说的"智的直觉"也是基于视觉活动的意象图式所提出来的吗?如果是,而且牟宗三还肯定人事实上有这么一种"看"的能力的话,那么牟宗三简直是在胡说八道。但事实上,正如牟宗三所说"智的直觉之知不是观解知识"④,他思考"智的直觉"并不是基于视觉图式,而是基于"听内心独白"结构塑造而成的。

康德自觉地将听从自身制定的法则的行为与这种听从上帝的诚命而来的行为严格区分开来,将前者称为"自律道德",将后者视为"他律

---

① 牟宗三:《智的直觉与中国哲学》,《牟宗三先生全集》20 卷,联经出版事业公司2003 年版,第 250 页。

② 牟宗三:《现象与物自身》,《牟宗三先生全集》21 卷,联经出版事业公司 2003 年版,第 10 页。

③ 邓晓芒:《康德哲学诸问题(增订本)》,文津出版社 2019 年版,第 415 页。

④ 牟宗三:《现象与物自身》,《牟宗三先生全集》21 卷,联经出版事业公司 2003 年版,第 64 页。

道德"。真正的道德必须要从外在的牵连中收回来,四无依傍地单由我们自己的"存心"始能透显出来。也就是说,唯有从人特有的理性发出的命令("内心的声音"),才是道德的(绝对命令)。这就将立论道德法则的情境图式由希伯来传统的"听他者的声音"转为"听内心的声音"。这是牟宗三最赞赏康德的地方。听见内心的声音直接地就可以意识到有一个内在的发声者作为真实主体存在,这是牟宗三由道德意识挺立道德主体的思路。但是,牟宗三认为康德本人并不这么思考,康德在确立道德法则后,马上又用视觉性的思维去考察它,这就是所谓的"从道德形而上学过渡到纯粹实践理性批判"。在康德看来,"意识到"有一个自由的立法者不代表一个自由的立法者客观存在。因为,某个存在者要在认识论意义上有其客观实在性,就必须能被直观经验到,也就是必须能被现实地"看"到。而自由意志是看不到的,因此是物自体。所以,康德说自由本身不可知,自由意志是悬设,也就不承认有什么道德的实体,不认为人会完全依照道德法则行事,进而又认为人有"根本恶"(随时作恶的可能)。牟宗三非常不满这种说法,认为康德这种思考是完全不恰当的思考方式。在他看来,理论理性("观解理性")与实践理性根本就是两种思考模式:一个是认识论的,一个是本体宇宙论的;一个是认知中之横列,一个是实践的纵贯。二者只需划清界限,不能相互干涉。通过我们的回溯可知,这两者一个是基于视觉感知情境,一个是基于听觉感知情境。所以,从听觉情境去设想,听到一种有意义(含义)的声音就能肯定有一个发声者存在,根本无需再要求提供关于这个发声者的直观表象。作为有意义的声音本来就不能"看",也无所谓"表",更没有"相"。而且,在这种"自言自语"的情境中发声者的意图完全是自明的,能够被自身完全地领会,不用再去设想它背后还有什么我们没能理解的东西。这就是为什么牟宗三从依无条件的定然命令而行的道德行为的实存,直接肯定一个道德实体(将自由意志视为道德主体)的存在,而康德却不作这样的推论。不能简单地说牟宗三独断,而是支撑两人进行推理背后的感知结构不同。

　　牟宗三从"听内心声音"这一情境中获得的推理形式,是所谓"特种因果性"（也叫作"意志底因果性"）。这个特种因果性和自然因果律不同。自然因果律中原因和结果是两个东西，且具有时间图型上的相继性和不可逆性，也就是受一维线性空间的限制（说到底是视觉思维的限制），不能倒果为因。特种因果律中的原因和结果则可以互为因果甚至倒果为因的。因此，从道德事实出发，若依自然的因果性，不能进行推理，得出作为道德律的发布者的实存，因为作为原因的自由意志和作为结果的道德事实分属两界，"原因"不在感性直观中，不能进入时间的先验图型。若依特种的因果性，因与果体用不二，内心声音的发声者与倾听者其实是同一的，道德事实的实存就意味着道德主体的实存，道德命令本身的无条件性，就意味着道德主体的自由与创造性。

将"听内心的声音"这个感知图式套在儒家心性结构上，则性体即是道德命令的发布者，心即是声音的听从者。这样，性心似乎有一定的距离，不能是一。在牟宗三看来，这就是程朱一系的心性结构。但当我们意识到，内心声音的发声者与倾听者其实是同一个主体时，我们就可以将心提升至与性体通而为一的地步，也就是将我们现实的意志从绝对命令的听从者提升为自身就是绝对命令的颁布者，成为心体、本心。这虽然在现实上不一定能实现，但理论上是必然的，因为"听内心的声音"意象体现的本身就是同一主体在自说自听。①所以，"智的直觉之自觉"只是道德主体的自知自证，严格地说，它并不创生对象，因为本无所谓"对象"故。牟宗三解释说："明觉活动之反觉亦无'能'义，反而所觉之本心仁体亦无'所'义。明觉活动之反觉其自己即消融于其自己而只为一'体'之朗现，故此逆觉体证实非能所关系，而只是本心仁体自己之具体呈现。"②开始好像是有能、所，有命令者与听从者的差别，但此命令者与听从者终是同一主体。这一过程即是所谓"以心著性"，这种先

---

① "听内心声音"的意象与"听他者声音"的意象最大的不同在于，"听内心声音"中发声者与倾听者必然能是一，因为这是同一主体自己对自己发声，而"听他者声音"中发声者与倾听者必然是两个主体。这也是牟宗三认为的儒家与基督教最大的不同处。

② 牟宗三：《智的直觉与中国哲学》，《牟宗三先生全集》20 卷，联经出版事业公司2003 年版，第 252—253 页。

性心分设，再通过工夫（逆觉体证）将其合二为一的结构，就是被牟宗三视为承继北宋三家理学之正宗的五峰—蕺山系的心性结构。这种回互结构是对"听内心的声音"图式的一套完整的描摹，也最符合听觉作为"结盟"性感官的特点。程朱一系诉诸的只是发声者与倾听者分离时的意象结构（这一点与视觉的距离性相类似），陆王一系诉诸的是发声者与倾听者合一后的意象结构（这一点与味觉的无距离性相类似）。此时，由道德命令本身的无条件性而证得的性体的无限制性与创造性，也必然就是与之为一的心体、本心的性质。从无限的、自由的、创造性的心体处说直觉，这种直觉就是"智的直觉"。可以看到，牟宗三区分宋明儒学三系之三种不同的心性结构，放在"听内心的声音"这种先拉开距离再通而为一的感知图式下是很容易理解的。

　　心由道德法则的听从者提升为道德命令的颁布者，这是智的直觉之自觉，同时，此心亦是形上的实体，开存在界，能创造地去实现一物，这是智的直觉之觉他。牟宗三指点说，在西方文化的背景下，可以"根据神学知道上帝以智的直觉去觉一物即是创造地去实现一物"。这在许多研究者看来，根本就是不可理解的。不过，笔者倒是觉得，这确是一条能够理解智的直觉之觉他方式的道路。

　　基督教神学如何讲上帝的创造？《圣经》上说"言成肉身""神说'要有光'，就有了光"。世界无非是"圣言"所成的"肉身"①。这里明显使用了"言—说"的隐喻。这也就意味着，上帝的创造性可以在"说"的情境图式中去理解。当然，牟宗三没有专门发挥这两句话，他只是说"上帝之创造物自身是依神意神智而创造"②，这只是说上帝"想到""意欲"一个对象，该对象就直接地被给予出来了。但我们仍可以追问上帝是怎么"想到"对象的？是用"视觉图式"，还是别的其他感知图式？依基

---

　　①　圣言一旦成了肉身，人们就可以通过"看"肉身而"听"圣言，基督徒面对耶稣圣像画十字时，就是通过"看"耶稣的受难"相"听到了上帝的"声音"，这里孕育着黑格尔"实体即主体"的思路。

　　②　牟宗三：《现象与物自身》，《牟宗三先生全集》21卷，联经出版事业公司2003年版，第423页。

督教的传统,它使用的是"听—说"意象"想到"对象的。这里所说的"对象"当然不能是感性直观(视觉情境)中的"现相",而是作为"意义"(话语之含义)的"物自身"。

人当然不可能说什么就有什么。然而,人的"言说",当他说出的话的含义完全不从对象处着眼时,即说出如道德判断"善的"或如道德目的"行孝"时,这种道德的含义就完全是"无中生有"的,是唯有人这种有理性的存在者依凭着自身的理性(性体)自由地创造出来的。这种完全由主体创生的"含义"就可以视作"物自身"。因为"独白"不仅完全排除了语言的物质性成分,不需要发出声响,是纯意义的,而且在这种自言自语中,语言的意义对我来说完全是透明的,是可以完全被把握的,也就根本不能再去设想一个我们尚未把握的东西。在纵贯结构中,智的直觉创生物自身的觉他过程,就是道德主体创造"含义"并赋予万物的过程。

关于"独白"的特点,胡塞尔的《逻辑研究》通过对语言之"表达"与"指示"的本质区分,在"独白"的无声表达中,抓住了意识活动的本质,即纯粹的自为,原初给予的明证性,意义的当下被构成性等。①其要点包括:1.在"独白"的状态下,我们不受任何外在性的东西的制约。若按德里达的解读——"向着独白的还原就是把经验世俗的存在置于括号之中"②——"独白"活动可以不考虑任何他者、不考虑经验世界的种种因素,纯粹是意识主体自身的活动。换言之,主体在此是无限制的、自由的。这正合于牟宗三说"截断众流",凸显一"自由无限心"。2."独白"中的声音,即含义,可以被视作一个不同于事实物体的精神性实存的存在,一种"观念对象"。"现象学的声音就是在世界的不在场中的这种继续说话并继续面对自我在场——被听见——的精神肉体。"③这个"精神肉体"就相当于"物自身",完全是由主体无中生有所创生的。

---

① 参见胡塞尔:《逻辑研究》第二卷第一部分,倪梁康译,商务印书馆 2015 年版,第 339—353 页。

② 德里达:《声音与现象》,杜小真译,商务印书馆 2010 年版,第 54 页。

③ 德里达:《声音与现象》,杜小真译,商务印书馆 2010 年版,第 18 页。

3."含义"是表达所意指的（意谓的）东西，它不再需要任何其他的条件——包括"含义充实"——就获得了自身，这个作为表达的本质性行为的"含义赋予"正合智的直觉之"创造性的呈现"的特点。而且，这个"现象学的声音""被主体听见，这个主体在它们的现在的绝对接近中把它们发出声来。主体并不要越到自我之外就直接地被表达的活动所影响"①。因而，"含义"对主体来说完全是透明的，只能以其"本来面目"示人，且具有私人性。4.含义虽不离却又不同于表达本身，具有相对的独立性，这正合于牟宗三对"本体"（自由、上帝、无限智心）与"物自身"的区分。总之，"独白"情境中所蕴含的结构特征与牟宗三所论智的直觉创生物自身活动的结构若合符节。

上帝的创造与智的直觉创生物自身，使用的其实是同一结构，都是由"独白"这种感知图式塑造的。其中，上帝自然是能自由无限创造的主宰，而道德主体同样具有无限性、自由性、创造性。无限者不会有两个，因此，可依中国哲学天人合一的传统，将上帝转化为无限智心，进而主张"人虽有限而可无限"。这实则是将人们设想"上帝言成肉身"中所使用的感知图式"独白"，重新归之于人。"上帝"观念的成立本身就离不开人的听觉情境。此外，本心开道德界（颁布道德法则）与本心开存在界（说出道德意味），不但也使用的是同一感知结构，而且根本就是同一主体的独白活动。而"听内心的声音"与"独白"其实是对同一活动的两种不同角度的刻画。因此，在纵贯系统中，智的直觉之"自觉"与"觉他"也最终合为一体，整个过程其实就是我们由内心之绝对命令的倾听者提升为颁布者，再说出具有道德含义的判断与目标以赋予万物的过程，这是一个完整的"听—说"过程。古代"聖"字由"耳""口"②组成。按顾颉刚的解释，圣者是"声入于耳，出于口"③。这真是对纵贯结构中的"智的直觉"的最好脚注。

---

①　德里达：《声音与现象》，杜小真译，商务印书馆 2010 年版，第 96 页。
②　需注意，这里的"口"不仅可以指向"说"，也可以指向"味"。
③　顾颉刚：《"圣""贤"观念和字义的演变》，《中国哲学》第一辑，生活·读书·新知三联书店 1979 年版，第 80—81 页。

同时,从我们对纵贯系统的感知情境回溯中也可以明显地察觉到,以此结构作为与世界打交道的方式,虽然极具实践的内在动力,但容易形成自说自话、自我欣赏的局面。这在认识中可能会表现为独断,在道德学中可能会表现为伪善。

(二)圆具结构中"智的直觉"之味觉性

"智的直觉"不仅有在纵贯结构中的表现,还有在圆具结构中的表现,如"万物自化""一念三千"以及"明觉感应"等等。关于牟宗三对儒佛两家的诠释,前文已经反复地讨论了,这里就主要以前文涉及较少的道家为例,来回溯其智的直觉背后的感官感知图示。

在牟宗三看来,道家表示"无限智心"的方式,是从"成心"之"为者败之,执者失之"的"有为"与"执","不知常,妄作凶"的"妄作","为学日益"的外取前逐等等主观方面的造作、不自然处做工夫。通过"致虚""守静""归根""复命"等工夫,返回于自身之素朴本性,以"无为"化掉那造作的有为与妄作,以"自然而然"化掉那执著的不自然,以向内归、向后返对治那向外取、向前追的精神方向,从而呈现出一"道心""玄智"。而"智的直觉是在泯除外取前逐之知而归于自己时之无所住无所得之'无'上出现"[①]。这个"无"是无造作、无矢向,是"无为",但它同时亦含着"无不为","'无不为'即是以'无为'之无成就一切也"[②]。道家的"智的直觉之觉他",即在这"无为而无不为"之中表现。这个"无不为"即是老子所说之"生而不有,为而不恃,长而不宰,是谓玄德"(《道德经》第十章)。"生而不有"即是不生之生,"为而不恃"即是无为之为,"长而不宰"即是不主之主,此三者皆是冲虚的无限智心之妙用。牟宗三解释说:"你能让开一步,而不操纵把持,即等于生之、为之、长之矣。你的生命能如此,即谓为有道之生命,亦可说为有'玄德'之生命。在此玄德之中,天地万物(一切自然或一切存在)皆得成全而得自在。……此是道

① 牟宗三:《智的直觉与中国哲学》,《牟宗三先生全集》20 卷,联经出版事业公司 2003 年版,第 263 页。

② 牟宗三:《现象与物自身》,《牟宗三先生全集》21 卷,联经出版事业公司 2003 年版,第 449 页。

家圆满之境也。"①因此,道家之智的直觉之创造性不是积极地去创生,不是"存有论地成就"一切法,而是"作用地保存"一切法。我归根复命而得自在,万物亦随着我之不操纵把持而皆各归根复命而得自在,我要做的仅仅是"不禁其性,不塞其源"而已。万物之自在即是万物之在自己,故牟宗三称道家之智的直觉之创造性是"消极意义的创生"②,称其智的直觉为"静态的'智的直觉',亦可曰'非决定判断'的智的直觉"③。

这种"静态的智的直觉""消极意义的创生"显然与前述儒家之动态的、积极创生道德价值含义的智的直觉不同,也与康德所设想的直接给出对象的智的直觉不同。它背后使用的感官结构既不是"独白"也不是"看"。

牟宗三认为,在道家那里"智的直觉"之所以不同于儒家与康德,在于后两者的智的直觉都是"向一方向而创造的","此若就判断说,即康德所谓'决定判断'(认知判断与道德判断俱是决定判断。认知判断决定外物之质量与关系,道德判断是决定吾人行为之方向,由定然命令而表象者)。而道家之创生性却类乎康德所谓'反身判断'(reflective judgement),审美判断是反身判断,是无所事事,无所指向的品味判断(judgement of taste)。故决定判断亦可曰有指向的判断,反身判断亦可曰无指向的判断。故道家之主体可以开艺术性关键即在此"④。这里,牟宗三指出了康德、儒家与道家讲"智的直觉"不同的关键,即前两者都具有"意向"特征,都可以比作"有向判断",而在道家那里"智的直觉"是"无向"的,是"无向判断"。而且,这里还透露出了使我们得以追踪牟宗三依道家讲"智的直觉"背后的感官感知图示的关键线索,即

---

① 牟宗三:《圆善论》,《牟宗三先生全集》22 卷,联经出版事业公司 2003 年版,第294—295 页。

② 牟宗三:《智的直觉与中国哲学》,《牟宗三先生全集》20 卷,联经出版事业公司2003 年版,第 268 页。

③ 牟宗三:《智的直觉与中国哲学》,《牟宗三先生全集》20 卷,联经出版事业公司2003 年版,第 271 页。

④ 牟宗三:《智的直觉与中国哲学》,《牟宗三先生全集》20 卷,联经出版事业公司2003 年版,第 268—269 页。

"judgement of taste"，其中"taste"既是"审美"也是"味觉"。

在康德那里，反思的判断力（即"无向判断"）最典型的代表就是审美，又称之为鉴赏力。前文已指出，鉴赏力的德文是"Geschmack"，它在日常用语中的含义是"口味""味道"，审美鉴赏力其实也就是一种高级的品味，表示人在审美过程中获得的感受，就如同人们在品尝美食时的感受。阿伦特在其未完成的手稿《精神生活·判断》中已经意识到了反思判断力与味觉之间的联系，并自觉地追问："为什么味觉——不仅仅在康德那里，而且自格拉西安以来——应该被提高到和成为心理判断能力的手段？而判断力……为什么应该基于这种感觉？"[1]在她看来，味觉的特点是"提供内部感觉，这些内部感觉是纯属个人的和不可交流的……是个人感觉"[2]，而且味觉感知中"感觉到的东西不是一个客体，而是一种感觉，这种感觉不与客体密切相关，不能被回忆起来……这种感觉是直接的，没有经过任何思维或反思"[3]。单就味觉现象而言，它是私人性的，似乎是不可交流的。然而，反思性的判断力正是要为被给予的特殊寻求普遍，也就是从特殊到普遍。于是，作为反思的判断力的品味判断（审美判断）的"他者性""普遍性"维度就与味觉本身的"个人性""主观性"特点背道而驰。阿伦特对这一困难的解决是述之于"共通感"，正如康德将"共同感"作为审美判断之所以可能的先天条件。但是，"共通感"在康德那里是作为"一种共通的感觉的理念"，既然是"理念"，那么它与作为感性的味觉本身的关系自然不在康德本人的思考范围内。阿伦特虽然自觉地追问"审美判断为什么应该基于味觉"，但在其遗稿中也没有就"共通感"与"味觉"的关系给出答案。我们在这里可以尝试着对该问题进行回答。

味觉活动，确实是主观性最强的感知活动。但若内在地看味觉之

---

① 汉娜·阿伦特：《精神生活·意志》，姜宇辉译，江苏教育出版社 2006 年版，第264—265 页。

② 汉娜·阿伦特：《精神生活·意志》，姜宇辉译，江苏教育出版社 2006 年版，第264 页。

③ 汉娜·阿伦特：《精神生活·意志》，姜宇辉译，江苏教育出版社 2006 年版，第265 页。

作用结构,味觉发挥作用的前提就在于感官与外物完全无距离地融合在一起,当食物进入口中时,所谓的对象与主体之间、不同对象之间的种种界限会被打碎,进而相互融合。康德称味觉为"化学作用的感觉"①也正是有鉴于此。因而,由味觉作用结构而塑造的思想,就意味着一种自身与他者之间、万物相互之间相互作用、相互融合的思想方式。万物的相互融合,同时意味着自身与他者之间的相即不离而进入同一"场域"之中,其中有"主""客"而无"主体"与"客体",主客乃至万物为"同一事体"。这种同属一场域、同为一事体的特征,是康德视之为真正作为共通感的审美共通感的原则——"在每个别人的地位上思维"②——的根由。审美并不要求每个人都必须同意我的判断,但是认为每个人都应当与我的判断相协调,换言之,美的东西必须与整体相适应,此中有一共在存在论在发挥作用。因此,味觉活动虽是主观性的,又内在地包含着成为反思判断(无向判断)的契机。这就回答了阿伦特的"味觉"之问。

　　道家以"无为而无不为"表现出来的"静态的智的直觉""非决定判断的智的直觉",正是以味觉活动的结构为其思想方式的。老子云:"为无为,事无事,味无味。"(《道德经》第六十三章)人隐退自身而给万物提供自由展开的空间,亦如万物之味到来我以"无味"而味之。"道之出口,淡乎其无味。"(《道德经》第三十五章)以道"味"物,即是拒绝以个人嗜好为依据来品味万物,用"无"纯洁"味",从而让万物各自之味自然地涌现出来。这里,味觉的主观性表现为一种高度的精神自觉,这种精神以其"无向"特征,区别于依照视觉意象与听觉意象而来的思考。"看"与"独白"都必然是"有向"的,也就不可避免地将人的某种意向施加给万物。唯有"味",当其以"无"的精神净化自身、以"无味"作为理想的展示方式时,才能做到万物的"自尔独化"。

　　不仅在道家处言智的直觉与味觉有密切之联系,在天台圆教、儒家

---

①　康德:《实用人类学》,邓晓芒译,上海世纪出版集团2005年版,第41页。
②　康德:《判断力批判》,邓晓芒译、杨祖陶校,人民出版社2002年版,第136页。

圆教处莫不如此。

天台圆教以"一念无明法性心即具三千世间法"之"智具""智现"表现"智的直觉"之妙用。此中关键在一"即"字。知礼驳斥山外诸家,指其"陷坠本宗",原因即在于"良由不穷'即'字之义故也"①。"即"字甲骨文从"皀"从"卩",左边好似盛有食物的器具,右边如同跪坐的人准备吃饭。《说文解字》云:"即,食也",就是以"近前就食"表示"即"之本义。当其词义扩大后,便引申为"靠近、接触"。子夏曰:"君子有三变:望之俨然,即之也温,听其言也厉。"(《论语·子张》)这已经自觉地将"即"作为一种待人接物的方式而与"望""听"相区别。"即"以迎接、触及的方式,打开自己,消除我与他者的距离,从而拥抱、融合他物。随着思想的发展,这种待人接物的方式,逐渐压倒"望之""听之",而成为中国思想中的主流。这种靠近之、接触之、消化之的过程,其极致便是融为一体、通而为一。故"即"字后来也发展出"就是"义。知礼强调"直须当体全是,方名为即"便是此融为一体、通而为一之"体同"义。"即具三千世间法"便是与一切法同为一体。

牟宗三又以儒家知体明觉之感应表现"智的直觉"。"感"从词源看源于咸,金文"咸"从"戈"从"人"从"口",人口如戈,表示咸作为五味之首,其作用于物时,既以水浸润之也以坚硬的盐粒切入之。《易经·咸象》以"感"解"咸",则将这种人以口融化、切入万物的模式扩展为一种人与万物交互融合作用的一般结构。②因此,"感"也是一种味(体味)物的方式。

可以看出,牟宗三在"一体论"的视域中说智的直觉,其思想资源总与"味—触"这种感知方式有着内在勾连。

四、对学界相关看法的几点评论

综上所述,通过对不同理论背景下思考"智的直觉"概念背后的感官

---

① 知礼:《十不二门指要钞》,转引自牟宗三:《佛性与般若》(下),《牟宗三先生全集》4卷,联经出版事业公司2003年版,第783页。

② 关于"感"与"味觉"的联系,详见贡华南《味与味道》第三章第一节"咸:从味到感"。

感知结构的回溯,我们得出:康德思考"智的直觉"其实是基于视觉活动的特点进行的,"人没有智的直觉"是站在视觉主义立场上得出的结论;牟宗三依纵贯系统说"智的直觉"其实是依据"听—说"活动的特征,特别是依"听内心的呼声"中所蕴涵的结构而立论的;牟宗三依圆具系统说"智的直觉"则更多地偏向于味觉结构的特点。因此,牟宗三以"人有智的直觉"作为中国哲学区别于西方哲学之方法论的根本特征,其实蕴涵着这么一个信息:中国传统哲学的思维方式更倾向于独白式的听觉性与味觉性,西方哲学的思维方式更倾向于视觉性的以及他者式的听觉思维。[1]前者总的来说是"非分别"的结构,后者总的来说是"二分"的结构。

由此,我们可以去重新考量学界对该话题的一些具有代表性的看法。

其一,对于牟宗三肯定"人有智的直觉"的合法性,即对"人何以拥

---

[1]　需要辨析的是,牟宗三有时候会使用"照""观"这种带有视觉性隐喻的词汇来说智的直觉,对此,邓晓芒很敏锐地指出牟宗三在说智的直觉时使用"光喻"是很不恰当的。他说:"综观这些说法,有一个根本问题始终被掩盖了,这就是:按照光的本性,发光体只有在它的对象上才能返照出自己,如果整个宇宙没有任何对象,⋯⋯在纯粹的光明中就像在纯粹的黑暗中一样,什么也看不见。牟宗三从佛教中借来了光喻,但却抛弃了镜喻,将智的直觉说成是非对象性的⋯⋯这样一来,光的返照如何可能就没有了着落。而没有返照,则朗现也不可能。⋯⋯所谓回光返照或逆觉却是一个不通之论了。因为光是直线传播的,它怎么会返照自己呢?它的返照绝对是在一个对象身上的反映或反射(reflection,又译'反思'),而所反映出来的形象肯定是与这个对象的性质有关的,就如太阳光在自然界反射出五彩缤纷一样。康德正是因为这种反思而把我们的认识限定在现象界,而把那个稳定不变的物自身放到无法朗现的黑暗中。现在牟宗三既想朗现和逆觉物自身,又不想与现象界有任何纠缠,这如何能够做到?"(邓晓芒:《康德哲学诸问题(增订本)》,文津出版社2019年版,第425—426页。)笔者在上文也提到,我们看到的只不过是对象表面反射回来的光,并没有看到对象本身,使用"光喻"(其背后更深层的隐喻即是"视觉隐喻"),正是康德必须区分现象与物自身的根由。视觉的目光,不但无法使我们看到我之在其自己(而非对象中的我,如"镜喻"所示),也不可能"无中生有"地创生对象,因为看的对象总是光经过某个东西的反射才获得的,这个反射体本身是先于目光就在那里了。这样一来,对象化亦无法被破除。而使用"听—说"之喻就不同了。"听内心的声音"与"道德的独白",可以完全没有任何外在的、表象性的声响(其他人听不到,只能自己听到),所听的与所说的完全是纯意义的。以此种意象图式来思考,就根本不会有对象性的物出现,其言说是完全无中生有地被创造出来的,整个听与说的活动完全是内心道德主体的自我展示。这样也更符合牟宗三对"智的直觉"的整体理解。以视觉隐喻讲儒家的智的直觉应该说是一种误用。此外,中国传统思想中所讲的"观",往往已经被"味觉"化了,对此的说明,可参看贡华南《味与味道》第三章第二节"一身皆感焉:诸觉之'感化'以其影响"。

有智的直觉"的解释,在多数研究者看来是不能让人信服的。一方面,说人有"智的直觉"这种"无中生有"的能力,这本身似乎并不符合一般人的经验常识①(牟宗三也说它只有在圣人那里才被充分地彰显、呈现);另一方面,牟宗三对它的肯定更多的只是述诸"传统",总说如果不肯定它则会导致"全部中国哲学必完全倒塌,以往几千年的心血必完全白费,只是妄想"等等。这种论证方式就有独断的嫌疑。此外,承认智的直觉还被认为有可能使道德走向狂妄与迷信。②

如果牟宗三所说的"智的直觉"就是康德意义上的"理智直观",那么这些批评都是有道理的。不过,若认可笔者提出的"感知塑理知"是有一定合理性的,我们就能对牟宗三肯定"人有智的直觉"作一番合情理的解释。

根据视觉活动的特点,我们当然不能在没有任何外在刺激的情况下就"无中生有"地看到什么,那样的"看"只能看到"幻相"。然而,根据"听—说",尤其是"独白"活动的特点,我们完全有可能主动地、"无中生有"地"说"出一种"声音"与"含义"进而成为一种"命令"与"目的"。味觉感知中的主动性、"无中生有"性虽然不像"独白"中那么凸显,它必须预设有外物、他者的进入。然而,一旦外物进入口中,成为品尝活动不可分别的一部分时,那么,在我之口中,在对他者的咀嚼、吸收中,物之"味道"(一种"意味")便被生发出来。故牟宗三站在中国思想传统上(独白传统、味觉传统,前者更多的是牟自己重构的传统),肯定人有"无中生有"式的"智的直觉"能力,并将物之"目的""意味"视为被创生的"物自身",这些就都是有其文化心理结构背后的"情理"(感知结构的积淀)可寻的。

其二,不少学者对于牟宗三将康德"人不能有智的直觉"的观点视作整个西方哲学的一种"传统"而固定下来的做法提出了质疑。关于这一点,邓晓芒就说得十分清楚:"牟宗三批评康德的知性直观,这是对的;但他把否认知性直观看成是整个西方哲学的特点,认为大部分西方

---

① 当今是一个视觉主义当道的时代,人的听觉与味觉早已"失灵"。

② 关于此点,参见盛志德:《牟宗三与康德关于"智的直觉"问题的比较研究》,广西师范大学出版社 2010 年版,第五章。

哲学家都认为知性直观是不可能，这个就不对了。实际上，在西方哲学史上，除了经验派哲学家认为知性直观是不可能的之外，理性派里就只有康德是否认知性直观的。在康德之前和在他之后的很多哲学家都认为知性直观是可能的。所以牟宗三的那个批评是不对的，毋宁说西方的传统是承认知性直观的，而康德是一个叛逆者，并且马上就被别人纠正过来了。也就是说，你既然要做一个理性主义者，你就必须承认直观。知性是有直观能力的，这并不是中西哲学的分野。"①唐文明也有类似的批评："无须赘言，说'人不具备智的直觉能力'代表了西方哲学的典型的观点是完全错误的。实际上康德之前的唯理论者、康德之后的唯心论者以及后来的现象学家，都主张人具备智的直觉能力。"②国外的牟宗三研究也多注意到了这个问题。③

从表面上看，牟宗三的这一判断确实"漏洞"颇多。在西方哲学中，从柏拉图到近代唯理论，再到费希特、谢林，乃至胡塞尔的现象学，大家都在讲"智性直观"。这怎么能说是中国哲学的方法论特质呢？然而，若我们分别回溯这些理论背后的感官感知情境，则可以说，柏拉图、唯理论、胡塞尔的现象学所说的"智性直观"，基本上都是由视觉感受所塑造的，都是在一种距离性、对象性的关系中进行思考的。费希特、谢林则因当时德国浓郁的宗教传统与"浪漫主义"思潮的影响而受到听觉性思维的浸染④，因而他们理解的"智性直观"带有"纵贯"（听

① 邓晓芒：《〈纯粹理性批判〉讲演录》，商务印书馆 2013 年版，第 160 页。

② 唐文明：《隐秘的颠覆：牟宗三、康德与原始儒家》，生活·读书·新知三联书店 2012 年版，第 206 页。

③ 例如，毕游塞在所著《通过儒家现代性而思：牟宗三道德形上学研究》（白欲晓译，江苏人民出版社 2022 年版）一书的第二章中，就专门讨论了"智性直观"在西方哲学中的重要性与牟宗三"审慎的沉默"。

④ "浪漫主义与偏爱光和视觉的启蒙运动恰恰相反，它已经转向了黑夜和听觉。对赫尔德来说，听觉高于视觉，对于施莱格尔来说，听觉的意义是'最高尚的意义'。由此而下，听觉甚至可以发展成为哲学活动的某种模式。……从施莱尔马赫到加达默尔的阐释学传统，也倡导'听觉优于视觉'。"（沃尔夫冈·韦尔施：《重构美学》，陆扬、张岩冰译，上海译文出版社 2002 年版，第 217 页。）另外，阿伦特注意到，"意志的理论家使用的隐喻几乎不来自视觉领域"（汉娜·阿伦特：《精神生活·思维》，姜宇辉译，江苏教育出版社 2006 年版，第 122 页）。

觉性)的结构。①但是,以味觉感知为根基而塑造的思考方式,即一种既不超绝又不对待,而是互即互具、不可分别的结构,在西方思想中是绝少见的。西方思想因其对客观性、超越性的执著追求,从柏拉图以来就特别排斥、贬低以介入对象(从而不能客观地把握对象)并沉浸于其中(从而不追求超越)为特征的味觉(即"圆具"结构)。最多也只是将它视为某种原始性、初级的思考方式,绝不可能将其提到超越于、重要于理智的高度。这样看来,牟宗三以"纵贯",特别是"圆具"为内在结构的"智的直觉"作为中国传统哲学的特质,这其中含藏的洞见,显然不能仅以"错误""不够全面"而简单视之。

其三,杨泽波察觉到了牟宗三所说"智的直觉之觉他"并非完全是康德意义上的。他认为"牟宗三所说的'觉他'与胡塞尔现相学的意向性有一定的相通性"②,认为"胡塞尔现相学意向性的直接性"与牟宗三所说的"智的直觉之觉他"比较接近,即"在胡塞尔看来,意向指向一个对象,也就是创生一个对象的存在,存在是在意识之中的。这一思想在牟宗三这里同样存在,只是换了不同的说法,叫作道德之心具有绝对普遍性,可以创生存有,'涵盖乾坤'而后止。不仅如此,无论是胡塞尔还是牟宗三都认为,没有意向性(胡塞尔),没有主体(牟宗三)的对象没有意义,其实是一个'无'"③。由此"道德之心创生的对象根本不能叫什么物自身,更不是什么价值意味的物自身,其实不过是一种'善相'"④。这种概念间的类比是否合适,值得认真分析。

胡塞尔现象学提出的"意向性"理论,特别是经过"现象学还原"之后的作为纯粹意识的"意向性",即把经验意识中的意之所向的某个特

---

① 这也就是为什么有不少学者,如李明辉、郑家栋等,认为牟宗三的"智的直觉"理论与费希特的最为接近。于此较详细的研究,可参见彭文本:《论牟宗三与费希特"智的直觉"之理论》,载《当代儒学与西方文化·哲学篇》,中研院文哲所 2004 年版,第 131—172 页。

② 杨泽波:《贡献与终结:牟宗三儒学思想研究(第三卷·存有论)》,上海人民出版社 2014 年版,第 210 页。

③ 杨泽波:《贡献与终结:牟宗三儒学思想研究(第三卷·存有论)》,上海人民出版社 2014 年版,第 218—219 页。

④ 杨泽波:《贡献与终结:牟宗三儒学思想研究(第三卷·存有论)》,上海人民出版社 2014 年版,第 323 页。

定对象加以暂时的搁置（如果向着某个特定对象，这种意识就不纯粹，没有达到可以作为明证、直接、无中介、最本原的层面）而达到的纯粹意义上的指向性，显示出在把握对象的过程中，对象呈现与主体赋予间的统一，亦是主体所发挥的根本性作用（意向性中有一种构成的活动，有一种"立义""统握"的能力）。单就这一点来说，笔者赞同杨泽波所作的"牟宗三所说的'觉他'与胡塞尔现相学的意向性有一定的相通性"的判断。因为，牟宗三整个存有论思想的基调，正是高扬了主体对于存在者（不论是对现相界还是物自身）的主导性作用。

诚然，胡塞尔指出"意识是关于某物的意识"，使他的意识观与笛卡尔的孤立的"我思"有所区别，在主体与客体之间架起了通道，在一定程度上克服了主客的分离。但胡塞尔的意识哲学本身依然隐含着一种对象化的态度，未摆脱现成化的成分，是在已有一个现成主体（主客已然分离）的前提下进行的构成活动。这与他以"直观"为第一原则的视觉中心主义有关。胡塞尔现象学与其说是一种理论，不如说是一种方法，这种方法主要就是训练我们的"看"，要求忠实地"描述"所"看"到的东西（参见第五节）。按照笔者"感知塑理知"的思路，这实际上还是主要由视觉活动的特点塑造、积淀而成的，是用思考模拟观看的表现。

这种视觉感知对理论品格的塑造，落实到胡塞尔的意向性理论中，有三方面的表现。第一，视觉活动的基本前提是要与对象拉开距离。在意识现象学那里，意识虽然由于意向性功能而与对象本身不可分别，但意识却是以"对象化"的方式展开自身的，意识活动的结构表现为"自我极"与"对象极"的对偶性关系。在《观念1》中，胡塞尔将意向活动的结构理解为"意向行为—意向行为的相关项"，又在意向行为的相关项本身的结构中区分出了一个"意向内容间的一致性的极X"（一系列意向内容的共同承担者）作为"对象本身""对象极"。与此相对应的就是"自我极"，它实际上是"先验自我"的一种表达。两极成一种对立的态势，"一方面是自我极，另一方面是作为对立极的客体"①，二者共同保

---

① 胡塞尔《观念2》，转引自倪梁康：《胡塞尔现象学概念通释（增补版）》，商务印书馆2016年版，第195页。

证了经验的综合统一。在胡塞尔那里,一切意向活动都是以"对象化"的活动为基础的。第二,视觉看到的东西是具有公共性而非私人性的。所谓"意义赋予"行为所赋予的,正是具有抽象性、普遍性、形式性的意义。第三,视觉总不能无中生有地看到对象。胡塞尔不但重视意向性、重视意义赋予,还重视"意义充实"。意义赋予只能在我们意识中呈现对象的抽象表象,而意义充实行为能使认知的对象形象化地呈现出来。

然而,牟宗三所说的智的直觉之觉他与上述这三点完全不相符合。其一,牟宗三反复说,无执的存有论中心物是非对偶性的,物自身是"非对象性"的。无限智心是以纵贯的乃至圆具的方式展开自身,而非对偶性的结构。这一点笔者在前三章已经反复征引解说了,杨氏恰恰忽视了这最重要的一点。其二,智的直觉,无论是自觉还是觉他都具有某种私人性的特征。难以"客观化"不正是心学的一大流弊吗?其三,智的直觉也不存在类似"意义充实"的方面,这一点杨氏自己也察觉到了。如此说来,牟宗三智的直觉之觉他与胡塞尔的意向性理论,除了都表示主体对对象的构造(创造)之外,其内在结构上没什么太多一致之处。若非要比附,笔者反倒觉得牟宗三在《认识心之批判》中的思想,如"现象的本体"①"意

① 牟宗三提出的"现象的本体"与胡塞尔的"对象极"思想相似。牟宗三认为,"自客观化一件事言,不变者之本体是不可少的"(牟宗三:《认识心之批判》(上),《牟宗三先生全集》18 卷,联经出版事业公司 2003 年版,第 40 页)。因为事(感触材料)本身则是一起即逝、过而不留的,也就是一直处在变动中的,若只有变化的事,而没有一个恒常持续的不变者存在,则变化的事便成了一虚无之流,事亦不成其为事,而随事之生起过程而所呈现出的意义也就不能落实而有所安顿。所以,在认识上,总须要立一个"本体"来承载那些事素。如是,事是可变者,本体是不变者,变的事是不变而能变的本体所呈现出的变化,事是本体之情态。牟宗三进而指出,"不变者之本体暂定为个体之'个性',或个体之统一,此是情态(谓词)所隶属之暂时的主体(主词)"(同上书,第 41 页)。一个个事素就如散沙,不能聚,而个体就是一聚。能不能聚的依据是因果关系,因此,牟宗三说:"将许多现象聚于一起的那个型式即重重叠叠之因果律便是内在之所以聚者。此型式纳它们于一起,同时即显示出整一的个,而从整一的个将其所统者抽去即反显一拆不开之统一,故曰个体之统一,此统一即形成一单一。此单一即是吾人所说之认识论之主体,此单一若与其所统之情态合,即说为是情态之主,而情态即此主之谓。主谓之合名曰个体。"(同上书,第 43 页)"此个体之统一,吾人即名曰'现象的本体'(意即表现出的本体,此词取之康德),亦名曰暂时的主体。依此主体,吾人可保住主谓命题之暂时的有效"(同上书,第 41 页)。这里言"主体"是指主谓命题中的主词,谓词是对主词的描述,主词是谓词的承载者,即本体。例如"这朵花是红的","红的"即是"这朵花"这个"现象的本体"的情态,这个的"本体"可以理解为"基体",即一系列内容的共同承担者。

义即型"等说法,与胡塞尔的现象学理论倒是更为接近。此外,杨氏以胡塞尔的意向性理论解读智的直觉,特别是他将"物自身"理解为一种"善相",并把它当作只是不同于"现相"的另一种"相"("'相'是一种看"①),这就充分暴露了自己实际上也是以视觉性结构为背景,在心物对偶性的结构中去思考智的直觉与物自身的有关问题的。笔者以为,这种解读和牟宗三想表达的意涵恐怕并不切合。

　　同样是讲意义赋予、对象构成,以"独白""味觉"情境为源头所得出的结构就与胡塞尔以视觉性感知为源头所得出的颇为不同。按照德里达的解读,"内心独白"实际上已蕴涵着三重还原。一是还原掉了声音的"指号"作用、话语交流中的他者,突出了话语的"表达"作用;二是还原掉了表达中的物理性成分,得到纯粹的"表达";三是还原掉了"表达"中的"含义充实",以"含义赋予"为"表达"的本质。这样一来,就把主体的"涉世性"完全去掉了,表达成了纯粹"自为"的活动。这就比胡塞尔后来对"看"(直观)的分析,更能体现出纯粹意识自身的特点。而且,由于"含义充实"对表达而言并不是必要的,表达的"含义充实"行为虽然具有某种意指性,但所构造出的"含义"并不能真正与表达主体成为一种"对偶性"的关系。"含义"对表达主体而言是完全自明的,"自言自语"的声音完全处于主体的内在性之中,二者毋宁说是一种"纵贯—隶属性"的关系。严格地说,意识主体能"创造"含义,但只能"制造"对象。而在味觉结构中,就压根不能说"指向性",它是"无向"的,也没有"极",是在物我共在共融共生中创生着"意味"。

　　牟宗三以康德哲学解读中国哲学,虽极富启发性,但也常常落得张冠李戴、两边不讨好的奚落。若我们又以西方其他什么哲学思想套在牟宗三头上,其后果也不会比牟宗三好多少。笔者提出的以回溯文本中的感官感知隐喻来理解概念意义的方法,似可有利于降低在中西哲学比较时对中国传统哲学概念的曲解,以呈现中国哲学的独特性和丰

---

　　①　杨泽波:《贡献与终结:牟宗三儒学思想研究(第三卷·存有论)》,上海人民出版社 2014 年版,第 319 页。

富性。

本节从"感知塑理知"的视角反思牟宗三"智的直觉"理论,牵涉较广,辞繁不杀,至此而止。

第三节　牟宗三哲学中的理性主义与神秘主义

儒家哲学,特别是心学传统中,一直有某种被学界视为"神秘主义"的因素。冯友兰、陈来等都曾指出,宋明理学,尤其是心学一系中,有神秘主义的传统。这种传统可以一直追溯到孟子。然而,牟宗三却认为:"你说它是神秘主义,可是照中国人说起来这才是真正的理性"①,是"理性的理想主义"②。

对于牟宗三本人的哲学思想,不少学者也认为其中有神秘主义的成分,而且这种成分占有很重要的位置。李泽厚就指出:"牟宗三所津津乐道的熊十力拍桌子斥责冯友兰,'良知是呈现,你怎能说是假设'的著名故事,以及牟自己大讲的'智的直觉',所指向的也正是这种神秘体验。……牟的'智的直觉',并不是认识、逻辑的理性问题,而是有关道德—宗教的根本底线的神秘经验。"③唐文明也认为,"神秘主义乃是牟宗三思想的最后归宿"④。杨儒宾甚至认为,整个"现代新儒学"思想都有一条神秘主义(他称之为"冥契主义")的线索于其中。可是,牟宗三对自己哲学的定位却是"理性的理想主义"。

这同时也涉及牟宗三对儒家(包括他自己)与康德哲学关系的理解。康德一生致力于对人之理性能力的批判性考察。牟宗三则认为:"我们和康德不同之处是,我们所谓'悟道'、'合一'之处,康德说是神秘

①　牟宗三:《中国哲学十九讲》,《牟宗三先生全集》29 卷,联经出版事业公司 2003 年版,第 334 页。

②　牟宗三:《道德的理想主义》,《牟宗三先生全集》9 卷,联经出版事业公司 2003 年版,第 28—29 页。

③　李泽厚:《人类学历史本体论》,天津社会科学院出版社 2008 年版,第 236 页。

④　唐文明:《隐秘的颠覆:牟宗三、康德与原始儒家》,生活·读书·新知三联书店 2012 年版,第 238 页。

主义,他不承认人有智的直觉。这种看法很不妥当。……依中国哲学看……这种神秘主义是由理性主义直接往前推进的,在这里,理性主义与神秘主义不能分成两截,它们是相通的。但是若照康德的看法,理性主义就上不去,而被封住了。这造成很大的毛病,因为这样一来中国人从前所说的'悟道'、'成圣'、'成佛'、'成真人'都成了神话。但这些并不是神话,而是真实的可能。可是照康德的看法,这些都是神秘主义,都是夸大,这样就把'实理'限制住了。"①可以说,牟宗三所认为的康德之与儒家"一间未达"之处,就在于康德不能从狭隘的"理性"中上提起来,而进至被其视作"神秘主义"的境地。

对于以上种种涉及牟宗三哲学中理性主义与神秘主义的分歧性意见,我们该如何看待呢?这首先涉及对"理性"以及"神秘主义"这两个概念的理解。对此,我们仍然以回溯概念中感官隐喻的方式来进行剖析。

一、"理性"与"神秘主义"所内含的一般性结构

(一)"理性"通常指的是一种视觉性的思想方式

虽然,"理性"一词在中国古已有之②,但它作为中国近现代哲学中一个核心概念,其含义无疑首先源自对西方"Reason"与"Rationality"的理解。

金观涛在综合雷蒙·威廉斯与 Kenneth Mcleish 的研究基础上指出,今日西方的"理性"是由"言说"和"科学"两个基本要素组成。其中,"言说"要素来自"Reason",它最接近的词源是拉丁文"Rationem",原为

---

① 牟宗三:《中国哲学十九讲》,《牟宗三先生全集》29 卷,联经出版事业公司 2003 年版,第 444—445 页。
② 比如天台宗的文献中就大量出现"理性"一词,如《妙法莲华经玄义》第五卷下云:"理若破惑,一切众生悉具理性。"《摩诃止观》第三卷下云:"有佛无佛,理性常住。"《金光明最胜王经疏》第三卷云:"事性、理性,俱名佛性。"《法华文句记》第一卷下云:"今背迷成悟,专缘理性,而破九界。"《法华玄义释签》第二卷云:"理性无体,全依无明;无明无体,全依法性。"等等。"理性"在此中的是"实性"的意思,意指"不变之理体"。

拉丁文"Reri"(意指"思考")一词的词根。而"Reri"一词在希腊文中对应于"λόγος(逻各斯)",即用语言词汇表述道理之意。正是因为逻各斯观念的传承,西方人才把基于言说的连贯思考等同于理性,因此,"Reason"在广义上被视为人类具有的前后连贯思想与理解能力。"理性"中的"科学"因素则来自"Rationality",它源自拉丁文"Ratio",这个词除了表示不同于感觉、知觉、情感和欲望的运用概念进行推理的能力外,还有计算、比例的含义。正是力图用"比例"进行推理的观念,塑造了西方的科学方法传统。因此,"这两个词一个代表用语言表达的思考,另一个代表数学计算及来自科学的观念(如比例)"①。对此,我们可以再分别加以考察。

"Rationality"与逻辑推理能力密切相关。逻辑学是探讨思维之形式(规则)的学问。对于它的起源,涅尔夫妇在其逻辑史名著《逻辑学的发展》中指出,"逻辑是研究有效推理的规则的……只有那些能找出证明或要求证明的论说和诘问的类型才自然地引起逻辑的研究"②,而"证明的概念之所以引起人们注意,大概是因为它首先与几何学联系在一起"③。又指出,"从历史上看,几何学是第一个用这种方式(即从不证自明的前提出发,做形式的推导——笔者注)来表述的知识体系,自希腊时代以来,几何学就被认为是演绎系统结构的典范"④;"希腊逻辑的一个趋势大都是由考虑如何把几何学表述为演绎系统的问题所决定的"⑤。逻辑学的形成离不开几何学的先导性作用,而几何学正是一种关注于"形"以及之间比例关系的学问,它是将经验性的测量学加以形

---

① 金观涛:《轴心文明与现代社会:探索大历史的结构》,东方出版社 2021 年版,第58—59 页。

② 威廉·涅尔、玛莎·涅尔:《逻辑学的发展》,张家龙、洪汉鼎译,商务印书馆1985年版,第3页。

③ 威廉·涅尔、玛莎·涅尔:《逻辑学的发展》,张家龙、洪汉鼎译,商务印书馆1985年版,第5页。

④ 威廉·涅尔、玛莎·涅尔:《逻辑学的发展》,张家龙、洪汉鼎译,商务印书馆1985年版,第6页。

⑤ 威廉·涅尔、玛莎·涅尔:《逻辑学的发展》,张家龙、洪汉鼎译,商务印书馆1985年版,第10页。

式化的结果，也是典型的在视觉经验基础之上所逐步发展起来的学说。因此可以说，形式逻辑思维乃至这种理性能力的形成，离不开视觉性活动的参与塑造。

"Reason"源于古希腊语的λόγος（逻各斯）。按照希腊语的通常用法，逻各斯有言说、话语的含义，这似乎是与听觉存在着密切关联。但古希腊哲学中的逻各斯精神并没有因此成为重视时间、重视他者或者重视超绝性的听觉精神，而是在语言之规则性、形式性的特征指引下上走了视觉精神的道路。按照海德格尔的解释，λόγος作为话语，相当于"把言谈之时'话题'所及的东西公开出来""有所展示"，因此，这里的言说实际上起到的是"让人看某种东西"①，即是使某物公开而展示出来让人看的作用。话语之所以指向了看，是由于他们的语言是以形式化的语法、语法的逻辑方位来展示意义的。"视觉跟语言是高度重合的。"②这一点印欧语系中表现得尤为明显。古希腊语属于屈折语（"屈折"即"变性"），其特点是以词形变化作为表示语法关系的主要手段，特别强调形式上的变化。这种词形变化丰富的特点，塑造了古希腊人和一般意义上西方人的思想方式：特别重视"执一以驭多""执型以范实"。万事万物都可以用形式化的语言来表达，而词语形式的丰富变化又正好反显出有一个不变的本质，因此，对于大千世界的把握可以通过把握那不变的、终极的形式根据的方式来实现。所谓的"理论化"就是"形式化"。③可以说，正是由于视觉重视客观、重视形式、重视界限，所"看"的对象之形式具有稳定性、可抽离性，以及"看"与对象间要有距离等等这些特征，逐步塑造出了古希腊思想中重视公共性（客观性）、规范性、程

---

①　海德格尔：《存在与时间》，陈嘉映、王庆节译，熊伟校，生活·读书·新知三联书店2012年版，第38页。当然，海德格尔出于跳出柏拉图传统的目的，将无论是"展示出来看"还是"言说"都归之于逻各斯之"采集""置放"古义。

②　陈嘉映：《感知·理知·自我认知》，北京日报出版社2022年版，第147页。

③　邓晓芒认为西方理性精神不仅源自逻各斯精神，还源自努斯精神。而努斯（Nous）一词从词源上说就是来自"noe"（看）（参见张志伟主编：《形而上学的历史演变》，中国人民大学出版社2016年版，第6页）。另外，根据Bruno Snell的研究，Nous在希腊认识论中是"指一种具有吸收图像能力的心灵"（转引自马丁·杰伊：《低垂之眼：20世纪法国思想对视觉的贬损》，孔锐才译，重庆大学出版社2021年版，第4页）。

序性、恒定性、抽象性、分别性的特点，成为西方理性主义源头。正如利奥塔所说："在现实中，所有理性论断的判断依据从根本上源自通常的'观看'（Sehen）。"①这种思维方式的内在结构就是前文所说的横列的、对偶性结构。理性，作为心智（mind）的结构，从其现实品格上看当然是超越所有感官的，但从其来源上看，它离不开人类长久以来的视觉感知经验的塑造。

在康德那里，理性概念又进一步地丰富化。实践理性作为一种规范行为的能力在于它能够提供一种绝对的道德律令。这并非可以通过外在观解获得，而需通过对内心命令的聆听。这就在以视觉性思维为主导的理性中加入了听觉性的成分、纵贯的结构。这是对西方理性思想的一大推进，使理性的结构更加立体化了。在上一节中我们已经说明，康德的实践理性一方面包含了从基督教中改造而来的听觉性因素，另一方面他又用视觉性的思考方式（形式主义）将这种因素的影响降低了。

黑格尔将理性视为所有人类精神意识的最高表现与成就，并将理性分为"观察的理性"和"实践的理性"两个阶段。其中，黑格尔认为形式逻辑的规律是对自我意识纯粹自身的观察，这就进一步点明了"逻辑规律—理论理性"与"观察—视觉"之间的关联性。实践理性则不满足于对对象的旁观，它还要求把自己的目的实现于对象，它相信只要按照理性设计出来的东西现实世界中就应当有，这里面有一种上文所说的独白结构。有学者指出黑格尔所说的"理性"中就含有以往被认为是"非理性"的成分②，其原由则是在他的理性结构中纳入了这种独白式的纵贯结构。

从总体上看，西方通常所说的"理性"一词的含义及其作用方式，主要还是由视觉活动所主导、塑造出来的。它以横摄性的主客二分为基

---

① 转引自高燕：《论海德格尔对视觉中心主义的消解》，《上海大学学报（社会科学版）》2010 年第 4 期，第 117 页。

② 参见邓晓芒：《西方哲学史中的理性主义和非理性主义》，《西方哲学探赜——邓晓芒自选集》，上海文艺出版社 2014 年版，第 35 页。

本的存在论架构,以客观性、稳定性、抽象性、分析性为特征,追求普遍性、本质(即形式)性。

(二)凡不符合视觉特征的思想方式就被视为"神秘主义"

关于"神秘主义"的特点,罗素在将其本质理解为"具有一定强度和深度的情感"基础上指出:"首先,神秘主义哲学相信洞见,而反对零散的分析的知识:它们相信一种智慧的、突然的、穿透性的及强制性的方式,这种方式与一种完全依赖感官的科学对外部现象所做的缓慢而易错的研究形成了对照。……这种方式可称为启示、洞见或直觉,它与感觉、理性及分析形成了对照,……神秘主义的第二个特征,在于它相信统一性,并拒绝承认任何地方的对方或分割。……第三个标志,是对时间实在性的否认。……最后一个标志,在于它相信所有恶都只是现象,或者说,是由分析理智的分割与对立所制造出来的一种幻觉。"①威廉·詹姆斯则对"神秘的意识状态"的特点进行了概括,他认为,神秘体验的四个普遍特征是:不可言说性、启示式的可知性、瞬间性、被动性。而"W.T.Stace对神秘体验进行了深入研究,他认为神秘经验的基本特征是言语道断的、悖反的、神圣感、实在感,而根本特征则是'合一性'(oneness)体验"②。正是这些神秘的经验状态,在宗教中会引导人感受到或"得救"(即客体上帝进入主体),或"皈依"(即主体投入客体),或"合一"(即主客融合为一)的"天恩"与"神宠"。

对于中国哲学中"神秘主义"的特点,冯友兰指出:"此所谓神秘主义,乃专指一种哲学承认有所谓'万物一体'之境界。在此境界中,个人与'全'(宇宙之全)合而为一,所谓人我内外之分,俱已不存。……中国哲学中,孟子派之儒学,及庄子派之道家,皆以神秘境界为最高境界,以神秘经验为个人修养之最高成就。"③陈来则认为:"儒学的神秘体验,

① 罗素:《神秘主义与逻辑及其他论文》,贾可春译,商务印书馆2017年版,第10—12页。

② 转引自陈来:《有无之境——王阳明哲学的精神》,北京大学出版社2013年版,第361页。

③ 冯友兰:《中国哲学史》,中华书局2014年版,第144页。

其基本特征可以概述如下：（一）自我与万物为一体。（二）宇宙与心灵合一，或宇宙万物都在心中。（三）所谓'心体'（即纯粹意识）的呈现。（四）一切差别的消失，时间空间的超越。（五）突发的顿悟。（六）高度的兴奋、愉悦，以及强烈的心灵震撼与生理反应（通体汗流）。……儒学的神秘体验大致上也可以分为两种，外向体验以'与天地万物为一体'为代表，而内向体验似可分为'宇宙即是吾心'和'心体呈露'两类。"①

可以看出，不论是西方学者还是中国学者，对"神秘主义"特点的理解都是比较一致的。它与强调客观性、分析性的思维方式完全相反，而突出一种"合一性"。有学者总结道："所谓的神秘体验大都包含一种强烈的'化一感'，即强烈地感受到'万物合一'或'万象一体'，而体验之主体也融身于对象的存在或其他超自然的存在物。"②这种"合一性""化一感"，既强调自身内在各种能力的合一，身、心（知、情、意）不可分别的完全调动，也强调与外在接契对象的合一。这在西方宗教中多是与超绝的造物主的合一，在中国则更多地表现为与万物的合一。总之，神秘主义都是最终要获得一种主客之间界限、有限无限之间界限、乃至一切差别界限都消失了的境地，一种自己以某种方式和神、存在、万物"融为一体"的境界，换言之，就是要消除视觉性活动最基本的特征——距离性。

不过，由此就说西方的"神秘主义"从根本上说就是一种与理性相对立的"非理性主义"则失之轻率。从"神秘主义"的希腊词源上看，王六二指出："神秘主义（Mystik, mysticism）一词来源于希腊语动词myein，即'闭上'，尤指'闭上眼睛'。之所以要闭上眼睛，乃是由于对从现象世界获得真理和智慧感到失望。但这里并不是像怀疑论学派那样由于对一切知识感到绝望，从而拒绝作出任何判断。这里所指的仅仅是闭上肉体的眼睛，但同时却要睁开心灵的眼睛，使心灵的眼睛不受现象世界的熙熙攘攘所干扰，从而返回自我，返回到心灵深处，以心灵的

---

① 陈来：《有无之境——王阳明哲学的精神》，北京大学出版社 2013 年版，第381 页。

② 王六二：《宗教神秘主义的性质》，《世界宗教研究》1996 年第 1 期，第 4 页。

眼睛静观真理。但这并不能简单地等同于非理性主义,后世的'理论'
(theory)一词,恰恰就是出自神秘主义所主张的静观或思辨(theorin)。
这种哲学神秘主义主张以心灵的眼睛取代肉体的眼睛来静观真理、智
慧,'秘'实有之,'神'却是谈不上的。"①也就是说,"神秘主义"与"理性
主义"其实是同根同源的,都源自古希腊视觉主义的"沉思"传统下的
"思辨"活动,都是对真理与智慧的追求,都源自"心眼的看"。

　　只有到了基督教占据统治地位的时期,"神秘主义"才逐渐与"理性
主义"的思辨、沉思传统相分离。这时,上帝已成为真理的化身,神秘主
义对真理的追求自然转变成了对上帝的信仰。希腊哲学重视"看",犹
太传统重视"听"。根据希腊传统,神可以被仰望,而"根据犹太人的传
统,神能被听到,但不能被看见"②。"上帝"是没有形式、面貌可言的,
先知只能聆听上帝之言而不能见上帝之容。据说,就连摩西也只是
"见"过一次上帝的背影而已。就一般人而言,对于"上帝",我们都只有
通过"诫命""福音"与之打交道。而世界上的一切也都是上帝"言说"的
结果(所谓"言成肉身")。由此,"听"的地位逐渐被突显出来,"看"下降
为只能与上帝所造之物——即这个世界——打交道的方式,只能佐证、
辅助我们"理解"上帝,而不能真正直接接契于上帝(真理)③。由是才
有了教父哲学强调超理性甚至是反理性的特征:在享有福音后,我们便
不需要理性的质疑。神秘主义也由此获得了属于它的心智结构,即听

---

　　①　王六二:《宗教神秘主义的性质》,《世界宗教研究》1996 年第 1 期,第 2 页。

　　②　汉娜·阿伦特:《精神生活·思维》,姜宇辉译,江苏教育出版社 2006 年版,第
122 页。

　　③　或有人质疑,犹太教的确强调聆听圣言,但基督教与犹太教不同,它很重视对基
督圣像的仰视。的确,基督教在相当程度上吸收了古希腊视觉主义传统,但这并不表示
它以仰视耶稣受难像取代了聆听上帝的圣言。正如吴飞所指出:"基督教与犹太教的区
别并不在于以像取代了言,而是用以像表达的言取代了先知转述的言";"基督徒的看其
实不是简单地看,而是在看中倾听;把另一个人的苦当成苦,而不是可以旁观的景致或许
才是基督教所谓倾听圣言的关键"。(吴飞:《尘世的惶恐与安慰》,北京大学出版社 2018
年版,第 54、64 页。)当然,基督教对视觉的态度非常复杂,希伯来传统与希腊传统在其
中缠绕在一起,它一方面有对视觉的压制,一方面又有对"光""镜子"的崇敬,甚至存在着
"光的形而上学"。奥古斯丁在《忏悔录》中就一方面谴责视觉会激发出人的"眼睛欲望",
进而分散心灵对灵性的注意力;另一方面又认为虔诚者终将沐浴在上帝之光中,并在书
的结尾处感谢上帝"让我们看到这一切"。

觉式的结构,意味着撇开距离、形式、计算,主体(我)与对象(上帝)虽是分离而又可以趋近。这是对一体性的体悟,也是对自我最内在精神本质的体悟。

中国"一体论"传统中"万物同体"式的"合一"又与西方宗教式的"合一"不同。中国向来缺乏肯定一个超越的精神实体的传统,因而中国式的"合一""化一感"更多的是与万物为"同一事体"之"感"①。对此,贡华南指出:"与西方原子论传统强调'体'之'不可分'、'不可入'不同,在'一体'论传统中,人与物、道都在一体'之内',这在原则上承认了人、万物的相互开放性:物与人可以相互进入。在方法论上,由主张'体'之'不可入'而发展出强调距离性、客观性的视觉思维,由主张万物间相互开放而发展出味觉思维。"②人进入天地、万物、他人的通道即是"味""感"③。味作用于人的方式(食物被嚼碎、打破界限,进而在口中被融化、融合)也即是人"味(尝、感)"万物的方式。④中国思想正是逐步地将这种结构扩展为一种人与世界万物打交道的一般结构。

听觉式的"合一"是纵贯结构、味觉式的"化一"是圆具结构。不论是听觉式的("结盟")"合一",还是味觉式的("交合")"化一",它们都与由视觉意象构造起来的理性之横摄结构有很大的不同。它们不重"分别"而重"合一""非分别",不单重形式而重形式与质料的统一,不重冷冰冰的逻辑推理而重活生生的情感体验(情理交融)。

因此,将"非理性"作为一切神秘主义的本质特征,其实是将由非视觉经验塑造而成的思想方式、与他人打交道的方式,即由听觉或味觉所塑造的文化心理结构视为神秘主义的本质特征。这样看来,"神秘主

---

① 借用张世英的说法,可以说一个是"纵贯超越"式的合一,一个是"横向超越"式的合一。超越本是纵向,配之以横向,一纵一横,十字打开,方可成圆。

② 贡华南:《味与味道》,广西师范大学出版社 2015 年版,第 182 页。

③ 按贡华南的研究,"感"字的意义谱系是由鹹到咸再到感,鹹与咸原初皆指盐之性味,因而"感"是源自味觉性知感(参见贡华南:《味与味道》,广西师范大学出版社 2015 年版,第三章第一节)。

④ 其实基督教传统中也有通过味觉实现"合一"的方式,那就是"圣餐礼",以"吃"耶稣之血与肉的方式将耶稣化为自己的血肉并朝向上帝。

义"思想方式其实也并不神秘,它依然能在人类的感官感知中找到形成的根由。

二、牟宗三所说"理性"之多重结构

牟宗三所说的"理性"之内在结构是什么样的呢? 是不是也如一般意义上所理解的那样只是"横摄"结构呢?

牟宗三对"理性"的理解,首先有一个类似康德"理论理性"与"实践理性"的区分。他说:"理性,若简单指目出来,不外道德理性与逻辑理性两大纲领。"①在牟那里,这种区分往往以"观解理性"与"道德理性"、"工具理性"(科学理性)与"价值理性"、"逻辑的理性"("形式的理性")与"创造的理性"或者"理性的架构表现"与"理性的运用表现"等等说法出现,有时他也用"理智"("知性")与"理性"的分别来表示这种区分。在这种区分的基础上,牟宗三认为,在中国的文化传统中,前一种理性即"理论理性""观解理性""工具理性""理智"这方面并不发达,不如西方发展得好,但后一种理性即在"实践理性""道德理性""价值理性"这方面,则西方不如中国发展得好。这种看法无疑是继承了梁漱溟关于"理智"与"理性"相区分的观点。梁漱溟的这种区分其实是试图将西方的理性与宋明理学所说的"理"结合起来,"他用'理性'和'理智'的分别指示道德层面的'理'和知识层面的'理',因此,他的理性就不是西方哲学中的普遍性和推理的概念所能范围,而是大大渗入了'直觉'的成分,这样就把'仁心'涵括了进去,后期他甚至将'理性'铺陈得更广一些,直到伦理层面的觉悟"②。这一"好处"显然也被牟宗三吸取与运用了。

对于"观解理性""工具理性""理智""知性"这些意义下的"理性主义"("理智主义"),牟宗三评价道:

---

① 牟宗三:《生命的学问》(四版),三民书局 2015 年版,第 53 页。
② 李洪文:《人文理性与政治秩序:20 世纪中国文化保守主义的思维特质探析》,上海古籍出版社 2016 年版,第 62 页。

　　他们这几位思想家大抵都一致感觉到十九世纪末、二十世纪以来时代精神之向广度的量的方面趋之流弊。他们都反对十七、十八世纪启蒙思想所留传下来的以"知性"为主的外在的理性主义，因为这只是逻辑、数学的思考，淹没了真正个性人格之透显。……顺以"知性"为主的外在的理性主义之学风下来的外在的、广度的、量的时代精神，尤其为他们所痛切感觉到。这种外在的、广度的、量的时代精神，固然为逻辑、数学的理性主义、理智主义之学风所领导，而尤以基督教之堕落、民主政治之运用、科学之首出庶物所陪衬烘托成。这整个趋势是外在的、量的、集团的、机械的，而都是非人格的、非个体的。所以在这种时风、学风中，真实的人品，真正的道德、宗教，都不能讲。这就表示时代精神之向下趋而提不住。①

这里，牟宗三指出"以'知性'为主的理性主义"是逻辑的、数学的、外在的、广度的、量度的上的考量，并以科学和民主为其成就。而"只有知识才是横的，要主客对立。科学知识是由认知机能（cognitive faculty）底认知关系，亦即横的关系而成"②，民主制则体现出一种"对列格局"。因此，这种以"知性"为主的理性主义是以"横"为其内在结构的。这种以"横"为结构的理性，因其不能就个体之生命上透显出真实的人性、真正的道德理想，又常常被牟宗三称为"干枯的浅薄的理智主义"。在这一点上，牟宗三与柏格森的理解有相似处。

柏格森认为，科学的理智不能认识生命之流，而其原因则在于理智的"观察"基础与"分析"方法。在柏格森看来，科学的基础是观察，而"观察，只能从各个不同的观察点对事物作外在的观察……它永远不可

---

　　① 牟宗三：《牟宗三先生晚期文集》，《牟宗三先生全集》27卷，联经出版事业公司2003年版，第18—19页。

　　② 牟宗三：《中国哲学十九讲》，《牟宗三先生全集》29卷，联经出版事业公司2003年版，第111页。

能进入内部把握事物的本质"①。他还用照片作比喻,指出理智的观察就好比人们"从一切可能的观察点给一座城市拍下不同的照片,尽管这些照片可以无限制地互相补充,却永远不会与我们散步于其中的那个现实的城市相同"②。这个比喻同时也涉及理智的分析性方面。"所谓分析就是把对象归结为已知要素,归结为与其自身不同的函数,它只是一种转述,一种从连续的观察所摄取的影像。……分析不得不围绕对象转,永远无法把握对象。"③柏格森还特别强调,理智思维只是对于在空间中的、外在的、可分的、物质的自然界来说才是有效的。这些说法实际上就把理智主义的视觉化特征充分地暴露了出来。而一旦面对内在的精神生命或者人身处于其中的生活世界,由于不能被"看"到,理智就失效了。

牟宗三一方面认可柏格森的观点,但另一方面,在他看来,柏格森强调反对理智主义,自己却走向了直觉主义,这是他所不赞同的,他自己是要从理智主义上提一步,由仁心之为理性的走向"理性的理想主义"。

> 这个仁心之所以为理性的,当从其抒发理想指导吾人之现实生活处看。仁心所抒发之每一理想皆表示一种"应当"之命令。此应当之命令只是对已现实化了的习气(或行为)之需要克服或扭转言。此应当之命令所表示之理想,一方根于怵惕恻隐之心来,一方跨越其所须克服或扭转之习气。依是,它显然必是"公而无私"的。凡顺躯壳起念而追逐下去的一切念头与行动皆是私利的、主观的。如果应当之命令所表示之理想是公而无私的,则必是正义的、客观的。自其足以指导吾人之行为言,即自其足以指导吾人革故生新言,它是一个"理"。这个理是从怵惕恻隐之心发,所以是"天理"。天理即是天定如此之理,亦即无条件而定然如此之理。自其为公

---

①②　柏格森:《形而上学导言》,刘放桐译,商务印书馆 1963 年版,第 66 页。
③　柏格森:《形而上学导言》,刘放桐译,商务印书馆 1963 年版,第 67 页。　　　　　　309

而无私的、正义的、客观的言,它是一个有普遍性之理,即它是一个普遍的律则。①

绝对的善,是称"怵惕恻隐之心"而发的。由此所见的理性是理想的,由此所见的理想是理性的。由此吾人极成理性主义的理想主义,或理想主义的理性主义。怵惕恻隐之心,同时是心,同时也就是理。此心理合一的心,就是儒家所说的"仁"。孟子即于此言性善,王阳明于此言良知,康德于此言"善意"。吾人如不说人性则已,如要说人性,必须从此心理合一的仁处言人的性,了解人的性。②

这里,牟宗三由仁心所颁布的命令之为无条件的应当,凸显其"公而无私"的普遍客观性;由此普遍客观性凸显这指导吾人之行为的理的正义性、绝对性(康德谓之"绝对的善");由此正义性、绝对性凸显此理性(能颁布此天理的仁心本性)之不同于理智的理想性。说到底,这是由"人性通神性以规定理性"③,而这样一来,牟宗三就在理性中,加入了能上提下贯的纵贯结构。

不仅如此,这种"人性而通神性的理性"还有其"圆而神"的运用的表现。牟宗三说:"《般若经》所说的那种诡辞,所表现的那种圆智妙用也是理性,那个理性是圆的理性,那就是非分别讲的理性。"④通过这种方式,中国传统哲学所说的带有神秘色彩的"悟"(牟宗三说:"'悟'是什么意思呢? 就是指主客两面所说的'体'是一"⑤),以及悟后种种玄妙、神秘的话头,如"无明即法性""一即一切、一切即一"等等不符合形式逻

---

① 牟宗三:《道德的理想主义》,《牟宗三先生全集》9卷,联经出版事业公司2003年版,第22—23页。

② 牟宗三:《道德的理想主义》,《牟宗三先生全集》9卷,联经出版事业公司2003年版,第24—25页。

③ 牟宗三:《生命的学问》(四版),三民书局2015年版,第237页。

④ 牟宗三讲演:《牟宗三先生讲演录(九):康德第三〈批判〉》,卢雪崑整理、杨祖汉校订,台湾:东方人文基金会2019年版,第75页。

⑤ 牟宗三:《中国哲学十九讲》,《牟宗三先生全集》29卷,联经出版事业公司2003年版,第440页。

辑的、被牟宗三称之为"非分别说"的东西,都被纳入"理性"概念之中了。如此一来,牟宗三所理解的"理性",就是包括了"观解理性"与"道德理性"于其中的"理性",其内在结构同时具有"横""纵""圆"三者。这就大大丰富了"理性"本身的结构。

无需赘言,牟宗三对"理性"概念的理解与西方"理性"一词的内涵是有不小差异的。若抓住这一点批评牟宗三误解、误用了"理性"概念当然是没有问题的。但是,从某种更为根本的角度上看,牟宗三所说的"理性"与西方的"理性"又是一致的,两者都把"理性"确立为人的根本。"理性"即"人性"。西方现代性哲学中的"理性"实际上就是"人"的代名词,用来对抗宗教与神性。以"横"的结构为"理性",人就是有限性的,因为"横"即有对待、有所限。但在牟宗三那里,人性通于神性,人虽有限而可无限。因此,我们不仅能以分别性、对待性的方式进行思想活动,还能以创造性的,或者在一种非分别的一体性结构之中进行思想活动。

"人性",在包括牟宗三在内的许多思想家看来,是某种先验性的东西。在我们看来,"人性"其实也就是由实践活动、感知活动积淀下来的"文化心理结构",是对人生在世而与世界打交道之方式的积淀。从这个意义上说,"理性"(即人性)都具有某种工具性能(李泽厚称之为"实用理性"),都是为人类整体的生活、生存本身服务的。狭义上的西方"理性主义",那种将生活、现实纳入既定的范畴、形式中的方式,只是我们人与世界打交道的方式之一。若将其过分地绝对化、唯一化,换言之也就是片面强调视觉性的思维方式,则会过分把持、从而戕害万物,也会对人类生活本身带来伤害。后现代以一种"非理性"的态度对近代以来的理性主义进行反思,不正是对这种狭义的、横向结构的理性身上的暴戾之气的一种化解、解毒么?从这个角度看,牟宗三将在狭义理性看来属于神秘主义的"纵""圆"这些打交道方式纳入"理性"(即"人性")之中,不也正是对科学理性本身戾气的一种综和么?这同时也是对"人性",即"文化心理结构"的更为全面的展现。

罗素发现,"在最伟大的哲学家们看来,科学和神秘主义都是必需的;他们的生命就在于企图使两者协调起来,而且此种企图意味着始终必须让哲学成为——根据某些人的看法——一件比科学和宗教都伟大的事情,尽管存在很大的不确定性。"①这其中的缘由,似可归结为哲学家对更为全面、丰富的"人性"的探索(牟宗三正是将哲学视作"凡是对人性的活动所及,以观念加以反省说明"的学问)。从另一层次上说,这也是对人的感知塑理知能力的更为全面的展示。

三、"自欺"并非自我意识的必然本质

"理性"与"自我意识"密切相关。黑格尔在《精神现象学》中指出,当意识确信它自己就是全部实在性时,它也就达到了理性的层面。"神秘主义"与"自我"亦有内在的关联,图根德哈特指出:"神秘主义就是超越本己的自我中心性。"②因此,关于"自我""自我意识"的问题,也应该在这一节的讨论之列。

关于"自我意识",邓晓芒曾提出一个十分有意义的观点。他认为,自我意识本身存在一个"自欺结构"。

> 意识首先就是把自己和对象区别开来的意识。……另一方面,意识又必须是对自己和对象的某种本质联系的意识。……自我意识是一切对象意识的对象意识。……意识到"我",这是意识到一切对象的前提。而这里就显出自我意识的矛盾来了。什么是自我意识? 自我意识就是把自己当对象看的意识;什么是对象意识? 对象意识就是把对象当作自我看的意识。因此,真正的自我意识和真正的对象意识就是一回事。自我只有当它不是我而是对象时才是真正的自我;对象只有当它不是对象而是自我时才是真

---

① 罗素:《神秘主义与逻辑及其他论文》,贾可春译,商务印书馆 2017 年版,第3 页。
② 恩斯特·图根德哈特:《自我中心性与神秘主义:一项人类学研究》,郑辟瑞译,上海译文出版社 2007 年版,第1—2 页。

正的对象。……"自欺"这件事本身是违背形式逻辑的,在逻辑上是不可能发生的。因为,人怎么可能自欺?他要么被欺骗,如果他不知道的话;如果他知道,那就谈不上欺骗,是他故意的。但自我意识要把不是对象的自我"当作对象",把不是自我的对象"当作自我"来看,这不是自欺吗?……人在骨子里就是一种自欺的动物,他的自我意识本身就是一个自欺结构。①

进而,邓氏将这种"自欺"与康德所说的人性之"根本恶"联系起来,并指出要想解决这种自欺的自相矛盾,不能通过那种自以为真诚的、返身而诚肯定性善的方式,而是要从中发展出一种忏悔意识并通过忏悔将自欺的过程变成寻找真我的无限的过程。他总结道:

> 结论是,人的自我(或自我意识)具有摆脱不了的自欺的本质结构,以各种办法抹杀和无视这一结构,便形成一种自欺的人格;而只有正视这一自欺结构,承认它、反思它、批判它,才能在动态中建立一种独立的人格模式。自我批判和自我忏悔是独立人格的基本要素,也是一切伪善的剋星。②

这一分析真是深刻!特别是当邓氏用这一思想来进行文化批判工作时,更显示出了它的理论力度,即可以用来批判一切自以为的纯情与真诚。例如,儒家讲"返身而诚",但按照这个说法则恰恰是返身必不诚,自以为诚其实是伪善的体现(邓氏称作"儒家的结构性伪善人格"③)。如果自我意识的本质真的就是"自欺"的话,那么可以说邓氏的这种批判真正击中了儒家特别是心学一脉的理论根基。这其中,自然也包括

---

① 邓晓芒:《论"自我"的自欺本质》,《西方哲学探赜——邓晓芒自选集》,上海文艺出版社 2014 年版,第 33—34 页。

② 邓晓芒:《论"自我"的自欺本质》,《西方哲学探赜——邓晓芒自选集》,上海文艺出版社 2014 年版,第 39 页。

③ 邓晓芒:《从康德的道德哲学看儒家的"乡愿"》,《浙江论坛》2005 年第 1 期,第 80 页。

希望以"逆觉体证"("智的直觉之自觉")为方法,通过尽心知性知天,从而肯定人有道德实体(真我)的牟宗三。

事实上,邓氏就从这个角度批评过牟宗三。例如他在批评牟宗三对康德"自我"概念的分疏时,就指出:"他的意图是要隔断三者(指先验的我、本体的我和经验的我——笔者注)之间的关联,以便摧毁康德所代表的西方思想中自我意识的反思结构,使经验自我成为非自我而遭到破除(破心中贼),而使本体自我上升到不容反思的唯一的价值自我(大我、真我)。……这正是中国传统哲学特别是儒家哲学的独断性和非反思性的典型表现。"①笔者以为,邓晓芒的这一批判深刻而有力。化用牟宗三的话说,如果"自欺"真的就是自我意识的必然本质,则中国心性之学(特别是强调"心即理"的学说)不可能,牟宗三本人所讲亦成空话。

然而,自我意识的所谓"自欺"结构,说到底是由于它其中包含着的一种不可消除的"距离性"之结构而造成的。这种不可消除的距离性也体现为一种分别性,在这种结构下,意识从根本上说是一种"分别意识"。意识的这种分别本性首先表现为"我"与"非我"的分别。当这种"分别意识"作用于自身时,它就将"自我"也以同样的结构分别为"我"与"非我"两端,将前者作为进行反思的我,后者是作为被反思对象的我。就这反思活动而言,进行反思的我才是"我",作为被反思的我是"非我"。就两者作为"我"之整体而言,那个被反思的"非我"依然是我。于是才有邓氏所说的,在自我意识中把不是对象的自我当作对象,把不是自我的对象当作自我的"自欺"结构。

那么,自我意识的这种分别性、距离性结构是怎么造成的呢?笔者以为,这还是由重视视觉的希腊传统以及重视对上帝(他者)聆听的犹太传统塑造而成的。

正如有学者所指出的,反思哲学的开创者笛卡尔是一位典型的视觉哲学家。"按照笛卡尔的理解(它成为'近代'认识论的基础),是表象

---

　　① 　邓晓芒:《康德哲学诸问题(增订本)》,文津出版社 2019 年版,第 449—450 页。

存在于'心'中。内在的眼睛监视这些表象，希望发现某些迹象可证明表象的忠实性。"①而"我思"就是被内在的眼睛所证明了的最忠实的东西。同样对自我意识的理解作出重要推进的费希特，也曾在解说自我意识时使用过"眼睛"的隐喻。亨利特发现："从 1801 年开始，费希特将自身意识描述为'一种活动，一只眼睛置入其中'。这是一个意味深长的表述，人们必须谨慎对待。"②前文已反复提到，视觉发生的前提是我与对象拉开距离。先要有距离才能去"看"，然后再通过看到的"共相"而对对象整体作进一步的分别，最后在"共相"中看到某一对象的"殊相"。作为自我意识前身的"意识"，其结构大体就是这么来的，里面充满了分别识。当我们把意识的这种距离性、分别性作用于自身时，就会在自我意识中又区分出"作为活动（看的）的我"（自我）与"作为对象的我"（非我）这种带有距离性的二元结构来。

除此之外，基督教对西方人自我意识结构的形成也发挥了重要作用。其特点在于，每一个人都能单独地与上帝打交道，由此建立了一种具有人—神结构的个体意识。而每个人单独与上帝打交道的方式就是通过"听"，听"福音"、听"诚命"，总之是通过听"上帝的声音"接近上帝。通过中世纪基督教神学的洗礼，西方哲学在对上帝这个绝对精神之追问的名义下，极大地推进了对人的主观精神世界的探索，并在自我意识的结构中有所体现。"良心"（Gewissen）概念就是这种自我意识结构的体现之一。"良心"实际上就是在道德层面体现了自我意识。黑格尔说："良心就是这样一种创造道德的天才，这种天才知道它自己的直接知识的内心声音即是上帝的神圣声音……这种道德天才同时又是自己本身中的上帝崇拜。"③一方面，良心作为"内心的声音"提出道德要求，就像有一个内在的自我对我自己提出道德命令一样，是同一自我意识的内在结构；另一方面，这个提出命令的自我其实还是"非我"，它是"自

---

① 罗蒂：《哲学和自然之镜》，李幼蒸译，商务印书馆 2011 年版，第 57 页。
② 迪特尔·亨利特：《自身关系——关于德国古典哲学奠基的思考与阐释》，郑辟瑞译，中国人民大学出版社 2017 年版，第 50 页。
③ 黑格尔：《精神现象学》（下），贺麟、王玖兴译，商务印书馆 1979 年版，第 164 页。

己本身中的上帝崇拜"的体现。就是说,这个内心声音其实是上帝的神圣声音,因此这个命令者与听令者的距离又永恒地被保持着。"良心"有一个主客统一的趋势,但并不能真正实现。这又是一种将"自我"内在结构分别为恒久对立的"我"与"非我"的结构。

总之,在视觉主义的传统中,在重视对上帝(他者)聆听的传统中,西方人的"自我意识"被塑造为内含永恒对待双方的二元结构。在这种结构下,才有了所谓的自欺本质、原罪意识和忏悔精神。

但是在儒家,包括牟宗三所理解的"自我",恰恰既不是通过视觉性的方式,也不是通过听他者声音的方式,而是通过"听内心的独白"与味觉性的方式来完成。"听内心独白"也就是听良知的声音,这和黑格尔所说有相似处。但是,中国没有那种将神视为超绝的、人神绝然二分的传统,而是一种"巫君合一"、神与祖先合一(两者都是"人神合一")的传统。因此,在"听内心的独白"情境中也就没有把那个作为命令者的"自我"推出去,成为一种永远达不到的绝对,而是将其视作一种人内在的本真的自我。我们既对其"敬之",也希望能通过自身的修养工夫而"近之",甚至与其通而为一。故牟宗三说:

> 在"敬"之中,我们的主体并未投注到上帝那里去,我们所作的不是自我否定,而是自我肯定(self affirmation)。仿佛在敬的过程中,天命、天道愈往下贯,我们主体愈得肯定,所以天命、天道愈往下贯,愈显得自我肯定之有价值。表面说来,是通过敬的作用肯定自己;本质地说,实是在天道、天命的层层下贯而为自己的真正主体中肯定自己。①

这种不是"自我否定"而是"自我肯定"的自我认识,可以说,正是在中国"巫史传统"的文化背景中对听觉感知方式范本选取与犹太教不同所造

---

① 牟宗三:《中国哲学的特质》,《牟宗三先生全集》28 卷,联经出版事业公司 2003年版,第 16 页。

成的。而且，正如胡塞尔在《逻辑研究》"第一研究"中的分析，这种自我独白中的声音，作为"含义"对我而言完全是自明的（即"诚"），我们完全可以在其中把握这作为命令者的我的"本来面目"，并不存在所谓结构性"伪善"。

此外，"自我"还可以在一种共在存在中被"感"的方式所把握。在孟子由心善论证性善的著名段落中，他将"怵惕恻隐之心"的起现设定在特定的情境，即"今人乍见孺子将入于井"。良善之本心正是随着此情境而由生的不忍、怜惜之情。在此情境中的"孺子"，并不是"心"的对象（与心成对待者），他已非外在的他者、与己不相干的客体，而是与我始终无距离地交织在一起的、与我相感应的事态。此时的"我"其实是同时作为"有心者"与"孺子"这两种身份而存在的。正是在这种无距离的同体结构之中，我才能充分感受到"将入于井意味"给我带来的意味：他的危难就是我的危难。显然，"恻隐之心"的展开，既没有预设一个外在于心的对象，也没有预设一个外在于心的规范，而是与对象（勉强名之，实则与心无对）融为一体中的随感随应。它的活动方式不是视觉式的，也不是听觉式的，而是属于味觉式的。"羞恶之心"等的活动方式也与"恻隐之心"活动方式相一致。①在这种心之活动方式中，严格地说，是有"主""客"而无"主体""客体"。"主""客"都不是独立自足的，其间不存在彼此不可突破的、封闭的界限，而是你中有我、我中有你，共为一体。以这样的方式去意识"自我"，推其极就是"一念三千"。这种自我意识中就根本没有二元对立、分别的结构，而是一种一体共在、相互成就的结构。②

通过以上分析，我们看到，将"自欺"作为自我意识的本质结构，是建立在以视觉、听觉（听他者声音）感知为图式而塑造起来的，带有不可

---

① 关于"羞恶之心"与味觉活动方式关系的讨论，参见贡华南：《味与味道》，广西师范大学出版社 2015 年版，第四章"以味在世：羞与感情"。另外，对孟子论心与味觉思想关系的讨论，还可参见贡华南：《从见、闻到味：中国思想史演变的感觉逻辑》，《四川大学学报（哲学社会科学版）》2018 年第 6 期，第 78 页。

② 牟宗三并非是以这种"圆具"的结构把握孟子性善论的。他所理解的孟子性善论主要是"纵贯"结构。

消除的距离性特征的意识结构基础之上的。从这一方面看,"自欺"确实具有某种"本质"、先天普遍性。然而,我们的意识,并非只能以视觉、听觉(听他者声音)式的方式来被塑造,还可以以听独白、味觉式的方式来塑造(这方面在西方并没有被发展起来,亦如前一方面在中国没有被充分发展起来一样)。在后者,特别是味觉式的意识结构中,自我意识就根本没有那种"反思"(Nachdenken,张世英译为"后思",张祥龙称为"冷思",表示拉开距离的思的方式)式的结构,而是一种黏带性的、随附性、非分别的、场域化的思(借用张祥龙的说法,是"热思")。因此,"自欺"作为自我意识的特征并不具有绝对的必然性。①

"理性""神秘主义""自我意识"这些都是哲学中的大问题,笔者这里只能是挂一漏万,从它们由之而被塑造起来的感官感知之结构处对其进行一些讨论。不过,笔者认为,这种方式似可更有利于实现中西哲学之间真正的平等对话。近代以来,由于西方文化处在强势地位,因而在中西哲学的比较中总是会有一种以西方的理解作标准来审问中国传统的倾向。若我们将哲学中的概念回溯到其源发的感官感知结构上,也就使得中西哲学彻底被放置在同一个平台上,从而更有可能真正实现中西哲学之间的平等对话与互通有无。

第四节　从中国思想史演变中的感官逻辑
看牟宗三对其继承与发展

人人皆有视觉、味觉、听觉的感受经验,但在不同区域、不同民族中又形成了以不同感官感知为主导的,具有不同"感官等级制"的文化传统。这本是历史发展过程中的选择与沉淀的结果。对此,杜维明曾指点道:"西方学者有一种解释,认为希腊传统是一个以目明为主的传统;希伯来的传统是一个以耳聪为主的传统,上帝在《旧约》中出现,总是一

---

① 当然,这是从学理上而言的。若从现实的角度看,笔者倒是十分赞赏邓晓芒的立场,现时代的中国人,也确实需要吸收这种带有距离性的意识结构,以丰富、改进自身的文化心理结构。

种声音。"①近年来,贡华南通过研究得出:"相较于古希腊的视觉中心主义与古希伯来的听觉中心主义,中国思想具有明显的味觉中心主义特征。"②这可以看作一种新式的"文化三路向说"(旧式的是梁漱溟在百年前提出的)。在这一视角下,牟宗三哲学是如何体现出他对中国文化特征的继承,又是如何在西方强势文化影响下作出调整、改造的呢?这是本节要回答的问题。

一、"视—听—味":中国思想史演变中的感官逻辑

说中国传统思想是"味觉中心主义",并不是说中国文化中就没有一点由视觉、听觉所塑造而成的思想成分,而是说,在视觉性思维、听觉性思维与味觉性思维的较量中,最终味觉性的方式压制了视觉占据了主导的地位,味觉成为"感官等级制"中"最高贵的"感官(钱穆说在中国"惟'味'乃有'道',其他声、色、气三项,皆不言'道'"③),并渗透在了其文化中的各个方面。这不同于古希腊的"感官等级制",视觉完全压制了味觉而成为"最高贵的感官"④。这一"较量"过程,一直持续到东汉末才基本完成,表现在汉末以降的几乎整个文化领域,包括在文学、玄学、中医、书、画等等,以味觉性方式(如"尝""品")及其作用对象(如"味")为隐喻的话语被普遍地使用。中华文化之为"汉文化"由此才完全彻底地确立起它的核心内涵。

关于此,贡华南以从"耳目之争"到"耳舌之辩"为线索,梳理了这段中国早期思想史中的诸感官之争。

中国思想史上,在商周时期形成了以耳口通达内外的认知传

---

① 杜维明:《一阳来复》,上海文艺出版社 1997 年版,第 412—413 页。杜氏认为"在中国,则两者并重,但听更重要"。

② 贡华南:《味觉思想》,生活·读书·新知三联书店 2018 年版,第 1 页。

③ 钱穆:《中国思想通俗讲话》,生活·读书·新知三联书店 2005 年版,第 100 页。

④ 参见卡罗琳·考斯梅尔:《味觉》,吴琼等译,中国友谊出版公司 2001 年版,第一章"感官等级制"。

统；先秦时期，耳目被凸显，目一度被聚焦，但耳目之争，耳最终占优；秦汉时期，耳舌相争，最终舌居先。从早期耳口配合到耳目之争，耳占优可谓与商周古老传统一脉相承。秦汉时期展开的耳舌之辨，舌居先，实质上亦是如此。商周以降，口先隐而后以舌显，耳、舌的分别占优居先也是认知思想的自觉推进。最终，目、耳在诸感官之争中分别被压制，被味觉含摄，由此使中国认知思想与强调视觉优先、听觉优先的认知取向渐行渐远，最终确立了味觉优先的认知取向。味觉优先也确定了由味觉主导构成"道"等核心观念的文化路向，由此形成了中国特有的味觉思想世界。①

这种感官之间的争执、较量在先秦哲学中就已有所体现。春秋以降，礼崩乐坏，从齐桓、管子开始，一种重视事功、刑名、法术思想的潮流开始迅速蔓延。相比于带有理想精神、浪漫色彩，以塑造人的性情为主的礼乐老传统，这一新的思潮重现实、重效率、重功利、重客观、重量化，能够迅速提升国家的综合国力，因而在各国政府中占据了主流的地位，并在后来的法家与形（刑）名家那里获得了理论化的表达。在先秦中"形"字与"刑"字相通，但与局限于政治社会生活中的"刑"相比，对"形"的关注更能体现出一种抽象化的思考，包含着有关认识论、逻辑学与存在论方面的思想。谭戒甫概括以公孙龙子为代表的形名家的思路时说："因为凡物必有形，再由形给它一个名，就叫'形名'。由是得知：形名家只认有物的'形'，不认有物的'实'。他以为'形'即是物的标识，'名'即是形的表达，物有此形，即有此名。若人由名求物，由物求形，是易见的。若必由名而求物实，那个实究竟是什么东西，很难说的；即或能说，而所说的究竟能够达到什么程度，还是很难的。然则'实'这个东西，终于不可捉摸，只好归到形和名罢了。"②这就是说，形名家将事物的"形"、形式性方面凸显了出来，并因其"显而易见"，即确定性、区别性明显，而被作

---

① 贡华南：《中国早期思想史中的感官与认知》，《中国社会科学》2016 年第 3 期，第 42 页。

320　② 谭戒甫：《公孙龙子形名发微》，中华书局 1963 年版，第 1—2 页。

为可以命名事物的东西,也可以说就是事物的"本质"(可称之为"以形为性")。而"形"与"见"的突出也就充分暴露出,这一刑名法术思潮背后的视觉性感知基础。

面对这一视觉性的思潮,儒、道两家都给予了自觉的回应。两家对功利、刑法的批判自不用多说,对于"见",孔子认为:"多闻,择其善者而从之;多见而识之,知之次也。"(《论语·述而》)这就是将"见"作为在"闻"之后的或者次一级的"知"。《郭店楚墓竹简·五行》则认为:"见而知之,智也。闻而知之,圣也。"这显然是把"闻知"看作高于"见知"。《孟子》中也有类似的表述,"由尧舜至于汤,五百有余岁,若禹、皋陶,则见而知之;若汤,则闻而知之。由汤至于文王,五百有余岁,若伊尹、莱朱则见而知之;若文王,则闻而知之。由文王至于孔子,五百有余岁,若太公望、散宜生,则见而知之;若孔子,则闻而知之"(《孟子·尽心下》)。皋陶、伊尹、太公,是"大贤",是"见而知之";汤、文王、孔子是"大圣",是"闻而知之","闻知"高于"见知"。

对于"形",《老子》说"大象无形",从而突出了"道"对于有形之物的超越性。《庄子》中说得更明白,"形名者,古人有之,而非所以先也。古之语大道者,五变而形名可举,九变而赏罚而言也。骤而语形名,不知其本也;骤而语赏罚,不知其始也"(《庄子·天道》)。这完全就是针对着广义的形名思潮而发的议论,否认了"形"的优先性。而这同时也就否定了获得"形"的"见",及其内含的对偶性。(牟宗三指出:"公孙龙子说:'正名者彼此'。此示正名者必预设'对偶性原则'。……而庄子则说:'彼此莫得其偶,谓之道枢;枢始得其环中以应无穷'。因为庄子是想冲破相对以至绝对,故必冲破此'对偶性原则'。"①)此外,庄子还指出"形非道不生"(《庄子·天下》),而生"形"之"道"本身"不形"(《庄子·知北游》云:"知形形之不形乎?"),要达到"道",还要从"形"走向"使其形者"(《庄子·德充符》)。《易传》则认为"品物流形",即不同种

①　牟宗三:《现象与物自身》,《牟宗三先生全集》21卷,联经出版事业公司2003年版,第191—192页。

类的万物，其形态、形状一直处于流变、转化之中，而此"流行"乃是"乾道变化"的作用，并要在此乾道变化中"各正性命"。由"形"通往作为其主导者的"乾道"，即所谓"形而上谓之道"。这就是以"道"作为更高于、超于"形"者。①"闻"高于"见"、"道"超于"形"，表现出前秦儒道两家对视觉性思维的自觉压制。

"见"重视"形""分""定"，而最为关键的是，"见"要求见者与所见者要有距离。因此，以视觉性的思维塑造"道"，"道"往往呈现出冷冰冰的客观性、形式性而缺乏能够"感"人的意味（借王国维的话说即是"可信但不可爱"）。"闻"也是以距离性为前提的，由此彰显出"道"的崇高性、超越性。但"闻"又内在地要求听者不断地由远及近，从而敉平这种距离性。"味"则是以人与物完全无距离、彼此交融为特征的，由此塑造起来的"道"就不再是高高在上的了，而是"日用即道""挑水砍柴无非妙道"的切身之道。感官上由"见"到"闻"再到"味"的脉络，在内在逻辑上就体现出了一条自觉消除主客之间的距离而至彼此交融的中国文化精神道路。

中国以后的思想发展脉络正是在不断地重复着这一思想史演变的基本逻辑。汉魏之际，一股重新重视"形名"思想的潮流在曹氏集团的推动下兴起。"近者魏武好法术，而天下贵刑名。"（《晋书·傅玄传》）我们较为熟知的刘劭、钟会都是这一思潮的代表人物。这一时期的形名家，除了在政治上采用刑名法术治国之外，还有一种以"形名"立"道"的理论倾向。钟会所著的《道论》一书就是其中的代表之一（《三国志·魏志·钟会传》："名曰《道论》，而实刑名家也"）。②面对这股新的形名家思潮，魏晋时期的新道家王弼予以了自觉的批判。他指出"见形而不及道""形虽大，不能累其体"，并提出"不以形立物""不立形以检于物"③，

---

① 关于对"形"的超越的详细探讨，请参见贡华南：《味觉思想》，生活·读书·新知三联书店 2018 年版，第二章"从'形'到'形而上'"。

② 关于魏晋时期"新形名家"的考察，可参见贡华南：《味觉思想》，生活·读书·新知三联书店 2018 年版，第 102—105 页。

③ 王弼：《老子道德经注校释》，楼宇烈校释，中华书局 2008 年版，第 197、11、41、71 页。

进而由"形"至"体"的观点，以"体"（所以然）来超越"形"（然）。"形"与"体"之间的关系，成了"末"与"本"的关系，而玄学"崇本抑末"，本末之间又似已有高下之别。但这种分别，又很快地被向秀、郭象以"玄同彼我"的迹冥圆融（即本末圆融）的思想给消除了。最终还是落到了非分别的一体论之上。

佛教在中国的传播与发展，也合乎这一思想演变逻辑。重视分析法相的小乘（如"说一切有部"），强调对象意识（"识体"为表现自己而自我分化为"见分"与"相分"）和以"挟相立量"（吴汝钧语，指陈那、法称为代表的印度后期唯识学①）为特征的"虚妄唯识"系思想，这些在印度本土颇有影响力的流派学说，在汉地都受到抑制而没有得到充分的发展。发展起来的，要么是荡相遣执、即法体空的般若学，要么是强调人人都有先天之成佛的超越根据（即"佛性"）的"真常唯心"系思想。而最终占统治地位的，又是以"作用见性"（即佛性要在日常的劳作中表现出来）、"佛性圆觉"（吴汝钧语，指以突破与克服两极背反的方式达到觉悟②）这种方式（也就是将般若智与真常心合一）来体现这佛性的禅宗。

宋明理学，一方面是对禅学的反动，一方面也是对重视事功的王安石"新学"的反动。二程捻出"理"字，将"所以然"与价值上的"所当然"统一了起来，并赋予其作为"天"的崇高性。然而，在程朱一派那里，理气虽不离却亦不杂，心性虽统一却不即一的距离感、间隔感又让后来的学者尤未能安。于是，之后的心学、气学便各自以"心即理（性）"，"理在气中""理是气之理"的方式来消除这种细微的隔膜。

总之，基于"视—听—味"的感官演化脉络，中国思想史的进程中呈现出了一条以消除距离性达到交融不二为特征的精神旨趣与内在逻辑。具体而言，是从物我疏离的视觉思想，走向始而有距离、继而化解距离的听觉思想，最终走向物我始终无距离的味觉思想，是一条由"对待"到"超越"再到"圆融"（用牟宗三的意象词汇表达，即"横—纵—圆"）

---

① 参见吴汝钧：《佛教的当代判释》，台湾学生书局 2011 年版，第 6 页。

② 参见吴汝钧：《佛教的当代判释》，台湾学生书局 2011 年版，第 11 页。

的逻辑发展线索。

二、牟宗三对这条思想演进逻辑的继承与调整

文化传统通过在心理结构中的积淀而体现在每个个体身上，成为几乎是"与生俱来"的文化基因。牟宗三个人哲学思想的发展线索，从总体上说，几乎是完全切合于上述这条中国思想史演变的基本逻辑脉络。

面对以科学为型态出现的强势的西方视觉文化，牟宗三早年专研逻辑学、认识论，自觉接受重形式、重分析的视觉性思维训练，其成果集中于对"认识心"的考察。然而，他并没有以此为界，在时代的感受中与其师熊十力的启发下，牟宗三自觉地抵制了科学主义对人生命的平面化、对象化横剖，而"向上一机"，肯定了生命的纵贯与立体。表现在理论上，在肯定人有主观面的道德的"心"的同时，也肯定人具有超越性的、客观面的"性体"。这样，作为超越根据的"性体"就与"心"似拉开了距离。然而，此心并非"认识心"，乃是自身内在而固有的、自发、自律、自定方向、自作主宰的"道德本心"，本身亦有其超越性、绝对性。故此心充其极（一种工夫），心即是体，而可于性体、道体合而为一，心性之间距离亦随之敉平。"是故客观地言之曰性，主观地言之曰心。自'在其自己'而言，曰性；自其通过'对其自己'之自觉而有真实而具体的彰显呈现而言则曰心。心而性，则尧、舜性之也。性而心，则汤、武反之也。心性为一而不二。"①这种先心性分设，再合而为一、以心著性的"闻"的结构，在其中年时期的作品中特别地凸显（如《中国哲学的特质》《心体与性体》等）。后来，牟宗三干脆直接捻出"无限心"这一概念，将有限与无限、实然与应当、活动与存有、超越与内在之间的距离性全部通化，将心性先分再合的结构直接约化为一心之朗现、一心之伸展、一心之遍

---

① 牟宗三：《心体与性体（一）》，《牟宗三先生全集》5 卷，联经出版事业公司 2003 年版，第 45 页。

润。不仅如此,他还在疏解中国传统思想(特别是天台宗思想)中,发现了一种自始便在非分别的结构中进行思想的理论型态(味觉性的),他称之为"圆教模式"。他虽然没有完全地归宗于此,而是希望将这种结构也收归消化于纵贯系统之中,但对于心与万物一体呈现则一直视为最高的圆满之境。由此我们可以看到,在牟宗三的思想发展过程中也有一条鲜明的从"视觉—认知心"到"听觉—修行心(超越心)"再到"味觉—圆具心(无限心)"的发展线索。

不仅如此,牟宗三甚至已将中国思想史演变中的这条基本逻辑脉络以学理化的方式表达了出来,将其总结为由"分别说"到"非分别说"的进程。具体而言,即由"经验的分解"(empirical analysis)到"超越的分解"(transcendental analytic)再到"非分解"。他概括地言道:"'可说'有分解地可说与非分解地可说。凡在关联中者皆为分解地可说者。此是逻辑语言。关联有是内处(宇内)的关联,有是超越的关联。内处的关联有是纯粹形式者,此如逻辑与数学中者;有是经验的材质者,此如自然科学中者。超越的关联是属于实践理性者,如道德,乃至道德的神学(宗教)。非分解地可说者是实践理性中圆教的事。圆教中之圆满的体现是非分解地说者。"①这完全就是对"视—听—味"("横—纵—圆""经验的分解—超越的分解—非分解")之内在结构的一种表达。此外,在"两层存有论"中,牟宗三又对这三者作了一种价值性的高下判断。他将由视觉性思维而构造起来的存有论称为"执",认为这是需要被超越的层次。而将由听觉性或味觉性思维构造起来的存有论称为"无执"。这也可以被看作是对传统压制视觉性思维的一种理论再现。②此外,对于味觉性的圆具思维,他虽然将其视作圆教,但又强调不能只停留在这个境。所谓圆教不离权教,"醍醐不离前四味",听觉性,特别

---

① 牟宗三:《名理论》,《牟宗三先生全集》17 卷,联经出版事业公司 2003 年版,第17—18 页。

② 其实,若说"执",不论是以"视觉""听觉"还是"味觉"塑造思维都是一种"执",人活着不能不执。牟宗三只是以特定的对偶性的结构来定义"执"而已。而若要"无执",便应该不拘泥于、过分推崇某一种感官感知方式,而是在不同的情景中采取不同的感知方式,以健全的、丰富的感知所塑造的文化心理结构去与世界打交道。

是视觉性思维,在他看来也是必不可少的,特别是在中国现代化的进程中。

综观一生哲思,可以说,牟宗三完整地继承、再现了中国思想史演变的基本逻辑脉络。而在具体内容上,牟宗三又充分地吸取了西方的视觉主义与听觉主义的养料。近代以来,由西方传来的这次视觉主义思潮,不论在理论深度还是在现实影响方面,其力度都远远大于传统那种重形(刑)名、重事功的视觉性思想。因此,牟宗三对视觉主义的吸收与批判都是自觉地以西方这种水平更高、发展得也更为充分的视觉主义为标的而展开的。更为重要的是,牟宗三在西方宗教意识(听觉性的)的启发下,特别注意对中国传统听觉性资源("闻道"传统)的发掘、诠释,强调儒学中也蕴含着宗教精神。特别是他试图将"上帝"的"超越性"(超绝性)引入传统哲学中的"天道""道体"①,引起了不小的争议。老实说,中国传统中的听觉性思维,并没有得到充分的发展。传统中说"天道",虽然有时确实包含着某种超越的性质,但始终没有发展成西方上帝式的"超绝性",而总是在"道不远人"的思想下又被内在化了。"闻道"("闻"预设人与对象之间的距离,但此距离可以通过人的修行而消解)的工夫也在不久就让位于了"体道"的工夫("体"作为工夫论要求整个的人进入到对象的内部,对象与人始终处于交合中,是"体"的基本特征。这也就是味觉性的方式)。牟宗三显然也意识到了这一方面。因此,他一方面用超越性、宗教性来诠释(某种意义上可以说是重塑)儒学,另一方面又强调儒学作为宗教是"人文教""即道德即宗教",道体、性体的超越性是"既超越又内在"的。他希望通过这种方式来消除强调超越性而带来的距离感,以合乎中国传统的精神旨趣。正如上文已反复论述的,这种理论架构背后的感知情境即是"听内心独白"。在其中,一开始似乎有个远离了听者的说者,但这种听者与说者之间的距离只是表面的,说到底是同一主体的自说自听,这已开始接近非分别的味觉

---

① 重视儒学的宗教性方面,是唐、牟等第二代现代新儒家学者,相较于第一代的熊、梁等人的一个显著变化。相关研究可参见郭齐勇:《现当代新儒学思潮研究》,人民出版社 2017 年版,第十四章。

模式了。

当然，从整体上看，牟宗三还是更青睐于"听内心独白"式的纵贯架构而没有直接走向味觉式的，这与他对宗教价值的认可有关，也与他的现实处境有关。第二代新儒家学人普遍意识到，科学主义盛行导致了现代人的生命干枯萎缩，而西方犹有宗教可以为人提供神圣的价值之源作为弥补。受此启发，同时也为了对抗港台等地的基督教化、护持中国文化精神，牟宗三认为，要"提上去肯定一超越而普遍之道德精神实体"①作为"安身立命之所""价值之源"，在主观层面开辟真实生命之觉醒，在客观层面开出建立事业与追求知识之理想与责任，从而"成立人文教以为立国之根本"②。显然，"听内心独白"更有助于肯定一超越的精神实体。而更深层的原因恐怕在于，若按照味觉式的一体共在论，人应安身立命于现实世界之中，与所有他人、万物之间形成互相支撑的关系。但这个现实世界，在牟宗三眼中，早已在欲望与科学的共同作用下完全服从于某种感性原则，根本不能为人的在世"安""立"提供支撑了。既然"依他"不能"住"，只得"自住"了，不从自在处超拔起一个价值之源，又能从何处找寻呢？这恐怕也是牟宗三晚年反复横跳于"别圆"与"真圆"之间的深层原因。

总之，"视—听—味"（"对待—创生—共在""横—纵—圆"）既是中国思想史发展过程中的基本逻辑脉络，也是牟宗三本人思想发展的内在线索，是推动、塑造牟宗三哲学背后的文化基因。

第五节　对话海德格尔

压制视觉走向味觉，意味着超越主客对待的存在态度而走向一种以非主客二分式的与世界打交道方式，这不禁会让人想起海德格尔对"对象化"思维方式、对主客体分立态度的批判。"非对象性的思

---

① 牟宗三：《生命的学问》（四版），三民书局 2015 年版，第 86 页。
② 牟宗三：《生命的学问》（四版），三民书局 2015 年版，第 90 页。

与言如何可能"正是海德格尔一生试图回答的问题。有学者注意到海德格尔是牟宗三真正重要的思想对手①,也有一些学者尝试用海德格尔的思想诠释牟宗三哲学中的部分内容。②牟宗三在何种意义上视海德格尔为强劲论敌?又在何种意义上可以和海德格尔视作同道中人?两者的根本差异在何处?我们将在感官感知坐标中作出相关的探索。

中国思想发展史中有一条不断抑制视觉,融摄听觉,最终归向味觉的内在发展逻辑。相应地,作为西方文明之根的"两希"文明,古希腊形成了视觉优先的思想传统,希伯来发展出了听觉优先的思想传统,两希文明合流之后,西方文化的发展整体上呈现出听觉与视觉相互较量、融合的局面。中世纪总体上是听觉压倒视觉,近代以来则是视觉压倒听觉,其最强有力的代言人就是科学主义。"科学事实上已被这种视觉至上所迷惑,而且这位视觉暴君,在这里的形式是更要尖锐一些。……科学家们根据视觉外观的类型来处理和分析甚至是听觉现象——听觉对于他们来说成了眼睛而不是耳朵的事务。"③这种将一切感知皆视觉化的现象,正是视觉至上的最好体现。视觉主义在 20 世纪早期哲学中有众多的代言人,马赫主义、逻辑实证主义乃至胡塞尔的现象学等,皆领一时风骚。但同时,对视觉至上的批判也是 20 世纪西方哲学发展背后的一条重要思想线索。

以现象学运动为例。胡塞尔的现象学以"直观"为第一原则,主要就是训练"看"(Sehen),要求忠实地"描述"所"看"到的东西。这种"看"及其所看之"现相"都与以往西方哲学的理解有很大不同。自然观点中

---

① 牟宗三后期对康德哲学的理解及其思想的展开都明显受到海德格尔的影响。关于这个话题,可以参考刘保禧所著《隐匿的对话——海德格尔如何决定牟宗三的哲学计划?》一文(《中国哲学与文化(第十二辑)》,郑宗义主编,漓江出版社 2015 年版),以及毕游塞著《通过儒家现代性而思:牟宗三道德形上学研究》一书第三、四章(白欲晓译,江苏人民出版社 2022 年版)。

② 参见盛珂:《道德与存在:心学传统的存在论阐释》,社会科学文献出版社 2019 年版。

③ 沃尔夫冈·韦尔施:《重构美学》,陆扬、张岩冰译,上海译文出版社 2002 年版,第 216 页。

的"看",在胡塞尔看来,是一种"完全无'理论地'看"①(也可以叫无形式、无本质的"看"),不但是带着由习惯而伪造出的"存在",而且只"看"到对象对主体的"侧显面"(也称作"实显面""焦点"),并把这些当作没有结构性的、有待进一步整理的杂多(感觉材料、印象)。而胡塞尔现象学的"看",一是要训练我们不带存在预设地看,即只去看那些被我们的看所当场构成的东西,而不去看那些由于自然态度(特别是其中的实在论设定)而被伪造出的东西。这可以说是"构造地看"。二是训练我们在"看"中不仅要有现成的、个别的所谓"表象"的东西呈现,更有有意义的结构、本质、共相、范畴、关系(形式)于其中,具有潜在的普遍性维度,即一种"本质直观"(Wesenschau,字面意思是"看进本质")。胡塞尔认为,我们"可以直接地把握到一个'本质',直接地把握到'声音'的本质、'事物现象'的本质、'可见事物'的本质、'图像表象'的本质、'判断'或'意愿'的本质等等,他可以直观并且在直观中进行本质判断"②。直观过程包含感性直观和本质直观,感性直观提供的是个别经验事实,而本质直观提供的事物的纯粹本质(观念、一般之物),亦即一个纯粹可能性的世界。后者并不依赖于前者,本质看的基础是自由想象的变更活动;但后者也离不开前者,本质是在感性材料的基础上通过改变意指的方向而使之呈现在我们眼前的,无限的自由想象活动中涵括了个别的对经验事实的感性直观。这样一来,本质世界与现相世界、理智与直观就不再对立而是交互融通了。这实际上就是把从柏拉图以来的"理智看"(心眼看)与"肉眼看"之间的鸿沟弥合了。三是要训练我们在看到现象之侧显面、实显面的同时,还能看到其非实显的、可能显现的诸方面,甚至在看的同时还能附带地体认到我们在"看"。胡塞尔说:"把握行为(Erfassen)是一种选出行为(Herausfassen)……每一物的知觉都以此方式有一背景直观的晕圈(或'背景看',如果人们已把被朝向物包括进

① 胡塞尔:《现象学的方法》,黑尔德编,倪梁康译,上海译文出版社2016年版,第129页。

② 胡塞尔:《哲学作为严格的科学》,倪梁康译,商务印书馆1999年版,第39页。

直观中去的话)"①,这个"背景看"也称为有"直观场""晕圈"的"看"。"看"总是要发生在那让所看者出现的背景视域中,即空间背景和时间背景组成的"直观场"和"晕圈"里。"看"并非是碎片化的,并非个别性或当下性的活动,而是一种"总有盈余的看"②。之所以无论意向行为(看)还是其意向相关项(所看)总是带有"晕圈"和"边缘域"的,其根源在于意识本身就"是总在流淌、摄藏、匿名加工(被动综合)的内时间意识流。"③总之,胡塞尔现象学就是通过训练我们"构造地看""本质看""总有盈余地看"这三种"看"的方式,极大地深化了人们对看("直观")与所看("现相")的理解。在某种意义上,胡塞尔可谓是对柏拉图视觉中心主义的完成。

"背景看"("总有盈余地看")的提出本是突破视觉性思维的一次机会,但胡塞尔一再把"视域"收拢回"意识"之中,他所说的"视域"主要是纯粹理性意识主体的意向性视域,这依然是在已有一个现成主体的前提下进行的构成活动,构成的趋向是"两级"而非"一域"。虽然如此,但他实际上已经为走出视觉性思维指引了一条方向。我们"定睛"看到的每一个显相都被一个"晕圈"所环绕包围。但"世界""宇宙"这些概念事实上都不是"看"的对象,而是作为"看"的边缘域。我们不可能超出它们,站在它们之外,把它们当成具体物去"看"。哲学上的"存在"("是")这个概念正好比是"世界"这样的"边缘域",我们能领会到的任何具体的存在者都是在存在中的存在者,存在是一切存在者的"世界境域""意义晕圈",也是我们永远没办法去"看"的。存在先于直观地给予就已经有了,存在不是现成者。"存在"既然不能被以"看"的方式去理解,那么我们该如何去通达于它呢?这正是海德格尔哲学的主题。

海德格尔首先凸显了"看"的存在论含义。他在解释亚里士多德《形而上学》第一句话时——这句话通常翻译为"求知是人的本性"——

---

① 胡塞尔:《纯粹现象学通论》,李幼蒸译,商务印书馆1996年版,第103页。
② 参见张祥龙:《什么是现象学》,《社会科学战线》2016年第5期,第1—6页。
③ 张祥龙:《现象学的边缘性》,《中国现象学与哲学评论》2020年第2期,第6页。

通过在其词根的意义上把"知"与"看"相连、"求"与"操心"相连、"本性"与"存在方式"相连,将其解读为"人的存在本质上包含有看之操心";在解释巴门尼德的名言——通常翻译为"思维与存在是同一的"——时,他又把"思维"回溯到其原始意义"用眼睛觉知",将其解读为"存在就是在纯直观的觉知中显现的东西,而只有这种看揭示着存在"①。在海德格尔看来:"那种从观审中获得其规定并且献身于观审的生活方式,希腊人称之为沉思者的生活,即观审者的生活方式,观入在场者的纯粹闪现之中的那个观审者的生活方式。与此相区别,实践之生活则是一直投身于行动和生产的生活方式。但在这样一种区分中,我们始终必须牢记一点:对于希腊人来说,观审之生活,尤其在其作为思想的最纯粹形态中,乃是最高的行为。观审本身——不只是通过一种附加的有用性——就是人类此在的完善形态。"②这种理解意味着,在古希腊文化里视觉活动构成了人的存在方式。如同毕达哥拉斯和由第欧根尼·拉尔修讲述的寓言:"生活……如同一个盛大的节日;有些人参与节日是为了竞赛,有些人是为了做生意,但是,最高尚的人则作为旁观者(theatai)参与节日,正如在生活中,奴性的人追求名誉(doxa)或利益,哲学家追求真理。"③古希腊哲人追求的最高的存在方式便是"旁观的—理论的—沉思的"生活。这种"向'看'存在的倾向"海德格尔称之为"好奇"④,而这旁观性的却又是咄咄逼人的好奇,正是现代技术世界霸权的重要组成元素。

对此,海德格尔指出,日常此在同世内存在者打交道的方式,并不是一味的"旁观",而是"操劳",操劳者也有自己的眼光——"寻视",操劳是由寻视引导的。这里,海德格尔区分了两种"看"。一种是"理论上

①　海德格尔:《存在与时间》,陈嘉映、王庆节译,熊伟校,生活·读书·新知三联书店 2012 年版,第 199 页。

②　海德格尔:《演讲与论文集》,孙周兴译,生活·读书·新知三联书店 2005 年版,第 47 页。引文直接用译者的中文注释替代了原文中的希腊文。

③　转引自汉娜·阿伦特:《精神生活·思维》,姜宇辉译,江苏教育出版社 2006 年版,第 101 页。

④　海德格尔:《存在与时间》,陈嘉映、王庆节译,熊伟校,生活·读书·新知三联书店 2012 年版,第 198 页。

观察""瞠目凝视""观审"。按照他对"理论"一词的希腊词源揭示,"理论的看"是指"观看到在场者在其中显现的那个外观,并且通过这种看而保持对此外观的看"。这种"看"的方式使得思想停留于"在场者本身当前",使得世界成为可以被操控、征服的"图像",人与世界的关系变得对立起来。这也就是古希腊视觉中心主义所塑造的有主客二分、焦点明晰(将物从它的世界中剥离出来)、重视表象的西方思想传统。对此,海德格尔指出:"仅仅对物的具有这种那种属性的'外观'做一番'观察',无论这种'观察'多么敏锐,都不能揭示上手的东西。"[①]也就是说,这种看的方式早已掩盖了存在者与此在的源始关系。事实上,我们与世内存在者的源始的关系不是对它"瞠目凝视",不是对它作静态的观察和理论的研究,而是通过"上手状态"被揭示。这种源始的"打交道"的方式,不是"一眼望去",其间的存在者也不是我们的反思性目光的焦点,而是在一种边缘式的看中被柔性地聚焦。这种看,海德格尔称之为"寻视"(Umsicht)。其中,前缀 Um-表示围绕、包裹,紧挨着没有拉开距离,表示一种对周围处境的关注。这种"看"就绝不只是如一束光般的"纯直观",而是一种环形的视觉,所看者位于视觉场域之内而非之外,其与周围事物的关系是滋养性而非控制性的,实际上是一种触觉化了的看[②]。

寻视——以触觉化的方式去"看",即以黏带地向周边不断延展的方式进行感知——本质上是有所"去远"的(消除"间距性"),最终会使目光由有距离的旁观转而淹没在周遭世界的动态关联之中。去其远就是寻视着使之近,就是带到近处,就是"弄到手",使之处在上手的东西的全体关联中。在海德格尔看来,寻视的目的在于顺应于用具的"指

① 海德格尔:《存在与时间》,陈嘉映、王庆节译,熊伟校,生活·读书·新知三联书店 2012 年版,第 81—82 页。与海德格尔的这样观点相呼应,美国实用主义也表达出对这种"旁观性"认识论的不信任。

② 关于 Umsicht 的解说参考自马丁·杰伊:《低垂之眼:20 世纪法国思想对视觉的贬损》,孔锐才译,重庆大学出版社 2021 年版,第 223 页。另外,德勒兹曾使用用过"触觉般的视觉"这种表述。参见德勒兹:《弗兰西斯·培根:感觉的逻辑》,董强译,广西师范大学出版社 2007 年版,第 75 页。

引"，由于这种"指引性"，即每一个境域都超出自身指引着更大的境域，世界就在这种勾连中被理解为关联世界。这是操劳寻视向来已经持留在其中的周围世界。这样，寻视就具有了一个筹划的构成视域。此外，以触觉化的方式感知存在者，就不再是直接感知眼前的现成对象。这里，被感知的存在者没有一种所谓"原本的"形象，正如"盲人摸象"，大象的形象不是现成地摆在那的，而是在动态中生成的且没有穷尽的。操劳中的存在者是"上手存在"，也是在触觉中的存在。上手事物之为用具，并没有所谓本质的属性，用具就其作为用具的本性而言就出自对其他用具的依附关系，唯有在打交道之际用具才能依其所是显现出来。这也正如海德格尔所指出的，在原初生活中的此在与世界都不是现成者，都是境域化的，都是非现成化、非对象化的，根本没有在此在之外、与此相对立的现成的物，此在与世界在相互回荡之中相互构成着。只有当用具不称手时、甚至根本不上手时，用具就变得"触目"了。"触目"即由"触"而"目"，此在与打交道的方式由触觉性的变为了视觉性的，存在者也由用具器物变成了现成存在。

然而，"寻视"可能导致此在的本质被遮蔽。因为在休息之际，寻视变得自由而不再限于用具，它为自己创造出新的"去远"活动的可能性，即求新猎奇，任凭自己被远方事物的外观所俘获。海德格尔认为："这种看之操心不是为了把捉，不是为了有所知地在真相中存在，而只是为了能放纵自己于世界"①。自由空闲的好奇操劳于看，这种摆脱"在世"的新的存在方式，终会使此在不断地被连根拔起。

如果说，海德格尔对此在与存在者源始关系的理解由传统的视觉性思维转向了触觉性的，那么在对本真存在的理解中他又走向了听觉。海氏区分了两种"倾听"，对"常人"的倾听意味着："此在迷失在常人的公论与闲言之中，它在去听常人本身之际对本已的自我充耳不闻。"②

① 海德格尔:《存在与时间》，陈嘉映、王庆节译，熊伟校，生活·读书·新知三联书店 2012 年版，第 200 页。
② 海德格尔:《存在与时间》，陈嘉映、王庆节译，熊伟校，生活·读书·新知三联书店 2012 年版，第 311 页。

听闲言会使事物通过平均理解得到解释,会切除此在的根基,让它滞留在漂浮不定之中,即"沉沦"。对去听常人的打断,就是去倾听"良知的声音"。"良知"在海德格尔那里,作为此在的自身决断,是一种"内心的缄默的呼唤",这呼声并不出自超人的力量,而就来自此在自己,"它就是唤起这个自身到它的能自身存在上去,因而也就是把此在唤上前来,唤到它的诸种可能性上去"①。在这种"出于我而又逾越我"的呼声中,"此在在良知中呼唤自己本身"②。这呼唤是此在不甘沉沦的呼叫,良知的声音时刻提醒人们从沉沦中醒悟过来。这里包含着对时间性的理解,加入了对作为未来的死亡这种此在最本己的筹划,此在的存在才获得了完整性,获得了"超越性",即面向未来的可能性的选择和决断。因此,"倾听"就成了通达本真存在的方式。

后期海德格尔不再强调去"倾听"作为本真存在的良知的声音,而是要求去听"本有/大道"(Ereignis)的"道说","而大道赋予我们人以一种泰然任之(Gelassenheit)于虚怀倾听的态度"③。"道说"和说话不同,"道说"大于"人言","听"在"说"之先。不要听终有一死的讲话者的有声表达(海德格尔特别强调这种听其实"犹如凝视"④),而要停留在倾听的归属中。当我们归属于被传呼者时,我们才真正地听到了。于是,"听"成为一种"听从""归属"⑤,"人言"归属于"道说","人"归属于"本有/大道"。这样,海德格尔就将人的在世态度由视觉性的"把控"转变为了听觉性的"归属",最后留下一句"只有一个上帝能救度我们"的箴言。正如视觉理论研究专家马丁·杰伊所指出的那样,"在某种意义上,海德格尔的思想……可以被理解为重新恢复了希伯来文化中对倾

---

① 海德格尔:《存在与时间》,陈嘉映、王庆节译,熊伟校,生活·读书·新知三联书店 2012 年版,第 314 页。

② 海德格尔:《存在与时间》,陈嘉映、王庆节译,熊伟校,生活·读书·新知三联书店 2012 年版,第 315 页。

③ 海德格尔:《在通向语言的途中》,孙周兴译,商务印书馆 2013 年版,第 263 页。

④ 海德格尔:《演讲与论文集》,孙周兴译,生活·读书·新知三联书店 2005 年版,第 230 页。

⑤ 德语中,"听"(hören)与"归属"(zugehören),"听到"(gehört)与"归属于"(gehören)有词根上的联系。

听而非观看上帝神谕的强调"①。作为海德格尔的学生,伽达默尔在诠释学领域发挥了他老师的"倾听"思路,并正式提出了一种"倾听哲学"②。听觉优先于视觉也成了德国诠释学的一个基本特征。

然而,这种以听觉替代视觉的文化道路,遭到了后来学者的质疑。韦尔施指出,德语中"倾听"一词同时包含着"审问"的含义,强调倾听包含着"逆来顺受"的危险,"海德格尔呼吁倾听存在(Sein),到后来险象环生地同号召聆听'领袖'紧靠在一起"③。因此,韦尔施担心听觉文化是否如视觉文化一样,也会带来专制霸道? 在"审视"的时候,我们是世界的主人,而在"倾听"的时候,我们成为存在的奴隶。

德里达不但批评了柏拉图至胡塞尔的"哲视专制主义"④,也对"语音中心主义"(言谈中心主义)提出了批评。在德里达看来,包括胡塞尔和海德格尔在内的现象学的本质其实是一种"声音现象学",语言是在直接表达着自我的体验与当下在场的东西,因而是自明的、活生生的、可靠的,是可以提取出来作为优先的、主导的成分。这样就形成了一种二元对立的范畴结构,如表达与指示、精神与物质、本质与现象、形式与内容、真理与谬误等等。这其中的双方总是处在一种"不平等"的结构中,一方总是优先的、主导的,而另一方总是被动的、次要的、派生的。这种方式表现在社会生活中,就使一部分人或某些价值取向,被视为是某种"共同的或普遍的一元价值观",从而使他们成了"逻各斯"的代言人。在德里达看来,根本就没有真正自身自明、意义确定的能够作为"中心""原点"的东西(如牟宗三在"听内心的声音"时所把握住的那个自我规定自我的所谓良知本体)。最亲切的自身感发也只是一种被给

---

① 转引自高燕:《论海德格尔对视觉中心主义的消解》,《上海大学学报(社会科学版)》2010 年第 4 期,第 118 页。

② 伽达默尔:《论倾听》,潘德荣译,《安徽师范大学学报(人文社会科学版)》2001 年第 1 期,第 1 页。

③ 沃尔夫冈·韦尔施:《重构美学》,陆扬、张岩冰译,上海译文出版社 2002 年版,第 220 页。

④ 德里达:《书写与差异》,张宁译,生活·读书·新知三联书店 2001 年版,第 139 页。

予的差异触发。一切都是构成性的,一切都是境域化了的。中心与边缘并没有严格的边界与确定意义的间隔、断裂,中心并非中心,边缘也非边缘。通过这种"解构",就将人们从那种一元价值观中彻底解放出来,而强调一种价值的多元化。

这些批评表明,听觉性思维与视觉性思维具有相同的思想结构、具有相同的存在论基础,有学者称这种存在论为"预成论的","即存在早在认识和感知之前就已存在,它的存在不需要认识和感知的参与,甚至拒斥认识和感知的参与"[1]。视觉预设对象的所谓"客观"存在,听觉以言说者的声音为绝对,它们一个占有存在,一个领受存在,但总有东西在被占有或领受之前就已经定在(具有自身的"同一性",也就是"自住"义)了。

突破视觉与听觉的同盟,法国哲学将关注点转向了"触觉"。梅洛-庞蒂所说的"身体"就可以理解为一种作为存在论主体的"触觉"。德里达强调了触觉所特有的"反身反思性":"触便是一个人在触的同时让自己被那被触及者触及"[2],提出了"触感学"[3]的概念;并强调读者不仅要以视觉跟随文本中的"观念线条",还要去触摸作为触觉纹理的文本。让-吕克·南希则将触觉提升到了存在论的高度。触觉既能在触及他物的同时意识到自身行为本身对触及者的参与,也能将自我理解为被他者所触及者,因而能在自身与外物的对话中始终处于居间状态(具有流动性而非同一性),从而具有强烈的反思与怀疑的意识(不是一种事后的、对象化的反思,而是打交道的方式本身就带着反思与怀疑的维度)。依触觉方式塑造文化,确实无所谓核心的确立,也没有专制霸权的风险。然而,如何在保有多元化的同时,又能实现在一定程度上的共识,从而维护人类共同体的和谐?对此,西方思想在"解构"之后却未能

---

① 刘连杰:《触觉文化还是听觉文化:也谈视觉文化之后》,《文艺理论研究》2017年第 3 期,第 175 页。

② 德里达:《解构与思想的未来》,夏可君编校,杜小真等译,吉林人民出版社 2006年版,第 443 页。

③ 德里达:《解构与思想的未来》,夏可君编校,杜小真等译,吉林人民出版社 2006年版,第 450 页。

给出相应的答案。①

当然，德里达把海德格尔的思想归为"语音中心主义""在场形上学"，显然是将其思想简单化了，没有注意到其思想中的触觉性因素。诚然，海德格尔强调"在场"，但他理解的"在场"不是"当前在场者"，而是主客未分的生成和维持的境域，其中实际上已经包含了"不在场"的成分。后期海德格尔更加重视"隐"（不在场）的维度：不仅重视"本己"，也重视思考使"本己"得以可能的"本有"（张祥龙译为"自身的缘构发生"）；不仅思考作为此在的人，还思考"天—地—神—人"这个不可分割的"四方域"整体。实际上，"人"对"本有"的"虚怀倾听"，正是在一种对生结构中人与存在以相互挑起的方式而相互归属（与"在触的同时让自己被那被触及者触及"同构）。这个意义上，后期海德格尔的"听"也已经在相当程度上触觉化了。

在感知坐标中比较海德格尔与牟宗三的思想道路，可以看出：两人同样自觉地将"视觉"作为一种有待超越的理论范式，在对治"视觉"的过程中同样倚重过"听内心声音"结构来实现对本己的回归，并同样走出了"听觉"而走向凸显不可分别、缘构发生、共在共生的"触—味"②范式。

二人的分歧则在于：其一，对"听内心声音"结构的运用不同。海德格尔虽然强调"此在在良知中呼唤自己本身"，但此在根据其存在的自我理解不同于绝对精神的自我认识，"本己"也不是所谓超越的主体，而是说已落入某种实际状态的此在意识到自己是一种"能在"，即一种能筹划自己的存在之可能性的存在者。这种可能性不是已在那里等待实现的具有目的论的规定性，而是一种"先行于自身"的状态。这种先行

---

① 触觉与味觉一样，发生方式都具有非分别性的结构。但触觉停留在表面相接，而味觉则与对象完全融为一体；触觉不能照顾到整体，而味觉却可以对口中的不同的事物作整合性的把握。

② 一种观点认为，视觉、听觉、味觉都是触觉的一种样式，这当然是有道理的，也可以看出触觉的基础性地位。当然，这种对触觉的理解是广义上的。本文所说的触觉是与视觉、听觉、味觉等相区别的感官感知方式，它在作用结构上与味觉比较接近，但更具有外展性、表面性，而味觉的包容性、融通性更强。

决断意味着此在是只有在一种纯生存处境中才能得其自性的存在者。因此，良知的呼唤在海德格尔那里是要将此在从落入某个既成状态中唤回，即打掉对一切现成东西的执著，显露出那个"先行于自身"结构的意义。但在牟宗三看来，这就只有一个去听的架势，但没有真正听到内心的声音；只是在强调听从本己的选择，但选择什么还是不知道，因而是"无本之论"。

> 他所描述的良心底呼唤（call of conscience）、疚欠之感（guilt）、怖栗之感（dread）、以及所谓决断（decisiveness），焦虑（anxiety, care），虚无（nothing），等等，似乎都可以显示出一个"真心"来，但在他的描述中，他把这些都弄散荡了，他并未把这些凝敛成一个"真心"，在此逆觉到一个超越的实体性的本心或良知本体，或自由意志，他亦不欲向此作，因为这是传统的路。①
>
> 因为不肯认一个超越的实体（无限性的心体，性体或诚体）以为人之所以为真实的人，所以有"实有"性之超越的根据，所以我们可断定说这是无本之论。②

海德格尔显然不会接受这样的批评，因为如果像牟宗三那样肯定一个超越的主体，就相当于将那种"让自身逼临自身"的纯缘构势态中保持住的可能性，蜕变为了一种只是等待实现的可能性，或者干脆说蜕变为现实性。海德格尔虽然运用"听内心声音"的思想结构，但拒绝从中推出一个超越的主体，他要的是其中自说自听的回互结构，目的是证明此在不是现成主体，更不是什么两层存有，而是境构主体。

其二，对待"触—味"范式的态度不同。海德格尔虽然在思想上触及了"触觉"范式，但在用语上并未完全脱离对视觉性、听觉性词汇的使

---

① 牟宗三：《智的直觉与中国哲学》，《牟宗三先生全集》20卷，联经出版事业公司2003年版，第466—467页。

② 牟宗三：《智的直觉与中国哲学》，《牟宗三先生全集》20卷，联经出版事业公司2003年版，第465页。

用，这与西方思想在此方面可利用的传统资源稀薄有关。牟宗三面对中国丰厚的味觉思想传统，却有意无意地使之与"听觉"范式融合，这又与其面对的现实背景有关。海德格尔是要面对西方现代性（以视觉思想为主导，听内心的独白与之同谋）带来的一系列问题与困境，企图全面地反思现代性的思想根基，而牟宗三面对尚处在前现代的中国，要通过主体性的凸显（听觉思想最能提供帮助）为中国实现现代化奠定超越的主体性根基。

在对海德格尔思想道路进行感官化阐释时也可以看出，以消除距离性达到交融共在为特征的"视—听—味"演化脉络，不仅是中国思想史演进的一条基本逻辑脉络，也很可能是世界思想史演进的重要脉络。当今世界，视觉思想造成了人与天地的疏离、人对万物的把控与依赖，这是无论中西方都不得不面对与反思的世界图景。面对这条熟悉的思想发展脉络，中国思想长期以来抵制视觉、消融听觉、归于味觉而获得的思想沉淀，难道不正好能经过某种创造性转化而成为刺激西方思想使之共同沿着这条道路继续前行的思想资源么？这既是世界哲学前行的一种可能路向，也能够成为中国传统思想创新性发展的内驱力。

结　语

　　本书的研究对象是牟宗三哲学,但笔者更为关心的是如何通过对牟宗三哲学的研究,获得具有普遍意义的人与世界打交道的方式以及诠释文本的方法。

　　以心物关系为切入点,从前三章对牟宗三思想的梳理中,笔者整理出了三种理解心物关系的基本结构。这是牟宗三在整合与重铸中西方哲学资源的基础上,为我们提供的三套人生在世与世界打交道的基本范式。对此,笔者借用李泽厚的“文化心理结构”概念,将牟宗三的这种工作定位为对深层“文化心理结构”的揭示。对于“文化心理结构”的来源,笔者加入了未被牟宗三所主题化的“身体”维度,提出“感知塑理知”的解释视角。即是说:感官是物我交通的桥梁,而心灵的展开方式、心物的关系结构,在其被塑造的过程中,具有切身性的感官感知活动发挥着重要作用,感官的作用结构会逐步被映射到基础性的心物关系结构中,也会以隐喻的形式积淀在关键概念中,成为解读思想的钥匙。感官感知方式与心、思作用方式是“异质而同构”的微妙关系,因而我们可以通过对感官感知结构的剖析,更为清楚地展示出思想的结构。这样一来,牟宗三哲学为我们展示出的“横摄”“纵贯”“圆具”三种心物关系结构,就被我们再诠释为是以“视觉性”“听觉性”“味觉性”的方式与世界打交道。

　　视觉思想是以“旁观者”的态度来“审视”万物,自觉地与对象拉开距离,以“形式”为本质,以“图像”为实在,在获得了客观确定性知识、使万物有序化的同时,也使得世界如海德格尔所说被图像化了(图像化即平面化、扁平化,物没了生机与趣味),社会变成了福柯笔下的监视社会(指一种扇形结构,在中央的眼睛是一切形相的主人),我与他者的关系由此而疏远。听觉思想(独白式的听觉)要求先与发布命令者存在距离,再弥合这种距离,使得我在"听命而行"的过程中,一方面确立了内在主体的神圣性、价值优先性,另一方面产生了一种内在的自律感、使命感、责任感。这有助于我们从平面化的时代氛围中超拔起来,使得个人生命变得立体化,谋求安身立命之本,但同时也有流于自我凸显、损益万物之嫌。味觉思想则敉平人与万物的距离感,人与万物以互融互具、相互交融的方式共在共生。在这种非分别的关系中,物不再作为"形式"而是作为有味者呈现自身,人也自觉以品味、体味、玩味等感应方式与之共在。此三种人与世界打交道的方式各有侧重、优劣,需要我们根据现实情形进行"调适"。

现代性的哲学话语奠基于"人的形上学",首要目的是确认人的主体性地位,让人的理性可以取代神成为一切合理性的根据。这方面,独白式的听觉塑造的人为自己立法结构,最能彰显出人作为自由创造、自我决定与自我实现的形上主体的能力与地位。不过,这种主体性的自由原则在现实世界中的承载者是以私有财产为基础的作为个体的个人。追求利益最大化的个体拥有了最高的主体性自由,意味着必然将他人与万物都下降为客体,成为可以"摆置"、利用、操控的对象,而具有明确性、稳定性、可靠性的科层制则成为人"实施统治最合理的形式"。这种对待他者的态度正是欲望与视觉思想交织的产物。然而,科层制越是完善,越是对个人的主体地位与价值尊严造成威胁,完全工具理性化的世界成为一个由非人格力量所统治的世界。可以说,独白式听觉与视觉的共谋,既成就了现代性,又带来了现代性的困境。走出现代性困境需要新的理解自我与他者的范式。味觉思想并不凸显自己,而是强调"成己"与"成物"是同一过程;并不把控他者,而是强调尊重、守护、成就他者。这或许可以成为解毒现代社会的一剂良方。

在诠释方法论层面,笔者设想可以通过回溯哲学文本中所隐含的感知隐喻的方式,来对其思想进行解读与再诠释。对此,在本书的第五章中,笔者以牟宗三的部分观点为例,做了一些初步的尝试性工作。笔者认为,通过这种回溯方法,可以将看似玄远的哲学思考切近化(近至切身经验),将看似抽象的概念具体化(具身而体之),从而使得我们对哲学的思考与解读变得"可感"起来。这也是本书所希望展示出的更为普遍的方法论意义。

参 考 文 献

一、研究著作

陈嘉映:《感知・理知・自我认知》,北京日报出版社 2022 年版。

陈来:《有无之境:王阳明哲学的精神》,北京大学出版社 2013 年版。

陈立胜:《自我与世界:以问题为中心的现象学运动研究》,北京燕山出版社 2017 年版。

陈家琪:《经验之为经验》,社会科学文献出版社 2000 年版。

陈迎年:《感应与心物:牟宗三哲学批判》,上海三联书店 2005 年版。

陈亚军:《超越经验主义与理性主义:实用主义叙事的当代转化及效应》,江苏人民出版社 2014 年版。

陈英善:《天台缘起中道实相论》,法鼓文化 1997 年版。

陈坚:《烦恼即菩提:天台"性恶"思想研究》,宗教文化出版社 2007 年版。

陈兵:《佛教心理学》,陕西师范大学出版社 2015 年版。

程志华:《牟宗三哲学研究:道德的形上学之可能》,人民出版社 2009 年版。

蔡仁厚、杨祖汉主编:《牟宗三先生纪念集》,东方人文学术研究基金会 1996 年版。

邓晓芒:《〈纯粹理性批判〉讲演录》,商务印书馆 2013 年版。

邓晓芒:《康德哲学诸问题(增订版)》,文津出版社 2019 年版。

邓晓芒:《西方哲学探赜:邓晓芒自选集》,上海文艺出版社 2014 年版。

邓晓芒:《哲学史方法论十四讲》,重庆大学出版社 2015 年版。

杜维明:《一阳来复》,上海文艺出版社 1997 年版。

冯契:《认识世界和认识自己》,华东师范大学出版社 1996 年版。

冯契:《中国古代哲学的逻辑发展》,东方出版中心 2009 年版。

冯耀明:《"超越内在"的迷思:从分析哲学观点看当代新儒学》,香港中文大学出版社 2003 年版。

冯友兰:《中国哲学史》,中华书局 2014 年版。

方克立:《现代新儒学与中国现代化》,天津人民出版社 1997 年版。

贡华南:《味与味道》,广西师范大学出版社 2015 年版。

贡华南:《味觉思想》,生活·读书·新知三联书店 2018 年版。

贡华南:《知识与存在:对中国近现代知识论的存在论考察》,学林出版社 2004 年版。

贡华南:《汉语思想中的忙与闲》,生活·读书·新知三联书店 2015 年版。

郭齐勇:《现当代新儒学思潮研究》,人民出版社 2017 年版。

高秉江:《现象学视域下的视觉中心主义》,华中师范大学出版社 2013 年版。

黄裕生:《真理与自由:康德哲学的存在论阐释》,江苏人民出版社 2002 年版。

霍韬晦:《绝对与圆融:佛教思想论集》,东大图书公司 2011 年版。

金观涛:《轴心文明与现代社会:探索大历史的结构》,东方出版社 2021 年版。

李泽厚:《人类学历史本体论》,天津社会科学院出版社 2008 年版。

李泽厚:《新版中国古代思想史论》,天津社会科学院出版社 2008 年版。

李泽厚:《中国现代思想史论》,生活·读书·新知三联书店 2008 年版。

李泽厚:《实用理性与乐感文化(修订版)》,生活·读书·新知三联书店 2008 年版。

李泽厚:《批判哲学的批判:康德述评(修订第六版)》,生活·读书·新知三联书店 2007 年版。

李泽厚:《杂著集》,生活·读书·新知三联书店 2008 年版。

李泽厚:《李泽厚对话集:中国哲学登场》,中华书局 2014 年版。

李泽厚:《由巫到礼　释礼归仁》,生活·读书·新知三联书店 2015 年版。

李泽厚:《美学三书》,天津社会科学院出版社 2003 年版。

李明辉:《当代儒学的自我转化》,中国社会科学出版社 2001 年版。

李明辉:《儒学与现代意识(增订版)》,台大出版中心 2016 年版。

李明辉:《儒家视野下的政治思想》,北京大学出版社 2005 年版。

李明辉、陈玮芬主编:《当代儒学与西方文化:哲学篇》,台湾"中央研究院"文哲所 2004 年版。

李山:《牟宗三传(增订本)》,中央民族大学出版社 2002 年版。

刘爱军:《"识知"与"智知":牟宗三知识论思想研究》,人民出版社 2008 年版。

刘述先:《当代中国哲学论:问题篇》,八方文化企业公司 1997 年版。

卢雪崑:《康德的形而上学:物自身与智思物》,中国人民大学出版社 2016 年版。

林安梧:《牟宗三前后:当代新儒家哲学思想史论》,台湾学生书局 2011 年版。

林国良:《成唯识论直解》,复旦大学出版社 2000 年版。

牟宗三:《牟宗三先生全集(全 32 册)》,联经出版事业公司 2003 年版。

牟宗三:《生命的学问(四版)》,三民书局 2015 年版。

牟宗三讲演:《牟宗三先生讲演录(十册)》,卢雪崑整理,杨祖汉校订,东方人文基金会 2019 年版。

闵仕君:《牟宗三"道德的形而上学"研究》,巴蜀书社 2005 年版。

倪梁康:《胡塞尔现象学概念通释(增补版)》,商务印书馆 2016 年版。

倪梁康注译:《新译八识规矩颂》,三民书局 2016 年版。

彭国翔:《智者的现世关怀:牟宗三的政治与社会思想》,联经出版社 2016 年版。

钱穆:《中国思想通俗讲话》,生活·读书·新知三联书店 2005 年版。

盛珂:《道德与存在:心学传统的存在论阐释》,社会科学文献出版社 2019 年版。

盛志德:《牟宗三与康德关于"智的直觉"问题的比较研究》,广西师范大学出版社 2010 年版。

唐君毅：《生命存在与心灵境界》，中国社会科学出版社 2006 年版。

唐文明：《隐秘的颠覆：牟宗三、康德与原始儒家》，生活·读书·新知三联书店 2012 年版。

谭戒甫：《公孙龙子形名发微》，中华书局 1963 年版。

尤西林：《心体与时间：二十世纪中国美学与现代性》，人民出版社 2009 年版。

（魏）王弼：《老子道德经注校释》，楼宇烈校释，中华书局 2008 年版。

（明）王阳明：《王阳明全集》，上海古籍出版社 2011 年版。

（清）王夫之：《读通鉴论》，中华书局 2004 年版。

（清）王夫之：《尚书引义》，中华书局 1976 年版。

王兴国：《牟宗三哲学思想研究：从逻辑思辨到哲学架构》，人民出版社 2007 年版。

王寅：《认知语言学》，上海外语教育出版社 2006 年版。

吴汝钧：《中道佛性诠释学：天台与中观》，学生书局 2010 年版。

吴汝钧：《佛教的当代判释》，学生书局 2011 年版。

谢大宁：《儒家圆教底再诠释：从"道德的形上学"到"沟通伦理学底存有论转化"》，学生书局 1996 年版。

徐波：《存有的圆具：由牟宗三对天台佛学的融摄审视其判教哲学》，香港科技大学博士学位论文 2014 年版。

杨泽波：《贡献与终结：牟宗三儒学思想研究（共五卷）》，上海人民出版社 2014 年版。

杨泽波：《孟子性善论研究（再修订版）》，上海人民出版社 2016 年版。

杨国荣：《道论》，北京大学出版社 2011 年版。

杨国荣：《政治、伦理及其他》，生活·读书·新知三联书店 2018 年版。

杨国荣：《成己与成物：意义世界的生成》，人民出版社 2010 年版。

叶秀山：《叶秀山文集》，上海辞书出版社 2005 年版。

叶秀山：《"知己"的学问》，中国社会科学出版社 2013 年版。

俞宣孟：《本体论研究（第三版）》，上海人民出版社 2012 年版。

颜炳罡：《整合与重铸：牟宗三哲学思想研究》，北京大学出版社 2012 年版。

演培法师:《八识规矩颂讲记》,天华出版公司 1989 年版。

郑家栋:《牟宗三》,东大图书公司 2000 年版。

郑宗义主编:《中国哲学与文化(第十二辑)》,漓江出版社 2015 年版。

(宋)朱熹:《朱子语类》,黎靖德编,王星贤点校,中华书局 2020 年版。

张祥龙:《孔子的现象学阐释九讲》,华东师范大学出版社 2008 年版。

张祥龙:《现象学导论七讲:从原著阐发原意(修订版)》,中国人民大学出版社 2010 年版。

张祥龙:《海德格尔与中国天道:终极视域的开启与交融(修订版)》,生活·读书·新知三联书店 2007 年版。

张再林:《作为身体哲学的中国古代哲学》,中国书店出版社 2018 年版。

张志伟主编:《形而上学的历史演变》,中国人民大学出版社 2016 年版。

张庆熊:《熊十力的新唯识论与胡塞尔的现象学》,上海人民出版社 1995 年版。

张晚林:《"道德的形上学"的开显历程:牟宗三精神哲学研究》,中国社会科学出版社 2014 年版。

二、译著、外文文献

[美]阿伦特:《精神生活》,姜宇辉译,江苏教育出版社 2006 年版。

[美]鲁道夫·阿恩海姆:《视觉思维》,滕守尧译,光明日报出版社 1987 年版。

[古希腊]柏拉图:《巴曼尼得斯篇》,陈康译注,商务印书馆 1982 年版。

[古希腊]柏拉图:《理想国》,王晓朝译,人民出版社 2017 年版。

[古希腊]柏拉图:《斐多》,杨绛译,生活·读书·新知三联书店 2015 年版。

[古希腊]柏拉图:《蒂迈欧篇》,王晓朝译,人民出版社 2017 年版。

[法]柏格森:《形而上学导言》,刘放桐译,商务印书馆 1963 年版。

[英]迈克尔·波兰尼:《认知与存在:迈克尔·波兰尼文集》,李白鹤译,南京大学出版社 2017 年版。

[法]罗兰·巴尔特:《显义与晦义:文艺批评文集之三》,怀宇译,中国人民

大学出版社 2018 年版。

[法]毕游塞:《通过儒家现代性而思:牟宗三道德形上学研究》,白欲晓译,江苏人民出版社 2022 年版。

[法]德里达:《声音与现象》,杜小真译,商务印书馆 2010 年版。

[法]德里达:《解构与思想的未来》,夏可君编校,杜小真等译,吉林人民出版社 2006 年版。

[法]德里达:《书写与差异》,张宁译,生活·读书·新知三联书店 2001 年版。

[法]德勒兹:《弗兰西斯·培根:感觉的逻辑》,董强译,广西师范大学出版社 2007 年版。

[美]苏珊·朗格:《感受与形式》,高艳萍译,江苏人民出版社 2013 年版。

[德]黑格尔:《哲学全书·第一部分·逻辑学》,梁志学译,人民出版社 2002 年版。

[德]黑格尔:《美学》,朱光潜译,北京大学出版社 2017 年版。

[德]黑格尔:《精神现象学》,邓晓芒译,人民出版社 2017 年版。

[德]胡塞尔:《逻辑研究》,倪梁康译,商务印书馆 2015 年版。

[德]胡塞尔:《现象学的方法》,黑尔德编,倪梁康译,上海译文出版社 2016 年版。

[德]胡塞尔:《纯粹现象学通论》,李幼蒸译,商务印书馆 1996 年版。

[德]胡塞尔:《哲学作为严格的科学》,倪梁康译,商务印书馆 1999 年版。

[德]海德格尔:《现象学之基本问题(修订译本)》,丁耘译,商务印书馆 2018 年版。

[德]海德格尔:《存在与时间》,陈嘉映、王庆节译,熊伟校,生活·读书·新知三联书店 2012 年版。

[德]海德格尔:《林中路》,孙周兴译,上海译文出版社 2004 年版。

[德]海德格尔:《在通向语言的途中》,孙周兴译,商务印书馆 2013 年版。

[德]海德格尔:《演讲与论文集》,孙周兴译,生活·读书·新知三联书店 2005 年版。

[德]迪特尔·亨利特:《自身关系:关于德国古典哲学奠基的思考与阐释》,郑辟瑞译,中国人民大学出版社 2017 年版。

［德］康德：《纯粹理性批判》，邓晓芒译，杨祖陶校，人民出版社 2004 年版。

［德］康德：《实践理性批判》，邓晓芒译，杨祖陶校，人民出版社 2003 年版。

［德］康德：《判断力批判》，邓晓芒译，杨祖陶校，人民出版社 2002 年版。

［德］康德：《一切能作为学问而出现的未来形上学之序论》，李明辉译，联经出版事业股份有限公司 2008 年版。

［德］康德：《道德底形上学》，李明辉译注，联经出版事业公司 2015 年版。

［德］康德：《道德形而上学奠基》，杨云飞译，邓晓芒校，人民出版社 2013 年版。

［德］康德：《实用人类学》，邓晓芒译，上海世纪出版集团 2005 年版。

［美］卡罗琳·考斯梅尔：《味觉》，吴琼等译，中国友谊出版公司 2001 年版。

［美］乔治·莱考夫：《女人、火与危险事物：范畴显示的心智》，李葆嘉等译，世界图书出版公司北京公司 2016 年版。

［美］乔治·莱考夫、马克·约翰逊：《肉身哲学：身体心智及其向西方思想的挑战》，李葆嘉等译，世界图书出版公司北京公司 2017 年版。

［美］乔治·莱考夫、马克·约翰逊：《我们赖以生存的隐喻》，何文忠译，浙江大学出版社 2015 年版。

［美］罗蒂：《哲学与自然之镜》，李幼蒸译，商务印书馆 2011 年版。

［英］罗素：《神秘主义与逻辑及其他论文》，贾可春译，商务印书馆 2017 年版。

［法］保罗·利科：《活的隐喻》，汪堂家译，上海译文出版社 2016 年版。

［英］威廉·涅尔、玛莎·涅尔：《逻辑学的发展》，张家龙、洪汉鼎译，商务印书馆 1985 年版。

［德］叔本华：《作为意志和表象的世界》，石冲白译，杨一之校，商务印书馆 2004 年版。

［德］恩斯特·图根德哈特：《自我中心性与神秘主义：一项人类学研究》，郑辟瑞译，上海译文出版社 2007 年版。

［德］沃尔夫冈·韦尔施：《重构美学》，陆扬、张岩冰译，上海译文出版社 2002 年版。

［古希腊］亚里士多德：《形而上学》，苗力田译，中国人民大学出版社 2009

年版。

　　[美]威廉·詹姆斯:《宗教经验种种》,尚建新译,华夏出版社 2008 年版。

　　Walter Benjamin, "The Work of Art in the Age of Mechanical Reproduction", Harry Zohn[M]. trans, in Hannah Arendt, ed., Illuminations, New York: Schocken Books, 1969.

　　Derrida, "White Mythology: Metaphor in the Text of Philosophy", In: Margins of Philosophy[M]. Trans: Alan Bass. Chicago: The University of Chicago Press, 1982.

三、研究论文

　　陈立胜:《身体:作为一种思维范式》,《东方论坛》2002 年第 2 期,第 12—20 页。

　　陈荣灼:《蕺山性学与阳明心学的本质差异——一个佛教的观点》,《深圳大学学报(人文社会科学版)》2014 年第 1 期,第 31—39 页。

　　蔡祥元:《现象学的声音》,《浙江学刊》2010 年第 1 期,第 66—72 页。

　　邓晓芒:《中国百年西方哲学研究中的八大文化错位》,《福建论坛(人文社科版)》2001 年第 5 期,第 10—16 页。

　　邓晓芒:《从康德的道德哲学看儒家的"乡愿"》,《浙江论坛》2005 年第 1 期,第 79—85 页。

　　顾颉刚:《"圣""贤"观念和字义的演变》,《中国哲学(第一辑)》,生活·读书·新知三联书店 1979 年版,第 80—97 页。

　　贡华南:《中国早期思想史中的感官与认知》,《中国社会科学》2016 年第 3 期,第 42—61 页。

　　贡华南:《从无形、形名到形而上——"形而上"道路之生成》,《学术月刊》2009 年第 6 期,第 52—61 页。

　　贡华南:《体、本体与体道》,《社会科学》2014 年第 7 期,第 111—119 页。

　　贡华南:《中国思想世界中的"形"与"象"之辨》,《杭州师范大学学报(社会科学版)》2008 年第 3 期,第 18—24 页。

　　贡华南:《从"感"看中国哲学的特质》,《学术月刊》2006 年第 11 期,第

45—51 页。

贡华南：《从见、闻到味：中国思想史演变的感觉逻辑》，《四川大学学报（哲学社会科学版）》2018 年第 6 期，第 76—81 页。

［德］伽达默尔：《论倾听》，潘德荣译，《安徽师范大学学报（人文社会科学版）》2001 年第 1 期，第 1—4 页。

高燕：《论海德格尔对视觉中心主义的消解》，《上海大学学报（社会科学版）》2010 年第 4 期，第 114—124 页。

何俊：《西学映照下的宋明哲学与思想史研究——20 世纪中国学术史的几帧剪影》，《杭州师范大学学报（社会科学版）》2012 年第 5 期，第 1—14 页。

黄冠闵：《牟宗三的感通论：一个概念脉络的梳理》，《中国文哲研究通讯》2009 年第 3 期，第 65—88 页。

蒋国保：《场有哲学与现代新儒学》，《社会科学战线》2003 年第 2 期，第 16—21 页。

盛珂：《牟宗三"逆觉体证"的基础存在论及其对海德格的批评》，《中国哲学史》2010 年第 4 期，第 121—128 页。

李明辉：《康德的"物自身"概念何以有价值意涵——为牟宗三的诠释进一解》，《国学学刊》2018 年第 1 期，第 64—73 页。

李忠伟：《感受、构造与形而上学中立》，《哲学动态》2017 年第 3 期，第 77—83 页。

李金辉：《声音现象学：一种理解现象学的可能范式》，《哲学动态》2011 年第 12 期，第 46—51 页。

李金辉：《"身体"体现：一种触觉现象学的反思》，《江海学刊》2012 年第 1 期，第 63—67 页。

刘连杰：《触觉文化还是听觉文化：也谈视觉文化之后》，《文艺理论研究》2017 年第 3 期，第 172—181 页。

谢遐龄：《直感判断力：理解儒学的心之能力》，《复旦学报（社会科学版）》2007 年第 5 期，第 26—38 页。

王兴国：《论牟宗三"道德的形上学"与哲学转向》，《中山大学学报》2014 年第 1 期，第 118—130 页。

王兴国：《牟宗三逻辑二分法思想初探》，《曲靖师范学院学报》2003 年第 2

期,第7—13页。

　　王建辉:《动态的身体:身体—身体化——海德格尔〈泽利康讲座〉中的身体现象学》,《世界哲学》2016年第4期,第19—25页。

　　王六二:《宗教神秘主义的性质》,《世界宗教研究》1996年第1期,第1—10页。

　　吴先伍:《"自我超越"抑或"超越自我"?——儒家形上超越的他者之维》,《华东师范大学学报(哲学社会科学版)》2019年第6期,第42—50页。

　　杨国荣:《人与世界关系中的感受》,《社会科学》2018年第10期,第108—115页。

　　杨国荣:《学术与思想之辩》,《探索与争鸣》2017年12期,第9—14页。

　　张祥龙:《什么是现象学》,《社会科学战线》2016年第5期,第1—10页。

　　张祥龙:《现象学的边缘性》,《中国现象学与哲学评论》2020年第2期,第3—25页。

　　张子立:《"本体宇宙论"与"实现物自身"——论牟宗三"道德的形上学"两种创生型态》,《深圳大学学报(人文社会科学版)》2014年第3期,第47—56页。

附录:哲学中的身体隐喻追踪:
概念隐喻理论对做中国哲学的启示^①

西方哲学常常给人以抽象、晦涩的印象。其原因在于,西方哲学的形上追求与其认识论的超经验倾向相辅相成,表现在语言上,则强调运用抽象的、形式化的概念进行思考。自古希腊以来所追求使用的概念,诸如"存在""形式""一"等等,往往是高度抽象、脱离了实际经验的,以这些抽象概念间的相互关系来运思(即思辨),自然就给人以云山雾罩之感。这种"概念哲学",曾在相当长的时期内被西方哲学家视为哲学之所当是,还以此看低概念未能充分抽象化的中国哲学。为了"哲学"地建立起"中国哲学",近代以来的中国学者不断地在传统典籍中找寻抽象化程度相对较高的概念,并引入各种西方哲学概念对其进行解释,希望以这种方式使中国哲学思辨化、体系化。这就导致用不可经验的抽象概念做中国哲学的现象一直伴随着中国哲学这门学科的发展,也使得中国哲学自身不断地被"形而上学"(作为西方哲学的经典图式)化。近些年来,一些学者已经开始尝试摆脱这种做中国哲学的方式,取得了不少成果,这其中的基本趋势就是回到"经验"。这种"经验",当然早已不是传统经验主义所说的"感觉",而更多地具有现象学的特征(渗透着精神、带有意向特征,被动与主动合而为一的东西)与生存论的意

① 本文曾以《哲学中的身体隐喻追踪——西方隐喻理论对中国哲学研究的启示》为题,发表在《中南民族大学学报(人文社会科学版)》2019 年第 1 期,第 95—99 页(收入本书时内容略有改动)。在此,对刊物采用拙文表示感谢。

味。陈少明更是直言:"说到底,首先就是从研究者自身体验到的经验出发,这样我们才踏上做中国哲学的坦途。"①本文所尝试提出的"用身体隐喻做中国哲学",正是一种具体该如何从抽象概念回溯到身体经验的方法,也是一种用可感话语做中国哲学的方法。那么,这种方法如何可能,如何操作以及优势何在?

一、形而上学与隐喻

要回答用身体隐喻做中国哲学如何可能,首先就要破除用抽象化语言做哲学的偏见,这是一个深植于西方文化中的执见。西方文化从古希腊开始就在哲学(形而上学)与文学之间划定了界限。与总是以抽象概念示人的哲学语言相比,文学中的语言显然要生动活泼、富有情感得多,是可感的语言,而这其中隐喻起到了关键的作用。隐喻,通常地说就是用一个领域的事物去表达另一个邻域中的事物,其中,用以表达他者的往往更加切近人们的日常生活、感性经验,从而更容易让人理解。隐喻在这里不仅仅是一种修辞手段,而且还是象征着具有暧昧的、异质的和不确定性等特征的形象语言。文学语言正是运用这种语言使得自身变得可感起来。但是,古希腊以来的西方哲学,其目标就是要超越感性认识达到理性认识,超越感性语言达到一种严格的概念语言。所谓的"概念语言",就是运用具有高度概括性的概念,这种概念的特点是"外延越大,内涵越小",因而最具普遍性,但同时也具有抽象性。哲学家们认为只有通过这种语言才能够摆脱感性的束缚,从而与更真实的世界(理念世界)进行交往。因此,哲学与文学的对立就意味着抽象概念语言与可感语言的对立,若进一步说,也意味着灵魂与身体、理念与经验、不可见与可见等等之对立,总之,意味着两个世界的对立。

柏拉图第一个系统地划清了哲学与文学的界限。在《理想国》中,

---

① 陈少明:《做中国哲学:一些方法论的思考》,生活·读书·新知三联书店 2015年版,第 247 页。

柏拉图把隐喻视作与追求"真理"的伟大哲学事业无关的一种诗人和诡辩者的修辞把戏,认为文学艺术都是诉诸我们的低等本性,如感知、想象、情感等,缺乏关于"理念"的知识。吊诡的是,柏拉图自己就是一个运用隐喻的大师,著名的"洞喻"就出自他的手笔且持续指引着人们理解他的哲学思想。伴随着哲学越来越抽象化和体系化,哲学家对隐喻的排斥也在不断地加强。

随着现代西方哲学对自身传统的反思,许多重要的哲学家都开始重新反思这种界限。尼采指出:"那么,什么是真理呢? 一大堆动态的隐喻、移情、拟人化,总之是人类关系的总和,被诗意的、注重修辞地拔高、改写、修辞,经历长期使用后,在一个民族那里被认为是稳定的、规范的、有约束力的;真理就是人们忘记其是幻觉的幻觉,是变得破旧而无感性力量的隐喻,是没有了自己上面的图像、现在被当做金属而不再被看做硬币的硬币。"①海德格尔则说:"倘若我们把思想理解为听和看的一种类型,则那种感性的听和看就被接纳和移交到那种非感性的觉知(Vernehmen)即思想之领域中去了。……学者们的语言把这种移转叫作 Metapher'隐喻'。思想因而只可以在隐喻的、比喻的意义上被称作一种听(倾听)和看(发见)"②,又说:"但只有在形而上学中才有隐喻性的东西。"③罗蒂则认为:"决定着我们大部分哲学信念的是图画而非命题,是隐喻而非陈述"④,并指出整个西方哲学史,尤其是近代认识论传统就是由视觉隐喻支配的历史。对哲学与文学关系的反省,到德里达那里发展成了对逻各斯中心主义的解构。在《白色神话:哲学文本中的隐喻》一文中,德里达用解构主义的方法,揭示出传统认为处于边缘项的隐喻其实已经包含了作为中心项的概念语言,形而上学本身就是一门植根于隐喻中的学问,从而消解了文学与哲学的对立。在德里达

---

① 尼采:《尼采全集》第 1 卷,杨恒达译,中国人民大学出版社 2013 年版,第623 页。

② 海德格尔:《根据律》,张柯译,商务印书馆 2016 年版,第 100 页。

③ 海德格尔:《根据律》,张柯译,商务印书馆 2016 年版,第 104 页。

④ 罗蒂:《哲学和自然之镜》,李幼蒸译,商务印书馆 2011 年版,第 27 页。

看来,西方文化中之所以存在哲学与文学的对立,其根本原因在于没有发现哲学的隐喻本性。他继承了尼采的比喻,把制造概念语言的形而上学家比作磨刀人,他们用磨刀石将徽章和钱币上的标记、价格、头像统统抹去,从而声称这些硬币已从一切时间和空间的限制中解放出来,具有了无法估量的交换价值。其实,每个抽象概念背后都隐藏着一种感性具体的隐喻,都是由感性肖像的磨损而来的,磨损象征着从可感的具象语言进入形而上学的抽象语言。形而上学家自以为能通过抹去具体标记的方式达到普遍性,却不知如果将硬币上的标记完全抹去,硬币本身也将一文不值。因此,"抽象概念的表达只能是一个类比。神奇的命运在于,那些想要摆脱外表世界的形而上学家不得不永远生活在譬喻之中"①。如此看来,形而上学的历史,其实是不断试图用抽象概念代替具体形象的历史,同时也是哲学忘记自己隐喻本性、忘记作为本义的可感的自然语言的历史。德里达还指出,所有的形而上学话语中都含有"感官类型的隐喻性内容",人们在谈论形而上学时,"实际上是在谈论视觉、听觉和触觉的隐喻(在那里,知识问题作为它的要素),甚至于嗅觉和味觉的隐喻,尽管十分少见,但也不是无关紧要的"②。

莱考夫和约翰逊不仅看到了西方形而上学与隐喻的根本关联性,而且深入到隐喻思想机制的内部,从正面告诉我们形而上学是如何通过隐喻构建起自身的。他们分析道:"纵观历史,没有这样的隐喻,哲学家几乎不可能研究自然本元学。对于大多数哲学家而言,提出本元的主张,正是从认知无意识中选取了一组具有一致性的关于本体论的现存隐喻。也就是说,通过使用无意识的日常隐喻,哲学家力图对由这些隐喻界定的概念实体做出互不矛盾的选择;然后再将这些实体变成真实的并且系统阐述这些选择,来试图解释我们运用自然

① Derrida, "White Mythology: Metaphor in the Text of Philosophy", In: *Margins of Philosophy*, Trans: Alan Bass, Chicago: The University of Chicago Press, 1982, p.213.

② Derrida, "White Mythology: Metaphor in the Text of Philosophy", In: *Margins of Philosophy*, Trans: Alan Bass. Chicago: The University of Chicago Press, 1982, p.227.

本元经验中的蕴涵。"①也就是说,哲学家使用较少的一个或几个核心隐喻,又叫作"根隐喻",形成其核心学说,这些隐喻贯穿了哲学家工作的各个方面,才最终形成了统一的哲学理论体系。如此看来,形而上学无非是把一些感性、个别的东西当做一般的东西去解释另一些个别而已,并不具有什么先验性、绝对普遍性。哲学其实是被文本中的隐喻结构所左右的,"拒绝隐喻就等于扼杀哲学。没有大量的概念隐喻,哲学就不能腾空翱翔"②,如果将隐喻从哲学上清除出去,哲学也将空空如也。

总之,由于文学与哲学,感性语言与概念语言对立,导致两千多年来作为西方哲学主流的形而上学家,总是希望使用抽象概念把一切感性的、具体的东西都消减掉,从而获得一个高度普遍的不变体,他们认为这样会更便于人们认识世界,其实他们所追求的不变体只是一个僵化的虚构物而已。感性语言与概念语言的对立反而使哲学失去了一切可感知的生活经验的支持,最终成了空中楼阁。

二、概念隐喻与身体经验

该如何打通感性语言与概念语言呢?莱考夫和约翰逊(以下用"莱考夫"一人名字代替)的"概念隐喻"理论给我们指出了一条道路,说明了抽象概念是如何通过隐喻映射而建立在可感的身体经验基础上的。

"恢复隐喻的活力意味着揭去概念的面纱。"③概念化是我们思维、语言中最基础的环节,它是指"通过突显某些特征,淡化其他特征或是隐藏其他特征来标识一种物体或经验类型的自然方法"④。至于概念

---

① 乔治·莱考夫、马克·约翰逊:《肉身哲学:身体心智及其向西方思想的挑战》,李葆嘉等译,世界图书出版公司北京公司 2017 年版,第 13 页。

② 乔治·莱考夫、马克·约翰逊:《肉身哲学:身体心智及其向西方思想的挑战》,李葆嘉等译,世界图书出版公司北京公司 2017 年版,第 128 页。

③ 保罗·利科:《活的隐喻》,汪堂家译,上海译文出版社 2016 年版,第 398 页。

④ 乔治·莱考夫、马克·约翰逊:《我们赖以生存的隐喻》,何文忠译,浙江大学出版社 2015 年版,第 148 页。

化活动是如何进行的,在西方传统哲学中占统治地位的观点是:"当且仅当一些事物具有某些相同特征时,这些事物才能归于同一范畴。而这些相同特征,在界定范畴时又是必不可少且非常充分的条件。"①这就是说,概念化活动必须遵照客观实在的特征,从由多种特性组织起来的对象中抽出与其他对象所共有的特征,这种概念化过程也称之为"抽象化"。在此基础上形成的概念是一个对象特征的"集合"。然而,抽象化理论所说的这种从成员的共同特征中获得意义的方式,实际存在着一种循环说明,即如果不是在抽象前就已经知道了那个要抽象的共同点,我们又靠什么抽象出那个共同点?换言之,正是因为已经有了某种先见,我们才能找出那个共同点,"一般"总是走在了"个别"的前面。所以,传统获得概念的抽象方法并没有处理好"一般"与"个别"这对足以贯穿西方哲学史的范畴的关系。也正由于此,西方哲学中又出现了形形色色的先验主义,认为"一般"是先于"个别"而存在的。但是,先验主义依然是将"一般"与"个别"分离开来,把"一般"看作实在的,且带有神秘的色彩。莱考夫概念化理论实质上还是在处理一般与个别的关系。按照他们的理论,在任何个别的感知体验中我们直接就能获得一种"一般",这种"一般"从本质上说是一种结构性的东西,因而任何"一般"都是源自身体感知上的这种获得。

莱考夫认为,概念可分为两类:一类是能直接被理解的概念,或者说是直接有意义的概念,另一类是需要用隐喻通过直接有意义的概念才得到理解的概念,即间接被理解的概念。直接有意义的概念又分为两类:一是"基本层次概念",二是"动觉意象图式概念"。我们与世界打交道的互动体验形成了"意象图式",最基本的"意象图式"就是"基本层次图式"和"动觉意象图式",由这些图式而形成的概念,都因其对应于图式的结构和逻辑直接来自身体经验而可被直接理解,或者说这些概念直接具有意义。这种意义本质上是一种结构性。这种结构蕴涵在

---

① 乔治·莱考夫:《女人、火与危险事物:范畴显示的心智》,李葆嘉等译,世界图书出版公司北京公司 2016 年版,前言第 50 页。

"意象图式"中，且直接产生于人的感官机能以及基于这种机能的活动，它的直接可理解性就源于它是"亲身的"（Embodied，也有学者译作"体塑的"，取"身体塑型"之意）。所谓间接被理解的概念，就是需要以某种方式通过直接有意义的概念才能得以理解的概念，而"概念隐喻"就是创造间接理解的方式，它是我们一种至为重要的概念化方式，几乎所有间接理解的概念都是通过隐喻形成的。

什么是"概念隐喻"呢？莱考夫解释说："我们是否系统地使用从一个概念域来思考另一个概念域的推理模式？实证研究确立的答案是'是的'。我们将这种现象称为概念隐喻。将这些跨域的系统对应称之为隐喻映射。"[1]概念隐喻是指从一个概念（而非仅仅是语词）出发去思考（而非仅仅是修饰）另一个概念。每个隐喻的基本构成是："源头域""目标域"和从源头域到目标域的"映射"。对于源头域，莱考夫认为："对隐喻而言，为了起到源头域的作用，这个域必须独立于该隐喻且能够被理解"[2]，也就是基于身体经验而来的"基本图式概念"和"动觉意象图式概念"才能成为源头域。对源头域的这种规定意味着隐喻映射具有不对称性，即要从"界定不那么清晰的（通常不怎么具体的）概念可以依据较明确的（通常更具体的）概念去理解——这些清晰界定的概念是直接基于我们的经验。"[3]也就是从具体域映射到抽象域，而具体域之所以是具体的，是因为它有某种结构，这种结构既可用于理解也可用于推理，二者都是基于我们身体经验得来的。如此一来，抽象概念也就不再抽象，也具有了可体验性，而理智作为一种推理的能力也具有了身体基础，具有隐喻性、身体性。又是什么决定了源头域与目标域的匹配以及映射中的具体细节呢？这些从根本上说还是受我们在世界中的身体经验所塑造和制约的，隐喻的配对"来自我们日常经验中的结构关

---

[1] 乔治·莱考夫、马克·约翰逊：《我们赖以生存的隐喻》，何文忠译，浙江大学出版社 2015 年版，第 214 页。

[2] 乔治·莱考夫：《女人、火与危险事物：范畴显示的心智》，李葆嘉等译，世界图书出版公司北京公司 2016 年版，第 285 页。

[3] 乔治·莱考夫、马克·约翰逊：《我们赖以生存的隐喻》，何文忠译，浙江大学出版社 2015 年版，第 103 页。

联，日常经验激发了这一特定隐喻映射的每一细节"①。成功配对的隐喻中源头域（喻体）和目标域（所喻）只存在一种相似关系，这种相似性是一种结构上的相似性，而这种结构是来自源头域概念中基于人身体经验而来的意象图式。因此，隐喻中的相似性不是客观主义认为的外在的、客观的，而是隐喻创造的相似性。这种创造性是一种想象力的体现，但这种想象力又不是完全无章可循，它离不开我们身体经验。因此，在我们获得抽象概念的方式中，是蕴含着身体经验、想象、实践等多种因素的，非干枯的理智所能完成。而"隐喻不是基于相似性而是创造相似性"的观点，已经突破了传统对隐喻的理解，隐喻不是用 A 来解释 B，而是有了 A，对 B 的理解才得以可能。

"概念隐喻"理论告诉我们，作为所喻的抽象概念是通过作为喻体的结构性得以理解的，这种结构性又是基于在身体感知经验中获得的意象图式，而这种图式先于抽象概念而具有原初的意义与逻辑。这启发我们，不论面对多抽象的哲学概念乃至体系，都可以用回溯其源头域之身体经验的方式，通过身体感知（具体表现为感官感知）意象图式的结构性去理解它。

三、具体方法与意义

事实上，以感官经验特征来解读哲学已经为许多学者所采用。在西方，以"视觉主义"标识古希腊与现代文明已经是我们耳熟能详的说法，而要求用"听觉文化"超越"视觉文化"的呼声也是不绝于耳。在中国哲学界，杜维明很早就指出先秦哲学中"听德"的重要性，而近年来贡华南则直接以"味觉思想"作为中国哲学的特质，用超越视觉、融摄听觉、走向味觉来刻画中国思想发展中的基本脉络，并以此来解读包含形上与形下各个方面的中国传统思想。通过吸收已有的研究成果并结合

---

① 乔治·莱考夫：《女人、火与危险事物：范畴显示的心智》，李葆嘉等译，世界图书出版公司北京公司 2016 年版，第 285 页。

莱考夫的概念隐喻理论,我们可以进一步回答用身体隐喻做中国哲学该如何操作,优势何在。

在操作层面上,回溯哲学文本中的身体经验可以采取以下几种方式:第一,发掘文本中的"基本层次概念",直接用当下的身体经验理解其意义并进而理解与之相关的概念。例如,在先秦哲学中被广泛使用的"刚""柔"概念,就是基于触觉经验获得意义的概念。在《易传》中,作为触觉性质的"刚"与"柔"与身体的"伸"与"屈"紧密相联,取得了"施与"与"顺承"的意象,并逐步将这种意象的结构与逻辑映射到"阳"与"阴"、"乾"与"坤",乃至"仁"与"义"这些更为抽象的核心概念中,最终确立起《易传》"乾知大始,坤作成物"的宇宙生成论、"刚柔相推而生变化"的感应机制以及"乾尊坤卑"的价值取向[①]。又如,儒家常用"温"来形容儒者的气质,而"温"正是一种触觉、味觉性质的概念。作为一种触觉、味觉性感受,"温"具有"投入""融化"的意象,这种可触可感的"温"映射到超感的"仁"概念中,形成了作为儒者精神气质之标志的"温德",即"投入热情与爱意,以融化对象。融化以融合,热量热情让对象成为与自身一体者,对象凭借我的热量热情而再现再生,我藉新融入的对象而成就自身"[②]。而与"温"相呼应,佛家常用"凉"、道家常用"淡"(不温不凉、不损不益)来标榜自己。通过这种回溯我们对三家的精神气质就有了真切的感受。

第二,通过词源学的方法,回溯到概念构成时的原初身体经验中。有些概念虽然已不能直接被体验,但是借用德里达的说法,其"感性肖像"的磨损并不严重,因此我们能从文字学层面获得其原初身体经验的蛛丝马迹。例如,西方哲学中的一系列核心概念:theory(理论、原理)、idea(理念、相)、speculation(沉思、思辨)、illumination(阐释、启发、光照

---

① 关于"刚柔"问题的讨论,可看看:贡华南:《论刚柔——触觉的视角》,《西北大学学报(哲学社会科学版)》2012年第1期。张再林:《刚柔与中国古代的身道》,《中州学刊》2017年第8期。
② 贡华南:《从"温"看儒者的精神基调与气度》,《学术月刊》2014年第10期,第46页。

论)、enlightenment(启蒙运动)、intuition(直观)、phenomenon(现象)、lichtung(澄明)等等,在词源上都是与"视觉"以及与之相关的"光"密切相关。①西方哲学深植于视觉中心主义的传统中。正是视觉这种"距离性"感官(具有直接性、不介入对象的特点,因此是最具"客观性"的感官),以其对对象形状方面的把握(逐步演变为对形式、理型的把握),以及对普遍性、确定性的追求塑造了古希腊以来西方哲学的基本品质。而在中国哲学中具有重要方法论地位的"感"则在词源上源自"咸",而"咸"正是对盐之性味的刻画。正是以味觉之"人与物无距离的交互作用"为意象,中国哲学才形成了与西方基于视觉隐喻而来的"沉思"传统不同的"感思"传统②。

第三,从哲学体系或思维方式的结构性中回溯其原初的发生情境,最终回溯到产生这种结构性的身体经验上。有些哲学上的概念,其"感性肖像"已经几乎完全被抹去,但感官经验带来的结构性则往往早已嵌入思维的基本范式中,因此,我们只能通过挖掘其思维中深层次的"意象图式"的方式重新还原该概念发生时的身体经验(也可说是一种发生情境再现)。罗蒂对西方哲学中基础主义、表象主义,乃至逻各斯中心主义的批判所采用的正是这种方式。在罗蒂看来,西方近代以来的"笛卡尔—洛克—康德"认识论传统,预设知识有其外在的基础(基础主义),这些外在基础又能被人的心灵所把握(表象主义),并最终预设主体与客体、现象与本质、思维与存在的二元对立(逻各斯中心主义)。而这些预设都是在"镜喻"的图式中才能完成的。如果不是把心灵看作"自然之镜",把认识看作是一种表象活动,那么认识论传统中所讨论的真理如何与实在相符合的问题、语词与指称的关系问题就完全没有了意义。因此,罗蒂的批判正是对作为思维范式的"镜喻"图式的批判,说到底是对西方哲学视觉隐喻的反思,他提出的"后哲学文化"正是一种

---

① 高秉江:《现象学视域下的视觉中心主义》,华中师范大学出版社 2013 年版,第3页。

② 参见贡华南:《味与味道》,广西师范大学出版社 2015 年版,第三章"感:以心灵味世界"。

无镜式图式的哲学。同样,福柯对西方现代社会"监视的文明"的批判,也正是对视觉的扇面结构的反思。贡华南则以味觉活动的基本情境,即物我距离的消弭以及由此而来的形式的打破、内外的融合,作为中国文化的特质,而与西方视觉思维之距离性特征相对照。

以这种方式理解中国哲学,相较于长期以来将中国哲学中的概念抽象化、体系化的做法相比,具有极大的优势。其一,有利于降低对中国传统哲学概念的曲解,呈现中国哲学的独特性和丰富性。若不把看似抽象的核心概念回溯到其可感的身体经验,如上文提到的将儒家的"仁"概念回溯到触觉性的经验"温""不麻木",则会出现概念意义上的真空地带,导致习惯性地用现行的西方概念对其进行解释,如将"仁"理解为"实践理性""情感"等,从而曲解传统思想。其二,这种方法也将使得那些完全不能被思辨哲学所解释却又在传统哲学中发挥重要作用的概念,如"温""淡""刚柔"等,从边缘地带进入哲学思考的中心,展示出传统哲学的自身特质。甚至就如有学者所预言的,"如果我们从哲学话语建构的维度对不同时期哲学中的'根隐喻'、'概念隐喻'和'结构图绘'进行分析,可以写出全新的哲学史"①。这句话对中西哲学史的考察都是适用的。其三,有利于实现中西哲学的真正平等对话。将中西哲学中的概念回溯到身体经验,也就使得中西哲学彻底被放置在同一个平台上,即"实际身体经验",从而真正实现中西对话与互通有无。这样既能避免"以西释中"的屈己就人,破除"中国哲学合法性"的伪问题,也能防止"中体西用"式的自我傲慢。其四,有利于中国哲学参与到时代精神的构建中,将中国哲学的发展融入"世界哲学"之中。正如张再林指出的:"当代人类哲学也正处于这样一个'范式'的转型期,即从现代主义向后现代主义转型,具体来说就是从形而上转向形而下,从思辨世界转向生活世界,从意识哲学转向身体哲学的转型。"②中国传统哲

---

① 牛宏宝:《哲学与隐喻——对哲学话语的思考》,《北京大学学报(哲学社会科学版)》2017年第5期,第33页。

② 张再林:《作为身体哲学的中国古代哲学》,中国书店出版社2018年版,第296页。

学在这些方面有着极为丰富的资源，理当充分挖掘，主动地参与到新范式的构建中，而用可感的方式做中国哲学正是挖掘这些资源的有效方法。

从更一般的角度看，哲学的发展往往伴随着新的方法论的出现。一百年前分析哲学兴起，倡导用对语言进行逻辑分析的方法做哲学，梦想着用拿笔算一算的方式解决哲学问题，开启了西方哲学的"语言转向"。如今，我们认为应该对哲学概念进行隐喻分析，将抽象概念还原为直接可感的身体经验，用身体隐喻做哲学，由此哲学可能会为我们呈现出完全不同的面貌。

后　记

　　学界有"无十年之功，休妄议牟宗三"的说法。而我，就算从第一次阅读牟先生的著作算起，到完成博士论文（2019 年），也不过将将九年光景。既无充足的时间以熏习，又无聪颖之天资以契妙，拙作存在种种妄议也就在所难免了。本想工作后再反复修改，奈何为学不易、生活实难，种种因缘已不允许我再去做大幅度的改动，只好以"尊重历史"自我解嘲，将拙作暂且付梓权当日后反省之标的了。驽骀之材，挟之以师友，如今拙作得以付梓，实全赖师友帮扶之功也。因此，在这里，不能不由衷地说几句感谢的话。

　　本书是由我的博士论文修改而来，首先要感谢我的博士导师贡华南教授。哲学贵在"有己"（有己—由自—自由，哲学是自由的学问），贡老师便属于真正有自己思想的学者。回想第一次接触贡老师的"味觉思想"，颇觉有趣味，处处新意迭出、不落俗套；入门后反复玩味，又体会到内中蕴涵着鲜明的问题意识与深沉的时代关切。这一切，便是我做博士论文最重要的思想依凭。在具体的构思与写作过程中，贡老师更是时时予以指点。单就如何写才算是一篇哲学论文应有的样子，贡老师就不知敲打了我多少次，才使鲁钝的我真切地意识到，博士论文不该只停留在对研究对象进行逻辑关系重组或提问方式更新（孙正聿先生语，按贡老师的说法就是写成了述评），而应该追求在充分理解对象的基础上进行诠释"视界"的创新，进而将其再精神化，研究他者如写自身痛痒。可这种"六经注我"式的创作谈何容易！非精思无以成，非实感无以立。故我时常感叹，自己何年何月才能像老师一样有个独特且立得住的"视界"呢？虽不能至，心向往之。此外，贡老师还特别重视对学生概括提炼能力的训练，要求我们在提交初稿时，必须能只用一句话便概括出论文的核心思想与创新之处，否则就拿回去再改。正是在老师这种"逼迫"下，我才得以不断厘清自己的思路，最终以"心物关系"作为论域，以"横、纵、圆"概括牟宗三哲学的基本架构（若用一字，即是"纵"），以"视、听、味"作为解释原则，以"感知塑理知"作为联结桥梁，以探寻"思想的感知结构"作为核心理念完成了论文。凡此种种，受师之惠，不可尽数。

感谢樊志辉教授、郭晓东教授、曾亦教授、刘梁剑教授、郭美华教授、朱承教授、陈赟教授、苟东锋副教授、方旭东教授、陈乔见教授在开题、预答辩、评阅和正式答辩环节对拙文提出的宝贵意见。感谢华东师大哲学系提供的优良学术平台，感谢杨国荣教授、潘德荣教授、郁振华教授、赵东明副教授、李明辉教授（系里请来的客座教授），听他们的课总能给我带来思想上的训练与启迪。感谢湖北大学哲学学院的诸师长，特别是我的硕士导师陈道德教授，感谢他一直以来对我学业与生活上的帮助与关心。感念张世英先生、叶秀山先生、张祥龙先生，他们的大作自读哲学以来就是我的案头必备，常读常新，受益匪浅，可惜一直未能亲睹三位大师的风采，今后也再无机会了。还要感谢求学路上相识的同侪，刘翔博士、马俊博士、周俊勇博士、耿芳朝博士、刘龙博士、姚鹏博士、李白博士、钟翠琴博士……，与他们的讨论攻错，总能拓宽我的视野、促进我的思考。

本书出版得到了中共重庆市委党校的慷慨资助，在此深致谢忱！特别要感谢同事都萧雅博士，她耐心地审阅了全稿、细心地核对了引文，并提出不少中肯的修改意见。

此外，还要感谢责任编辑毛衍沁老师为本书的校对出版所付出的辛劳。

付梓之际，深知学力不足、错漏难免，恳请方家同仁不吝赐教，在此先行致谢！

壬寅年中秋于重庆歇台子

图书在版编目(CIP)数据

思想的感知结构:牟宗三心物关系论的梳释与再思/
徐昇著.—上海:上海人民出版社,2023
ISBN 978-7-208-18322-3

Ⅰ.①思… Ⅱ.①徐… Ⅲ.①牟宗三(1909-1995)
-哲学思想-研究 Ⅳ.①B261.5

中国国家版本馆 CIP 数据核字(2023)第 093882 号

责任编辑 毛衍沁
封面设计 零创意文化

思想的感知结构
——牟宗三心物关系论的梳释与再思
徐 昇 著

出　　版　上海人民出版社
　　　　　 (201101　上海市闵行区号景路 159 弄 C 座)
发　　行　上海人民出版社发行中心
印　　刷　上海商务联西印刷有限公司
开　　本　635×965　1/16
印　　张　23.25
插　　页　2
字　　数　321,000
版　　次　2023 年 8 月第 1 版
印　　次　2023 年 8 月第 1 次印刷
ISBN 978-7-208-18322-3/B·1690
定　　价　98.00 元